日治時期
臺北高等學校與菁英養成

徐聖凱 著

本著作榮獲
國立中央圖書館臺灣分館博碩士論文研究獎助

特此致謝

臺師大
出版中心

GRAND BUILDING OF THE HIGH SCHOOL, TAIHOKU.
（臺　北）威容堂々たる高等學校
最高學府の目的とし此て第一線な突ぜ破んとのし努力
す全島僅千の秀才特にこ、に集ひて研々學び勉しむ。

1. 「普通教室」，台北高校生上課學習的地方
2. 購自於美國農場的教會鐘「自由之鐘」，是台北高校自由精神的象徵之一
3. 名畫家塩月桃甫設計的正三角形蕉葉校徽
4. 台北新高堂發行的台北高校明信片，左右兩側分別為「本館」及「禮堂」
5-6. 矗立於古亭原的高校建築，周圍是一片寬闊的草地與農田
7. 學生們在自由自主的環境下嘗試各種藝文活動，悠遊於知識的大海之中

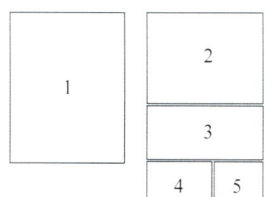

1. 准考證、入學通知書、新生入學時發放的學生手冊、學寮住宿費收據、入寮者注意事項等，以及英語、德語、國語學、圖表學、人文等科目的課堂筆記
2. 順基隆河、淡水河或新店溪而下，飲酒、高歌，加上豐盛的餐食，是高校生的課後活動之一
3. 藏書兩萬七千餘冊的圖書館，另有雜誌五千八百本。學生整日不上課卻躲在圖書館看書者不乏其人
4-5.「ストーム」，高校生特有的文化之一，相互攬肩、抬腿、蠻聲高歌為ストーム的必備動作

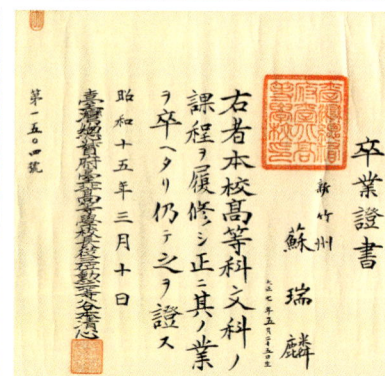

第一五〇一號

卒業證書

新竹州

蘇 瑞 麟

右者本校高等科文科ノ課程ヲ履修シ正ニ其ノ業ヲ卒ヘタリ仍テ之ヲ證ス

昭和十五年三月十日

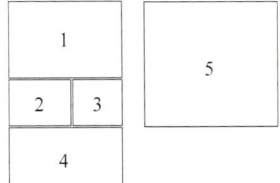

1-2.「台高舞」,從高山族原住民日常舞蹈中衍生出來的團體舞蹈,又稱高砂舞,為台北高校的「名物」之一
3. 畢業證書,高校畢業後原則上可免試直升全日本各(帝國)大學,因此進入台北高校,將來幾乎保證是頭頂大學帽的帝國大學生
4. 高校生們隨性地站立,相互攬肩,故意使木屐喀答喀答地發出聲音,橫行闊步於市街
5. 多采多姿的校園刊物,有高等科或尋常科的全校性刊物,或是屬於班級流通的刊物、學寮刊物,甚至是讀書會刊物等,為文學創作、讀書心得、學術論文、校園訊息、公共議題的交流場合

1. 畢業同窗合影,告別了弊衣破帽的高校生活,即將成為堂堂的紳士
2. 每年校慶的傳統好戲「記念祭劇」,相當受到台北市民的歡迎
3. 著兩條白線帽,足踏高腳木屐,腰際再繫條長毛巾,秋冬加件黑斗蓬,為高校生的流行打扮

序

　　本校國立臺灣師範大學，雖然於二戰之後的 1946 年始成立，但校本部校址在日本統治時期，就已經是培養國家社會菁英的高等學府：臺北高等學校。

　　有關本校在日本時代的歷史，長期以來缺乏較完善的整理，而臺灣史研究所的蔡錦堂教授，自本人擔任副校長期間，開始追蹤、調查、訪問並整理臺北高等學校相關的人、事、物，且在行政體系的支援下，於圖書館八樓建置了「臺北高等學校資料室」，成為臺北高等學校歷史資料的保存與展示中心。本人就任校長之後，也積極推動臺北高等學校古蹟的維護工作，重新整修了文薈廳（原臺北高等學校生徒控所）的學生活動空間，將文薈廳打造成為全校師生休憩及藝文的場所，同時擬定相關計畫，重新定位臺北高等學校對於本校的意義，加強師生同仁對於校園歷史的認同。

　　有關臺北高等學校的歷史學研究，除了蔡錦堂教授之外，他所指導的臺灣史研究所學生徐聖凱，於 2009 年完成有關臺北高等學校的碩士學位論文，為本校自日本統治時代以來源遠流長的歷史，填補了甚是重要卻易於為人忽視的一段過去。因此，本校出版中心精心規劃，擬將徐同學增補修改後的碩論予以出版，而且這也是本校出版中心，第一批企劃出版的學術專書，相當具有紀念及推廣的價值。

　　臺北高等學校創立於 90 年前，培養出許許多多各個領域的領導者，見證了臺灣高等教育的發展。臺北高等學校「自由」與「自治」的學風，對於今日的臺灣師範大學而言，同樣具有啟發與引領的作用，而我們也本著自由開明且自治自信的態度，在菁英養成的任務上繼續前進。

今年適逢臺北高等學校創校 90 週年紀念，相關活動在本校圖書館與臺灣史研究所等行政、學術單位的合作下陸續展開，而本書的出版正好作為 90 週年系列活動的暖身。本人自 1987 年來校擔任教職，1990 年開始協助本校行政工作，二十餘年的時間裡與臺師大朝夕相處，十分樂見本書的出版，並期許本校的學術發展成果以及行政管理績效，在全體教職員生的努力、合作下，能夠更上一層樓。

國立臺灣師範大學校長 張國恩 謹誌

推薦序

　　日治時代的後半期，台灣總督府設立了兩所以培育高級人才為目的之學府，即是台北帝國大學與台北高等學校。二次大戰結束後，台北帝大改名為台灣大學而繼續存在，但台北高等學校經戰後混亂的一年，改名為台北高級中學，招收三屆學生後停辦。如今七十歲以下的國人甚少有人知道台北高等學校的存在，更不知該校存在的意義及培養了哪些人才。其實包括李登輝前總統在內，有不少台北高等學校畢業生曾在政府單位擔任政務官，有更多畢業生在台灣大學等學府當了教授，對台灣的建設、發展有不少貢獻。因此深入瞭解台北高等學校的各種制度、校風，以及如何養成菁英等問題，對教育界是有意義的事。

　　由徐聖凱君執筆的《日治時期台北高等學校與菁英養成》將由台灣師範大學出版，本人能為此書寫序文覺得很榮幸。徐君為台師大台灣史研究所蔡錦堂教授的高材生。在蔡教授的指導下，徐君廣泛蒐集有關台北高校的各種刊物，又訪談多位台北高校的台籍畢業生，甚至遠赴日本訪問幾位具代表性的日籍校友，本人相當佩服其認真研究的態度。徐君利用網路蒐尋資料的能力甚強，找出日治時期台灣的有力報紙，如《台灣日日新報》上刊載的許多篇有關台北高校的報導。徐君分項整理並分析各種資料，寫成這一本甚具參考價值的論文，值得推薦給關心教育的各界人士。

　　書中介紹並討論的兩項重點為：一、由台灣總督府策劃的台北高校之成立與運作；二、知識菁英的塑造、意識與發展。徐君以相當大的篇幅介紹台北高校自由校風建立的過程，而有關知識菁英部分則以台灣籍學生為主要對象加以評論。

　　本人曾在台北高校讀六年書（尋常科四年及因大戰而縮短為二

年的高等科），但本書有不少本人並不知或不清楚其細節的內容，可見著者的研究相當深入。本人相信本書必能使讀者獲益不少，特為此文，向讀者鄭重推薦。

國立台灣大學醫學院前院長　　黃伯超
台北高校同學會前會長

民國一〇〇年五月二十五日

推薦序

　　《日治時期台北高等學校與菁英養成》這本書，是作者徐聖凱於 2009 年向台師大台史所提出的碩士論文修改後的作品。聖凱會寫出這本著作是有其緣由的。

　　2005 年本人由淡江大學轉到台師大任教後，發現台師大「前身」的日治時期「台北高等學校」──這所曾培育出中華民國總統李登輝、行政院副院長徐慶鐘、立法院院長劉闊才、司法院院長戴炎輝、副院長洪壽南、監察院副院長周百鍊、考試院副院長林金生等總統・五院院長・副院長，以及實業界如辜振甫、醫學界如魏火曜、學術界如張漢裕、文學界如邱永漢的學校，竟然長期沒有受到應有的重視，因此本人在 2007 年撰寫了一篇初步探討介紹台北高校的論文〈日本治台後半期的「奢侈品」──台北高等學校與近代台灣菁英的誕生〉，也規劃了「台北高等學校 85 週年紀念展」。在展覽籌備過程中，承蒙前台大醫院林國信院長夫人陳秀慧老師的介紹，認識了前台大醫學院院長、也是當時的台北高校同學會會長黃伯超教授，在他們的引薦之下，從此展開了有關台北高等學校的文物資料蒐集、校友口述訪談、史料分析研究等等一連串無止盡的工作。

　　聖凱就是在這段期間，開始與本人進行上述的諸項活動，並成為台高活動執行上不可或缺的得力助手。此時聖凱在碩士論文原本的主題研究上碰到瓶頸，窒礙難行，本人遂建議他考慮轉向尚缺乏體系化深入研究的台北高校課題，因而展開了聖凱與台高的不解之緣。

　　個子瘦小的聖凱，研究的精力與能量卻令人刮目相看。中央圖書館台灣分館的日治時期藏書與期刊雜誌的蒐尋、國史館台灣文獻館的總督府檔案下載運用當然不用說，聖凱甚至遠赴日本東京的國

會圖書館、橫濱的大倉精神文化研究所以及長野縣松本市的舊制高校紀念館，去找尋與台北高校相關的史料，這些史料的掌握，在他的著作中都能確實的反映出來。而台北高校的畢業校友，如：黃伯超、張寬敏、許武勇、王萬居、賴再興、楊思標、楊照雄、李悌元、呂榮初、柯德三、呂燿樞、蔣松輝……等人的接受訪談，或者提供珍貴照片、資料、文物，更深化了聖凱論文的價值與可讀性，也使這部著作得到不錯的評價，並獲得中央圖書館台灣分館「台灣學博碩士論文研究獎助」。

今，聖凱碩士論文將由台師大出版中心出版，本人以其指導教授的身分，除了感謝張國恩校長、圖書館陳昭珍館長、以及台北高校諸位畢業校友們的鼎力協助外，也恭喜聖凱，並期勉聖凱在未來的學術研究領域上，能一直維持對公共事務的關心與投入。

國立台灣師範大學 台灣史研究所　蔡錦堂

目 錄

序
推薦序

序　章　殖民地台灣的高等學校與菁英
　　第一節　弊衣破帽的準大學生 2
　　第二節　學制與名詞解釋 16

第一章　台北高等學校的誕生
　　第一節　政友會與高等教育擴張 27
　　第二節　設置台灣大學的呼聲 31
　　第三節　田健治郎與台北高等學校的創立 38

第二章　校長與教授群的聘用
　　第一節　校長的任命與人事經緯 51
　　第二節　教員的延聘與任用 61

第三章　殖民地的自由學園
　　第一節　三澤糾與自由校風的建立 79
　　　　一、三澤糾的思想與經歷 79
　　　　二、自由校風的追求與三澤式教育 85
　　　　三、罷課事件與社會適應 99
　　第二節　「寮生活」與「高校生活論」 110
　　　　一、自治寮的形成 110
　　　　二、高校生活的內涵 116

第四章　成為準帝大生──入學、教育與學習
　　第一節　全台升學的最大難關 129
　　第二節　通才教育與自主學習 152
　　　　一、課程與教學 152
　　　　二、「不知極限深，沒入文之林」 186

第三節　破帽與軍帽——戰時的教育與肆應 211
　　　　一、逐步加強管制的學校教育 211
　　　　二、學生對時局的反應 220
　　　　三、台北高校生的軍事徵召 226

終　章　知識菁英與近代台灣
　　第一節　台灣菁英的塑造與發展 237
　　第二節　總結 267

跋 273

附錄一　校長及教員出身略歷（1922—1944） 277
附錄二　校園刊行物與同學會誌一覽 291
附錄三　歷年入學選拔方式、日期與名額 293
徵引文獻 301

日本治台後半期的「奢侈品」——
台北高等學校與近代台灣菁英的誕生／蔡錦堂 313

序　章
殖民地台灣的高等學校與菁英

第一節　弊衣破帽的準大學生

　　1922年，台北高等學校誕生在日本統治下的台灣，1922年也是台灣史上特殊的一年，這一年台灣在法律上開始實施「法三號」，施行的法律原則上以日本帝國議會制定的法律為主，台灣總督的立法權被大幅削減，而這是因應1919年起文官總督的任命，以及「內地延長主義」政策的實施。1922年也是新「台灣教育令」頒布之時，政府明訂中等以上教育機關（師範學校除外），取消日台人的差別待遇及隔離政策，開放日台人共學。這一連串變革，也是自1910年代中期，日本進入大正民主時期以來的變化，台灣的政治與社會運動，也在此後十餘年間熱烈展開。經歷1936年武官總督取代文官總督，翌年日華盧溝橋事變發生，台灣總督府推行國民精神總動員，以及1940年代皇民奉公運動，修改各級學校法規，縮短修業年限，「學徒出陣」等行動，台北高等學校也隨著日本統治的結束而告終。

圖1：台北高校生們隨性地站立，張開雙腿蹲著，或拄著拐杖，相互攬肩，在台灣總督府前合影。（王耀德教授提供）

台北高校究竟是什麼樣的一所學校？其實跟日治時期其他中等以上學校相同，在入學關卡上存在著日台人不平等的問題，學校存立的二十餘年間，台籍畢業生僅佔總數22.5%之弱勢。不過台北高校生，卻能在日本的殖民統治體制下，展現出相當自由放任的風氣，有「台灣史懷哲」之稱的陳五福，從中學進入台北高校後，「頭髮由剃得光光變成可以蓄髮，有的同學弊衣、破帽、不修邊幅、穿木屐、腰部綁著長條毛巾，隨風搖擺，那種旁若無人顧盼自雄的模樣有如戰國時代的浪人，但是學校卻可以視若無睹，任其存在」。[1] 楊基銓回憶學生生活，「有些人故意弄破制服，或腰垂毛巾，腳穿木屐，頭髮伸出帽子之外，宛然是二次大戰後西方一時流行的嬉皮模樣。學生們在校慶時，常結隊進出街頭，跳舞、遊行，警察並不干涉，反而保護，社會人士也對此表示諒解」。[2] 課堂外高校生可以放浪形骸，不修邊幅，身著弊衣破帽，足踏高腳木屐，橫行闊步於大街，出入酒家、電影院等，而且為當時尚稱保守的社會所接受。[3]

施純仁從中學進入高校後，馬上感受到完全不同的校園氛圍，「生活忽然感覺完全變了樣！自由的風氣非常旺盛」，他住進宿舍的第一天，就帶頭做「ストーム」（Storm，直譯暴風雨）：「Storm怎麼做呢？就是一個人帶頭，在前面拿一個大鑼或鼓也可以，然後就帶一隊同學，兩、三個人一排，勾肩搭背的抱在一起，然後一路跳著走，一面唱歌，唱什麼歌都可以，校歌也可以，寮歌也可以，後面就是跟了幾十個人」，從樓上走到樓下，樓下又走到樓上，打鑼打鼓，蠻聲高歌跳舞，整間宿舍鬧了一個晚上，舍監氣得不得了，但拿他們一點辦法也沒有。[4]「奇裝異服」與「特立獨行」，可以說是當時台北高校生

---

[1] 曹永洋，《噶瑪蘭的燭光——陳五福醫師傳》（台北：前衛，1993年），頁32-33。
[2] 楊基銓，《楊基銓回憶錄》（台北：前衛，1996年），頁48。
[3] 蔡錦堂，〈日本治台後半期的「奢侈品」——台北高等學校與近代台灣菁英的誕生〉，《2007年台日學術交流國際會議論文集》（台北：外交部，2007年），頁54-55。
[4] 蔡篤堅等，《一個醫師的時代見證：施純仁回憶錄》（台北：記憶工程，2009年），頁111。

圖2：宿舍ストーム。（冨田敏郎先生提供）

的特色與特權。

　　陳錫煊指出台北高校學風的另一個面向，就是學校不要學生只吸收課內的知識，而要他們多讀課外的書，做課外的活動；對人生、社會有需要的部分，都要學習與體驗，以增加思考力與判斷力，所以他下課後的生活更加豐富，「就做運動、聽或學音樂、樂器、唸課外文學、討論哲學、登山、看天空學天文，到台北市喝咖啡」等等，[5] 學生們可以自主性地涉獵各種書籍與活動，悠遊於知識的大海之中。

　　台北高校畢業生之間，還流傳著一則趣事：[6]

> 我們時常都在ストーム，大家牽好，腳翹起來，肩攬肩，穿木屐，在總督府前面衝撞。新公園那邊有個派出所，誰敢去那種地方鬧？去到那裡，把雞雞翻出來，在警察局前面撒尿，就是「水龍」。「ばかやろう」（混蛋）警察衝出來，「跑阿」跑到和平東路，學校裡面警察就不能進去了，警察罵「ばかやろう」。我們跑比他們快，跑進學校門口就さよなら（說再見），校長反而高興的拍手，這是我們的自由。（括弧筆者）

這則回憶裡頭，學校維護學生自由風氣的作風，以及學生們奔放不羈

---

[5] 蔡篤堅等，《一個醫師的時代見證：施純仁回憶錄》，頁114。
[6] 蔡錦堂、徐聖凱訪問，張寬敏口述，2008.5.4（未刊）。

的行徑，與殖民體制下的台灣社會並存，交織成為這個時代獨特的教育氛圍，宛若另一個「跳舞時代」，這正是殖民地之下的自由學園——台北高等學校。

不只鹿野忠雄曾在這裡求學時踏遍百岳，東嘉生、濱田隼雄、國分直一、中村孝志、中村地平等人在這裡揮灑青春，此外還有各色話題性的教師，如灌輸馬克思主義的左派教授藤本房次郎，反軍國主義又袒護台灣人的教授塩見薰，傳說中的美軍間諜葛超智（George H. Kerr）講師，長期影響台灣畫壇的藝術家塩月桃甫，以《次郎物語》聞名，但兩度被發動罷課的校長下村湖人，捍衛學生自由而對抗文教局的校長三澤糾，以及超知名學者犬養孝、島田謹二等人。

不僅學風自由奔放，台北高校畢業生在近代的國家發展中，具有相當的影響力，因而台日籍畢業生不約而同地形容，台北高校是日本殖民統治下的「一股清流」。[7] 論者臚列台北高校畢業的台籍知名人物，包括：李登輝、辜振甫、徐慶鐘、曹欽源、宋進英、蔡章麟、魏火曜、吳守禮、戴炎輝、周財源、林朝棨、洪壽南、劉闊才、黃啟瑞、黃得時、周百鍊、梁炳元、黃彰輝、張漢裕、楊華玉、邱仕榮、蔣松輝、余錦泉、李鎮源、林金生、許強、楊基銓、彭明聰、張有忠、宋瑞樓、張冬芳、陳世榮、陳五福、林挺生、杜詩綿、楊思標、王育霖、蘇瑞麟、許子秋、林宗義、郭琇琮、江萬煊、蘇銀河、楊雪樵、賴永祥、翁通楹、柯德三、郭維租、王育德、邱永漢、楊照雄、梁鑛琪、楊雪舫、陳政德、施純仁、杜慶壽、林宗毅、吳建堂、張寬敏、李悌元、黃伯超、莊徵華、陳萬益、辜寬敏、盧焜熙等等。在日本方面赫赫有名的畢業生，也是多不勝數。[8]

---

[7] 所謂「清流」的說法，主要著眼於學校自由的學風，以及畢業生在近代國家發展中，具有相當的影響力。小田滋著，洪有錫譯，《見證百年台灣——堀內、小田兩家三代與台灣的醫界、法界》（台北：玉山社，2009年），頁146-147；蔡篤堅等，《一個醫師的時代見證：施純仁回憶錄》，頁121。

[8] 略舉如鹿野忠雄、東嘉生、濱田隼雄、國分直一、中村孝志、中村地平、岸田實、武谷三男、甲斐文比古、佐伯喜一、吉岡英一、木藤才藏、上山春平、田代一正、吉江清景、小田稔、小田滋、有馬元治及大原一三等。蔡錦堂，〈日本治台後半期的「奢侈品」——台北高等學校與近代台灣菁英的誕生〉，頁58-59。

像台北高等學校這樣的「舊制高等學校」，具有大學預備教育性質，屬於高等教育的一環，與戰後的高校或高中有很大的不同。所謂舊制高等學校，是以1886年發布之「中學校令」為起點，到1950年制度廢止之前的64年間，為了跟戰後新制高等學校作區別，而稱之為舊制高等學校。舊制高校與戰後新制高校，分別位在6-5-3-3與6-3-3-4之教育體系框架，其實是兩種無法直接對應的制度，因而舊制高校在戰後，紛紛轉變為新制大學，也說明了新舊制度之不同。舊制高校乃戰前與大學——特別是帝國大學——相連結，但各自獨立的少數菁英教育階段，不論在教育目的、方式、學風、校風上都具有相當的獨特性。[9] 1886年除了舊制高等學校的發足，也是帝國大學基於「帝國大學令」，而確立其日本最高學府的地位與諸特權，並成為日後日本官、政、商、學術界等，指導國家發展人才的重要來源；與其連接的高等學校，在「高校—帝大」的高等教育體系下，具有前進大學前的預備教育性質，學生一旦得擠進高校之門，其未來性自然備受矚目。

　　舊制高校也是戰前日本，以龐大預算培育少數國家、社會菁英的教育過程。首先執行此制度的文部大臣森有禮，明揭高校生「**無論畢業後進入實業界，或進而修習更專精之學科，均能成為上流社會之流，如為官吏則為高等官，如為商業則為主事者，如為學者則為學術專攻者，高等中學校即為養成足以左右社會思想者之處**」。[10] 教育目的上，舊制高校不以農工商等實用之學為目的，而在於奠定外語能力、基礎學科，作為日後進行高深研究的基礎，並使學生自由累積其文化素養。在這個意義上來說，戰前以帝國大學為頂點的高等教育，包括前三年的高等學校（大學預備階段），與後三年的帝國大學之前後兩階段過程，相對於後階段以高深學問之探索、研究為目的，前階段的高等學校，以外語、人文、人格的養成為特色。

　　戰前全日本各地38所的舊制高等學校，包括1922年在殖民地

---

[9] 高橋佐門，《舊制高等學校全史》（東京：時潮社，1986年），頁386-490、534-588。

[10] 海後宗臣，《日本近代學校史》（東京：成美堂書店，1936年），頁142-144。

設立的第一所高等學校——台北高等學校，意義上是就近為台灣開啟高等教育機會，與登用人才之途，並確實培養出許許多多台籍傑出人士。但在具有殖民地性格的台灣，台北高校成立的緣由與實質內涵是什麼？殖民地高校與日本本土高校又有什麼差異？有值得進一步瞭解的地方，本書以日治時期台北高等學校為對象，討論它的設立與運作，以及人才的形塑、台籍菁英的發展等。

進入本文之前，首先就相關研究的情形，以及本書採取的研究方法、研究目的、史料運用與內容架構等，作一個介紹。

日治時期台灣高等教育機關的討論，如台北高等商業學校、台南高等工業學校等高等專門學校，都有研究論文的提出，[11] 但主要集中在台北帝國大學的討論。鄭麗玲比較台灣、朝鮮兩地帝國大學的成立，研究台北帝大的校園文化、學校組織、學術研究等廣泛面向；[12] 葉碧玲側重台北帝大與南進政策的關係，包括南方調查事業、相關機構的研究業績與影響。[13] 台北帝大到戰後台灣大學的轉變，有歐素瑛檢討台北帝大的師資、教學、研究特色，戰後台灣大學的延續與變革，以及時代變遷下台灣大學的因應與調適，等碩博士論文的討論，[14] 所澤潤也有針對台北帝大醫學部、台灣大學醫學院之連續性的單篇論文。[15] 相關人物方面，以馬越徹對台北帝大首任總長幣原坦的研究為主，先後討論幣原坦擔任朝鮮學政參與官、廣島高等師範學校校長、台北帝大總長等三個時期的理念與作為。[16]

---

[11] 黑崎淳一，〈台北高等商業學校與南支南洋研究〉（國立台灣師範大學歷史所碩士論文，2001年）。高淑媛，〈日治時期台南高等工業學校和台灣工業化〉，「成功的道路：第一屆成功大學校史學術研討會論文集」（2002年），頁245-259。

[12] 鄭麗玲，〈帝國大學在殖民地的建立與發展——以台北帝國大學為中心〉（國立台灣師範大學歷史所博士論文，2001年）。鄭麗玲，〈台北帝國大學組織與校園文化〉，「台灣學研究國際學術研討會：殖民與近代化」（2008年），頁141-165。

[13] 葉碧玲，〈台北帝國大學與日本南進政策之研究〉（中國文化大學史學研究所博士論文，2007年）。

[14] 歐素瑛，《傳承與創新——戰後初期台灣大學的再出發（1945-1950）》（台北：台灣古籍，2006年），原為台灣師範大學歷史系博士論文（2003年）。

[15] 所澤潤，〈國立台灣大學醫學院の成立と組織の繼承——台北帝國大學醫學部からの連續性を探る〉，《東洋文化研究》（2，2000年），頁243-288。

[16] 馬越徹：〈漢城時代の幣原坦〉，《國立教育研究所紀要》（115，1988年），頁

有關台北帝大的設立，吳密察、小林文男著眼於殖民地情勢，是迫使殖民政府設立台北帝大的原因，馬越徹、阿部洋討論京城帝大設立過程，也略為提到台北帝大的設立，是殖民地主動或被動的推動等。[17]

整體來說，台北帝大的設立與組織、校園文化、學術研究、與殖民政策關係、戰後的延續與轉變等課題，均已有所討論。本文不是對台北帝大進行研究，但戰前舊制高校—帝大，是為緊密銜接的教育途徑，以及一同設立在台灣的台北高校、台北帝大，應該具有內外在的關聯性，本書在相關之處，當參酌既有研究成果。

針對台北高校的研究，還有相當進展空間。最早是所澤潤自 1990 年起，作為日本大學入學考試史研究的一環，開始對殖民地台灣的日本人、台灣人，進行口述訪問。當時是島內最大升學關卡的台北高校，為其訪問重點之一：

- 泉新一郎口述，〈聽取り調查：外地の進學體驗——台北師範附屬小から台北高校、台北帝大を經て內地の帝大に編入〉（平成二年度文部省科學研究補助金研究成果報告書，1993 年），單行本頁 1-41。

- 張寬敏口述，〈聽取り調查：外地の進學體驗（II）——台北一師附小、台北高校、台北帝大醫學部を經て台灣大學醫學院卒業——〉，《群馬大學教育學部紀要　人文・社會科學編》（44，1995 年），頁 139-187。

- 陳漢升口述，〈聽取り調查：外地の進學體驗（III）——抵抗の地・龍潭から基隆中學校、台北高校を經て、長崎醫科大學卒業——〉，《群馬大學教育學部紀要　人文・社會科學編》（45，1996 年），頁 97-163。

129-146；〈廣島高師時代の幣原坦〉，《戰前日本の植民地教育政策に關する總合的研究》（文部省科學研究費補助金研究成果報告書，1992、1993 年），頁 315-330；〈台北時代の幣原坦〉，《近代日本のアジア教育認識——その形成と展開》（文部省科學研究費補助金研究成果報告書，1994、1995 年），頁 97-110。

[17] 有關台北帝大設立問題與諸研究者論點，參照第一章第二節、第三節。

- 呂燿樞口述,〈聽取り調查:外地の進學體驗(Ⅴ)石光公學校から、台北高校尋常科、同高等科、台北高級中學を經て、台灣大學醫學院卒業〉,《群馬大學教育學部紀要 人文・社會科學編》(47,1998年3月),頁183-266。

- 高峯一愚口述,〈聽取り調查:外地の進學體驗(Ⅸ)・特別篇 台北帝國大學學生主事補・台北高等學校教授の體驗を中心に〉,《群馬大學教育學部紀要 人文・社會科學編》(53,2004年),頁59-85。

除了高峯一愚是台北高校教授外,其餘受訪者都是經歷台北高校─大學的知識菁英。訪談重點以求學過程為主軸,內容包括出身背景、求學經歷、升學準備與測驗、台日人差別等問題,在對應個人生涯期待,而自主選擇升學路徑的認識上,稱之「自我塑造史」的口述研究。

所澤氏很早就指出,台灣考生第一目標的台北高校,不論台日人經歷入學測驗時,跟日本同樣會經過升學準備的過程;而台北高校生不同於帝大預科生(如朝鮮),在升學空間上與日本高校同等自由,而且不以台北帝大為優先考量,不過在戰時,因為台日交通窒礙,以及理科生(含大學理農工醫學部)得緩徵召,出現台北高校生非本意地選擇台北帝大,文科生轉讀大學理科的情形;又精算台北高校畢業生進入各大學學部人數,指出就讀文政學部者,多進入京都帝大、東京帝大,就讀理農學部者遠較其他學部為少,就讀醫學部者多選擇台北帝大,而且台灣人特別集中醫學部的情形。此外,早期質疑台北高校(及其他各級學校)的入學測驗過程中,存在台日人差別待遇的說法,最終在教授高峯一愚的訪談中獲得證實;又,在入學關卡上雖然有差別待遇,但通過入學門檻的台籍高校生,幾乎不見被差別、歧視的情形。

在學校教育方面,所澤氏指出台北高校發揮了集合優秀人才,施予教育,再送入大學的機能,其次,台北高校的教育與日本高校相同,

具有高等學校獨特的教養主義色彩。最特殊的是,在訪談中體會台北高校生是以放眼日本社會,展望世界的觀點來思考日台之間的關係,這是在高等專門學校(如台北高等商業學校、台南高等工業學校)畢業生身上所無法見到的,原因是高等學校擔負培育國家菁英之機能,台北高校培育的台籍菁英,不只是台灣的菁英,而是全日本的菁英,這也是舊制高校的共同特徵與遺產。[18]

鄭麗玲對台北帝大的研究中,比較台北高校、台北帝大預科(1941年設立)兩所大學預備教育機關,在設置、入學、升學、課程方面的差異,以及弊衣破帽的校園風氣。[19] 她的研究成果在筆者開始認識台北高校的初期,有相當引介作用,但鄭氏是以台北帝大為中心,對台北高校的關注較為不足,對台北高校內,台日人相當不平等的說法,跟所澤氏的口述訪問結果有所差異。

蔡錦堂在口述訪問、資料收集基礎上,提示台北高校取代了日本統治前半期的總督府國語學校、醫學校,成為全台灣頂尖菁英的養成所,以及台籍畢業生對戰後台灣發展的重要性,台籍畢業生前後代出身學歷之間的相關性等,給予筆者相當啟發。[20]

就上述研究成果觀之,除去日本學者,台灣方面直到西元2000年之後才有少數論文提出(此時最年輕的台北高校生都已在70歲以上)。主要理由,可能跟台北高校容易被理解為今日台灣的高級中學有關,但舊制高校今日已不存在,又無法對應戰後學制,遂造成誤解或忽視。上述研究者中,如鄭麗玲對台北帝大的研究,將相關的預備教育納入

---

[18] 所澤潤著,黃紹恆譯,〈我的訪談主題及經驗——日治時期台灣人的「自我塑造史」〉,《口述歷史》(6,1995年),頁229-244;所澤潤,〈専門學校卒業者と台北帝國大學——もう一つの大學受驗世界〉,《近代日本研究》(19,1997年),頁178-210。

[19] 鄭麗玲,〈帝國大學在殖民地的建立與發展——以台北帝國大學為中心〉,頁54-84;鄭麗玲,〈弊衣破帽的天之驕子——台北高校與台大預科生〉,《台灣風物》(52:1,2002年3月),頁41-88。

[20] 蔡錦堂,〈日本治台後半期的「奢侈品」——台北高等學校與近代台灣菁英的誕生〉,頁49-59;蔡錦堂、徐聖凱,〈台北高等學校に關するオーラル・ヒストリーと資料收集〉,「台灣社會の變容と口述歷史 國際研究集會」(2008年),不著頁碼。

討論，而注意到台北高校的存在，蔡錦堂與筆者因置教籍、學籍於台灣師範大學—台北高校原址，在追查「校史」過程，甫驚覺它的特殊性與重要性，這般驚覺包含著對舊制高校陌生的成分在內。其次，戰前有關台灣教育發展的論著，如《台灣教育史》（1927年）、《台灣教育沿革誌》（1939年）、《台灣教育の進展》（1943年），[21] 有系統地載述台灣教育制度整備過程，但相對偏重於基礎教育與實業教育，關係台北高校的紀錄相當貧乏（台北帝大亦然），主要臚列相關法規、課程安排，此外便是簡單的設立緣由、學生人數。再者，現存台北高校的直接史料有限，1990年代所澤潤進行調查時，發覺相關檔案在台灣師範大學已幾乎亡佚，中央圖書館台灣分館保存不完整的校園刊物《台高》與《翔風》，惟獨台北高校出品的《台灣總督府台北高等學校一覽》，仍多數保留，在一手史料上多少限制了研究成果的產生。

　　本書因台北高校的特殊性，及其長期被忽視的情形，以及瞭解整體戰前高等教育之必要，對它進行研究討論，以底下兩個面向為討論重心：

　　1. 舊制高校在台灣的成立與運作。
　　2. 知識菁英的塑造、意識與發展。

　　即以台北高校的設置、人事、校風、教育等學校成立的依據為研究對象，但台北高校若與其他高校沒有不同，不過就是一所在台灣的高等學校，未必有深入探究的必要；復以日本方面對舊制高校的研究已有相當成果，本文更無討論空間，但就算是《舊制高等學校全史》，幾乎將殖民地排除而留下空白，本書在這方面補白之餘，更站在台灣歷史研究的主體立場，凸顯殖民地高等學校的不同。又舊制高校以少數菁英為培育對象，這些菁英的出身、塑造、精神樣貌及戰前戰後的發展，也是考察重點，特別是台籍高校生跟近代台灣發展關係密切，這些知識菁英的形塑過程，尤其值得重視。就像蔡錦堂氏所說，「『舊

---

[21] 吉野秀公，《台灣教育史》（台灣日日新報社，1927年出版，1997年南天書局復刻）。
台灣教育會編，《台灣教育沿革誌》（同會，1939年出版，1973年古亭書屋復刻）。
佐藤源治，《台灣教育の進展》（台灣出版文化，1943年出版，1998年大空社復刻）

制高等學校』到底是什麼？台北高校是如何建立的？舊制高校的『菁英』們究竟如何接受教育？這些『菁英』們畢業之後，於戰前與戰後對於台灣或日本之國家、社會扮演的角色與貢獻又是如何」，適為本文欲解決的問題。

　　研究方法與史料運用方面。口述訪談對文獻資料的佐證、補遺甚是重要，筆者與蔡錦堂自2007年5月開始，對台北高校相關人士進行口述訪問與資料收集，受訪者依序是：

受訪者	受訪者身分	訪問次數	訪問地點
黃伯超	台高19理乙（尋）、前台北高校同學會會長	3	台大醫學院受訪者研究室外
楊思標	台高12理乙	1	台大醫學院景福樓一樓
楊照雄	台高16理甲	1	台大醫學院景福樓一樓
李悌元	台高18理乙	1	台灣血液基金會
蔣松輝	台高8理乙	1	受訪者家中（台北市）
蘇瑛煊	父蘇瑞麟：台高13文甲	2	台師大、竹東蘇家「武功堂」
呂榮初	台高12理乙	1	受訪者家中（新竹竹東）
陳桂雲姐妹	父陳漢升：台高9理甲	1	台師大
張寬敏	台高18理乙（尋）	3	受訪者家中（台北市）
呂燿樞	台高21理乙（尋）	1	受訪者家中（台北市）
李昇長	台師大校警（1988年來校服務至今）	1	台師大
楊明元	台師大工友（1958年來校服務，已退休）	1	台師大
柯德三	台高15理乙	1	受訪者家中（台北市）
許武勇	台高14理乙（尋）	2	受訪者家中（台北市）
王萬居	台高20理乙	1	受訪者家中（新北市）
蘇培溥	廣島高校	1	受訪者家中（台北市）
賴再興	台高12文甲	3	受訪者家中（台南市）
翁廷銓	台高19理乙	1	受訪者家中（高雄市）

（註：「台高19理乙」即台北高校第19屆理科乙類畢業生；「尋」為尋常科修畢，直升高等科者，以下類同。）

受訪者因出身背景、入學時間、組別等,各有不同經歷。黃伯超是台北高校同學會前任會長(2004年至2009年),對台北高校的特色、畢業生動向有相當掌握,除對他進行台北高校相關訪談,也就個人生命史長期追蹤。其次,受訪者中不少是昔日聞人的後代,如黃伯超的父親黃文陶(1893-1970)為地方著名的外科醫師、文人,蔣松輝父蔣渭水(1891-1931)是知名的社會運動者,張寬敏父張文伴(1898-1987)是北市著名的蓬萊婦產科醫院院長、產婆講習所所長,柯德三祖父柯秋潔(1872-1945)為芝山巖學堂第一期學生,也就是台灣進入日本統治初期,最早接受日語教育的台灣人,許武勇父許望(1888-1952)則是活躍於日本、南洋、歐洲等地的貿易商。在訪談基礎上輔以文獻的蒐集,有助筆者掌握台籍高校生與前代社會菁英的傳承關係,以及菁英培塑的過程。再者,受訪者集中以大學醫學部為目標的類組(理科乙類),在戰後的發展也幾乎跟醫學相關,除開業醫師外,黃伯超、楊思標、楊照雄,都擔任過台大醫學院院長、各學會會長(理事長),李悌元是台灣省政府衛生處長、行政院衛生署副署長。實際台籍畢業生在戰後活躍於醫學、教育、政界等各個領域,透過口述訪談能進一步瞭解他們的發展輪廓;又如蘇瑞麟、賴再興等少數文科生的發展情形,也藉由文獻與訪談內容相互參證而加以追蹤。

口述訪談除了作為文獻的佐證、補遺外,對史料的收集更是重要。上述受訪者提供了許多的貴重文件,其中(1)~(4)的課堂筆記、學生刊物等,為研究高校校園生活的一手材料;(5)是為了通過台北高校入學測驗的升學準備用書;(6)~(7)是戰後以同學會為中心所編輯的通訊、回憶文集,得相當補足一手材料不足之處:

(1)課堂筆記:人文科筆記、圖表學筆記、國語學概論筆記,以及人文科習題作答1篇。
(2)學生刊物:《南十字星》(13文甲班級刊物)、《杏》(「杏」讀書會會誌)、《Dämmerung》,以及《台高》第15-18號、《翔風》第26號等圖書館缺號部分。
(3)相片:黃伯超、許武勇、蘇瑞麟、王萬居、賴再興等私人相簿。

（4）日記：黃伯超日記（1943-1950年）、新山茂人太平洋戰爭日誌。
（5）升學準備相關：《受驗旬報》、《國漢文研究週報》，另大學入學試題1份。
（6）同學會會報：《蕉葉會報》、《椰子樹會報》。
（7）回憶文集、紀念文集：《荒川重理先生の思い出》、《回顧・五十年》、《自治と自由の鐘が鳴る》、《五十年の軌跡》、《對の大屯　わしらが館》、《はるかなり　わが台高―六〇年前の出来ごと》、《美しき魂　復刻版》、《獅子頭山に雲みだれ》、《七星が嶺に霧まよふ》、《七星が嶺に霧まよふ（補遺）》等。
（8）其他：像成績單、畢業證書、歷年同學會名簿、台北高等學校歌集等。

　　除了口述紀錄與上述資料，現存各圖書館、資料室保存日治時期的圖書資料、報紙雜誌、檔案文書、校園刊物等，是必不可或缺的部分。《台灣總督府台北高等學校一覽》、《台北高等學校生徒便覽》等台北高校出版品，在相關法令、學校沿革、組織規制、學生管理、課程安排、新生來源、畢業生動向等方面，提供豐富的資訊。《台灣總督府學事年報》、《台灣總督府及所屬官署職員錄》、《台灣總督府府報》、《台灣總督府公文類纂》等官方出版品與檔案，提供學校經費支出、教學員人數、人事進退、入學選拔、學事法令等重要資料。《台灣日日新報》、《台灣時報》、《台灣新民報》、《新高新報》、《昭和新報》等官民營報紙雜誌，提供動態報導與社會輿論情形。《台高》、《翔風》、《南颷》、《南十字星》等校園刊物，是瞭解校園生活、學生思想的主要史料。

　　戰後同學會所編輯的諸多回憶文集中，以《台北高等學校（一九二二―一九四六）》完整度最高，時間上也最早完成而貼近歷史現場，因此在記述上優先採用。《楊基銓回憶錄》、《王育德自傳》、《噶瑪蘭的燭光——陳五福醫師傳》等個人傳記（回憶錄），對校園生活有豐富回憶，且傳記中的高校人脈，頻頻穿梭在長時段的人生歷程中，對瞭解台籍菁英的出身、發展、人際網絡甚有幫助，而傳主往

往提出台北高校在其人生中的重要性，凸顯台北高校跟其他各級學校不同的地方。個人傳記中（全三十餘冊），楊基銓因長期（1992-2003）擔任台北高校同學會會長，對台北高校的發展、畢業生動向有所掌握，所以筆者特別注重。最末，所澤潤已經發表的口述訪問紀錄，對筆者進行的研究有相當挹助，再加上筆者與蔡錦堂共同進行的口述訪談，除加深瞭解高校生的生活實態，對多數受訪者的成長、意識與戰後發展，亦得以尋求其共同之性質。[22]

本文的主要內容，包含「舊制高校在殖民地的建立」與「知識菁英的塑造與發展」兩個主軸，前者包括台北高校的設置、人事、入學選拔、校風的形成，後者討論學校教育、學習風氣，以及知識菁英在戰前、戰後的發展。

章節安排方面，第一章「台北高等學校的誕生」，因台北高校設立與否，涉及整體殖民地高等教育政策，尤以是否成立大學為問題核心。以往對於設立台北帝大的討論，主要的見解是1919年田健治郎擔任總督時，雖然已經有設立大學的想法，但並未付諸實行，一直到1925年的伊澤多喜男總督時期，總督府採取積極行動，編列新設大學之預算，並邀請幣原坦來台灣籌設大學，[23] 或從殖民者受到殖民地反抗為出發點，認為大學的設立是被迫順應民情，[24] 有關設立大學的輿論，主要是在台日本人推動設立綜合大學，[25] 等等。本章以政友會政策及日本擴張高等教育為切入點，重新檢視台灣高等教育的開放，乃至於台北高等學校的成立。

第二章「校長與教授群的聘用」，探討以校長為中心的人事問題，以及台北高校位在殖民地，且是特殊「七年制」高等學校，在教員延

---

[22] 在受訪者重疊且所澤氏已發表口述成果的情形下，優先採用所澤氏已發表的部分。
[23] 派翠西亞‧鶴見著，林正芳譯，《日治時期台灣教育史》（宜蘭：財團法人仰山文教基金會，1999年），頁102。
[24] 吳密察，〈從日本殖民地教育學制發展看台北帝國大學的設立〉，《台灣近代史研究》（台北：稻鄉，2001年再版），頁149-175。
[25] 鄭麗玲，〈帝國大學在殖民地的建立與發展〉（國立台灣師範大學歷史所博士論文，2001年），頁129-132。

聘、任用方面，有別於日本三年制為主的高等學校，又學校的經營管理者，是學校運作的核心，有探討與認識之必要，本章就人事層面進行考察。

第三章「殖民地的自由學園」，自由自主為全日本高等學校所共有的風氣，但在殖民地台灣是否，或如何能夠出現這種特殊風氣呢？瞭解自由風氣如何與殖民地台灣共存，是為本章關心之處。

第四章「成為準帝大生──入學、教育與學習」，帝國大學作為日本最高學府，原則上招收高等學校畢業生入學，高校生也幾乎全員進入大學，是以其菁英性與未來性備受期待；但高校的入學窄門不容易通過，有「全台升學最大難關」之稱。本章討論台北高校的入學問題，其中涉及台日人錄取人數差異，以及出現差異的原因。其次，考察入學窄門內的教育與學習，在平時及戰時體制底下的情形，均為本章重點。

終章「知識菁英與近代台灣」，經歷台北高校─各大學而卓有成就的人士甚多，但戰前台灣處在殖民體制，戰後政權與制度轉變，這些畢業生的整體發展情形仍有待檢驗，文章最末處理台籍知識菁英在戰前、戰後的發展，尤其是台籍高校生在戰後所扮演的角色與貢獻。

第二節　學制與名詞解釋

台北高校設有「尋常科」與「高等科」之前後兩階段，尋常科每年招收小公學校畢業生 40 名，行中學校程度之教育，不分組，修業四年後直升高等科。高等科除尋常科直升的 40 名，每年經由入學測驗，招收中學畢業或四年修畢者 120 名左右，行大學預備教育與高等普通教育，修業三年畢業後，原則上可以免試直升全日本各（帝國）大學。由此可知，一旦通過台北高校尋常科或高等科的入學門檻，就幾乎是未來的大學生，尤其小公學校畢業後，如果可以考進台北高校尋常科，

序章　殖民地台灣的高等學校與菁英 | 17

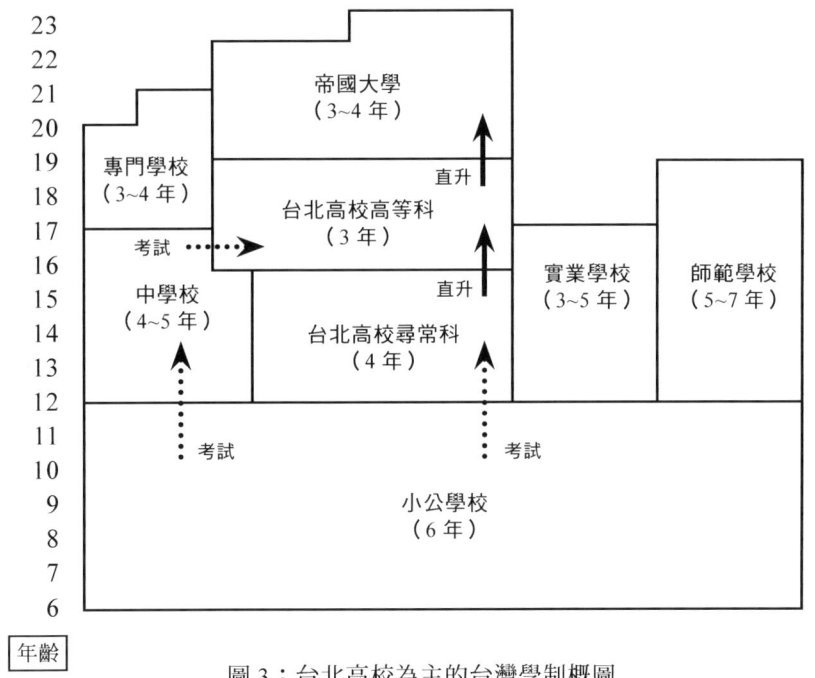

圖3：台北高校為主的台灣學制概圖

此後一路「直通」帝大,「一次入學考試決定終身前途」。[26]

　　高等科依學生志願,分文科與理科,又依主修外語之不同,分甲、乙兩類,甲類以英語為第一外語,德語為第二外語,乙類則以德語為第一外語,英語為第二外語。因有文理甲乙之不同,高等科每年有文甲、文乙、理甲、理乙四個班,一般而言,文科生進入大學後,多就讀文學、法學、經濟學等學部,理科生則以醫學、理工、農學部為目標,而台灣人選讀理乙者居多,目的是進入各大學醫學部,或是醫科大學。

　　全日本各(帝國)大學在入學關卡上,均優先錄取高校畢業生,各學部在可以收容的範圍內,皆使高校生免試入學,當志願人數超過招收人數時,才須追加測驗,因志願者多而須測驗的學校,主要是東京帝大、京都帝大的學部,測驗科目以主修外國語(英語、德語、法語)

---

[26] 蔡錦堂,〈日本治台後半期的「奢侈品」——台北高等學校與近代台灣菁英的誕生〉,頁52。

圖4：故意使披風高揚，木屐喀答喀答地發出聲音，散步於市街。圖攝於台北新公園，左後方為台灣總督府。（郭双富先生提供）

為主，此外部分志願者眾的醫科大學（單科大學），亦須入學測驗，如千葉醫科大學、岡山醫科大學，主要視志願人數是否超過招收人數而定，但多數大學學部可以不必測驗，即開放高校畢業生申請入學。也因此，戰前進入各（帝國）大學的關鍵，不在於大學的入學考試，而是在前一階段的高等學校。

台北高校設有尋常科與高等科，也就是「七年制高校」，在全日本僅僅只有九所，一般高等學校都是「三年制高校」，僅設置高等科。然無論如何，通算戰前全日本高等學校，也只有35所，以及三所性質相近的「大學預科」。

大學預科是附屬在大學之下的大學預校，學生畢業後只能直升所屬大學，如1924年設立之京城帝大預科，以及1941年設立之台北帝大預科。台北帝大預科的出現，是因為台北高校生畢業後，大多離開台灣，選擇日本內地大學就讀，台北帝大除醫學部以外，相當缺乏學生來源，1941年台北帝大預科的開設，主要即為確保學生來源而設立。[27]

---

[27] 松本巍著，蒯通林譯，《台北帝國大學沿革史》（蒯通林，1960年），頁32。

序章　殖民地台灣的高等學校與菁英

戰前高校生之間，存在特殊而彼此熟悉的文化，這些文化有它的專有名詞（隱語），名詞本身以德語為主，也有日語混合英語之用語，此外台北高校還有不少具象徵意義，或實際重要性之標的物，在這裡簡要介紹：

蠻風（バンカラ），是高校生形諸於外的整體特徵，相對於西方紳士的ハイカラ（時髦 high collar），處於青春期的高校生們，樂於展現粗俗野蠻的外在舉止。典型的衣著即「弊衣破帽」，蓄留長髮、蓬髮，身穿又破又舊的學生服，戴著象徵高校的兩條白線帽，卻將帽子剪破，不經意地露出頭髮一段，肩披黑斗篷，足踏高腳木屐，搭配與常民不同的寬版木屐帶，腰垂又髒又長的毛巾，再拄著一根拐杖，正是高校生間的流行穿著，這樣的不修邊幅，被認為像是戰國時代的浪人，又宛若二次戰後的嬉皮。集體ストーム，賄征伐，寮雨，戲弄教官（配屬將校）等，也就是蠻風的實際表現。

ストーム（Storm），為了擾亂或震驚周圍環境，或因激情昂揚而自然發出的團體行動，也帶有發洩青少年精力的意味在裡面。如施純仁描述，大家勾肩搭背橫作數排，在宿舍集體敲鑼打鼓又唱又跳，或突於夜間發動，大聲驚嚇他人，無視舍監的管理即是。ストーム也可依地點與目的，分作幾種形式，如歡迎ストーム、送別ストーム、祝勝ストーム，大多在宿舍或學校內進行，街頭ストーム出現在校慶，或者對抗賽之後進行，如校慶時的街頭ストーム，幾乎全員參加，前

圖5：隨處皆可ストーム，左圖在大屯山，右圖是班級聚會後隨地ストーム。（冨田敏郎、賴再興先生提供）

有大鼓及應援團開道，橫掃台北熱鬧街頭，一旁還有警察保護，沿途所經為圍觀群眾壅塞。也有隨地而起的ストーム，在山中、海濱、路旁、旅館等不定處所，一時情緒高昂而自然起舞的情形。[28]

デカンショ節，是高校生相當愛唱的曲調，デ是 Descartes，カン是 Kant，ショ是 Schopenhauer，笛卡爾、康德、叔本華三位哲學家之姓名縮寫，搭配丹波民謠而成，主要段落為：[29]

デカンショデカンショで半年暮らす（ヨイヨイ）
あとの半年ゃ寝て暮らす（ヨーイヨーイ　デカンショ）

賄征伐，批評宿舍供餐口味不佳，或飯量不足，甚而有破壞食堂秩序的舉動，亦屬蠻風的表現，同時具有爭取宿舍自治的意味。

コンパ，本意為會合、交際、交友，由德語 Kompanie 或英語 Company 而來，高校生們在市內餐飲店，甚至是有小姐作陪的酒家，與同窗好友齊聚聯誼。

代返，即上課點名代答的行為。

宿舍稱作**寮**，高等科宿舍為校本部的**七星寮**，另有一所開設一年隨即關閉的南晨寮，尋常科也有**尋常科寄宿舍**，位在植物園，這些學寮都是屬於學校管理的學生宿舍。此外，台灣人由中南部北上的學子，若不寄宿親友家，則大多居住在**グロ寮**，或者在學校附近尋找租屋處。グロ為 grotesque（奇異）的戲稱，房間雜亂而「別具風味」，在今日台北市汀州路附近，由客家人梁萬珍經營，房數 20，一人一房，六疊榻榻米大，寄住著台北高校生與台北帝大生。

學寮為學生的日常生活中心，**寮祭**即學寮的慶典，每年與校慶（**記念祭**）同時辦理，往往相當盛大，並且開放市民參觀，活動如寢室裝

---

[28] 高橋佐門，《舊制高等學校研究 校風・寮歌論篇》（東京：昭和出版，1978 年），頁 367-417。
[29] 秦郁彥，《舊制高校物語》（東京：文藝春秋，2003 年），頁 147。

飾、化妝遊行、園遊會、寮歌募集等。**寮歌**為學寮之歌，由學生或教師創作而成，成為高校生獨有的歌曲，歷年寮祭時都選出寮祭歌，如王育德最喜愛的「新七星寮寮歌」。**寮雨**係由學寮二樓直接往一樓小解，形成水龍，屬高校傳統之一，**萬年床**則意味床鋪長期不加清理。

除了諸多的寮歌，第一校歌更是至為重要的歌曲。台北高校有兩首校歌，**第一校歌**「獅子頭山」，為校長三澤糾作詞，歌詞第一段由理想起首，第二段期許學問之精進，第三段為體育讚歌，末段歡頌青春之喜。**獅子頭山**也是台北高校的精神象徵，位在今天新店與三峽交界，站在本館（今台師大行政大樓）頂樓，可遠遠眺望之處。**第二校歌**「みんなみの島」（南方之島），為德文科教授西田正一作詞，知名作曲家、指揮家山田耕作作曲。兩首校歌並非只有高掛校牆，無論慶典、聚會或ストーム，校歌都是常被拿來蠻聲歌唱的一首，時至今日，台北高校的同窗會，或老同學見面時，幾乎必大合唱第一校歌作結。

自由之鐘、蕉葉校徽、台高舞（高砂舞），也是台北高校的重要象徵物，各有其精神理念存在。自由之鐘乃校長三澤糾，自美國農場購置於本館頂樓，為台北高校自由精神的象徵。**蕉葉校徽**由名畫家塩月桃甫設計，以芭蕉端正而豐滿的闊葉，及熱帶晴空中，亭亭而立的椰子的葉尖，來設計校徽。此一正三角形，芭蕉葉為底，搭配椰子葉葉尖的

圖6：台北高校校徽

圖樣，其精神乃「椰子葉象徵勝利、正義、向上，三角形象徵平等、安定、進步，三角的頂角為真善美、科學藝術宗教、教育道德體育之不偏的理想」。[30]

---

[30] 〈徽章は椰子の葉か芭蕉の葉か〉，《自治と自由の鐘が鳴る》，頁118。

台高舞（高砂舞）是從高山族原住民日常舞蹈中，衍生出來的團體舞蹈，最初是體操科船曳實雄、音樂科教師村橋靖彥，與數名學生於假期間深入泰雅族部落，觀察其生活種種，經酋長傳授舞蹈要點，而後由船曳實雄新創之。[31] 起初原型為「生蕃舞」，搭配村橋講師採集的二首「蠻歌」，由尋常科生穿著原住民服裝，率先在 1928 年第一回記念祭演出，深獲好評，經再研發成為高砂舞，又稱台高舞，配上小山捨男教授作詞，村橋講師作曲的「台高踊歌」（台高踊り歌），在 1933 年記念祭首次公開，成為台北高校記念祭、寮祭的固定演出；[32] 而其舞蹈精神乃嚮往原住民生活的純真，期待躍舞者追求或保持著人類的純真性。[33]

---

[31] 《翔風》（7，1929.2），學友會報告頁 4。
[32] 船曳實雄，〈高砂踊りの由來〉，《台北高等學校（一九二二—一九四六）》，頁 243-244。
[33] 〈高砂踊りの精神〉，《自治と自由の鐘が鳴る》，頁 144。

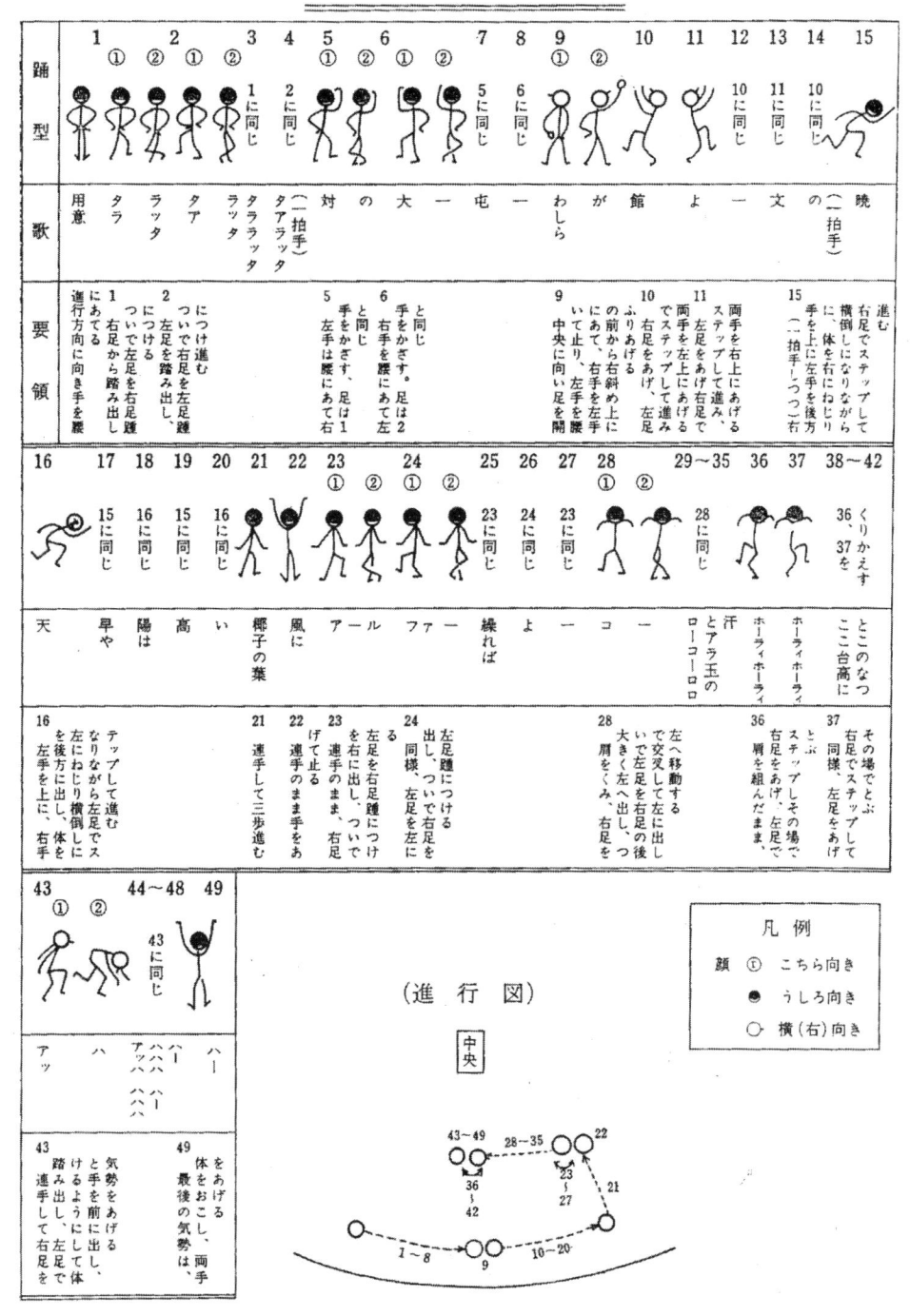

序章 殖民地台灣的高等學校與菁英 | 23

圖7：「台高舞」舞步，搭配的曲調及進行方式圖解。

第一章

台北高等學校的誕生

1920年代，台灣總督府以設立大學為最終目標，相繼設立高等學校以及帝國大學，完成高校─大學的高等教育體制。站在完成高等教育的立場，討論「台灣為何設立高等學校」之前，會有「為何在台灣設立大學」的前提，因此本章中，高校與大學的設立必須一併討論。另一方面，在設立台北高等學校的1922年以前，日本正大規模進行高等教育擴張計劃，台灣也就從這時起，漸次建立高等教育制度，而日本擴張高等教育，與台灣設置大學之間有何關連？本章以設置高校─帝大之高等教育體制為重心，依（1）政友會與高等教育擴張（2）設置台灣大學的呼聲（3）田健治郎與台北高等學校的創立之順序，依序說明。

圖8：台北高校正門，與矗立於古亭原的本館建築。（王耀德教授提供）

第一節　政友會與高等教育擴張

　　日本擴張高等教育設施的基礎背景，為升學志願者增加，與隨之而來的升學困難，並導致相關社會問題。1890 年代日本擴張中等教育設施以來，接受中等教育者，進入上級學校之需求逐漸升高，尤其是官立之上級學校，但與此相應的收容力並未提高，從而產生逐年累增的重考者（所謂受驗浪人）。文部省曾擬定從 1900 年起，進行八年之官立高等教育機關新設計劃，追求初等至高等教育體系整體之完善，但最終因為財政困難與學制問題而未能付諸實行。不過過程中引起輿論的熱烈討論，以及地方人士紛相爭取在地方上新設學校。[1]

　　如此社會與地方之教育訴求，在日本政黨勢力抬頭過程中，為政治團體與政治人物吸收，成為政治訴求。1890 年代政友會系政黨（自由黨、憲政會、政友會政黨之系統），採取與當前政府政策「民力休養、地租輕減」相反的政見，主張治水、鐵路、港灣及教育設施之整備，採取財政擴張主義，藉增稅、發行公債充實建設經費，政友會系稱此為「積極政策」或「積極主義」，是為政友會的基本方針。其中有關增設教育機關的政策，原係地方設立高等教育機關之訴求，進而成為其政綱之一。自 1891 年，政友會系首次在帝國議會提出高等教育興設案，[2] 到 1919 年為止的 40 回議會當中，總計有 32 件興設案，是政友會系所提出的，佔高等教育興設案總數的四分之三（32/42），可見此一主張深具政黨色彩，惟其實行條件，須有十足的政治影響力，以及充足的財政支持。[3]

　　政治環境的改變以及第一次世界大戰，給予政友會大規模進行擴張建設有利的條件。日俄戰爭後，政治體制中的政黨比重逐漸升高，

---

[1] 伊藤彰浩，《戰間期日本の高等教育》（東京：玉川大學出版部，1999 年），頁 23-24。
[2] 首次提出的興設案為〈在西京新設帝國大學之建議案〉。本山幸彥，《帝國議會と教育政策》（京都：思文閣，1981），附錄頁 27。
[3] 伊藤彰浩，《戰間期日本の高等教育》，頁 25-28。

藩閥勢力相對減弱，政友會與藩閥勢力輪流組成內閣期間，第一次西園寺內閣（政友會）決定新設10所官立高等學校，可說是積極政策下最初的成果，但財政仍不足以支持更大規模的建設。第一次世界大戰期間之景氣，日本呈現前所未見的繁榮，隨國際收支好轉，企業利益激增，國家財政大幅擴大，使需要龐大財政支持的各項建設成為可能，甫以逐漸轉變的政治環境與社會思潮，屬藩閥勢力之寺內正毅內閣，不得不與政黨勢力配合。結果官立高等教育設施的增設，因財政充裕、輿論壓力、勢力合作而得以實現。先於寺內正毅時期，決定新設之14所官立高等教育機關，其下台後原敬接續，原敬內閣除執行寺內時期之計劃，另規劃更大規模之「高等諸學校創設及擴張計劃」，以「量」的增加為首要目的。[4]

1918年底公布之「高等諸學校創設及擴張計劃」，藉擴增高等教育機關與收容力，緩和升學困難的問題。計劃從1919至1925的六年當中，大規模新增或擴充日本官立之大學、實業專門學校、專門學校以及高等學校。擴充之基準（大學除外），係以每年中學畢業之升學志願者全部入學為目標，乃概算過去八年間，中學畢業生的增加率，推測計劃結束的1925年，中學畢業生為28,500人，根據過去的經驗，其三分之二為升學志願者，即19,000名，加上實業學校畢業、檢定試驗合格者1,000名，總計將有二萬名升學志願者。而規劃當時的1918年，全國高等教育機關（實業專門學校、專門學校、高等學校）收容人數，與興建當中的學校收容人數，合計為15,635名。為使總收容力達到二萬名，應擴增能夠容納4,365名升學者之規模，其間不考慮公私立學校可能增加的收容力，以及重考者、女子志願者的存在。[5]

大學擴增的部分。大學主要是接受高等學校畢業生，其擴增乃相應於高等學校之擴張，上述計劃中，高等學校經擴張之後的整體收容人數為5,002名，依照以往情形來預估，將產生4,200名畢業生，較

---

[4] 伊藤彰浩，《戰間期日本の高等教育》，頁29-31。
[5] 文部省內教育史編纂會，《明治以降教育制度發達史》第五卷（東京：草村松雄，1939年），頁1209-1210。

計劃當時（1918年）多出 2,000 名的高等學校畢業生，是以大學收容力必需要相應地提升。於是計劃新增大學學部，增加學部收容人數，並將專門學校、實業專門學校升格為單科大學。[6]

總結全體擴增計劃內容，包括新設 33 所官立高等教育機關、一所實業專門學校，及五所專門學校升格為大學，同時增設多所既設之大學學部、實業專門學校學科，以及增加招收名額，伴隨整體高等教育擴張計劃而來，另訂定高等教育人員養成計劃。整體目標欲使日本官立高等教育部門的收容人數，較以往增加五成以上。

表 1-1：官立「高等諸學校創設及擴張計劃」內容

I 新設				
校種		校數	內容	增額（名）
帝國大學學部		4	京大農，九大法文，東北大法文，北大江	820
高等學校		10	東京，大阪，靜岡，浦和，姬路，廣島，松江，高知，福岡，弘前	2,050
實業專門學校	農林	4	宇都宮，岐阜，三重，宮崎	400
	工業	6	東京工藝，山梨，濱松，長岡，福井，德島	720
	商業	7	橫濱，福島，彥根，和歌山，高岡，高松，大分	1,050
專門學校		2	大阪外語，熊本藥學	250
合計		33		5,290

II 既設學校之擴充			
校種	校數	內容	增員
帝國大學	6	東大理、農，京大法、理，東北大工、理	398
實業專門學校	2	京都高等蠶絲，米澤高工	43
合計	8		441

III 升格大學			
校種	校數	內容	增員
大學	6	東京商大，千葉、新潟、金澤、岡山、長崎醫大	500

資料來源：伊藤彰浩，《戰間期日本の高等教育》（東京：玉川大學出版部，1999年），頁 37。

---

[6] 文部省內教育史編纂會，《明治以降教育制度發達史》第五卷，頁 1211-1212。

圖9：設校初期，校園四周仍是一片農田。（王耀德教授提供）

　　這個計劃跟底下相關，而需要稍加注意之處。新設高等學校皆為三年制：較1918年計劃稍早進入研議的新「高等學校令」（敕令389號，1919年4月實施），規定「高等學校修業年限為七年，四年尋常科，三年高等科」「得僅置高等科」，即預定將來新設之高等學校，以七年制為主。惟實質上後來發布之擴張計劃，皆為三年制高等學校，對此文部省主要的理由是，當前目標乃擴大高等教育機關的收容力，假使依照新高等教育令辦理，七年制高等學校高等科，每年僅能容納從中學來的入學資格者80名，而三年制高等學校每年可以容納200名，對紓解升學困難最為有益。因此計劃新設10所三年制高等學校，每年得以容納2,000人。[7] 原於1918年，臨時教育委員會審議高等教育令時，[8] 七年制被視為理想制度，但興設計劃發布後，與法令完全相反，是以文部省遭受相當的抨擊，結果在臨時教育委員會要求下，在東京

---

[7] 依照新高等教育令，七年制高等學校高等科的學生人數在480人以內，即每年招收160人，尋常科人數在320人以內，即每年錄取80名，不過高等科每年招收的160名之中，最多有80名從尋常科進入，因此一般從中學進入者僅僅80名；相較於此，三年制高等學校的學生人數在600名以內，即每年最多得以招收200名中學入學資格者。

[8] 「臨時教育委員會」由「臨時教育會議」成員組成。1917年「臨時教育會議」成立，為供內閣總理大臣諮詢、建議之機關，其委員會以議定教育政策為目的，直屬於內閣而具有議決後的執行力。該委員會從1917年底開始審議高等學校制度，1918年作成「高等學校令案」，同年7月向內閣提出「高等學校令」，12月正式頒布。「高等學校令」以七年制高等學校為主體的條令，使長久以來「中高一貫」（中學、高校一貫）與縮短教育年限的理念，得以在法令上實現。高橋佐門，《舊制高等學校全史》，頁598-645。

設立七年制之東京高等學校一所。⁹ 最終在 1945 年以前，全日本帝國僅止於兩所官立七年制高等學校，一所為東京高等學校，一所為台北高等學校。

其次，擴張計劃自始沒有將殖民地考慮在內（**詳表 1-1**），文部省直接管轄範圍不包含殖民地，但韓國與台灣總督府，同於日本計劃施行期間，提出設立大學的構想，以及台北高等學校、京城帝國大學預科，在擴張計劃施行期間設立，關東州也有新設高等學校、綜合大學的計劃，¹⁰ 值得注意殖民地與日本之間，增設高等教育機關的相關性。

第二節　設置台灣大學的呼聲

日本領台初期，有阪谷芳郎提出大學設置意見書，曾經擔任總督府學務課長的木村匡，站在內地延長的立場支持設立大學，惟此乃影響有限之少數看法，亦無政策上的支持。1900 年代起，歐美國家在中國紛設大學，1911 年日本於福岡設立九州帝國大學，當時在台灣都有相當報導，有某論說舉出德國、英國、美國等國，都在新獲得的土地或者殖民地設立大學，認為殖民地設置大學，在統治上應甚具功效，反觀當前台灣各項教育設施的程度甚為低下，欲殖民統治成功，應當籌設高等教育機關。¹¹ 該篇論說由右至左橫亙於《台灣日日新報》2 版最上方，雖未直接打出設立大學的標語，實際是以設立大學為目的，惟其出發點與 1899 年阪谷芳郎提出的大學設置意見書相去不遠。¹² 抱持此見或是從同化主義、內地延長的觀點出發，作為設立大學的理由，

---

⁹ 高橋佐門，《舊制高等學校全史》，頁 688-692。

¹⁰ 鈴木健一，〈旅順高等學校の設立と存在〉，《舊制高等學校史研究》（11，1976 年），頁 70-72。

¹¹ 〈植民の半面〉，《台灣日日新報》2813 號，1911.1.12.，2 版。

¹² 〈台灣大學設立の議〉，《台灣日日新報》256 號，1899.3.12.，2 版。

在當時尚未得到普遍認同，預設大學的實際內容亦不明確。

1915年左右，《台灣日日新報》上出現「台灣大學設置論」，支持者頗有增加之勢。「台灣大學設置論」係日日小筆欄執筆者（久保島天麗）提出，認為此舉有益於提升台灣地位，貢獻世界文明等。時值台中中學設立之際，略謂：[13]

> 質疑記者提出之台灣大學設置論者，認為記者既曾倡導台灣中學尚早論，如今為何提出台灣大學設置論？簡單地說，設立收容台灣人之台灣中學，與設立台灣大學的目的全然不同。然而，來日若有本島人之大學志願者應當如何？（原文模糊）即使兩三年內得以設置大學，本島人之大學志願者應該相當稀少。台灣設置的大學，應以農科與醫科最為得當，若不得冠以台灣大學之名，稱為東京大學或京都大學之分科亦無不可。

既認為，尚無需要設立招收台灣人之中學，卻主張設立收容日人子弟之大學，可說大學乃因應日人需要，招收日人子弟而設，學校之分科可設置農科與醫科，預設之大學若在無法單獨成為大學的情形下，成為其他帝國大學之分科大學亦可。[14] 對此，某讀者投書對於設置醫科大學，教育日人子弟之主張至為贊同。[15] 此外，日日小筆記者受朝鮮設置京城醫學專門學校之啟發，[16] 提出設置醫學專門學校，以為將來台灣醫科大學基礎之構想。[17] 除了醫科大學，另有農業大學之議，其要旨為，日本領台以來農產量大增，乃農業科學的作用，熱帶殖民地

---

[13] 〈日日小筆〉，《台灣日日新報》5406號，1915.7.9.，1版。

[14] 「帝國大學之分科大學」的出現，主要係日本自設大學以來，至1918年頒布新大學令期間，制度上採取綜合制之帝國大學體系，不承認單科大學以及公私立大學。無法成為帝國大學的學校便以其他帝國大學之分科大學型態存在，如札幌農學校在1907年成為東北帝國大學農科大學，1918年北海道帝國大學成立後改為北海道帝國大學農科大學，1919年基於新大學令成為北海道帝國大學之農學部。

[15] 〈日日小筆〉，《台灣日日新報》5474號，1915.9.17，1版。

[16] 1915年朝鮮總督府發布〈朝鮮總督府專門學校官制〉，明訂公私立專門學校皆兼收朝鮮人與內地人，並計劃於翌年設置京城醫學專門學校。該校原係1911年成立之朝鮮總督府醫院附屬醫學講習所（合併前即已存在之大韓醫院附屬醫學校）而來。

[17] 〈日日小筆〉，《台灣日日新報》5535號，1915.11.23，1版。

對於母國能提供的資源也最多，惟熱帶農學之研究，此時仍付諸闕如，台灣既為唯一之熱帶領土，宜應盡速設立農科大學，鑽研熱帶農學，以為南國農業之基礎。[18] 係以台灣的自然條件適合發展熱帶農學，故而倡設農科大學。日日小筆記者則主張，將農事試驗場擴張為農科大學。

既如上述言論，是由在台日人所提出，從最初「台灣大學設置論」，逐漸衍伸出「台灣醫科大學」「熱帶農業大學」，對於預設大學之種類已有初步的構想，雖然細部之內容仍有許多未盡之處，其方向與內涵正逐漸加強。

1918年，以北海道設立帝國大學為契機，大學設立論者受到鼓舞，以至議設同盟組織。北海道帝國大學設立之際，日日小筆記者以札幌農學校培養出諸多人才，以及開拓北海道的貢獻為例，認為將來的台灣大學對於台灣亦然，而且屬於新開發的北海道，既能設立帝國大學，台灣作為日本第一個殖民地，也是唯一處在熱帶的領土，更應該設立大學。[19] 其回應文章除表達認同之意，並建議組織「台灣大學期成同盟會」[20]（該會於1920年出版《台灣大學設立論》）。整體而言，此時的構想為1915年以來的延續，除了農科、醫科大學外，還有工科大學的提出，設立大學的目的，為健全在台日人的教育機關，以及作為殖民政策之大學，或培養南方發展之人才，「某當局」的投稿則認為，台灣大學制度未必需要比照日本官立大學，可為一研究南方殖民之特殊大學。[21]

1918年11月，日本尚在審議大學令期間，已先傳出單科大學將獲得認可的消息，年底正式通過新大學令後，單科大學及公私立大學一併獲得認可。在此之前，台灣預設大學之類型，約莫為綜合制之帝國大學，或是其他帝國大學之分科大學；新大學令確立後，官立之單

---

[18] 〈熱帶農業大學 台灣に設置せよ〉，《台灣日日新報》5921號，1916.12.25，2版。
[19] 〈日日小筆〉，《台灣日日新報》6384號，1918.4.2，3版。
[20] 〈日日小筆〉，《台灣日日新報》6387號，1918.4.5，3版。
[21] 某當局，〈台灣教育問題（下）〉，《台灣日日新報》6457號，1918.6.14，5版。

科大學遂成為可能，是以輿論認為，台灣總督府醫學專門學校，早晚都會升格為單科大學性質之醫科大學。[22]

該年年底日本頒布新大學令，以及「高等諸學校創設及擴張計劃」，台灣設置台灣大學的呼聲同時邁向最高峰，諸多支持者以及媒體，咸以為設立大學是「不論誰都不會反對」的主張。《台灣日日新報》以「台灣大學設立論」為題，籌劃由工商實業家、學術技術者、法界人士、教育關係者等諸多名士，在將近兩個月的時間（1919.11.11-1920.1.3），發表十餘篇的論說，發表者包括隈本繁吉、鈴木真吉、南新吾、中村啟次郎、高木友枝、谷野格、東鄉實、木村匡、菅野善三郎、李延禧、稻垣長次郎、羽鳥精一、素木得一、堀內次雄、角源泉等。

就中各篇主張略有不同，建置大學之理念與內涵不盡一致，不過仍可勾勒出相同之歸著點。其一，殖民地設立大學乃時勢所趨。其二，台灣大學之特殊性，係為日本向南支南洋發展之基礎。第三為大學之分科與類型，學科是以醫、商、農科為主，法、文科等亦有少數支持；採取複數以上之分科，應以綜合大學為最能包含多數學科之理想型態，惟當前預算的問題，以及設立大學仍需數年時間，是以將實業專門學校、專門學校，升格為單科大學，或者設立研究科，作為將來設立大學時的基礎，如高等商業學校、總督府醫學專門學校，升格為商科大學、醫科大學，農事試驗場、糖業試驗場與農林專門學校，擴張為農科大學等等，即綜合大學在短期內難以達成，為遷就現狀，而採取單科大學的作法。

第四，至少在大學階段應實行日台共學。大學設置定當碰觸到敏感的內台教育難題，持設立論者咸以為，日台共學乃必然之勢，原因之一係憂心台灣人赴日本、中國或其他地方留學，對統治帶來不利的結果。本來認為台灣人不應接受高等教育之人士，此時已有所調整，前揭「台灣中學尚早論」與「台灣大學設置論」之日日小筆記者久保

---

[22] 〈單科醫科大學〉，《台灣日日新報》6601號，1918.11.15，7版。

島天麗,鑑於台灣子弟前往外地求學的情形,並以同化政策為新立論點,略謂:[23]

> 尚且是為台灣人考量,則設立大學非應當乎,現今台灣人能夠入學的專門學校不過一二,從中學畢業的台灣人,以及在台日本人,不是前往日本,就是在中國求學,所費不貲而埋怨台灣無一大學……大學教育勢必採取共學制,因為二部教育將致教師不足;又大學教育應使二者互相理解,密切接觸,終使台灣人實際同化。

除了記者、媒體論調的調整,另一轉變者為知名學務官僚——隈本繁吉。隈本繁吉時任職台灣總督府學務部長、高等商業學校長,在「台灣大學設立論」一系列論說中最先發表,所論動見觀瞻。對台灣人的共學問題,略謂:[24]

> 至少在中等學校以上,考量個人的日語,及其他學力、品行、家庭狀況等,若無疑礙,則設相當之規定,可準據日本人入學之途而開放入學,否則比起台灣大學收容對岸中國人,或越南、印度方面的學生,不必說更應給予具有能力之我台灣人民入學之便。萬一台灣大學僅招收日本人,則設置大學的意義將失去一半。

意即,大學勢必兼收日人與台人子弟入學。相對於此,隈本繁吉在擔任朝鮮總督府學務官僚時,採取抑制殖民地高等教育之方針,1911年初轉任台灣時仍延續在朝鮮時期方針,略謂:[25]

> 台灣人的教育在不違悖世間人道、列強視聽的前提下,應止於食衣住之安穩,與必須之德智開發……徒然追求教育之普

---

[23] 久保島天麗,《台灣大學設立論》(台北:台灣大學期成同盟會,1920年),頁22。《台灣大學設立論》係選取《台灣日日新報》刊載之「台灣大學設立論」部分篇章集結而成。
[24] 隈本繁吉,〈台灣大學設立論〉,《台灣日日新報》6972號,1919.11.11,3版。
[25] 隈本繁吉,〈(秘)台灣ニ於ケル教育ニ關スル卑見ノ一二並ニ疑問〉。轉引自阿部洋,〈「朝鮮教育令」から「台灣教育令」へ —學務官僚隈本繁吉の軌跡—〉,《アジア教育》(創刊號,2007年),頁3。

> 及與上進,反招統馭困難及遊民輩出,係根本之錯誤……須在表面上重視教育,實際上不獎勵教育之前進,於不得已的情形,方漸次施設等加以運用。

意謂較高等之教育是在不得已時,才向殖民地人民開放。而如今一改初衷,開放台灣人接受高等教育,改變不可謂不劇。質言之,至少在大學階段主張日台共學,對設立論者而言,可說是必然之勢。

1915年以來台日間同步發生的變化,係興論對高等教育要求的強化。上述論說以設立大學為前提,大學預備教育並非其著墨之處,即使如此,興論對於高等教育的期待不言可喻,在主張設立大學以及共學的同時,無異於認同大學預備教育,以及預備教育的日台共學。在台日人興論升高時,台灣人側的意見又是如何呢?這時候台灣人的焦點,集中在台中高等普通學校(台中中學校)的去差別化,尋求等同一般中學之中等教育機關,除了少數親日系以外,似未對大學設立與否表示意見。及至1920年下旬,主流媒體傳出總督府有意設立大學與高等學校的消息後,站在台灣人中學都尚未完備的立場,而發出質疑,略謂:[26]

> 余敢問所謂有識者諸位,以及賢明的台灣大學設立論者諸位,何故在連中學都沒有的地方,強要設立大學?……台灣教育的急務,非設置大學與高等學校,而是作為其預備教育的中學。……因此,第一步應著手將目前台中高等普通學校,升格至與內地全然共通的中學。

意謂連中學都尚未完備,如何奢求更進一步的高等教育機關?無論是台灣人的〈台灣中學設立論〉或〈台灣大學建設議〉等等,[27] 都是站在「台灣大學設立論」的對立面。另一方面,由台灣人赴日接受高等教育的人數逐年增加,[28] 可知台灣人並非沒有高等教育之需求,但因

---

[26] 何禮棟,〈台灣中學設立論〉,《台灣青年》(2:2,1921年2月),日文部頁44-50。

[27] 黃臥松,〈台灣大學建設議〉,《台灣青年》(1:3,1920年9月),漢文部頁40。

[28] 台灣人赴日就讀大學及專門學校者,人數快速增加,1918年以前每年百名以內,

圖 10：普通教室，是學生上課學習的地方。（王耀德教授提供）
圖 11：講堂，為師生集會與活動表演之所在。（王耀德教授提供）

台灣島內教育機會的差異，對「上級學校」的訴求，不得不停頓於中學程度，與在台日人相去甚遠。

但自 1918 年政友會開始執政後，殖民地的治理方針有所調整，開放台灣、韓國等地的高等教育機會，先後設立高等學校及大學。

1918 年起每年逾百名赴日接受高等教育，1927 年起每年逾五百名，1934 年起每年逾九百名赴日留學。《台灣總督府學事年報》第 7-36 報（台灣總督府文教局，1906-1940 年）。

第三節　田健治郎與台北高等學校的創立

　　如所周知，1922年是殖民地高等教育政策的重要轉變期，馬越徹指出，京城帝大設立的原因有四：（一）總督府政策轉變，帝國大學為齋藤實「文化政治」的象徵，（二）呼應1918年日本高等教育擴張計劃，（三）因應1919年三一運動之後的大學升格運動，以及民立大學設立運動，（四）朝鮮日本人對高等教育機關的要求。其中最重要的理由，莫過於總督府政策轉變，其次是呼應日本高等教育擴張計劃，係統治者內部政策的調整使然。[29] 相對於此，阿部洋認為三一運動、民立大學運動的發生才是主因，大學設置是殖民統治受到衝擊，而產生之應對政策，日本增設高等教育設施雖有影響，但非主因。[30] 質言之，京城帝大的設立，同時併有內地因素與殖民地因素在內的雙重考量。

　　設立台北帝國大學的理由，馬越徹認為是殖民者內部的調整使然，[31] 可說與朝鮮的情形出於一致。小林文男認為肇因於台中中學設立運動，台灣人民族意識升高，以及留日學生逐年增多等，[32] 乃著眼於殖民地情勢變化。吳密察主張此係統治者「被迫」順應殖民地人民的教育需求。[33] 阿部洋推想遲遲於京城帝大之後才成立，應是台灣人

---

[29] 馬越徹，《韓國近代大學の成立と展開》（名古屋大學出版會，1995年），頁103-106。該書京城帝大預科部分，原是1977年〈京城帝國大學予科に關する一考察〉部分修改，《大學論集》第五集，頁135-155。

[30] 阿部洋，〈日本統治下朝鮮の高等教育〉，《思想》（565，1971年），頁928-929。

[31] 其理由有三：（一）田健治郎上任之初即有設立大學的計劃，1922年新台灣教育令使大學設立具有法令基礎，而日本進行中的高等教育擴張計劃延伸至台，（二）第一次世界大戰後民族運動與台灣人的教育需求高漲，特別是前往日本留學的情形受到矚目，同時隨著文官總督就任，教育政策亦隨之轉變，（三）在台日本人子弟增加進而產生設立大學的要求。馬越徹，〈台北時代の幣原坦──台北帝國大學の創設と展開──〉，《近代日本のアジア教育認識──その形成と展開──》（文部省科學研究費補助金研究成果報告書，1994-1995年），頁98-99。

[32] 小林文男，〈日本植民地下台灣の高等教育──台北帝國大學の構成と性格──〉，《戰前日本の植民地教育政策に關する總合的研究》，頁232-234。

[33] 吳密察，〈從日本殖民地教育學制發展看台北帝國大學的設立〉，《台灣近代史研究》

未有如朝鮮人般熱切地要求高等教育,[34] 為推動力不足。另有論者提到,1919 年上任的田健治郎,雖有設置大學的構想,但僅止於政策宣示,直到 1925 年伊澤多喜男總督時期,方使大學設置具體化。[35] 田健治郎僅止於政策宣示?台灣高等教育是被迫設立?底下筆者重新檢視總督府規劃設置高等學校、大學的過程,並思考台灣、朝鮮在大學預備教育階段產生差異的理由。

1919 年 10 月,與政友會關係密切的田健治郎接任台灣總督,12 月初即命民政長官下村宏,策劃七項重要政策,包括「諸學校內地人、本島人共學之調查」,以及「醫、農、文科大學創設之計劃」,[36] 翌年 2 月,田健治郎在帝國議會預算總會上,說明開放內台共學、台灣人接受高等教育的必要性與益處,以及設立高等教育需要千萬元的金額等等,[37] 可說是高等教育施設調查後的正式發表。其中千萬元的花費,應是概算設立高等學校在內的費用,是以翌年度的總督府預算,核定新設七年制高等學校費計六萬餘圓,[38] 校地暫設於台北第一中學內。[39] 是故最遲於 1920 年 9 月底以前,總督府就已經決定設立「七年制」高等學校的相關內容。同年 11 月,報紙披露該預算增加到 27 萬圓。[40] 1921 年 3 月,尚未發布的「高等學校規則」內容,登載在報紙上,

---

（台北:稻鄉,2001 年再版）,頁 149-175。

[34] 設立台灣大學的興論,筆者已於前述,係以在台日人為中心,循體制內官立大學之設置訴求,除了親日系的台灣人以外,並未對設置大學表示反對或同意。阿部洋,〈日本統治下朝鮮の高等教育〉,頁 929。

[35] 鄭麗玲,〈帝國大學在殖民地的建立與發展——以台北帝國大學為中心〉,頁 85。

[36] 吳文星等主編,《台灣總督田健治郎日記》上冊（台北:中央研究院台灣史研究所籌備處,2001 年）,大正八年 12 月 5 日,頁 96。

[37] 吳文星等主編,《台灣總督田健治郎日記》上冊,大正九年 2 月 20 日,頁 188。

[38] 〈大正十年度大藏省所管台灣總督府特別會計歲入歲出豫定計算書〉,《下村宏文書》60 號（中研院台史所特藏,原藏於天理大學附屬天理圖書館）,及〈大正十年度大藏省所管台灣總督府特別會計歲入歲出豫算案〉,《下村宏文書》61 號（1920.9.29-30）。

[39] 〈台灣にもいよいよ高等學校出來る（上）〉,《台灣日日新報》7462 號,1921.3.15,7 版。

[40] 〈大正十年度台灣總督府特別會計豫算綱要〉,《台灣日日新報》7355 號,1920.11.28,2 版。

包括學制、班級編制、招收人數、入學測驗等等，[41] 同年「高等學校官制」作成而交付法制局審議，並計劃1921年招收尋常科一、二年級學生，4月開學。[42] 總督府動作之積極，足有與東京高等學校競爭全日本第一所七年制高等學校之勢。

惟編列預算後最大的問題，在於法制局認為應仿日本之三年制，但是田健治郎對於七年制甚為堅持。法制局認為七年制在台灣實行仍太早，由於日本第一所七年制高校都尚未設立，可說還在實驗階段，且應考量台灣的教育現狀等等，審議進度陷入中止；總督府方極力維持原案，回應以七年制高校的諸般準備俱已完成，目前僅等待法制局審議通過即可施行，敦促審議進行，[43] 雙方不得交集。年中田健治郎與學務官員一同前往日本交涉，據日本媒體報導，為使該案盡速通過，總督府數名官員積極勸說，不過法制局仍以日本尚未設立七年制高校，及三年制高校可使大學儘早實現兩點理由加以反對；田健治郎則回應，日本亦即將設立七年制高校，何以台灣不能設立？假使設立三年制高校，台灣來不及籌備大學所需設備等等。結果由於府方在高等學校設立上，已有相當進展，且田健治郎態度相當堅定，法制局雖有不同聲音，不得不暫時讓步。即便如此，高等學校案的確定，須以教育令改正的通過為前提，而台灣教育令又與朝鮮教育令相關，故台灣總督府須先致力於教育令改正案的完成，高等學校案遂再次擱置。[44] 可知總督府欲盡速通過，但牽涉教育令的改正，不得不再次延議。

面對總督府積極行動，法制局藉由審議教育令，重起三年制的爐灶。參照田總督日記，在接下來教育令的審議過程中，法制局反對

---

[41] 〈台灣にもいよいよ高等學校出来る（中）〉，《台灣日日新報》7463號，1921.3.16，4版。
[42] 〈台灣總督府高等學校官制〉，《台灣總督府公文類纂》冊號3172，文號4，1921年3月1日。
[43] 〈七年制高等學校と法制局の反對〉，《台灣日日新報》7527號，1921.5.19，2版。
[44] 〈台灣に高等學校　七年制として設置されん〉，《讀賣新聞》，1921.7.14，2版。〈法制局に參集せしめ　田總督が說明〉，《台灣日日新報》7585號，1921.7.16，3版

七年制未曾稍減。[45] 此外，法制局與拓殖局希望台灣與朝鮮間採取相同的制度，不宜二制；另質疑將來開放共學後，公學校畢業生的語言程度，是否足以進入尋常科等等。[46] 雙方的折衝歷時半年有餘，終於1921年底的台灣教育令審查會議上，無異議地通過。[47] 惟經此延宕，不得不照原訂計劃晚一年設立。

何以總督府堅持採取七年制方案，以及最後能夠通過的理由，因為缺少內部資料而無以得知。但就其他幾所私立七年制高等學校設置的理由，莫不與落實中高一貫的教育理念有關。[48] 而僅存1921年高等學校立案時一份設置理由書，以當時高等學校令為其立案法源：[49]

> 鑑於高等學校入學志願者增加，有設置高等學校、大學之必要，是以依「高等學校令」，新設七年制高等學校。（底線筆者，下同）

總督府面對法制局或拓殖局的質疑時，高等學校令中七年制為主體的規定，及內地法令延長政策的施行，也許是法令、政策兩面甚是站得住腳的優勢。

除此之外，有關總督府與中央交涉的內容，在後來台北帝國大學創設說明書中有概略的記載。[50] 首先，總督府提請設立高等學校，文部省雖同意，但前提是該校學生畢業後，台灣必須有大學可以容納之，

---

[45] 吳文星等主編，《台灣總督田健治郎日記》中冊（台北：中央研究院台灣史研究所，2006年），大正十年7月21日、8月8日、12月2日，頁263、274、398。

[46] 〈七年制高等學校を語る末松內務の歸台〉，《台灣日日新報》7616號，1921.8.16，7版。

[47] 〈朝鮮教育令及台灣教育令（十二月十四日（一回）～十二月二十八日（五回））〉，《樞密院關係文書》樞密院委員錄・大正十年（國立公文書館請求番號：本館-2A-015-07・樞B00007100）。

[48] 杉山和雄，〈私立高等學校の教育理念創設と資金〉，《舊制高等學校史研究》（18，1978年），頁1-26。

[49] 〈台灣總督府高等學校官制〉，《台灣總督府公文類纂》冊號3172，文號4，1921年3月1日。

[50] 〈台北帝國大學官制ヲ定ム〉，《公文類聚》第五十二編・昭和三年・第七卷・官職五・官制五（國立公文書館請求番號：本館-2A-012-00・類01642100）。

理由為，將來台灣的高校畢業生，一旦前往日本就讀大學，將破壞日本既有的高等教育擴張計劃，因此台灣必須要有自己的大學，容納高等學校的畢業生。考其顧慮並非無故，日本擴張高等教育的代價，乃隨之而來的龐大經費負擔，文部省在訂定計劃之際，以有限之國庫作為經費來源，實相當困窘，計劃亦未包含殖民地在內。此時台灣主動設置高等學校，對於消解日本中學畢業生進入高等學校的升學問題，應不無小補，設置之籌劃、設備、經費等等由殖民地政府自負，亦不致對日本帶來負擔；文部省所擔憂的是，台灣設置高等學校而不設置大學，將來台灣的高校畢業生前往日本就讀，大學收容問題將更顯緊迫，是站在日本高等教育的立場，要求台灣自行設立大學，以收容台灣的高校畢業生。將文部省的理由，對照台灣總督府的構想，兩者既相近又存有差異，田健治郎原以大學設立為目標，先行籌設高等學校，與文部省方向並無二致，雙方對於開放殖民地高等教育的態度，可說是甚有「默契」；但是倘依照文部省的期待，台灣的大學預備教育機關，理應為大學預科，而非高等學校。[51] 簡言之，對於殖民地高等教育的內容，雖開放但無共識。田健治郎最初籌設高等教育設施，係未與日本相關單位充分討論的情形下，便積極為之，文部省、法制局、拓殖局即便意見不同，因為設校進度已然完成，以及台灣總督的堅持，不得不勉為同意。

　　該文件接著提及大學設置的內容，係總督府於1921年底教育令審議會議上，說明「預計大學從大正十七（昭和三年）年度開始授課……高等學校在第一屆畢業生離校時，已然設立收容之大學」可知，早在1921年的田健治郎時代，既已規劃高等學校尋常科、高等科，以及1928年大學正式成立的時程表，惟其在任四年後，高等科尚未開設既已離台，未及參與台北帝國大學的設置。

---

[51] 大學預科與高等學校同屬大學預備教育，惟前者附屬於大學之下，預科學生畢業後，只能進入所屬大學，如朝鮮的京城帝大預科即是。而高等學校獨立於大學外，畢業生可自由選擇各大學，如台北高等學校即是。

圖 12：右側建築為理化學教室，左側為普通教室之右半部。（郭双富先生提供）

　　台灣、朝鮮在以大學為頂點的高等教育上同時起步，卻在大學預備教育階段產生不同的結果。據聞朝鮮總督府曾於 1920 年，編列翌年度設立高等學校之預算，復因經費不足而暫緩。[52] 同年朝鮮總督府改正「朝鮮教育令」有關高等普通學校規則，設置兩年制補習科，在制度上銜接日本的上級學校：[53]

> 高等普通學校得設置修業年限兩年以內之補習科（第十二條第二項），高等普通學校畢業後得以入學（第十三條第二項）。此補習科的畢業生，在與內地的上級學校聯絡上，得視同中學校畢業者。（括弧原文）

補習科畢業者得視同中學校畢業生，取得上級學校的入學資格。不論補習科畢業生學力，是否足以通過升學測驗，在政策上開放朝鮮人民接受高等教育的方向，實與台灣一致，惟此乃教育進一步完備前的便宜措施。[54]

---

[52] 京城帝國大學同窓會編，《紺碧遙かに——京城帝國大學創立五十周年記念》（東京：該會，1984 年），頁 10。

[53] 〈朝鮮教育令中改正ノ件〉，《樞密院關係文書》樞密院決議・一、朝鮮教育令中改正ノ件・大正九年十三月三日決議（國立公文書館請求番號：本館 -2A-015-13・樞 F00556100）。

[54] 台灣總督府亦曾考慮在台中高等普通學校設立補習科，終認為此乃過渡之策，不如

1921年底審議朝鮮教育令的第二回審查委員會上,由齋藤總督及兩名朝鮮總督府學務官員出席,會中審查委員先問有關朝鮮設立私立大學之事,齋藤總督回答,「若具相當之設備,當允許其成立」。繼而提問新設高等學校之事,總督府認為應設大學預科,取代高等學校。[55] 在接下來第三、四、五回的內部審查中(殖民地當局不在場),審查委員認為應在私立大學設立之前,先行設立官立大學;在高等學校部分,久保田讓委員「為使朝鮮大學制度完備,應當設立高等學校」,[56] 惟其他委員認為「以七年制為主體的高等學校,難以在朝鮮實施」「此點與朝鮮當局毫無交涉餘地」。最終在第五回的決議中,除久保田讓外,皆同意朝鮮設立大學預科。[57] 最終審查報告出爐,朝鮮總督府五項不設立高等學校的理由:(一)朝鮮尚未達到要求高等學校的程度,(二)強行設立高等學校,須顧慮朝鮮的情形,以及畢業生的前途。(三)一旦設立高等學校,因朝鮮與日本距離不遠,擔心以升學為目的者,藉此從日本渡海求學,而畢業後又返回日本大學的情形。(四)朝鮮之普通教育,並不認可內鮮人共學,對照此點,高等學校制度並不適用於朝鮮。(五)設立大學之時,寧可設立大學

迅速設立高等學校,以開放在台升學之途,是以並未設立補習科。〈台灣教育令的要旨〉,《台灣教育》238號(1922.3.10),頁6。

[55] 審議教育令之前,朝鮮總督府的臨時調查委員會於1921年中已決設大學預科。朝鮮總督府,《臨時教育調查委員會決議要項》(1921年5月7日),頁4。引自《樞密院關係文書》樞密院決議・一、朝鮮教育令・一、台灣教育令・大正十一年一月二十五日決議(國立公文書館請求番号:本館-2A-015-13・樞F00586100)。

[56] 久保田讓(1897-1936),華族出身,歷任文部省大書記官、文部次官、文部大臣、臨時教育會議副總裁、樞密院顧問官、臨時教育委員會會長等。1894-1917年間為貴族院議員,1910年代日本逐步擴張高等教育機關期間,擔任臨時教育委員會會長、臨時教育會議副總裁等職;1921、1922年殖民地開始籌設高等教育期間,擔任樞密院顧問官,認為殖民地應當設立與內地相同的高等教育,在審議朝鮮教育令時,獨排眾議,主張為健全朝鮮大學而應設立高等學校,而非大學預科。另從田總督日記可知,田健治郎與久保田讓、原敬等人往來甚密。〈久保田讓〉,《樞密院文書》高等官轉免履歷書三・昭和十一年～昭和二十二年(國立公文書館請求番号:本館-2A-016-03・樞00181100)。

[57] 〈朝鮮教育令及台灣教育令(十二月十四日(一回)～十二月二十八日(五回))〉,《樞密院關係文書》樞密院委員錄・大正十年(國立公文書館請求番号:本館-2A-015-07・樞B00007100)。

預科，整備大學教育方為妥當。[58] 即考慮朝鮮情勢，決定以大學預科取代高等學校。

1922年新教育令頒布後，為使京城帝大早日成立，須先籌辦大學預科。京城帝大預科最大特殊性為「二年制」，朝鮮總督府的理由在於，高等學校高等科（修業三年）入學者，在中學修畢四年即可報考，而二年制大學預科入學者，須中學畢業（修業五年），總修業年數均為七年，故學生程度應無太大差別；又高等學校為了養成學生各方面知識，須普遍傳授各領域學科，但京城大學的預科學生，限定進入法文學部或醫學部，在學力的養成上集中某一種類，是以二年的教育年限即可達成，乃著眼於預科與大學學部之間的密切關係，[59] 甚至認為「學力不足者眾多的朝鮮，採二年制預科較好」的說法。[60] 結果該機關成為相當特殊的二年制大學預科，於1924年正式開學。

至此，可略述二殖民地在設立大學預備教育之初，產生差異的理由：

（一）殖民地情勢：朝鮮採取大學預科制度，乃因應內鮮對立，以及澎湃的社會運動等情勢的結果；相較於此，台灣的局面平穩，主事者得適當施設。

（二）主事者理念：1919年田健治郎上任未幾，即積極地籌設大學，若依照原計劃，於1921年招收高等學校尋常科一、二、三年級，[61] 則1923年設立高等科，最快於1926年得開設大學。惟過程中，不

---

[58] 〈朝鮮教育令及台灣教育令〉，《樞密院關係文書》樞密院審查報告・大正十一年・天（國立公文書館請求番号：本館-2A-015-07・樞C00024100）。

[59] 惟時人批評，該校二年制預科僅傳授大學學部的知識，忽略通識教育、人格教育，且大學預備教育的成效亦不甚佳，甫以教育年限低於日本其他官立大學預科，有損大學威信等等；在設立10年後，該預科亦改採三年制。馬越徹，《韓國近代大學の成立と展開》，頁111-123。

[60] 稻葉繼雄，《舊韓國～朝鮮の「內地人」教育》（福岡：九州大學出版會，2005年），頁353。

[61] 據內務局長末松偕一郎所言，原計劃在尋常科開設時同時招收一、二、三年級的學生，但考量大學收容力，而招收一、二年級生。〈七年制高等學校を語る末松內務の歸台〉，《台灣日日新報》7616號，1921.8.16，7版。

採三年制以縮短大學開設時程,亦非設置大學預科,來確保畢業生進入本地的大學,而是設置七年制高等學校——日本僅止於法條的制度——與其說是實驗性質,倒不如說在高等教育基礎上,落實中高一貫的理想。

　　大學與高等學校等高等教育機關,雖在日本殖民地統治受到衝擊之時設立——特別是朝鮮的情形,但殖民者是否順應殖民地人民設立高等教育機關,不應考量統治階層是否有積極朝向或接受此要求的內在條件?既如台灣設立大學的情形,留學生前往中國或日本等地,造成統治上的憂慮,以及朝鮮的不穩定情勢,在殖民地政策盡量一致的方針下,而有「被迫」在台設立大學的影子;但是主事者自身——原首相、中橋文部大臣、久保田樞密院顧問官、田台灣總督等,抱持同化論、高等教育擴張論者——在殖民地高等教育決策過程中,具有的主觀意願不能忽視,更何況,台灣高等教育的直接要求,自始即來自於在台日人。或可認為,日治中期台灣高等教育的出現,是以殖民主事者的積極政策為中心,輔以殖民統治的潛在危機,予其殖民地政策得以合理化的結果。

圖13:台北高校的室內運動場。(王耀德教授提供)

第一章 台北高等學校的誕生 | 47

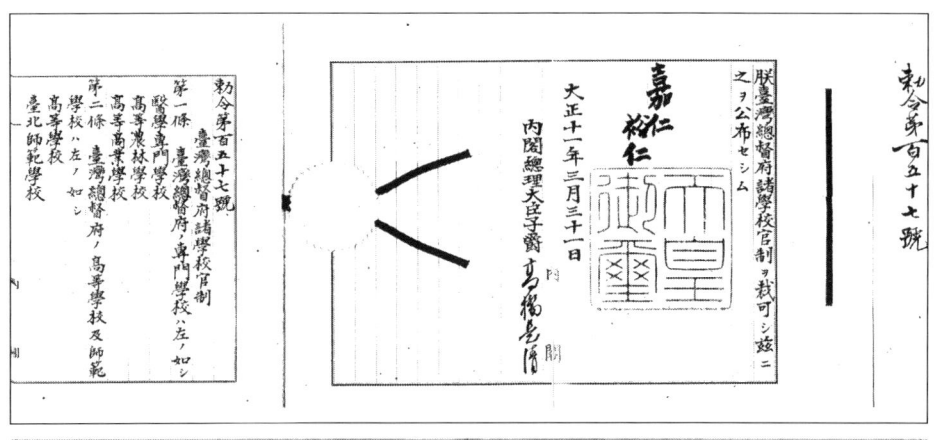

圖 14：1922 年 2 月台灣總督府提出高等學校官制草案，與同年 3 月 31 日內閣最終公布之「台灣總督府諸學校官制」（敕令 157 號），該官制為台北高校成立與運作的基本法令之一。

資料來源：〈台灣總督府高等學校官制制定ノ件稟議〉，《台灣總督府公文類纂》冊號 3419，文號 2，1922 年 2 月 1 日；〈台灣總督府諸學校官制制定台灣總督府高等商業學校官制外三件廢止〉，《御署名原本（大正）》大正 11 年・敕令（國立公文書館請求番號：分館 -KS-000-00・御 13640100）。

第二章

校長與教授群的聘用

學校的經營運作，跟一校的人事與管理密切相關。台北高校的人事安排與運用，基礎背景之一在於，台灣所需的高等學校教員必需仰賴日本供給。而殖民地高校如何吸引日本教師，以及該校人事與日本教員之間，可能存在什麼樣的關係網絡？據台北高校同窗會出版的紀念文集指出，負責該校管理營運的校長，屬於總督府的「五高派」人事，與長年在校而具有實力的「廣島派」教師，兩者存在著傾軋的問題，[1] 其中原委有待進一步釐清。其次，與既設之三年制高等學校不同，該校無前例地在高等科下設立尋常科，教員任用應有所差異。此外，一般性的師資任用情形又是如何，以下依校長的任命與人事經緯、教員的延聘與任用分別加以討論。

---

[1] 五高派與廣島派主要以大學前的學經歷作區分。戰前人際網絡講求大學或大學前學經歷關係的情形甚是普遍，大學前學經歷尤以何所高校為要，惟應另文探討。大越伸，〈台北高校をめぐる台灣の教育事情〉，《台北高等學校（一九二二—一九四六）》（東京：蕉葉會，1970），頁 3-22。

第一節　校長的任命與人事經緯

　　1921 年底，台灣教育令審查結束後，台灣總督府確定將於 1922 年開設七年制高等學校，1928 年設立大學並接受第一屆高等科畢業生，是以盡速設立帝國大學為前提，所設下的時間表。不過在軟硬體設施幾乎缺乏的情形下，如何在數個月之間創設一所高等學校呢？1922 年初，總督府內成立「台北高等學校創立事務所」，任命台北一中校長松村傳等人為創校囑託，[2] 4 月招收尋常科一、二年級計 81 名學生，假台北一中校舍授課，台北一中校長兼任高等學校校長，[3]並以台北一中教員充任尋常科教諭。可知最初是以先開學再建校的方式，援台北一中既有設備人力，支助台北高校各方面尚未齊備的過渡時期。

　　首任校長**松村傳**任內（1922.4 — 1925.3），兼負中學校校長既有事務、高校尋常科經營，與高校高等科的準備工作，及至 1925 年卸任為止，計有四屆 205 名尋常科生入學。據畢業生回憶，松村傳跟一般中學校同樣施行「斯巴達」教育，建立質實剛健的風氣。評論其人在高等學校的功績，除了順利地籌設尋常科，並繼續著手準備高等科設置外，從廣島高等師範學校聘請谷本清心（第三任校長）等往後在台北高校長期任教的教授，皆由松村傳選考。[4] 值得注意的是，谷本清心、春田重之這些高知縣出身者，與松村傳具有相同的地緣關係，同時也是廣島高師關係人

圖 15：第一任校長　松村傳

---

[2] 〈（台灣公立中學校長）松村傳（高等學校開設準備ニ關スル事務囑託）〉，《台灣總督府公文類纂》冊號 3452，文號 52，1922 年 2 月 1 日。台北中學校即台北一中，1922 年 4 月 1 日改名為台北州立台北第一中學校，以下簡稱「台北一中」。
[3] 實為高等學校長兼中學校長（高等學校長為本官，中學校長為兼官）。《台灣總督府台北高等學校一覽》昭和 2-3 年度（同校，1928），頁 1。
[4] 大越伸，〈台北高校をめぐる台灣の教育事情〉，《台北高等學校（一九二二—一九四六）》，頁 8。

事，進入台北高校的肇始。

1925年松村傳退任，同年高等科設立，由當時日本頗具盛名的新銳教育家，「東之伊藤・西之三澤」的**三澤糾**接任校長（1925.5-1929.11）。[5] 三澤糾可說是創業型校長，任內軟硬體設備漸次完備，

表 2-1-1：**歷任校長出身略歷**

姓名（任期）	出身與學歷	略歷
第一任校長 松村傳 （1922.4-1925.3）	高知、三高、東大史學	1912 三重縣立第一中學校長 1916 台北一中校長 1917 兼商業學校教諭 1922.2 台北一中校長 1922.4 高等學校長兼台北一中校長
第二任校長 三澤糾 （1925.5-1929.11）	宮崎、五高、東大國史、美國克拉克大學心理學部	1907-1912 留學美國 1912 廣島高師教授 1915 和歌山縣立海草中學校長 1918 大阪府立高津中學校長 1925 台北高校長 1929 京大學生課長
第三任校長 下村虎六郎 （1929.11-1931.9）	佐賀、五高、東大英文	1923 唐津中學校長 1925 台中第一中學校長 1928 台北高校教授兼教諭 1929 台北高等學校校長 1938 出版《論語物語》 1941 出版《次郎物語》
第四任校長 谷本清心 （1931.9-1941.8）	高知、一高、東大理論物理	1907 台灣總督府國語學校教授兼中學校教諭 1908 免國語學校教授，專任中學校教諭 1911 廣島高師教授 1925 台北高校教授兼教諭 1928.6-1930.8 在外研究員（德英美） 1931 台北高等學校長
第五任校長 下川履信 （1941.8-1946.3）	福岡、五高、東大哲學	1935 台北帝大學生主事 1940 總督府視學官、文教局督學室勤務 1941 台北高等學校長

資料來源：附錄一

---

[5] 「伊藤」為東京第五中學校長伊藤長七，三澤糾擔任和歌山縣立海草中學校長時獲此評價。三澤在大阪府立高津中學校長任期內，採取智能測驗（mental test）以及採用女教師而聞名教壇。吉村邦壽編，《蕉蕾集》（編者，1966），頁8。

開啟制度基礎，維護學生自主追求的自由風氣。本館（今行政大樓）、普通教室（今普字樓）、生徒控所（今文薈廳）、講堂（今禮堂）、七星寮（學生宿舍）、體育館、理化教室等處相繼完工，校址由龍口町的台北一中，遷移至古亭町新設校地。制度方面，有評議員會（教授會議）、學友會（學生會）以及宿舍、圖書、成績考查、升級畢業等規則的新制與改訂。此外，社團、校園刊物、校際對抗賽、校慶等活動紛設與展開，三澤親自製作「第一校歌」，成為該校名歌。最為畢業生津津樂道的，莫過於捍衛台北高校生自由與自治風氣。概言之，此時乃實體與精神層面的奠基期。

人事方面，校長以下的教員陣容，具有學緣關係之特殊性。首先是廣島高師關係人事，以 1928 年任教者為例，校長一名、教授 24 名、教諭八名、助教授一名中，廣島高師關係人事約佔四分之一（9/34）。有關廣島高師出身者的社會流動，論者指出：（一）殖民地廣島高師閥的形成與校長關係密切，（二）相較於東京高師、帝大派閥，較晚設立的廣島高師，以新設學校為其據點。[6] 就第一點而言，廣島高師校史中提及「殖民地教育與本校」，曰：[7]

圖16：第二任校長 三澤糾（王耀德教授提供）

---

[6] 片岡德雄、山崎博敏，《廣島高師文理大の社會軌跡》，轉引自稻葉繼雄，《舊韓國～朝鮮の日本人教員》（福岡：九州大學出版會，2001 年），頁 245。
[7] 廣島文理科大學・廣島高等師範學校，《創立四十年史》（廣島文理科大學，1942），頁 161-165。

> 本校在教育上的一大使命，乃志願於殖民地教育，既為初代
> 校長北條時敬所創，第二代校長幣原坦承其志，思考更實際
> 問題。畢業生相繼進入朝鮮、南滿洲，乃至支那等地，教育
> 上的實蹟亦漸漸被認同，無論對我學校之發展，或在我殖民
> 地教育的確立上，都是值得大書特書之事。

肯定該校鼓勵畢業生前往殖民地的教育方針，且為北條、幣原坦等人擔任校長時的教育方針無誤。此外，論者依時間推移，指出廣島高師畢業生進入殖民地的分布情形，以朝鮮最多，台灣居次（1936 年以後滿州關東州超越台灣），且擔任校長職務者不少。[8] 實際上，除了鼓勵畢業生前往殖民地的方針外，該校教師似乎同樣鼓勵他人前往殖民地任教，如台北高校的伊藤慎吾教授，原任職廣島高等女學校教諭，取得高等學校任用資格後，因後藤俊瑞（廣島高師教授）建議：「**為何不去高等學校試試？**」「**台北將新設七年制高校……**」，於是造訪正在日本招募教員的松村傳校長居處，最終前往當時新設立的台北高校，[9] 後藤俊瑞本人也隨後，前往台北帝大與台北高校任教。另一方面，廣島高師教職員也有不少前往殖民地任教者，幣原坦、三澤糾曾任該校校長與教授，1925 年幣原赴台籌備台北帝大設立事宜，並擔任首任台北帝大總長；同年三澤糾出任第二任、也是台北高校高等科成立以來的首任校長，似乎都具有前進殖民地傾向。

不過，三澤糾雖有廣島高師經歷，在台北高校的派閥關係上，並不被視為廣島高師派，乃屬於五高派。[10]

何以由三澤糾出任第二任校長？據聞與當時總務長官後藤文夫的五高派人事案有關。後藤文夫出生於大分市，經五高、東大政治畢業

---

[8] 稻葉繼雄，《舊韓國～朝鮮の日本人教員》，頁 245-303。
[9] 伊藤慎吾，〈初代・松村校長の事ども〉，《台北高等學校（一九二二—一九四六）》，頁 123-124。
[10] 「五高」，第五高等學校，為舊制高等學校中的元老校之一，1918 年「高等諸學校創設及擴張計劃」實施以前，全日本帝國僅僅有八所高等學校，分別依設立的先後順序，冠以數字第一到第八之高等學校名稱。此後新設的高等學校則冠以地名，如台北高等學校、旅順高等學校等。

後，於1924年9月起，擔任台灣總督府總務長官。[11] 所謂五高派人事，也就是後藤上任不久的首次中學校、高等學校長人事案，充滿了五高色彩，1925年5月26日台灣總督府任命三澤糾（五高、東大國史）為台北高等學校長，5月26日任命濱武元次（五高、東大英文）為台北第一中學校長，取代松村傳，6月19日任命下村虎六郎（五高、東大英文）為台中第一中學校長；加上當時現任的新竹中學校長大木俊九郎（五高、東大國文），台南第一中學校長廣江萬次郎（五高、東大國史）等，都是「五高—東大文學士」出身的學校長。[12]

台北高校長三澤糾的任命，與後藤文夫是否有關不得而知，相關檔案僅以台北高等學校長「缺員急須補充，且同人為最適任者」為由任命之，[13] 不過下村虎六郎（台北高校第三任校長）的台中一中校長任命案，似乎與後藤甚是相關。據下村之女等人寫下的下村虎六郎（下村湖人）傳記，下村的亡兄內田平四郎，為後藤文夫五高時期的同窗好友，後藤僅聽過下村之名而未見其人，後藤擔任總務長官期間，另一五高舊友田澤義鋪，推薦下村為台中第一中學校長人選，遂由下村虎六郎出任台中一中校長。[14] 倘記載屬實，則純為五高的學緣網絡所致。

---

[11] 後藤文夫之前，台灣總督府數名知名官僚亦為五高出身，如長期擔任總督府學務部長隈本繁吉，為設立台北高校奔走的內務局長末松偕一郎，後藤文夫前任的總務長官賀來佐賀太郎等。此外，台灣亦有「台北五高會」、「新竹五高會」的同窗會組織，後藤即為台北五高會會員。〈無絃琴〉，《台灣日日新報》9913號，1925.12.10，1版。

[12] 1925年其他幾所中學校長分別是（任期，畢業校）：台北第二中學校長河瀨半四郎（1922-1937，東京高師）、台中第二中學校長柳澤久太郎（1922-1930，東京高師）、台南第二中學校長高橋隆（1922-1927，一高、東大哲學）、嘉義中學校長三屋靜（1924-1932，東京高師）、高雄中學校長吉川祐戒（1922-1931，東大哲學）。資料來源：《台灣總督府公文類纂》冊號4002，文號30，1925年5月1日；冊號3446，文號6，1922年4月1日；冊號10336，文號45-2；冊號2299，文號11，1914年5月1日；冊號10046，文號90，1927年3月；冊號3446，文號6，1922年4月1日；冊號3446，文號79，1922年5月1日；冊號10060，文號88，1930年5月；冊號3446，文號6，1922年4月1日；冊號4046，文號1，1926年4月1日；冊號10073，文號99，1933年3月。《台灣日日新報》13601號，6版，1938.2.1；7849號，2版，1922.4.6。

[13] 〈從五位三澤糾ヲ台灣總督府高等學校長ニ採用ノ件〉，《公文雜纂》大正14年・第14卷・海軍省～雜載（國立公文書館請求番號：本館-2A-014-00・纂01718100）。

[14] 永杉喜輔，《下村湖人傳：次郎物語のモデル》（東京：柏樹社，1970年），頁132。明石晴代，《父・下村湖人》（東京：讀賣新聞社，1970年），頁76。

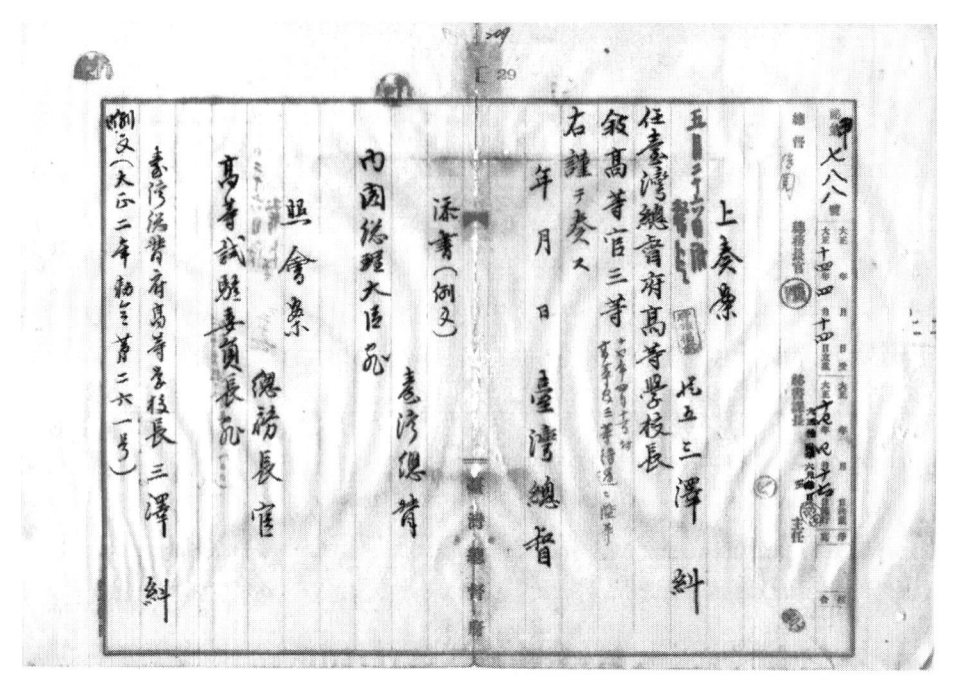

圖17：台灣總督府文書中的校長人事案。〈三澤糾（陞等、俸給）〉，《台灣總督府公文類纂》冊號4002，文號29，1925年5月1日。

　　回到高等學校人事案，台北高校「五高派」似同為總督府的人事安排所形成，從1925年三澤糾被任命為校長起，總計四任校長當中，除谷本清心以外的三任都是「五高─東大文學士」出身（表2-1-1），是以當時的人事特殊性，被視為總督府的五高校長人事，以及廣島高師教師群的二重結構。只不過，總督府雖任命三位五高出身者擔任校長，但台北高校20餘年間，僅僅5名五高出身者擔任教師，[15] 顯示五高校長其實並沒有特別任用五高出身者擔任教師。

　　這種二重結構下，校長與教師經由不同關係脈絡產生，似乎不見得會產生人事上的對立；但畢業生所說的「五高派」與「廣島派」傾軋，也就是校長與教師間的對立，又是如何形成的呢？

---

[15] 分別為庄司萬太郎（1925-1941）、藤田孫太郎（1926-1928）、里井宥二郎（1931-1944）、甲斐三郎（1925-1942）、犬養孝（1942-1944）。

三澤糾就任伊始，即欲在台北高校建立日本舊制高校的自由風氣，但在殖民地高等學校建立自由校風過程中，一時不為部分教師所接受，社會乃至於總督府當局都尚未適應。據教師與畢業生回憶，三澤與台高教師間的不和諧——尤其與教頭谷本清心間的摩擦，至少肇源於生徒監問題、蓄音器及學友會刊物事件。除了內部反對，總督府文教局、媒體，乃至於市民，對於新興高等學校校風也有所不滿。[16] 易言之，校長與教師間不合，可說是教育理念不同所致，三澤糾自身具有鮮明的自由主義色彩，教師方面形成以教頭——廣島高師閥為中心的平衡力量；而內外諸多反對者，使三澤糾不得不選擇另謀他就。1929年11月，下村虎六郎繼任校長。

下村虎六郎（1929.11-1931.9）原任台中一中校長，1928年起擔任台北高校教授兼教諭，翌年隨即接任校長，為三澤糾五高及東大的後輩。為何此時由下村出任校長？據總督府檔案，下村的任命是三澤糾之推薦，並得到台北帝大總長幣原坦同意，經台灣總督上呈拓務大臣，遂決定由下村接任。[17] 不過這樣的人事安排，似乎造成了教授與學生間的負面疑慮。首先，校長與教師作為官吏的一環，當時官吏層級由高至低為親任官、敕任官（1-2等）、

圖18：第三任校長　下村虎六郎，也是《次郎物語》的名作家（王耀德教授提供）

奏任官（3-9等）、判任官（下級官吏）四個等級。以台北高校教師而言，三澤糾離去後，資歷及聲望最高的谷本清心是二等官（敕任），下村虎六郎為三等官（奏任）。[18] 雖然總督府規定，高等學校長為「敕

---

[16] 參照第三章第一節。

[17] 〈下村虎六郎任台北高等學校長、俸給〉，《台灣總督府公文類纂》冊號10058，文號71，1929年11月1日。

[18] 二等官與三等官除了敕任、奏任的差異外，實際欲升上二等官相當不易。高等學校教授的最高官等為二等，但就「高等官官等俸給令」第十條規定，「大學附屬農林專門部教授或諸學校教授五年以上高等官三等且具功績者，限於兩人之內得敘陞二等官」，此處所謂「諸學校」包括台灣總督府各專門學校、高等學校及師範學校在

任或奏任」，[19] 在法規上並無衝突，實際上使奏任官逾越敕任之上，產生谷本一派不滿的傳聞。[20] 其實下村進入台北高校的時間，是谷本出發擔任在外研究員的前一個月，谷本出發後，下村隨即接任教頭，並兼任尋常科主事、高等科教務課長等要職，就此時間巧合與校務人事觀之，是為三澤主導下的接班態勢，特意延攬下村繼任該校校長，否則官位較低者甫進入學校一個月，便得全攬要職，一年後隨即接任校長，委實難以理解。[21] 對學生而言，下村先前在台中一中校長任內被發動罷課，雖然是台灣人間的學生運動（與台北高校以日本人為中心的罷課事件，本質上並不相同），因為在當時採取高壓、取消宿舍自治的手段，未上任前就帶給高校生負面印象。[22] 是以下村就任雖有三澤糾支持，但學校各方面不合諧的情形並未稍減。

不過下村虎六郎也是令學生記憶深刻的校長，每週一尋常科朝會上，以英雄偉人、歷史故事鼓勵學生而令人感動；[23] 但是下村就任不久，竟又發生台北高校罷課事件，因處置失當招致批評。該校罷課事件實受日本高校學生運動刺激而起，結果對該校發展，或是校風都甚具影響，且因教師內部爭議，造成兩名教授離職。[24] 罷課事件後一年下村請辭，谷本清心接任。

長期在任的教授（礦物學齋藤齋）形容：三澤糾是個「孤獨的校長」，新年的時候，誰也不會到校長家裡去，但是谷本清心家裡，是邊喝酒邊敲鑼打鼓地喧鬧著；而下村則是「無法理解的校長」，[25] 似

內，兩人為限，得陞二等官。是以台北高校教授多數止於三等官。台灣總督府，《台灣總督府及所屬官署職員錄》昭和4年度（同府，1929），頁1。

[19] 《台灣總督府台北高等學校一覽》昭和2-3年度，頁10。
[20] 〈獅子頭山に雲亂れ〉，《台北高等學校（一九二二―一九四六）》，頁33。
[21] 下村上任後任命庄司萬太郎擔任教頭兼尋常科主事、高等科教務課長等職，庄司乃谷本旅外期間該校最資深教授，且與下村同為五高出身之兩面得益人選，此一任命應為穩定教員之舉。
[22] 永杉喜輔，《下村湖人傳：次郎物語のモデル》，頁145。
[23] 〈理想を胸に祕めつつも〉，《台北高等學校（一九二二―一九四六）》，頁61；大島三郎，〈次第に遠ざかる母校〉，同書頁305。
[24] 罷課事件詳見第三章第一節。
[25] 〈七星ヶ嶺に霧まよふ〉，《台北高等學校（一九二二―一九四六）》，頁46。

乎說明了三澤、下村兩任五高派校長與教師間的隔閡。三澤與下村相繼離台後，校內的廣島高師派成為主流。

谷本清心（1931.9-1941.8）的校長人事，係以「本人（谷本清心）擔任台北高等學校教頭之職，考察人物閱歷等方面，作為下村校長的繼任者，乃最適當人選」為由繼任，[26] 為高等科設立以來，唯一非五高出身的校長，任期長達十年。一名學生時期歷經生徒監事件，東大畢業回母校任教的物理學教授（分島拓）觀察，谷本上任後，有為諸多紛爭處理善後的意味，特別是致力於教師間的融洽，例如每週都舉辦教員聯誼會，年初年末由學校舉辦盛大宴會等等；另

圖19：第四任校長　谷本清心
（賴再興先生提供）

一方面，在多次教授會議、聯誼會等聚會中，谷本都能傑出地扮演會議主宰者的角色，進而肯定其作為校長的統率能力。[27] 谷本擔任校長時期，教師流動少而穩定，廣島高師關係者較先前減少，亦無五高關係者進入或離職，[28] 也沒有任何人事糾紛的傳聞，顯示谷本任內，致力於教員的合諧與穩定，應具有相當成果。「五高派」與「廣島派」對立的問題，在谷本任內及離職之後並沒有出現，可以說派閥的問題，到谷本上任後獲得消解。

認為「**教育的真髓是無為而化**」的谷本任內，[29] 並沒有發生特殊

---

[26] 〈谷本清心任台北高等學校校長、俸給〉，《台灣總督府公文類纂》冊號10066，文號79，1931年9月1日。

[27] 分島拓為台北高校第一屆畢業生，經東大物理畢業後，於1931年擔任台北高校講師，1933年同校教授，為首位回校任教的畢業生。其高校時代的校長為三澤糺，教授時代的校長為谷本清心。分島拓，〈谷本清心先生の統率力〉，《台北高等學校（一九二二—一九四六）》，頁138-139。

[28] 谷本清心任期內僅里井宥二郎為五高出身進入台高者，但應屬於前任校長完成的人事案。

[29] 施純仁，〈師と友に惠まれて〉，《自治と自由の鐘が鳴る》（舊制台北高等學校

的校園風波，雖然隨著局勢逐漸緊張而增加管制，但校園仍舊維持自由自治的風氣，可說是穩定經營的十年。1941年谷本辭去校長職，據聞是因為台高生在總督府前，列隊前進時行儀不整，造成台灣軍司令官不滿所致，[30] 實際上，該年日本軍部主導全日本高等學校校長大調整，由保守的嚴格控制論者，取代支持自由校風的校長，[31] 台北高校長的更迭，應為間接受到影響所致。

末代校長**下川履信**（1941.8-1946.3），復為「五高─東大文學士」出身，先後擔任台北帝大學生主事，及總督府文教局官員，1941年出任台高校長。其上任前後教員變動甚大，首先，校內教師及教官隨戰事加劇前往戰場，前線退下的將官，在學校教官員額增加情形下進入校園。其次，配合1941年台北帝大設立預科，八名資深教授轉往任教，[32] 以及為彌補此空缺而新聘教師。此外，肇始於下川校長的特別人事，令部分資深教授轉任他校。據高峯一愚（哲學教授）所言，高峯原任職台北帝大，係下川履信之邀請，下川進入台北高校後，高峯隨即受聘為同校教授兼生徒主事；下川擬計畫高峯繼任校長，幾名年輕教授分掌校務，但高峯僅為五等之奏任官，結果使部分資深教授前往他校。[33] 該計畫因下川

圖20：第五任校長　下川履信

記念文集刊行委員會，2003年），頁93。

[30] 所澤潤（聽取り・編集・解說・註）・呂燿樞（口述），〈聽取り調查：外地の進學體驗（Ⅴ）石光公學校から、台北高校尋常科、同高等科、台北高級中學を經て、台灣大學醫學院卒業〉，《群馬大學教育學部紀要　人文・社會科學編》（47，1998年3月），頁235。

[31] 高橋佐門，《舊制高等學校全史》，頁973。

[32] 分別為第一代預科長西田正一（德語教授），第二代預科長加藤平左衛門（數學教授），國語科教授松村一雄，古典、哲學科教授河上邦治，圖畫科講師塩月桃甫（台北高校兼任），歷史科教授庄司萬太郎，拉丁語科教授中村為吉，英語科教授森政勝等，平均在台北高校任教的時間將近15年（14年又10.5個月）。另木村啟治原為台高的庶務人員，亦隨之調任擔任圖書課雇員。

[33] 所澤潤（聽取り・編集・解說・註）・高峯一愚（口述），〈聽取り調查：外地の進學體驗（Ⅸ）・特別篇 台北帝國大學學生主事補・台北高等學校教授の體驗

持續擔任校長，而沒有完全實現，不過因為下川的種種考量，而造成特殊異動亦屬可能。上述諸因素的另一結果，就是年輕的新進教員，陸續取代資深教員，造成下川時期的教員年輕化。

戰時的台北高校，自 1942 年起縮短修業年限，減少授課時數，增加軍訓（教練）、演習時間，約束課後活動與個人行為等等，是為了配合日本戰爭局勢而加以管制。1945 年 3 月學校軍隊化，全校師生編入一三八六二部隊，曾以校地為營地，隨後前往淡水、陽明山等地行防禦工事。1946 年，台北高級中學接手台北高校尚未畢業的學生，部分教師獲得留用，下川履信於 1946 年台北高校結束後，去職回日。

上述人事經緯，僅及於歷任校長與部分教師間的人事問題，尚未觸及該校一般的教員延聘與任用情形。底下先後就初代教員的延聘、教員的任用等，進行討論。

第二節　教員的延聘與任用

教員之聘任須基於教員的任用資格，1922 年台灣總督府頒布「台灣教育令」並設立高等學校同時，雖規定高等學校的教員資格依台灣總督之規定，但總督府始終並未另行訂規，而依據文部省「高等學校教員規程」行之，是以台灣與日本高等學校教員的任用資格並無二致。另一方面，高等學校師資，係以接受高等教育且通過試驗，特別是「大學畢業或大學測驗合格得稱為學士者」，及「依照外國留學生規程擔任在外研究員者」，被視為具有高等學校高等科教員義務，而授予高等學校教員免許狀（許可證），[34] 在此之外如高等師範學校畢業生，

　を中心に〉，《群馬大學教育學部紀要　人文・社會科學編》（53，2004 年 2 月），頁 79-80。
[34] 1919 年文部省頒布之「高等學校教員規程」（文部省令第 10 號）規定具下列資格者得參與高等學校高等科教員檢定：一、具學位者；二、大學畢業或大學測驗合格得稱為學士者；三、高等師範學校畢業，除了修業年限二年者外；四、專門學校本

便須接受試驗檢定合格，方得以任用。1928年以前，台灣缺乏此等高等教育機關，所需教員自須仰賴日本供給，是以台北高校聘任師資，須參酌日本的教員任用情形。

　　文部省原訂於1919至1925年間，從原有八所高等學校增為18所，但到了1925年，官公私立合計已達29所（不含殖民地），高等學校教員自然隨之增加，從原來的356人，增為1163人；[35]在日本增設二十餘所高等學校並招募師資同時，新設殖民地高校如何吸引高等教員前往？是不得不考慮的問題。

　　台北高校最初設立尋常科，尋常科相當於中學教育，其教員任用，只須具有中學校教員資格即可擔任，[36]是於1922年剛設校時，令台北一中教諭轉任或兼任高等學校尋常科教職，復另聘數名教員即可開學。

　　既如**表2-2-1**所示，校長、教諭、囑託乃至於外國人教師，多為原台北一中人事，假高等學校尋常科設於台北一中校舍之便，得以轉任或兼任之，專任高等學校者實為少數。其次，台北一中教員轉、兼任高等學校教員的情形，從1922年至1925年間皆然，惟1925年高等科設立不久，教授陣容愈見齊備，多數台北一中教師不再兼任，是可謂為即刻創校下的臨時性調度。

　　1925年開設的高等科，教員任用資格，須具有高等學校高等科教員許可證方可擔任，1922至1925年期間，台北高校陸續從日本延聘符合資格者前來任教，包括富田義介、中野賢作等具高等科教員資格

　　科或神宮皇學館本科畢業者；五、高等學校、大學預科或學習院高等科畢業者；六、該學科具中學校教員免許狀者；七、外國相當於高等學校畢業者；八、具外國大學或相當於大學之學位或畢業證書者；九、五年以上高等學校、專門學校或相當於專門學校之學校教員者（第九項為同年文部省令第40號改正中增加）。
　　其中第二項「大學畢業或大學測驗合格得稱為學士者」及「依照外國留學生規程擔任在外研究員者」被視為具有高等學校高等科教員義務而授予高等學校教員免許狀。

[35] 舊制高等學校資料保存會，《舊制高等學校全書》第一卷・總說編（東京：丸善，1985年），頁356-357。

[36] 文部省「高等學校教員規程」第三條之規定。

表 2-2-1：1922 年台北高校教職員

職稱	姓名（任教期間）	略歷
學校長	松村傳（1922-1925）	1916 台北一中校長 1922.4 高等學校長兼台北一中校長
教諭	吉川貞次郎（1922-1927）	1921.5-1922.5 台北一中教諭 1922.5 高等學校教諭兼台北一中教諭
教諭	富田義介（1922-1935）	1922.4 高等學校教諭 1925.4 高等學校教授
教諭	春田重之（1922-1929）	1922.4 高等學校教諭
教諭	小川正（1922-1925）	1916.8-1922.4 台北一中教諭 1922.4 高等學校教諭
教諭	小田四郎（1922-1924）	1920.2-1922.5 台北一中教諭 1922.5 台北一中教諭兼高等學校教諭
教諭	船曳實雄（1922-1933）	1922.4 高等學校教諭　台北一中教務囑託
教諭	佐藤春吉（1922-1927）	1917.8-1922.4 台北一中教諭 1922.4 高等學校教諭兼台北一中教諭
教諭	塩月善吉（1922-1944）	1921.3-1922.12 台北一中教諭 1922.12 台北一中教諭兼高等學校教諭
雇教師	Reginald J. Wilkinson（1922-1927）	1917-1922.4 台北一中雇教師 1922.4 高等學校雇教師兼台北一中雇教師
另囑託 4 人： 新沼佐助（1922-1926）：1915-1922 台北一中囑託，1922 台北高校囑託兼台北一中囑託 山內一夫（1922-1922）：1921-1922 台北一中囑託，1922 台北高校囑託兼台北一中囑託 野間又男（1922-1923）：1914-1922 台北一中囑託，1922 台北高校囑託兼台北一中囑託 大竹邦保（1922-1937）：1922 台北高校校醫 另書記 2 人： 狩野繁元（1922-1930）、伊藤與三郎（1922-1926）		

資料來源：《台灣總督府文官職員錄》（1913-1916）、《台灣總督府及所屬官署職員錄》（1917-1922）及附錄一加以精簡。

者，先委以尋常科教諭，待高等科開設後改聘為教授。不過在全日本興設高等學校同時，要聘請教師並不容易，台灣總督府方面除了既有台灣文官加俸、官吏恩給及遺族扶助待遇外，提供 1926 年 7 月以前獲聘之初代教授較原俸高薪，與在外研究員的待遇，特別是擔任台灣總督府在外研究員為主要誘因。初代教授（編號 1~17）待遇如**表 2-2-2** 所示，其中編號 16、17 在進入台北高校之前，分別在台北一中、總督

府師範學校擔任教諭，編號 1~15 皆從日本延請而來。

　　俸給方面，編號 16、17 進入高等學校後，本俸未必增加，編號 17 從月俸 115 圓增為年俸 1,800 圓的主要理由是，成為高等學校教授，必定從判任官升為奏任官，本俸依「高等官官等俸給令」規定之年俸必然不低，而編號 16 無論從中學校教諭轉任高等學校教諭，或高等學校教諭轉任高等學校教授過程中，本俸都沒有調整的情形；相較來說，編號 1~15 的本俸上，除編號 7、15，都有所提高，顯見提高給薪，應是台灣方面給予的待遇之一。在官等方面，有半數教授獲聘之際隨即提升，但是高等文官訂有嚴格的進級規定，如四到七等官在職未超過兩年者不得敘陞，應該是已滿足陞等條件下，直接給予陞等。

　　在外研究員方面，[37] 編號 1~13 先後以在外研究員名義，前往德英美等西方為主的國家，其中編號 13，在 1931 年轉任新設之台南高等工業學校教授後才出國，[38] 編號 14 係以「支那語科」取得教員資格者，雖未擔任在外研究員，然於受聘翌年以「出差」為由前往中國，編號 15 則為「國語科」（國語即日語）資格者，筆者並未蒐得其擔任在外研究員或出差紀錄；[39] 編號 16、17 則沒有擔任在外研究員紀錄。

---

[37] 「在外研究員」係提供旅外進修機會，同時延攬人員於特定職務之性質，依 1922 年先後頒布之「在外研究員規程」（敕令第 6 號）及「在外研究員規程施行細則」（台灣總督府訓令 121 號），在外研究員於研究期間供其學資、研究津貼、旅費等，且得領取原職務之本俸及加俸的三分之二。另一方面則規定，在外研究員回國後，須接受台灣總督府指定的職務，時間為研究期間的兩倍，是以接受旅外機會的同時，有為特定職務服務之義務。

[38] 志賀孝平原擔任台北高校物理科課程，轉任係因甫設校的台南高等工業學校教員未足，台北高校物理科教員仍足自給，故轉往支援，同時保留在外研究員待遇。《台灣總督府公文類纂》：冊號 10064，文號 19，1931 年 4 月。

[39] 編號 15 伊藤慎吾為唯一日本赴台任教而未擔任在外研究員者，且進入台北高校後本俸不增反減，從年 1,920（月 160 圓）減為 1,800 圓，雖然加上台灣高等文官十分之五的加給後（年 2,700 圓）當超過原俸，但仍為一特別案例：據伊藤慎吾本人自陳任教經過及總督府檔案顯示，伊藤因廣島高師後藤教授之建議及自我考量，主動向當時台北高校長松村傳提出履歷書，適 1925 年西田正一教授擔任在外研究員而暫離，伊藤得補教授之缺而進入台北高校，對於本俸減為 1,800 圓、但加俸後 2,700 圓，「本人並無異議」。伊藤慎吾，〈初代・松村校長の事ども〉，《台北高等學校（一九二二－一九四六）》，頁 123-124；《台灣總督府公文類纂》冊號 4001，文號 6，1925 年 3 月 1 日。

以上在外研究時間，分別從九個月到一年六個月不等，且於受聘之際，就已約定去回的時程，但又依照實際情形做調整，如英語科教授林原耕三，原訂於1927年出發，但因校長的請託而延至1928年4月：[40]

> 『第一屆畢業生將決定台北高校的聲價』三澤校長以此懇請我，將留學時間較赴任之際的約定延後一年……

其延後理由，緣於三澤校長為求首任畢業生的升學佳績，希望擔任英語課程的林原教授延後出國時間。

此外，顧慮學校運作及適任代課教師不易尋覓，無法讓全數教授同時出發，所以從1925年起，以每年一至二人為限擔任在外研究員，即考量授課等情形，而計畫性地安排出發時間。教師旅外期間，相關課程自然由校方另外安排教師暫代，像編號10瀨邊惠鎧在外期間，由後來擔任總督府專賣局技師的內藤力，代理部分化學課程；[41] 編號8庄司萬太郎在外期間，竟需三名台北帝大教員（教授中村喜代三、助教授青山公亮、助手前島信次），暫代其歷史課程，足見「輪流」旅外乃不得不行之策。

就實際的活動內容觀之，在外研究員的派任，有益於個人學術技藝並閱歷之增長。個別研究者的活動情形必不一致，以瀨邊惠鎧為例，瀨邊於1925年畢業於東北帝國大學理學部化學科，1926年擔任台北高校教授，1934年底以「化學」為研究目的，受命擔任台灣總督府在外研究員，以一年六個月為期限，前往德英美三國。實際於翌年2月出發，其行事略記如下：[42]

圖21：瀨邊惠鎧教授（郭雙富先生提供）

---

[40] 林原耕三，〈繪と俳句會と讀書會〉，《台北高等學校（一九二二─一九四六）》，頁263。
[41] 瀨邊先生記念出版會，《瀨邊惠鎧先生の回想》（該會，1981），頁89。
[42] 瀨邊惠鎧，〈留學日記〉，《瀨邊惠鎧先生の回想》，頁137-172。

往返時間：	1935.2.9 — 1936.10 月底	總計 20.5 個月
船行時間：	1935.2.9 — 1935.3.22 （去航）	
	1936.10.6 — 1936.10 月底（返航）	計約 2 個月
（適應期）	1935.3.22 — 1935.4.6	計約 0.5 個月
研究期間：	1935.4.6 — 1936.3.21	計約 11.5 個月
各國遊歷：	1936.3.21 — 1936.10.6	計約 6.5 個月

雖被指定前往德英美等國，研究活動始終在倫敦大學實驗室進行。研究期間未必每日或終日進行，有相當充裕的時間得以四處遊歷：[43]

> 喜好的研究從早持續到晚，工作告一段落每每出外旅行，就近拜訪大學、參觀研究室後必定前往博物館，徐徐觀賞世界名畫與喜好之物，經濟許可的範圍內，購得些許所好之物。日記的一行寫著，「此行達成我一生的願望」，我想確實如此。又於實驗的空檔拜訪歐洲各國……

「喜好的研究」為天然植物成分的化學實驗，從大學時期開始就感到興趣，來台後仍舊持續相關研究工作；但留學期間的研究進行，時因環境與語言等影響，而未必順利。另一方面，趁研究空檔參訪其他大學、研究設施，或進行中的實驗，如赴皇家工科大學（Royal Technical College），參觀化學科實驗室，讚佩其環境優良、學生投入及研究成果；此外在開暇時收集教科書、研究材料等。1936 年 3 月，結束研究並完成報告後，開始為期六個半月的歐美之旅，先後經柏林—慕尼黑—伯恩—茵特拉根（Interlaken）—米蘭—熱內瓦—比薩—羅馬—佛羅倫斯—威尼斯—德國西南—海德堡—艾森納哈（Eisenach）—布拉格—漢堡—丹麥—瑞典—奧斯陸，回到柏林—捷克—維也納—布達佩斯—柏林，參加 1936 年柏林奧林匹克運動會後乘船前往美國東

---

[43] 瀨邊みつゑ，〈留學日記のこと〉，《瀨邊惠鎧先生の回想》，頁 174。

岸，經紐約—波士頓—芝加哥—阿馬哈（Omaha）—奧克蘭—舊金山，西航經夏威夷火奴魯魯島返國。[44]

台灣總督府於教授赴台之際，便給予旅外進修機會，係以此吸引人才來台，並鼓勵研究為其目的。就瀨邊惠鎧擔任在外研究員的經歷觀之，國外歷練對其學術經驗之累積當有所裨益，返台六年後以「含植物油脂的揮發性物質之研究」為主論文，取得大阪大學理學博士，在外研究員期間的研究累積，對此有所助益也未必可知。不過，單就短期在外研究的實際情形，研究上的條件未必更佳，是以就個人來說，除了「此行達成我一生的願望」外，增加閱歷與先進國家經驗——包括收受的刺激——也許是更為重要的收穫。

綜而言之，在外研究員的待遇，可說專為延攬日本教師而設，擔任在外研究員的教授，平均在校服務15年，其中一名因罷課事件離職，一名轉任總督府文教局官員，一名轉任新設之台南高等工業學校，分別在職五到七年外，其餘任教時間，從13年到21年不等，應可說是總督府側提供之優遇獲致成效所致。是以在外研究員的派任，在短期內雖影響課程與教學安排，但長期而言，提供了教師持續任教的穩定因素。不過在外研究員亦僅提供給該校初代教授，1926年起，該校已具基本之教員陣容，一般給予新聘教員較高之本俸，不另給予在外研究員待遇。

表 2-2-2：初代教授待遇

	待遇 姓名	官等、本俸		台灣總督府在外研究員		
		原官等 原俸（圓）	給官等 給俸（圓）	研究事項	目的國家 預定年限	實際往返日期
1	西田正一 1925-1940	六等官 年 2,000	六等官 年 2,400	德語	德 1 年 4 個月	1925.3-1926.9
2	市瀨齋 1925-1944	六等官 年 2,000	五等官 年 2,400	德語	德奧 1 年 6 個月	1925.9-1927.4
3	富田義介 1922-1935	六等官 年 1,800	六等官 年 2,400	英語	英美 1 年 6 個月	1926.8-1928.4

---

[44] 瀨邊惠鎧，〈留學日記〉，《瀨邊惠鎧先生の回想》，頁 137-172。

待遇 / 姓名	官等、本俸 原官等原俸（圓）	官等、本俸 給官等給俸（圓）	台灣總督府在外研究員 研究事項	台灣總督府在外研究員 目的國家預定年限	台灣總督府在外研究員 實際往返日期
4 中村為吉 1925-1941	四等官 年 3,100	三等官 年 3,400	德語	德奧 9 個月	1927.7-1928.5
5 林原耕三 1925-1930	五等官 年 2,000	五等官 年 2,700	英語、古典學比較文學	英美 1 年 6 個月	1928.4-1930.1
6 谷本清心 1925-1941	三等官 年 3,400	三等官 年 3,800	物理學	德英美 1 年 6 個月	1928.9-1930.6
7 甲斐三郎 1925-1944	六等官 年 2,400	五等官 年 2,400	數學	德英美 1 年	-1930.4
8 庄司萬太郎 1925-1941	四等官 年 2,700	三等官 年 3,400	西洋史學及史學教授法	德英美埃及 1 年	1931.5-1932.7
9 中野賢作 1923-1944	七等官 年 2,300	六等官 年 2,400	英語及英語教授法	德英美 1 年	1933.1-1934.4
10 瀨邊惠鎧 1926-1944	—— 月 85	七等官 月 85+ 年 1,600	化學	德英美 1 年 6 個月	1935.2-1936.10
11 小山捨男 1926-1944	—— 月 130	七等官 年 1,600	英語及英語教授法	德英美 1 年	1936.1-
12 田中伊藤次 1925-1939	五等官 年 2,600	五等官 年 3,100	哲學、倫理學	德英 11 個月	1937.1-1938.3
13 志賀孝平 1925-1931	六等官 年 1,800	六等官 年 2,000	物理學	德英美 1 年 6 個月	-1935.1.18（在美國死亡）
14 大浦精一 1925-1932	判任三級 月 115	七等官 年 1,800		中國	1926.7-
15 伊藤慎吾 1925-1944	判任一級 月 160	七等官 年 1,800			
16 吉川貞次郎 1922-1927	五等官 年 2,700	五等官 年 2,700			
17 齋藤齋 1925-1944	判任三級 月 115	七等官 年 1,800			

註：1. 判任官俸給以月計，高等官以年計。
　　2. 首次擔任高等文官之高等學校教授以七等官任之。
　　3. 1926-1928 年間 17 名台北帝大（1928 年甫成立）教師，先受聘為台北高等學校教員，隨即擔任在外研究員留學在外，回台後直接進入台北帝大擔任教職，如今村完道、飯沼龍遠等，並沒有在台北高校任教之實，是以本表不列入。

資料來源：內閣印刷局，《職員錄》大正 13 年（該局，1924）。《台灣總督府學事年報》（1926-1940）。《台灣紳士名鑑》（台北：新高新報社，1937）。《台灣總督府公文類纂》：冊號 4002，文號 33、34、35，1925 年 5 月 1 日；冊號 4049，文號 72、77，1926 年 9 月 1 日；冊號 10047，文號 11，1927 年 4 月；冊號 4045，文號 57，1926 年 3 月 1 日；冊號 4001，文號 6，1925 年 3 月 1 日；冊號 4003，文號 13，1925 年 7 月 1 日；冊號 4005，文號 9，1925 年 10 月 1 日。

另一方面，高薪招聘教員自然為總督府增加財政負擔。高等學校為台灣總督府直轄學校，經費由國庫支出，就該校人事費佔整體支出的份量觀之（**表 2-2-3**），教師幾可說是台北高校最大「資產」。1925 至 1929 年間，高等科開設初陸續添購設備及增建校舍，人事費已佔總支出的半數以上，1930 年起，人事費始終為總支出的四分之三，扣除事務人員（年支出約 11,000 圓，約佔 5%）之純教員支出，亦高達七成比例，1937 年以後，教員總數呈增加之勢，人事支出勢必隨之提升。高額人事費的理由，與高等學校以教授（高等官）為核心的教師陣容密切相關，殖民地官吏加給、諸賞與也佔不小比例，此外便是該校高薪招聘教員，產生的必然結果。坐擁偌大「資產」的台北高校，如何任用教師，是底下接續討論的問題。

台北高等學校依「台灣總督府諸學校官制」規定，設教授、助教授、教諭等教職人員；其中教授為奏任官，助教授為判任官，掌高等科教職，教諭為判任官（三人以內得為奏任官），掌尋常科教職。教師員額時依須要而變動，1928 年起，教師員額已大致底定：教授 26 人、助教授三人、教諭 10 人，可知「官制」的台北高校教員，是以高等科教授，與尋常科教諭為核心教員。例年實際教員人數如下（**表 2-2-3**）：

表 2-2-3：歷年教員人數及教員兼用人數（1925-1944）

	教授	助教授	教諭	小計 A/B	講師、囑託	雇教師	教員總數	總經費%
1925	11	─	6	17/6	14	1	32	60
1926	19	1	7	27/5	6	3	36	66
1927	23	1	7	31	9	1	41	64
1928	24	1	8	33/2	10	2	45	72
1929	25	2	9	36	9	2	47	54
1930	25	2	8	35/11	10	1	46	76
1931	23	1	6	30/11	12	2	44	77
1932	22	1	6	29/10	13	1	43	79
1933	23	1	6	30/10	9	1	40	78
1934	25	1	7	33/13	5	1	39	78
1935	23	1	8	32/13	8	1	41	77

	教授	助教授	教諭	小計 A/B	講師、囑託	雇教師	教員總數	總經費%
1936	23	1	7	31/12	8	2	41	76
1937	24	1	7	32/12	12	1	45	77
1938	24	1	5	30/10	14	2	46	——
1939	24	1	5	30/10	14	1	45	——
1940	24	1	6	31/11	14	1	46	——
1941	24	1	7	32/12	12	1	45	——
1942	24	3	8	35/15	14	2	51	——
1943	24	3	6	33/18	13	1	47	——
1944	21	1	5	27/18	12	0	39	——

註：1. A（斜線左側）為教員人數，B（斜線右側）為教員兼用人數。如17/6，即教員人數17名，其中六名同時負擔高等科與尋常科課程。
2. 不計在外研究員、停職者、受徵召者等未實際任課及「臨時教員養成所」教員。
3. 「總經費%」為人事經費佔總經費百分比＝人事經費÷經費總支出×100%。

資料來源：《台灣總督府學事年報》（1925-1936年）、《台灣總督府及所屬官署職員錄》（1937-1943年）、《台灣總督府台北高等學校一覽》（1944年）。

　　略就時間發展觀之，1925至1929年三澤糾校長時期，教師陣容從擴張到底定，除盡量利用教授、助教授、教諭等正式教師員額，同時聘請相當之講師、囑託贊理教務；此外，高等科尋常科教員互為「兼用」的情形，從1925年起便開始出現，1930年之後，已成為該校教師的任用特色。1930至1941年間，教員人數及教員兼用人數波動不大，但自1942年起，呈不穩定之勢，總督府雖於1943年提高教師員額，實際任教人數反而下降，理由是教員受徵召前往戰場，1941年台北帝大設立預科，及前述下川校長的特別人事所影響。

　　不過表2-2-3的主要目的，為輔助說明歷年人事中，一、總督府規定的正式教員（教授、助教授、教諭）外，有相當比例之講師、囑託等「非正式教員」，以及二、正式教員中普遍存在的兼用情形。筆者以為此兩點適以說明該校的人事任用特色。

　　首先就正式教員的兼用情形，教員兼用係使正式教員，可同時負擔高等科及尋常科課程。尋常科學科程度比照中學校，科目則與高等

科（不論文理組）多數重疊，惟深淺與時數之差異，[45] 是以校方於課程需求時，使教授同時兼任尋常科與高等科課程；而教授亦得依實際需要，合併規劃尋常科與高等科的授課內容，即基於尋常科、高等科課程的延續性而來。以1939年歷史科為例，歷史科分為國史、東洋史、西洋史，授課教師不分尋常科、高等科，概由塩見薰負責國史、東洋史，由庄司萬太郎負責西洋史，[46] 因此教師可在擔當課程上，依尋常科、高等科兩階段之不同，安排深淺有別且具延續性的授課內容。

另一方面，藉由部分教師之互通，毋須因為尋常科與高等科不同，而各自組成教師陣容，省卻另聘教師之舉。再次，在尋常科教師短期出缺的情形下，可能在高等科便尋得暫代人選，如擔任高等科地理與博物課程的齋藤齋，因尋常科相同課程尚未覓得適當人選，而暫時代理之；[47] 惟此非主要因素，教員之不足亦得由講師、囑託等非正式教員補充之。

講師與囑託，是為了特定目的，在官制外延聘的專業人員，不受教員資格限制，任用上異於一般正式教員。就講師的招聘來說，係為一、延攬專業人員，在有限教師員額外，高薪延攬具有專業能力者，長期或短期擔任該校專任講師，如台北帝大、台北高校，共同以相當教授四級俸（年3,400圓）長期聘請島田謹二，或如總督府翻譯官、外事部長的法水了禪，台北高校以月俸250圓邀請擔任高等科英語課程。二、因教員滿額，先委以講師，開缺之際隨時遞任為正式教員，如擔任植物科的神谷辰三郎，先於1926年以年俸3,500圓之高薪委以講師，翌年教授員額增加，隨即轉任教授。另一方面，教員之去留校方應已然掌握，教員離職前得先招聘資格符合者擔任講師，是以新聘者在一至二年左右，成為教授的情形甚是常見。三、本校或他校優秀教員辭官後，以講師聘之，使其持續在校服務，如嘉義高等女學校長根津金吾，台北高等學校教授庄司萬太郎等辭官後，皆以講師續聘。

---

[45] 詳見第四章第二節。
[46] 《台灣總督府公文類纂》冊號10100，文號48，1939年11月。
[47] 《台灣總督府公文類纂》冊號10078，文號73，1934年5月。

四、擔任代用教師,例如在外研究員旅外期間,或於教員停職、受徵召時,從其他學校機關——尤其是台北帝國大學——延聘相關專業人員短期替任,惟此類教師流動性甚高,執教一學期至三年不等。就此觀之,講師的延聘實為體制外得相當強化既有師資陣容,以及調節人事進退之重要環節。

囑託的延聘則與講師有所差別,首先台灣總督府訂有「囑託員雇員俸給額制限規程」(1921年訓令33號),規定諸學校(含高等學校)囑託月支不得超過150圓,惟特殊情形例外。台北高校設校之初曾以月250圓(後增至月300圓),聘請吉成新太郎擔任日語、漢文等課程;不過此係個案,一般仍以總督府規定範圍內予以給薪。其次,囑託一般擔任尋常科之術科課程(如書道、教練等),是以延攬對象乃學有專精者,而不是受高等教育者。

在任用上,講師與囑託也可以明顯區別。講師擔任高等科與尋常科課程,囑託僅擔任尋常科以術科為主的課程。其次,設校之初,講師與囑託皆得參與校務組織,自1931年台北高校改正校務規程起,將囑託排除在外,非正式教員僅講師得以參與。就此觀之,非正式教員當中,係以講師的聘用為核心,無論就功能性與重要性皆然,亦因此,受聘之講師在任用上始終具有一定份量。

教授們的畢業學校(最高學歷),以及戰時的教員聘任情形也值得注目。

該校教授的畢業學校實具特色,前述台灣所需的高等學校教員,須仰賴日本供給,是以設校之初便以高薪、在外研究員待遇,吸引教師前來,不過1928年台北帝大設立後,是否有助於此一情形的消解?長期執教的瀨邊惠鎧回憶,1942年因為某教授職出缺,推薦甫從台北帝大畢業的鶴壽雄接替:[48]

---

[48] 瀨邊惠鎧,〈戰歿した三人の同僚〉,《台北高等學校(一九二二—一九四六)》(東京:蕉葉會,1970),頁260。

> 當時是大東亞戰爭的初期，雖傳來華麗的戰果，但日本台灣間的交通相當滯礙，人才的交流等等大概無法期待。我推薦鶴氏擔任菟原教授的繼任者，雖有考量上述台日間的交通問題，但最大的動機是鶴氏溫和的人格，與台高、台大出身所示的深厚學養所吸引，以此力說而得到校長的諒解。

一方面表示戰爭影響日本教師來台，一方面其實是反映1942年之前，台北高校從未邀請台北帝大畢業生擔任教授的實情。雖然從1931年起，台北帝大就有首屆畢業生，但進入台北高校擔任教職者不過四名，全數為短期代用之講師、教諭或囑託，[49]原因之一是台北高校教授移動、轉任情形少，而較為穩定；但主要理由是，該校以任用帝國大學，尤其是東大出身者，為其一貫的用人策略。

首先，符合文部省所期待之大學畢業者，具有高等學校高等科教員義務，該校僅三人非畢業於大學，這三個人的畢業學校是東京外國語學校、大阪獨逸學校、東京高師英語部，分別擔任德語與英語課程，[50]易言之，僅部分擔任外國語課程者，畢業於外語教育機關，因其專業聘任之，其餘教授皆出身大學。其次，大學出身者，從校長到教授有三分之二，畢業自東京帝國大學（39/59，三人不明），其中五任校長全數東大，台北高校生回校擔任教授者，亦必定畢業自東大，[51]是以歷任東大校長，自始便採取東大為主的教授陣容，台北高校回鍋畢業生也不外於此，像是台北帝大畢業生，無論是否來自台北高校，僅得擔任臨時代用教員。直至1942年，因台日交通不穩，以及數名台北高校教授，轉任台北帝大預科，有新聘教員之必要，方給予鶴壽雄等台北帝大出身者擔任教授的機會；惟最終台北帝大出身獲聘教授者，

---

[49] 先後為內藤力（1936，講師）、山本正水（1935-1937，教諭兼助教授）、新田淳（1938-1939，囑託）、栗山励一郎（1944，講師）。
[50] 東京外國語學校（市瀨齋，德語）、大阪獨逸學校（中村為吉，德語）、東京高師英語部（中野賢作，英語）。
[51] 先後為分島拓（1931-1941，1理乙）、山地清（1931-1944，1文甲）、瀧澤壽一（1941-1944，4文乙）；另木藤才藏為專任教諭（1939-1944，9文甲）。

也不過 2 名（福山伯明、松本邦夫），[52] 鶴壽雄雖被推薦，但僅聘為講師，不久受徵召往前線而戰歿，無緣於台北高校教授職。質言之，台北帝大的設立，終究未能改變以東大出身為主的教員陣容，但對於台北高校在平時，或下述戰時所須之短期代用教員有其助益。

戰時的教員聘任，因可任用教員逐漸減少，影響了既有的教師陣容。1941 年台北帝大預科設立，與下川校長的特別人事案，造成教員陣容更動與年輕化已如前述。其次，年輕教員接受軍隊徵召與少數教員離台等，實際任教人員減少四分之一，1942 年仍有 51 名，1944 年僅餘 39 名（含正式、非正式教員），教師陣容勢必產生影響。如歷史科教員塩見薰受軍隊徵召，庄司萬太郎退職並轉任台北帝大預科講師，分別擔當歷史課程的兩名教師，先後離開教師崗位，僅有太田廣一名教授入替。復次，1942 年總督府在台北高校附設「臨時教員養成所」，欲援高等學校師資，培養中學理科教員，且增加教授員額；但該校實際教員人數減少，反增加既有教師負擔。以 1944 年為例，正式教員 33 名，但六名受徵召，餘 27 名之半數（13 名），另負擔臨時教員養成所課程。[53]

在教員人數減少與附設臨時教員養成所影響下，如何維持完整的教師陣容，遂成為棘手問題。作為應對措施，乃從台北帝大等機關延請講師，本校雇員擔任囑託，以及增加正式教員間的兼用等等。首先，從台北帝大延請教授中村孝志（國史）、岩生成一（南方史），以及法院判官遠井金三（法學通論）、總督府技師安田勇吉（圖畫）等人，擔任臨時講師。[54] 其次，將講師聘為教授，納入正式教員行列，如長期擔任講師的島田謹二。再者，部分擔任課務助手或事務員之雇員轉

---

[52] 福山伯明（1942-1944，4 理甲）、松本邦夫（1944，4 理甲），皆台北高校—台北帝大出身。

[53] 《台灣總督府台北高等學校一覽》昭和 19 年度（該校，1944 年），頁 83-88；《台灣總督府及所屬官屬職員錄》昭和 19 年版（台灣總督府，1944 年），頁 241。不計生徒主事、生徒主事補之專兼任者。

[54] 泉新一郎，〈入學から入營まで〉，《台北高等學校（一九二二—一九四六）》，頁 351。

任囑託，如藤井良吉、岡阪嘉織等。最後，增加正式教員的兼用情形，如1944年正式教員不過27名，兼用人數卻達18名（**表2-2-3**），等於三名教員當中便有二名，同時擔負高等科與尋常科課程，即因應課程教師之缺，增加正式教員的兼用情形。質言之，1941年起因主客觀因素，對教師陣容產生相當影響，除了從校外尋找可授課人員，不得不令既有教員兼任更多的課程。只不過，就戰時環境觀之，最晚於1943年，該校營運便受戰爭影響，從半日不授課，整日不授課，乃至於1945年入學即入營，教師的授課負擔未必高於一般情形。[55]

既如本章指出，台北高校教授群幾乎畢業自大學，尤其是東京帝國大學，為歷任東大校長一貫的用人策略；與此相關，半數教授籍貫集中東京及其附近地區（29/59，一人不明）[56]——與明治初期高等教育機關開設以來，該區域較佳的升學優勢與升學競爭有關——並不令人驚訝。[57] 相對東京出身者，具有「廣島」經驗（出身、學經歷）之人事，或許更值得注意，諸如伊藤慎吾、後藤俊瑞等廣島出身者，在全日本開設二十餘所高等學校時，主動選擇前往台灣，或如台北帝大總長幣原坦，台北高校第二任校長三澤糾、第三任校長谷本清心等原廣島高師關係者，具有的前進殖民地傾向，在台灣分別擔任高等教育機關的領航者，而佔有其重要性。

另就台北高校長與校務發展觀之，「銳進」的三澤與「穩健」的谷本，各自扮演首開風氣與守護成果的角色，若就內部的人事問題觀之，則是從紛擾走向穩定的轉變時期。

台北高校以優厚待遇吸引高等教員來台，應是台灣高等教育機關的共通情形，而非台北高校獨然。該校教員任用，與三年制高等學校

---

[55] 參見第四章第三節。
[56] 東京及其附近地區包括岐阜、埼玉、富山、靜岡、千葉，以及長野、愛知、福島等地。
[57] 天野郁夫，《近代日本高等教育研究》（東京：玉川大學，1989年），頁375-376。

最大差異，在於教員任用之彈性，除了影響校方人事與課程安排上之便益，對於被期待將來頭頂大學帽的尋常科生而言，尋常科（相當中學階段）便得與教授接觸，不啻是加速學識成長的契機；甚至尋常科便確立志向，進而向教授學習者，如辻守昭（1945年尋常科修畢）矢志為醫，為了日後就讀帝國大學醫學部，尋常科起便向里井教授學習德語，[58] 最終進入東大醫學部，凸顯出中高一貫的七年制高等學校，在課程與教師任用上可能提供學生的學習環境。

---

[58] 所澤潤（聽取り・編集・解說・註）・呂燿樞（口述），〈聽取り調查：外地の進學體驗（V）石光公學校から、台北高校尋常科、同高等科、台北高級中學を經て、台灣大學醫學院卒業〉，頁223。

第三章
殖民地的自由學園

舊制高校的校風與校園生活，具有它的獨特性，台北高校設立以前，「自由」、「自治」已成為全日本高校的傳統精神；宿舍方面，各校學寮均採自治制，學生自主營運邁入成熟；學生文化方面，思想自由化且與時代思潮連繫，文藝創作至為興盛；運動競技方面，各種校際競賽盛行，進入1920年代，出現全國高等學校聯合競賽「インターハイ」（Inter-High school），弊衣破帽、ストーム、コンパ、長髮、蓬髮、寮雨、寮歌、萬年床等特異風氣，都在1920年以前已然定著。概言之，全日本各高等學校之間，具有共通的風氣與文化，也意謂著舊制高校並不是單獨設置在各地的高等學校，彼此間存在相當的連結性，也是戰前日本的特殊存在。[1] 但位在殖民地的台北高等學校，情形又是如何呢？則有待檢證。

以自由風氣來說，台北高校的畢業生不分台籍或日籍，都可以欣然自得地談起（或記錄）昔日生活是如何自由奔放，或生動地描述當時弊衣破帽的情境；只是「自由奔放」、「弊衣破帽」等風氣，如何在殖民地社會形成？其次，代表台北高校精神的「自由」與「自治」的實際面貌又是如何？本章以台北高校的校風為中心，討論學校風氣的形成與內涵。

圖22：著黑斗篷，足踏高腳木屐，為高校生的流行打扮。（王萬居先生提供）

---

[1] 高橋佐門，《舊制高等學校全史》，頁386-490、534-588。

第一節　三澤糾與自由校風的建立

　　尋常科開設時的校長松村傳，欲建立「質實剛健」的校風，此乃尋常科約當於中學，松村傳兼任台北一中校長，校舍暫居台北一中之故。高等科成立未幾，台北高校獨立於古亭一帶，跨海求學的日本學生，開始引進內地高校的自由風氣，在台灣出現了應該接受，或者排斥此般風氣的問題，其中校長三澤糾的作為最具關鍵。一般咸以三澤糾為台北高校校風的奠基者，也是畢業生視為「自由」符號般的代表人物，[2] 本節考察自由校風在台灣形成的過程、轉變，以及社會觀感。底下就「三澤糾的思想與經歷」、「自由校風的追求與三澤式教育」、「罷課事件與社會適應」之順序，進行述說。

一、三澤糾的思想與經歷

　　三澤糾1878年生於神戶，父親是地方學務課員，18歲時進入第五高等中學校（第五高等學校）法文學科，曾在校園刊物發表有關學生教育與學習的文章，謂學校對學生課以過度教學，譬如當前政府擬重稅於民之謬誤，而學生之過度用功不知活動者，則有如肢體殘缺，皆非正確的教育與學習，蓋學生在讀書之外，應盡量活動，重視身體的鍛鍊。[3] 在學期間，結識著名的基督教神學家海老名彈正，並加入其創辦的本鄉教會。1900年進入東大哲學科，開始協助海老名編輯《新人》雜誌，該誌時以海老名為主筆，三澤糾、小山東助、吉野作造為編輯主任，內崎作三郎、栗原基等為編輯參與，發行量從既有數百部，增至兩千部。被譽為「新人物搖籃」的《新人》，以海老名與植村正久牧師，各自代表基督教自由派、正統派（福音主義）展開神學論爭，當時知名的德富猪一郎（蘇峰）、德富健次郎（蘆花）兄弟、橫井時雄、宮川經輝、安倍磯雄等亦為論客，演講會則有三宅雪嶺、井上哲次郎、

---

[2] 長谷川光雄，〈三澤先生と下村先生〉，《人生》，頁49。
[3] 三澤糾，〈愉快に遊ふべし〉，《龍南會雜誌》（72，1899年），頁38-41。

內村鑑三等，都是當時著名的學者、評論家、宗教家、社會運動者。相較日後聲稱「超越宗教」的三澤糾，此時以自由主義神學為信仰基礎，除熱心於編輯刊物，並參與街頭的傳教演講。[4]

三澤糾「**自年少以來，就對教育有特殊興趣**」[5]，東大畢業後進入文部省，隨即奉派前往美國留學，先於 1904 年 10 月進入耶魯大學（預備階段），翌年 9 月進入克拉克大學心理學科，專攻實驗心理學、實驗教育學，1907 年以〈近世教育哲學史概說〉，獲得哲學博士學位（1909 年出版為《近代的教育者及其理念》），係以歐美為中心之教育思想研究。其後滯美、遊歐各一年半、11 個月，於 1909 年 11 月返日。[6] 1910 至 1911 年間，先後將旅外所觀察、省思，與收受刺激作成《國民性與教育方針》，留學時既已投稿之文章（以《新人》為主），加上回國後之新作，合編為《時代與教育》，以及受文部省邀請，擔任教育講習會講師之授課內容，編成《教師的覺醒及其修養》。這三部著作中，第三部與教師養成較為相關，[7] 暫不予討論；《國民性與教育方針》可說是三澤糾最具體系性的著作，與《時代與教育》二部對考察其人生觀，及日後擔任教育工作之思想源頭甚有助益，茲就相關部分加以說明。

《時代與教育》共分三篇，[8] 雖稍晚成立，但其自承本書「**應該視為《國民性與教育方針》的前篇**」。首篇題為〈時代篇〉，為留學期間體會有色人種被差別對待，衍生出日本民族的危機感與自覺。先是歸結在美的排日運動，甚囂塵上的「黃禍論」，以及「支那人」同為黃種人被貶抑的情形，主要理由是「**國力弱之故**」，站在日後勢必與白種人競爭的立場，認為東洋諸國應密切合作。其次，面對西方人的威脅，東洋人種應該從西方崇拜中覺醒，發揚東洋各國的文化，共

---

[4] 吉村壽邦，《蕉蕾集》（吉村壽邦，1966），頁 26-28；上沼八郎，《實錄・はっさい先生》（東京：協同出版株式會社，1988），頁 95-99。
[5] 三澤糾，《教師の覺醒と其修養》（東京：啟成社，1911 年），序頁 1。
[6] 吉村壽邦，《蕉蕾集》，頁 31、三澤先生年譜。
[7] 三澤糾，《教師の覺醒と其修養》（東京：啟成社，1911 年）。
[8] 三澤糾，《時代と教育》（東京：警醒社，1910 年），以下出處同。

同排拒西方文明。最後，為了提升日本固有文化，應將明治維新以來的文明西化與破壞日本文明的基督教一併打破，提升並統合固有的神道、佛教、儒教等傳統信仰。回國後成為憂國之士的三澤糾，自此開始「超越宗教」。

第二篇為〈教育篇〉，提及「學校社會化」與「學校市」等有關學校經營的理念。「學校社會化」係使學校與社會接近，一方面，將一年中的部分時間，開放市民參與校園活動與設施，一方面對學生施以通識教育，除了作文算數外，如物理、生理、地理、歷史、博物等知識，皆人類生活必需；此外，令學童接近自然，鍛鍊體魄，有益身心健全與人格養成。「學校市」即西方新興之校園自治管理，將學校視為一個社會，令學生自治，自行市政，為了追求校園內共同生活的秩序，訂法律，置政府，行立法、司法、警察諸權。法律由學生制定，學校傳授自治所需之知識，如選舉、警察、衛生、法院等，養成健全的自治能力；校長有禁止市政之權，但大體居於監督與建議的地位。三澤認為此一學校管理法，在教師與學校權威逐漸衰弱的時代，當**「拯救學校當事者，學校內的秩序、公共清潔易於維持，犯罪率顯著減少，增加學生對學校的熱情，提升學生間的瞭解與合作，教師向來對學生消極性的禁止當可免除，致力於積極性的陶冶。」**就此處之學校經營理念，與開放且自治的日本舊制高等學校傳統，有若干契合。

第三篇〈道德及宗教篇〉，提及學生的德育，認為德育之陶冶，以文學、藝術與宗教最具功效，藝術之中以音樂的影響力尤大，此外**「青年應信奉的人生哲學第一條為活動」**，不應過度費力於課業（過或不及皆不可），且人的意志力、毅力，繫於充沛之精力與體力，應時常活動、鍛鍊之，此乃**「德育之根本」**。三澤將「活動」與課業並重，無非是五高時代以來的延續；另一方面，三澤自身雖「超越宗教」，但認為宗教對學生的德性教化，仍有相當助益。

「回國後知道日本的好」的三澤糾，思考日本的國民性（民族性，以下維持原文），並立基國民性之上，為日本訂定適合的教育方針，

圖23：看電影、吃小吃，進入各種場所，都有不被限制的特權。（許武勇、蘇瑛煊先生提供）

此即《國民性與教育方針》。

《國民性與教育方針》第一章為〈日本人的國民性〉,[9] 舉出順應性,自制力強,因灑脫恬淡而對自然界富於感情等八種特性,以及「偉大性」如小我(沒自我),因恩情義理而感動(恩義上的感激)等,為了日本民族之生存,此般國民性應該維持發展。係身為日本人的自我體會,以及跟外國比較總合之主觀見解。

第二為〈國民性之基礎〉,從天皇與人民的關係、階級制度、家族制度、婚姻制度、食衣住行等,分析國民性之由來。並在思考如何保存國民性的問題中,提及殖民政策與日本的將來,認為「**維持日本人種的健全與純種,是保存日本文明與日本國民性的第一要件**」,而「危害」日本人種健全與純種者,為「**與他人種混雜或領土擴張**」,一方面為保存國民性而反對殖民活動,另一方面強調日本人的國民性,絕不適於殖民地人民,因此,「**統治依恃武力而獲得的新領土,非將多數的移民,置於軍隊之後,而是以仁政使蒙其利,非驅之以勞動,而是依資本及頭腦,使彼民(被殖民者)共享其利**」,而殖民地有其長遠的歷史地理風俗,同化政策難竟其功,反造成殖民國的危機,是以日本的將來,應該是沒有領土野心的農業國家。

最值得注意的是第三章〈基於國民性的教育方針〉,三澤糾先指謫明治以來西式教育無能為力之處,係違反日本國民性,接著談論適用於日本之教育方針,包括家庭、學校、德育、人事等方面。首先,家庭應該是教育的基礎,學校不過居於從屬地位,在家族或家庭可以照顧的範圍內,「**將五歲以下兒童送進幼稚園是有害無益,五歲以上兒童若近處有親友得以照顧,亦無送入幼稚園之必要**」,乃肇基於日本國民的「家庭中心主義」。學校教育方面,七、八歲至12、13歲的學童(小學),教以算數、讀書、習字三科即可;時間分配上,此三科合計一小時半,音樂、圖畫、兵式教練、遊戲競技等亦一小時半,世界奇談、英雄故事等談話一小時。每日四小時授課已是很多,最重

---

[9] 三澤糾,《國民性と教育方針》(東京:富山房,1910 年),以下出處同。

要者,「**使學童囫圇吞的教育終將失敗**」,希望「**勿剝奪兒童放浪於自然之中的自由與時間**」。

中等教育為個別差異(階級、職業等)展現的時代,須有依照各別差異設立之諸教育機關,其中尤以中學為「**國民教育的仁核骨髓**」,同時期待私學之興盛,給予自治權利,成為教育精神旺盛的教育家,實行新教育之場所。

而接受高等教育者,「**不得不為日本精神上的貴族**」,其任務係維護日本文明,同時吸收、融合西方文明中,有益於日本之處。同時也強調,高等教育者必須是極少數之精英,此即承認日本既有之階級、職業、素質、教養之差異存在為前提,在中等教育以上的個人,必須適性發展,進而否定美式「劃一性教育」。

圖24:可以在有妙齡女郎陪酒的酒家聚會,自由的風氣非常旺盛。左二是有「台灣史懷哲」之稱的陳五福,右二為文學家張冬芳,此時兩人手上各叼著一根香菸。(賴再興先生提供)

在德育方面，否定修身科、倫理科之必要性，更無需課以測驗，採計分數；比起修身科、倫理科，音樂與美術的教育效果更勝之，「**選擇適當主題與演奏者的話，在道德教育上的效果，遙居於一般的倫理講義之上**」。在人事與經營方面，校長之任用「**不拘學問閱歷之規定，唯大器者得與之，且儘可能在學校管理上給予自由，委以一切教師任用之權**」，而教師的養成，與其課以學科測驗，不如置重於教育家的精神與人格養成；經營方面，學校擁有最高的自治權，文部省止於監視、扶掖的角色。最末在教育的手段上，廢除「**以規則、教條綑綁的教育，行人與人之間的恩義關係**」，順應感動於恩義的國民性，以威嚴、慈愛獲取學生的尊敬與感激；反之，行軍隊式之教育者，將人類如機械般管理，不啻逆國民性而行，「**吾人經常耳聞中學校、師範學校的宿舍騷動，不就是對於蹂躪國民性的反抗嗎，吾絕非嘉許此等學校騷動，但對於此般蹂躪之反抗，不是應該期待慶賀嗎？**」

　　經歷五年留學生涯的三澤糾，成為一部分維護舊日本傳統，一部分採取西式新教育理念之新舊理念複合型人物，[10] 其所謂高等教育者之任務，不啻為自身之寫照：「**分毫不失地保護舊日本文明一切之善美，同時將外國文明中，得裨益日本國民性、日本文明之一切攝取消化，注入日本文明、日本人之中**」。1911 年起，以廣島高等師範學校為起點，先後經歷廣島高師教授（34 歲）、廣島高師附屬中學校主事（36 歲）、和歌山海草中學校長（37 歲）、大阪高津中學校校長（40 歲），以至於台北高等學校校長（47 歲）。

二、自由校風的追求與三澤式教育

　　1925 年 5 月三澤糾漂洋來台，在船上接受記者訪問時，一方面表示不得不為新校舍的興建奔走，一方面思考如何減緩入學困難的問題，

---

[10] 或如三澤糾一方面否認西方政體得以在日本施行，而維護著日本的天皇制，一方面認為在此政體下得實行民主主義之新舊理念共存的情形。三澤糾，《國民性と教育方針》，頁 146-151。

以及想體會「**純支那式的生活**」等，[11] 應是來台前便對台灣的情形略有所知。擔任台北高校校長期間，先是調整入學選拔、教學時數，修訂成績評量方式，以及鼓勵就讀東京帝大等，進行諸方面的革新。

入學選拔關係著教育對象與目的。台北高校高等科於1925至1928年間，除了招收島內學生，先後在京都、仙台、福岡、東京等地設置考場，[12] 以40名為限，募集能力資優的學生。[13] 入學選拔方式，因非文部省直接管轄，自無須依日本高等學校的規定與方式進行；惟首屆高等科的招生（1925年，當時校長為松村傳），不論日台兩地考場，皆比照該年日本高等學校，於3月中進行筆試（加以身體檢查），文科測驗國語及漢文、歷史、地理、外國語（英語），理科測驗物理、植物、數學、外國語（英語）。三澤糾的選拔方式有別於日本，並採取一部分無試驗檢定。首先是測驗科目，在台灣的考場，文科加考數學，理科加考國語及漢文科，錄取能力平均的學生；在日本的考場，文科不考數學，理科不考國語及漢文科，使有特長的學生，不因數學或國漢文能力不佳而落第，並藉此吸引學生報考。[14] 其次，因應日本考場與諸多高校競爭之不利，測驗日期延遲於4月1、2日（開學日）舉行，使一試不第的遺珠，雲集台高之門，志願者從1925年的109名，翌年急增為694名（台灣維持3月中進行）。[15]

再次，開放40名的公立中學校成績優秀者，以「無試驗檢定」

---

[11] 〈台灣へ來てまで　校舍の新築に奔走せねばならぬといふ〉，《台灣日日新報》8978號，1925.5.9，夕刊2版；〈無絃琴〉，《台灣日日新報》8987號，1925.5.18，夕刊1版。

[12] 《台灣總督府台北高等學校一覽》昭和4-5年度，頁1-11。

[13] 招收台日兩地學生的高等教育機關非僅台北高校，另自1929年起因台灣中等學校畢業生逐漸增多，遂取消日本考場的員額，不過日本考生仍可來台報考。〈本島各種學校今後不由內地募集〉，《台灣日日新報》10359號，1929.2.20，夕刊4版。

[14] 台灣考場，文科測驗國語及漢文、歷史、地理、數學、英語，理科測驗國語及漢文、物理、植物、數學、英語；日本考場，文科測驗國語及漢文、歷史、地理、英語，理科測驗物理、植物、數學、英語。〈高等學校試驗問題〉，《台灣日日新報》9646號，1927.3.8，6版；なかむら生，〈椰子の葉繁る南國の生活〉，《台北高等學校（一九二二―一九四六）》，頁49。

[15] 〈高等科入學試驗〉，《台灣日日新報》8922號，1925.3.14，4版；〈高等科の入學試驗〉，《台灣日日新報》9278號，1926.3.5，2版。

方式入學。無試驗檢定係日本於 1897 年前後，在部分高等學校開始採行的選拔方式，1910 年文部省訂定「高等學校大學預科入學者選拔試驗無試驗檢定規程」（省令 11 條），但隨著入學競爭激烈，各校相繼取消無試驗檢定名額，是以文部省於 1919 年廢止之（省令 14 號），1920 年以後，僅部分私立高校採行（如成城）。1926 年，台北高校開始實施無試驗檢定，甚獲好評，其有意無意間造成下述效果：1. 中學成績優秀者，通過身體檢查即可入學，免去升學測驗。2. 在升學測驗不利於台灣人的情形下，保障部分台灣人的升學機會，以及 3. 相對保留新設中學的升學名額。[16]

授課時數與成績評量，關係學生的負擔與訓育。授課時數方面，將原來週六授課改為半天，[17] 暑假前後四週的授課時數，減少為十小時以內，[18] 縮短教學時數；惟此非台北高校特例，乃順應台灣情形，參考既設教育機關的方式加以調整。[19] 成績評量方面，修身、教練須修課，但不採計分數，即每週尋常科的修身授課一小時，體操科（包括教練、普通體操、武道）五小時；成績考核上，修身不計分，體操僅採計普通體操（50%）與武道（50%）。高等科不分文理，每週修身一小時，體操三小時，其成績考核：[20]

> 體操的成績以甲乙丙丁之評語表示，以與其他成績區別，修身不應以教授內容如何，或者學期、學年而加以計分。

即修身不採計分數，體操（含教練）給予甲乙丙丁之「評語」，皆不計入總平均，目的希望學生不因修身或教練成績不佳而影響升級。其次，成績考核結果不外乎升級或留級，三澤另訂「假進級」之規定，

---

[16] 詳見第 4 章第 1 節。
[17] 三井明，〈信仰に生きた三澤先生〉，《台北高等學校（一九二二─一九四六）》，頁 126。
[18] 《台灣總督府台北高等學校一覽》昭和 2-3 年度，頁 13、18。
[19] 1899 年「台灣總督府師範學校規則」已有週六授課半日、縮短暑假前後上課時數之規定。台灣教育會，《台灣教育沿革誌》，頁 610。
[20] 《台灣總督府台北高等學校一覽》昭和 2-3 年度，頁 51。

即一般升級條件，為出席天數在總授課天數的二分之一，體操評語丙，學科總平均60分（但有一科40分，或一科40分，一科50分，或三科50分）以上，即可升級；學科成績未合格者，得依假進級規定，暫時給予升級：[21]

平均65分以上 ⟨ 未滿60分之科數與分數
　　　　　　　1科：30分—40分
　　　　　　　2科：1科30分—40分，1科50分以上
　　　　　　　2科：各科40分—50分

平均60分以上 ⟨ 3科：1科40分—50分，兩科50分以上（或相反）
　　　　　　　4科：3科50分以上，1科40分以上

即單科能力尤其不佳，或數科普遍不佳，但部分學科能力特別傑出（總平均得有60分）者，先令其升級，於次學年的第二學期，依照學生選擇之科目進行補考（外國語依據次學級成績），符合一般升級條件之一，便不予留級，三年級生通過補考者得以畢業。惟於1928年，以鹿野忠雄的畢業問題為起點，改正升級、畢業之規定，雖取消假進級制，成績不合格者，仍保留經「特別之詮議」而升級或畢業的可能。[22] 實欲學生自由發展，減少留級乃至退學的情形。

升學目標則關乎學生日後的發展。台北高校生雖被統治當局期待，將來全數進入台北帝大就讀，而申請台北帝大也幾乎無須測驗便可直升，但以三澤糾為中心的校長、教師，自首屆畢業生起，鼓勵學生盡量報考東京帝大，學生志願也以東大、京大、東北帝大為多，[23] 結

---

[21] 《台灣總督府台北高等學校一覽》昭和2-3年度，頁54-55。

[22] 自小、中學校便已對昆蟲、高山著迷的鹿野忠雄，以第一屆高等科生進入台北高校，在學期間除了學校修習的德文、英文，另自習拉丁文、希臘文。但因為沉迷高山世界而經常曠課，在校務會議中多數意見認為應將其退學，終因三澤糾力保而留校察看一年。未料留級該年仍舊缺課，復在教務會議中引發激烈討論。雖然鹿野在高校期間（1925-1929年），有多達60篇以上英、日文發表之專門著作，但其違反校規的部分，至少包括未請假便不來校，曠課日數達三分之二以上，未參加學期測驗等。結果在三澤愛惜人才的考量下，仍令其畢業，給予進入帝國大學的資格（1930年進入東大）。山崎柄根著，楊南郡譯註，《鹿野忠雄》（台中：晨星，1998年），頁71-106、附錄。

[23] 林原耕三，〈繪と俳句會と讀書會〉，《台北高等學校（一九二二—一九四六）》，

果首屆畢業生成績頗佳,東大文、法科志願者全數合格,[24] 第二屆亦以「**不劣於第一屆的佳績**」,進入志願大學。[25]《台灣日日新報》曾批評,台灣明明就有大學,卻要把畢業生整批送去日本的大學。對東大出身的教授而言,此一台高生須就讀台北帝大的說法實為「**滑稽**」。[26]「**第一屆畢業生將決定台北高校的聲價**」,而將畢業生送往日本的三澤糾,無非是考量學生將來的競爭力,以及將台北高校作為全國高校之一,而非偏限在台灣的高校。

與三澤糾來台同時,台北高校生主動引進種種的高校傳統。

最早見於1925年開學前的七星寮(台北一中時期),便出現每晚邊高歌放舞(ストーム)邊飲酒的情境,其身著弊衣破帽,肩披黑斗篷,腰垂長毛巾,腳踏高腳木屐,成羣闊步於大街,不啻為日本高校的移植;繼如批評學寮供餐的「賄征伐」,齊聚聯誼的「コンパ」,自宿舍二樓小解的「寮雨」,又舞又唱「デカンショ節」,上課點名代答,捉弄配屬將校(教官)等行徑,可說屬於舊制高校生的特有文化,正式出現在台北街頭。而風氣的導入者,即1925至1928年間在日本招募的學生——所謂「內地製」高校生——在七星寮落腳後開始活躍:[27]

> 首批30餘名的七星寮生當中,日本出身者14、15名……他們最早帶來的,是日本高校外在生活中華麗的一面。中學生憧憬的高校生活,先是外在的華麗,似乎無論何時都是如此。這些日本出身者,雖是進入遠方南國之地的台北高校,卻想將實際所見,夢裡描繪的高校生活,酒、菸草、蠻風的高校生活,在七星寮實現他們的夢,是當然的吧。

頁262-263。
[24] 〈台北高校出身者 東大入試受驗佳績〉,《台灣日日新報》10030號,1928.3.26,4版。
[25] 《台高新聞》1號,轉引自《台北高等學校(一九二二—一九四六)》,頁40。
[26] 林原耕三,〈繪と俳句會と讀書會〉,《台北高等學校(一九二二—一九四六)》,頁263。
[27] 〈台北高等學校七星寮々史〉,《台北高等學校(一九二二—一九四六)》,頁385。

圖 25：ストーム，攬肩、抬腿、蠻聲高歌為ストーム必備動作。（蘇瑛煊先生提供）
圖 26：寮雨，在學寮二樓窗台小解，宛如降雨。（藏本人司先生繪）
圖 27：コンパ，圖為學生在咖啡廳的聚會。（蘇瑛煊先生提供）

在日本就讀中學時所憧憬的高校生活，即便到了台灣也想要實現之意。與其比鄰而居的「灣製」高校生則認為：[28]

> 從日本來的他們，很快地成為表演高校風的領導者。即弊衣破帽，腰繫手巾，高腳木屐，放歌高吟，路上橫隊前進，或在我們旁邊的宿舍ストーム、賄征伐等等。我起初大吃一驚，覺得沒有意義。

---

[28] 青木茂，〈異色クラスの變り種〉，《台北高等學校（一九二二一一九四六）》，頁271。

最初對於灣製高校生而言，[29]嫌惡日本學生的行徑好似「**笨蛋**」；對於內地製高校生而言，台灣的學生實「**呆且愚**」。但是不久，灣製高校生逐漸有加入舊制高校風的行列者，是以七星寮正式開寮之後，就已經相當熱鬧。惟此般生活，只表現出高校生活的外在面貌，尚不及於內在的層面：「**對內在的高校生活尚未有醒覺的他們，將飲酒、ストーム當作生活的中心，在街頭ストーム，寮雨亦盛，而宿舍內時常洋溢著酒氣**」。[30]當時的高校風氣是否包括台灣人在內？因初期的台灣人較少留下紀錄而不得而知，但就吳守禮（第三屆）所言，這是屬於居住在學寮學生的風氣，[31]前三屆台灣人不過50名，住在學寮者更是少數，是以早期即便有感染高校風氣的台灣人，必是極為少數。

風氣之成立有待整體社會接受，該校引自日本的高校文化，隨即引起各界疑慮。七星寮開寮未幾，有文教局視學官投書媒體，陳述日本高等學校的頹廢風氣如何，台灣的學風當不可如此，如台北醫專、高商的風紀，都遠較日本高校為佳等等。即舉台北醫專、高商風紀之可取，批評日本高校風氣，對於校風形成中的台北高校而言，甚具言外之意。[32]《台灣日日新報》則以日本高校風氣之不可取，指名台北高校風氣有檢討之必要。[33]該報社甞以插圖描繪台北高校生大搖大擺進入咖啡廳，旁人急於走避的模樣，說其社會觀感之不佳，[34]又如以「目空一切」、「高唱嫖客之歌」等嘲諷口吻報導高校生的行徑，曰：[35]

---

[29] 〈獅子頭山に雲亂れ〉，《台北高等學校（一九二二―一九四六）》，頁29。
[30] 〈台北高等學校七星寮々史〉，《台北高等學校（一九二二―一九四六）》，頁385。
[31] 吳守禮口述、鄭麗玲整理，〈我與台灣語研究〉，《從帝大到台大》（國立台灣大學，2003年），頁11-12。
[32] 〈內地高等學校生徒の風紀頹廢は論外だ〉，《台灣日日新報》8990號，1925.5.21，夕刊2版。
[33] 〈台北高等學校高等科風紀有自省之必要〉，《台灣日日新報》9374號，1926.6.9，夕刊4版。
[34] 〈高校生の蠻風〉，《台灣日日新報》9355號，1926.5.21，夕刊2版。
[35] 〈台北高等學校高等科風紀有自省之必要〉，《台灣日日新報》9374號，1926.6.9，夕刊4版。

前月二十二日夜，台北高等學校高等科生徒若干名，成一橫列，在行人來往不絕之榮町上，高聲唱歌，宛然若示威行列，頗受市民之指摘。延至本月五日夜，……有學生團一團約三十名，例穿高屐，執巨洋杖，其杖綽號為殺狗棒，裝做眼空一世，於下午十時至十一時之間，大著步，高唱嫖客之歌，過本社口及新起町市場附近，致行人為之停步側目，嘆台灣最高學府生徒，其行動乃至如此。（原文漢文）

手執木杖、踩高腳木屐、又唱又跳、成羣出沒於鬧區等，不外乎傳統高校生的舉動；該校某教師在記者訪問時表示，如果是日本高校生的行為當不止於此而一笑置之，卻被報社評為「**學校當局持煽動之態度**」等等。[36] 該校風氣雖為同校教師理解，卻未能見容於社會，由此可見一斑。

圖28：台灣日日新報的嘲諷插畫。（《台灣日日新報》9355號，1926.5.21，夕刊2版）

較嚴重的事端發生在1927年底，因競賽後的酒醉所引起。起因於該校運動選手在對抗賽中落敗，應援團齊集市中，邊唱校歌邊遊行，本與平日行動無異；惟遊行結束後八名學生喝酒肇事，毀損店家財物，以柔道使某台灣青年負傷，巡警無法安撫而全數帶回南署，其中二名於歸途中復辱罵圍觀者「**帝國主義之犬**」、「**傲慢的台北市民**」等，引起市民激烈反應。[37] 事件之餘波乃當時

---

[36]〈始末に了へぬ 台北高校生〉，《台灣日日新報》9373號，1926.6.8，5版。

[37]〈泥醉高校生八名 用柔道使觀者負傷〉，《台灣日日新報》9918號，1927.12.5，4版。〈亂暴狼藉醜態の限りを盡した 泥醉した八名の高校生〉，《台灣日日新報》9918號，1927.12.5，夕刊2版。

《台灣日日新報》對高校生的嘲諷與批判，十餘名學生群集台灣日日新報社，認為該社的報導「**好像把高校生當做笨蛋**」，要求刊登「取消」或「訂正」文。據畢業生回憶，社長河村徹不願意刊載更正啟事，述其理由為：[38]

> 實際在我的一高生時代，也曾在對抗賽後到本鄉的關東煮屋，喝著小酒，唱寮歌，在街頭遊行。但當時市民並不介意，小孩勇敢而淡淡回應，我們被笑天真的程度而已。不過那是在有幾十所高校的日本，當時的行為被同情與理解，沒有因此而憤慨者。但，在殖民地台灣全然不同，特別是頭一所高校更是如此。這幾點希望諸君考量而自重，我們在今後的取材上也會更加留意。

經歷東京一高、東大法科大學的河村徹，雖曾經歷過同等的自由放任，但認為殖民地的情形應與日本有別。除了市民、輿論反彈的聲音，有受市井流氓威脅，進而互相格鬥的事件等等，[39]都反映在風氣形成之初，台北高校生與台灣社會間尚待磨合的情形。

校方如何處理高校生的不當舉動，也關係著風氣的發展。三澤糾既身為校長，自無全然縱容學生的可能。最早在1925年開學不久，就有首名在市中喧鬧而受到退學處分的學生，[40]惟此乃三澤

圖29：高校時期的張漢裕（左），同為手持枴杖，腳踩木屐的裝扮。（郭双富先生提供）

---

[38] 河津慎一，〈應援團〉，《台北高等學校（一九二二一一九四六）》，頁242。
[39] 〈台北高等學校七星寮夕史〉，《台北高等學校（一九二二一一九四六）》，頁387。
[40] 〈學校の處置に不滿を抱く生徒〉，《台灣日日新報》8983號，1925.5.14，5版。

上任前的代理校長（吉川貞次郎）所做的處分。其次於 1927 年中，三名高年級生強要學弟飲酒等問題，三澤分別給予二週至一個月的停學。[41] 前述酒醉後舉止不當，造成社會反彈的八名學生，先令其無期停學，[42] 乃其上任來最重懲罰，惟最終仍予其畢業。易言之，高校生雖引發不小的負面反應，但三澤並未以退學作為矯正行為的手段，通其四年任內，完全沒有被懲戒而退學者，[43] 應是考慮學生前途而給予告誡性的處置；[44] 惟不免給外界過於寬大的印象。

值得一提的是被處分的學生，退學者來自千葉縣安房中學校，因飲酒問題停學者三名未知姓名，無期停學者八名當中，僅一名為島內出身，其餘皆來自日本的中學校。顯見與本地社會衝撞者，確實是日本出身的高校生。

該校的校風，也跟三澤糾的作風與教育理念息息相關，茲以數個事件為代表。

1. 生徒監問題：[45]

1927 年數名生徒監更迭，學生認為管制益發嚴格，不滿而要求撤換生徒監。其〈決議文〉述及撤換理由，包括生徒監過於干涉學生日常出席、言論、出版、學寮事務等等，[46] 並以行動驅趕前往學生會議的教師；且於學級代表前往校長室進行交涉時，無預警地攻擊三澤糾頭部，而造成大騷動。未料於隔日的全校大會上，三澤以「**不是擔任生**

---

[41] 〈酒を飲んで高校生三名停學〉，《台灣日日新報》9731 號，1927.6.1，7 版。

[42] 〈泥醉暴亂之高校生 一齊無期停學〉，《台灣日日新報》9920 號，1927.12.7，4 版。

[43] 台灣總督府文教局，《台灣總督府學事年報》第 29 報（同局，1933 年），頁 276-277。

[44] 對照生徒監事件中，攻擊三澤糾的學生並未遭受退學，即三澤考量一旦令其退學，前途當受影響之故。河津慎一，〈應援團〉，《台北高等學校（一九二二―一九四六）》，頁 242。

[45] 生徒監係負責學生輔導與訓育者，於 1931 年改為生徒主事（敕令 31 號）。台北高校生徒監由教授、助教授或教諭充任，1927 年當時有高等科生徒監三名，尋常科兩名。

[46] 〈台北高校の二三教授 生徒をケシかける〉，《台灣日日新報》9920 號，1927.12.7，7 版。

圖30：全然泥醉的台北高校生。（蘇瑛煊先生提供）

徒監的教師有問題，而是生徒監制度本身有問題」、「不忍心使擔任生徒監的教師感到為難」為由，宣布取消生徒監制度，形同學生沒有監督者。[47] 實際上，台灣總督府僅賦予校長有關生徒監的指揮、任免權，而無取消該制度的權力；[48] 因此三澤在教務會議上宣稱，輔導學生的責任屬於全體教師，結果等同於沒有生徒監，而達成生徒監的取消。在接下來1928到1930年份的學校總覽中，該校確實沒有擔任生徒監者。[49] 生徒監事件之前，該校將生徒監與舍監並置，且由生徒監兼任舍監，對學生、住宿生一概採取干涉的方式。生徒監事件發生後，生徒監與舍監分離，生徒監廢除的同時，亦改換舍監，新任舍監採取不干涉方針，盡量使其自治，此乃七星寮完成自治制的重要階段。[50]

---

[47] 〈獅子頭山に雲亂れ〉，《台北高等學校（一九二二—一九四六）》，頁35；分島拓，〈谷本清心先生の統率力〉，《台北高等學校（一九二二—一九四六）》，頁139。
[48] 《台灣總督府台北高等學校一覽》昭和2-3年度，頁11。
[49] 參閱《台灣總督府台北高等學校一覽》昭和2-3年度至昭和6年度。
[50] 有關學寮自治參照下節。〈台北高等學校七星寮々史〉，《台北高等學校（一九二二—一九四六）》，頁389-394。

三澤在其著作中便曾表示，與其對學生消極性地禁止，不如給予學生充分的自治等等。只不過，廢止生徒監與舍監的不干涉方針，雖使學生歡欣鼓舞，卻也造成以教頭為首的教師不滿，甚至是文教局亦有所聞。

2. 學友會刊物事件：

1926年創刊的校園文藝雜誌《翔風》，有英語科教授投稿寓涵民族解放思想的文學作品，已然觸及殖民地的敏感問題，當時擔任編輯責任的教授（文藝部部長），認為應平等予以刊載，但受到教頭為首的教師反對，甚至認為應該開除投稿者，結果由校長裁決而無事發表，自然受到部分教師反彈。[51] 據聞三澤糾亦曾在全校集會上，發表有關「民族自決」的談話，[52] 雖不清楚其內容，倘參照先前著作，或許是包含東洋人種自覺、日本民族自覺等等在內，雖未必提及對殖民活動的反對，然此舉在殖民地台灣，實有惹來非議之虞。

3. 記念祭演出：

歷年盛大的台北高校記念祭，有學生自行佈置班級教室的活動，並開放一般市民參觀。時第四屆文乙學生，以「阿呆塔下充滿此臭氣」為題，製作台灣總督府模型，背後寫上「阿呆塔下的臭氣」，帶來豬隻數頭，給豬戴上文官帽，任其隨意行走、大小便，自然臭味橫溢。此深具諷刺意味的展示，乃學生批判精神的展現，結果未因公開嘲諷當局，而受到校方阻止或懲罰。[53] 另於記念祭期間，有「記念祭劇」的公演，其中不少有關左翼戲劇的內容，三澤亦未將其禁止。[54] 但對

---

[51] 林原耕三，〈繪と俳句會と讀書會〉，《台北高等學校（一九二二—一九四六）》，頁262。
[52] 長谷川光雄，〈三澤先生と下村先生〉，《人生》，頁48。
[53] 《翔風》（7，1929.2），學友會報告，頁2；高尾修一，〈三澤先生の數奇な運命〉，《台北高等學校（一九二二—一九四六）》，頁128；吉村壽邦，《蕉蕾集》，頁30。
[54] 長谷安生，〈クラス舉げての興奮〉，《台北高等學校（一九二二—一九四六）》，頁156；向山猛夫，〈衝擊を受けた三つの事件〉，同書，頁285-286。

總督府當局而言，上述的展出與表演，實已逾越不當的範圍。[55]

質言之，三澤糾對於諸多事件，寧採開放而寬大，亦不給予拘束的處理方式，對自由風氣的正面影響難以估計；但同時也引起以教頭為首的反彈，以及總督府側的不滿。

校長開明的作風，與學生對自由的追求，使二者看似站在同一陣線，如畢業生所言，**「校風是基於三澤校長與學生的合作而成」**；[56]但是，向來被視為自由主義者的三澤，其所認為的「自由」，是否便等於學生所追求的自由？實於三澤來台前二年，也就是高津中學校長期間，曾對學生詮釋自由的涵義：[57]

> 所謂自由，係指自我生命的活動領域……若不能生氣勃勃地自我活動，難得的自由便已死去。將自由的生命置於最高理想的自由活動，卻遊情放逸者，不得不說是自由之死……真正的自由，是個人人格的所有。超越一切，不能侵犯，不能污染，不能枉屈者，稱之為人格的尊嚴。所謂尊重人格，即相對於枉屈了不能侵犯，不能污染，不能枉屈者而斷不可枉屈之，又絕不將己意施加於人……人們如果能充分尊重、擁護自、他人格的神聖，方能真正地保有天下太平。

享有自由者，應生氣勃勃地活動，但同時自由應以尊重他人為前提；尊重個人人格，方可說是真正的自由，享有自由卻遊情放逸者，不得不說是自由之死。如前述在酒後傷人，或生徒監事件發生時，有

---

[55] 其他諸如蓄音器（留聲機）、禮堂演戲的問題。蓄音器問題：三澤擬為學生購置蓄音器，出發點是認為音樂有德性教化之效；但購買蓄音器被部分教師抨擊「如果要買那種累贅物的話，還不如充實理科的實驗器具」等。禮堂演戲問題：該校禮堂表演台後方，有設置奉安櫃以存放御真影（天皇夫婦的肖像）；由於學生將此處作為練習演戲的場所，被質疑「在有御真影的地方表演那樣的戲劇很奇怪吧」，但依舊開放為學生的練習場所。〈七星ヶ嶺に霧まよふ〉，《台北高等學校（一九二二─一九四六）》，頁43。
[56] 長谷川光雄，〈三澤先生と下村先生〉，《人生》，頁49。
[57] 〈第1回卒業式における三澤校長の訓辭〉，《創立60周年記念》（高津高等學校，1978年），頁52-54。

圖31：三澤糾先生之像，原像於戰時消失（左），戰後高津高校與台北高校同窓會集資重塑（右），置於今日高津高校內。（左：松本舊制高等學校記念館提供，右：岡部三智雄先生拍攝）

圖32：置於本館三樓頂的自由之鐘，清脆的鐘聲，令畢業生至今難忘。（賴再興先生提供）

某生因反對撤換生徒監,而遭受毆打的情形,[58] 以及日後大罷課的強制參加等,無異已侵犯他人人格,而境於「遊惰放逸」之域。

1928 年文教局視學官兼任台北高校教授,在該校廢止生徒監制度,與諸般風波發生後,不啻是給予三澤糾的警訊。隨即三澤推薦以嚴格著稱的下村虎六郎繼任,[59] 或許有約束走向「遊惰放逸」的台北高校生的涵義,亦未必可知。1929 年 11 月,總督府公布下村虎六郎接任校長的人事案,一個月前三澤自美國農場購置於本館上方的「自由之鐘」,以及三澤離開後,全校學生捐款製作的「三澤糾先生之像」銅像,成為此後台北高校自由精神的象徵。

三、罷課事件與社會適應

1930 年下村虎六郎校長期間,學生發起反對干涉、追求自主權的高等科集體罷課行動,並產生相當的影響。

事件起因為某生在德文測驗時私下翻書遭校方退學,該生是即將遠征日本的野球部主力游擊手,其退學勢必影響在日本的競賽成績,學生們向校方陳情但被駁回;復有另一名學生,以筆名而非真實姓名在該校販賣部購買菸草,被誤為詐騙而遭受退學。以此為導火線,高校生認為校方未清楚調查,就嚴懲學生,加上對部分教師不滿,因而發起抗爭。1930 年 9 月 10 日,學生側以全體同學的名義,向學生家長提出〈聲明書〉,陳述罷課理由、目的與行動,要求退學者復學,三名無能教授退職等;相關內容並向校長下村虎六郎提出,另要求學生之懲處,須有學生代表在場陪審。校長召集全校教師,議決拒絕學生要求,回復正常授課等五項內容。學生即刻起閉鎖於七星寮,不上課亦不返家,依學寮自治經驗,組織會計部、食糧部、情報部與警備隊,隔絕親人探視,聲明不達目的就不解散。11 日尋常科仍照常授課,

---

[58] 吉村壽邦,《蕉蕾集》,頁 37-38。
[59] 〈台北高校に拔かれた 下村台中中學校長〉,《台灣日日新報》10241 號,1928.10.24,11 版。

但高等科學生全數未出席,學校二度召開教師會議,由班導師勸導解散,校長強勢要求學生反省等軟硬兼施,皆無功而返。

11日夜,三年級文乙部分學生,聲明反對罷課等行動,逕行脫離罷課行列。在事件之初,已有強制他人參加罷課的情形,因此在反對者出現後,學生內部有所動搖;惟意見紛歧者不只學生,當日校方因學生處置問題,軟硬兩派教師在教師會議上,激辯至深夜,家長意見也有相當對立。至於總督府當局立場,台北州警務部因調查未有左翼團體滲透,表示若不暴動則不干涉,文教局則全由校方處理(學務部長及視學官之子,雙雙列於罷課陣容,甚至擔任罷課學生代表,而處於尷尬的情境),等於一切皆由校方處置。12日午後,基於下村校長的邀請,文教局長與學生代表進行會談,亦不見成效,學生仍固守七星寮。終於當晚有戲劇性轉變。應校長之請,警官隊擬包圍學寮,在警察未抵達前,一名意見相左的教授逕赴七星寮,擊破窗戶連喊「**快走!快走!有大事發生了**」,奔出學寮的學生群集校庭,蠻聲高歌「**獅子頭山に雲みだれ……**」(台北高校第一校歌)地步出校門,最末在警方環伺下,大呼「**台北高等學校萬歲**」三遍而散。[60]

解散後續由台北帝大生與校方展開。校方在學生解散後,宣布停課三天,欲使學生情緒沉澱,期間十餘名台北帝大生,以台北高校畢業生名義介入調停,先後與文教局長、校方交涉。其調停案包括退學者復學,罷黜教授案撤回,罷課學生不處分等六項;但掌握決定權的校方,內部仍分歧不已,亦未接受調停案。最後在17日下午宣布退學者三名,無期停學者19名:[61]

---

[60] 以上過程各資料記載大致相同:高桑末秀,〈ストライキ事件の顛末〉,《台北高等學校(一九二二—一九四六)》,頁115-122;〈七星ヶ嶺に霧まよふ〉,同書,頁37-39;〈朝な夕なに天かける〉,同書,頁50-52;鹿沼彰,〈ストライキ解散の夜〉,同書,頁280-281。以及《台灣日日新報》1930.9.11,4、7版;1930.9.12,2、4、7、夕刊2、夕刊4版;1930.9.13,4、7版,夕刊2、夕刊4版;1930.9.14,夕刊2、4版。

[61] 高桑末秀,〈ストライキ事件の顛末〉,《台北高等學校(一九二二—一九四六)》,頁115-122。

退學（3 名）：長谷川幸一（中央商業）【三文甲】、鳥井久良夫（台北一中）【三理乙】、神谷要美（上田中）【二理甲】。

停學（19 名）：天土春樹（雄中）、伊藤芳實（福岡中）、小倉皐（雄中）、勝部恭三郎（台北一中）、後藤貫吾（尋常科）、佐藤健兒（台北一中）、長谷深（尋常科）、山中浩（新潟中）、柳內操（尋常科）、吉村秀雄（竹中）
【以上三文甲】

三木茂夫（尋常科）
【以上三理乙】

木村喜倉三（竹中）、妹尾德雄（台南第一）、德田良治（嘉中）、增田隆一（日高中）
【以上二文甲】

笹本駿二（尋常科）、下川末秀（尋常科）、森山正義（台北一中）
【以上二文乙】

兒島幸信（雄中）
【以上二理乙】

懲處名單對外公布後，19 日恢復正常上課。實際上，懲處學生的用意在給予告誡，而非真正懲處，因此 10 月份無期停學者乃全數復學，被退學之三年級生，經測驗後發給畢業證書，遭退學之二年級生，於數月後復學，等於沒有真正的「犧牲者」出現。[62] 據下村校長之女所言，此為面對外界採取相當嚴格的處罰，但對內則見機使其復學。[63] 比起學生全員無事的結果，過程中教師的對立卻造成相當傷害。據記者調查，學生懲處案在教授會議中，僅以一票之差通過，隨後便有 12、13 名教授提出辭呈。[64] 最終有上述破窗通知學生的教授，與另一名自認有連帶責任的教授去職，實際這兩名教授在三澤校長期間便是自由派教師，對事件後校園管理的寬嚴當有所影響。

這場罷課行動另有值得深究之處，先就罷課動機而言，學生側以

---

[62] 依校友的紀錄，有退學者一名且並無返校，但實際上，遭退學者乃全數畢業。高桑末秀，〈ストライキ事件の顛末〉，《台北高等學校（一九二二—一九四六）》，頁 122。

[63] 明石晴代，《父・下村湖人》，頁 144。

[64] 唐澤信夫，〈台北高校盟休事件の批判〉，《台灣島民に訴ふ》（台北：新高新報社，1935 年），頁 105-122。

校方未釐清事實便嚴懲學生，加上教授無能為由發動罷課，似乎師出有名；但是否需要以罷課做為抗爭手段，可能是一個問題。如事件中的畢業生表示，當時全日本「**32 所高等學校中，28 所左右發動罷課風潮，如果不掀起騷動的話，面子掛不住，所以就做了**」。[65] 所謂全國高等學校的罷課風潮，嚴格指 1927 年至 1932 年間，在各高等學校間引發的罷課行動，實際可往前延伸至 1925 年以來，各高校維護自由、追求自治權，而「反體制」（對抗學校當局或改革現有體制）的一環。[66] 諸反體制行動，很快蔓延至台北高校，如 1925 年以來各校展開生徒監撤換、廢止行動，原封不動於 1927 年秋天在台北高校上演；或如學友會改革，選手權制度廢止等，同樣在 1930 年成為台北高校的熱門議題。[67] 此外，作為反體制行動的推動力之一，乃 1910 年代末期日本各帝大、高校出現的左翼團體，在 1925 年之後，開始與外部的共產黨組織建立聯繫，並在校內組織各種讀書會（如戰旗），或發散赤色宣傳，鼓動校園鬥爭，刺激反抗精神的勃興。左翼思潮同樣影響一海之隔的台北高校，校內有不少受此思想引導的學生，亦有推介左翼思想的教授存在，或者潛行於台高的「戰旗讀書會」，[68] 以及日本諸多騷動中，以易受思想滲透的文科系學生佔六、七成比例為其特色，[69] 上述罷課處分名單中，亦居八成為文科學生（18/22），直可懷疑台北高校的罷課行動，是否有左翼學生的煽動。雖然特高警察曾於一年前（1929 年 5 月）赴該校進行思想調查，但未有任何發覺，直到 1931 年校內公然出現赤色宣傳方才警覺。[70] 是以罷課發生原因，一方面是

---

[65] 〈七星ヶ嶺に霧まよふ〉，《台北高等學校（一九二二─一九四六）》，頁 37。

[66] 高橋佐門，《舊制高等學校全史》，頁 839-852。

[67] 原出 1930 年各期之《台高新聞》，此處參照第五屆文甲畢業生的《台北高等學校卒業記念アルバム》。

[68] 據畢業生回憶，「戰旗讀書會」於 1929 年 10 月渡邊政之輔遭基隆官憲包圍而自殺之後設立，而《戰旗》雜誌時於班級內傳閱。推薦馬列思想的教授，為負責修身、漢文科的藤本房次郎（1927-1930 年在校）。〈七星ヶ嶺に霧まよふ〉，《台北高等學校（一九二二─一九四六）》，頁 44；向山猛夫，〈衝擊を受けた三つの事件〉，《台北高等學校（一九二二─一九四六）》，頁 285-286。

[69] 高橋佐門，《舊制高等學校全史》，頁 852。

[70] 1931 年入學測驗期間，數名在校生在廁所張貼謄寫版印刷的左翼文宣，引起特高警察入校調查，最終四名學生受到退學處分，其中三名以違反出版法被起訴。《台灣

爭取自由自治權的反體制行動，但同時亦存在左翼學生煽動的可能性；只不過，依照畢業生表示，該校左翼學生似未與共產黨連絡，也沒有主導這次事件。[71] 就此而言，或可視為單純的反體制行動。

然而，為何在 1930 年的時點發生罷課？實於 1927 年生徒監問題出現時，便有引發罷課的可能，不意竟獲三澤糾讓步，而並未點燃，因此生徒監事件又被稱為「罷課未遂」。[72] 1929 年下村虎六郎尚未上任，即因高壓處理台中一中罷課事件，使學生印象不佳，復與前校長三澤糾的作風迥然有別，遂成為引發罷課的時機。亦值得一提的是被懲處學生，三名退學生乃事件主導者（擔任總務），其中二名日本出身；無期停學者亦與事件關係密切，但其中日本出身者不多。或可說明自 1929 年起，該校雖不再赴日本招生，日本出身者仍然作為學校風氣的引領者，但島內中學出身者有逐漸取代之勢。

事件發生時的各家報紙，不約而同刊載事件始末，與學生的〈聲明書〉，其相關評論有《台灣新民報》（台人民間日刊），認為學生罷課並非無理，挪揄該校多為日人高官子弟，竟與台中一中同樣發起罷課行動（同一位校長），要求下村校長引咎辭職。《昭和新報》（日人民間週刊）呼籲校方，與其考慮如何處罰學生，不如思考如何作育英才，並將學生退學又復學的處置，喻為「**秀場女郎般地可笑**」。《台灣日日新報》的記事，雖將學生置於不利的位置，但其投書與評論，皆籲請校方對學生從寬處置，其中一篇應為三澤糾投書，認為應檢討現行整體教育方式與制度，對學生行動多所同情。[73] 措意最深的是唐澤信夫擔任社長兼主筆的《新高新報》（日人民間週刊），完全站在學生一方，痛陳校方將責任完全歸咎學生，而不知自我檢討；既派記者在學校多方訪查，並召開「台高盟休事件批判演說會」，邀請《台灣實業界》宮川次郎、《台灣通信》田中一二、《台

日日新報》1931.3.15，夕刊 2 版；1931.4.22，夕刊 1 版；1931.4.30，8、夕刊 2 版。
[71] 〈七星ヶ嶺に霧まよふ〉，《台北高等學校（一九二二―一九四六）》，頁 39。
[72] 〈獅子頭山に雲亂れ〉，《台北高等學校（一九二二―一九四六）》，頁 35。
[73] 殘念生，〈高校盟休ついて〉10928 號，1930.9.16，夕刊 3 版。

灣パック》田上忠之、本社的唐澤信夫等言論界一時人物進行演說，內容包括應採溫和感化的教育方式，指摘校方乃至文教當局處置不當，要求校長引咎離職等。概言之，學生間維護自由、追求自治的反體制行動，為學校帶來負面評價，並因事後處置與悲壯解散一幕，意外獲得各方同情。[74]

罷課結果對整體校風的影響，乃學生過於「遊情放逸」的情形似因此受到約束，[75] 自由自治的精神，大體未因下村的去職與谷本的上任而改變，但日後亦未有早期「無控制」般的風氣，[76] 或可視為引導校風轉變的重要事件。

另一方面，早期高校生的負面觀感，並未持續太久，據1931年入學的學生觀察，自由風氣仍舊維持，但社會觀感逐漸改變：[77]

> 下課後，經常三三五五，意氣昂揚地，挽臂橫行於顯眼的榮町─本町通，著弊衣破帽、高腳木屐，高唱デカンショ與校歌，唯我獨尊而橫行闊步的樣子。最初被島都市民視為茫然、呆氣而飽受譏評，但一部分因為是全島最大都市，知識階層較多的地方，逐漸對於稚氣而應該愛護的年輕學生，所散發出的氣概、熱情的放歌亂舞，給予歡迎的眼神而親切對待，就連警察也表示同情瞭解的態度，認為是正在成長中的人們。

意謂台北市民、警察等，將他們視為正在成長中的青年，而逐漸接納種種表現高校生活的行為。除了該名學生，此後入學者的回憶皆表示，高校生弊衣破帽、自由奔放的風氣能被社會接受，甚至是社會賦予高

---

[74] 《台灣新民報》1930.9.13，12版；1930.9.20，2、4、12版；1930.9.27，13版。《昭和新報》1930.9.13，6、7版；1930.9.20，6版。《台灣日日新報》近50篇，投書與評論部分參考1930.9.12，2版；1930.9.16，夕刊3版；1930.9.18，夕刊2版。《新高新報》1930.9.18，8、9版；1930.9.25，2、6、8版。以及唐澤信夫，〈台北高校盟休事件の批判〉，《台灣島民に訴ふ》，頁105-122。

[75] 前田氏（1928至1931年在校）感受風氣之轉變即於此時前後。前田一博，〈思ひ出づるまま〉，《南颿》（1，1931年），頁5。

[76] 清水護，〈創立八十周年に思う〉，《自治と自由の鐘が鳴る》，頁58。

[77] 鈴木猛雄，〈忘れ得ぬ青春譜〉，《台北高等學校（一九二二─一九四六）》，頁298-299。

校生的特權。[78]

高校文化逐漸與市民生活融合，也可由高校生主辦的記念祭略見一斑。

第一回台北高校「記念祭」（校慶）於1928年11月，展開為期一週的慶祝活動，內容包括記念祭、大運動會、寮祭三大部分。「記念祭」活動有音樂會（場地：鐵道旅館、台日報社）、電影會（鐵道旅館）、展覽會（校內）、教室裝飾（校內）、記念祭劇（鐵道旅館、共樂座）；「大運動會」有各種體育競賽、化妝遊行、台高舞（以上校內）等；「寮祭」則有寢室裝飾、園遊會、寮歌募集（以上植物園的學寮）等。諸活動包括學生寢室，都完全向市民開放，舉辦地點不限校內。第二回記念祭在翌年10月，活動大抵比照第一回，但配合校舍全數落成，而更加地盛大，單是展覽會就有新聞展、電影展、美術展、山岳展、詩書展、短歌展、地歷展、物理化學展、心理展、博物展等十餘種趣味或知識展出；[79] 且各別展覽內容相當豐富，如新聞展展出統計書九種、日本各大小報紙48種、英日德文書籍38種，以及上百種殖民地、亞洲、歐美、校園、廣告等報刊雜誌與相關資料。[80] 活動籌劃者則為各班級、學寮、學友會及其下各社團。

兩次記念祭以夜間進行的「記念祭劇」，最受市民歡迎。記念祭劇本身為「新劇」，係日本近代受到歐洲影響，以近代理念與方法演出的新式戲劇，1924年代築地小劇場設立後至為風行，且為左翼戲劇的全盛期，但對同時期的台灣而言仍相當陌生。[81] 記念祭劇演出以班級為單位，再加上七星寮與戲劇社。第一回記念祭劇其中一齣，為菊

---

[78] 許雪姬、張隆志、陳翠蓮訪問，賴永祥、鄭麗榕、吳美慧、蔡說麗紀錄，《坐擁書城——賴永祥先生紀錄》（中央研究院台灣史研究所，2007年），頁53；吳佳璇，《台灣精神醫療的開拓者——葉英堃傳記》（台北：心靈工坊，2005年），頁67-68。
[79] 〈高校紀念祭〉，《新高新報》203號，1929.11.15，3版。
[80] 台北高等學校新聞部編，《新聞展覽會目錄》（該校，1929年），不著頁碼。
[81] 志馬陸平，〈青年と台灣（二）〉，《台灣時報》（197，1936年4月），頁76-77。

圖33：校慶（記念祭）各種活動，開放市民參加並對外宣傳。（王耀德、賴再興先生提供）

池寬的「順番」，是從模仿開始，加上不間斷地練習方能上演：[82]

> 演出的同學連新劇都沒有見過，也沒有電視、廣播，不得不把演劇雜誌的照片當做參考。以認真依照腳本練習一定會成功的氣概，一同在下課後拼命練習台詞……舞台效果大半是監禁牢中的長兄一郎的狂叫，與演出者台詞的調和，表現出陰慘的家庭氣氛。

參考雜誌照片加上認真練習，便獲得滿場的掌聲，但對島內的新劇評論者而言，該劇本仍不盡完善。[83] 第二回記念祭劇因講堂落成，改在講堂的舞台演出，其中一齣為北村壽夫的「怪しい貨物船」（奇怪的貨船），乃描述低階船員對資產階級的控訴。關於該劇的演出，劇評者認為：[84]

> 這些學生們對戲劇的興趣，已經跨越了「築地」戲劇向來的藝術至上主義，朝著當時甚囂塵上的左翼劇場派系的無產階級戲劇之路，嘗試著做思想上的飛躍。這兩部劇本都不比「夜之宿」遜色，透過這些劇本，台北的知識份子戲迷，見識了新的藝術與思想，被他們的魅力所打動。

不僅「怪しい貨物船」如此，記念祭劇多數為左翼戲劇，[85] 與日本新劇潮流一致。其中值得注意的是新劇的主導者。對新劇陌生的高校生除了模仿與練習，也跟當時四分之一來自日本中學校的學生有所關聯，即以「順番」「怪しい貨物船」主演者名單，都由日本中學出身者擔綱導演：[86]

---

[82] 渡邊喜三郎，〈記念祭演劇「順番」の叫び聲〉，《台北高等學校（一九二二－一九四六）》，頁151-152。
[83] 志馬陸平，〈青年と台灣（二）〉，《台灣時報》，頁79。
[84] 志馬陸平，〈青年と台灣（二）〉，《台灣時報》，頁81-82。
[85] 長谷安生，〈クラス舉げての興奮〉，《台北高等學校（一九二二－一九四六）》，頁156。
[86] 渡邊喜三郎，〈記念祭演劇「順番」の叫び聲〉，《台北高等學校（一九二二－一九四六）》，頁152；權藤道夫，〈「怪しい貨物船」後日譚〉，同書，頁153。

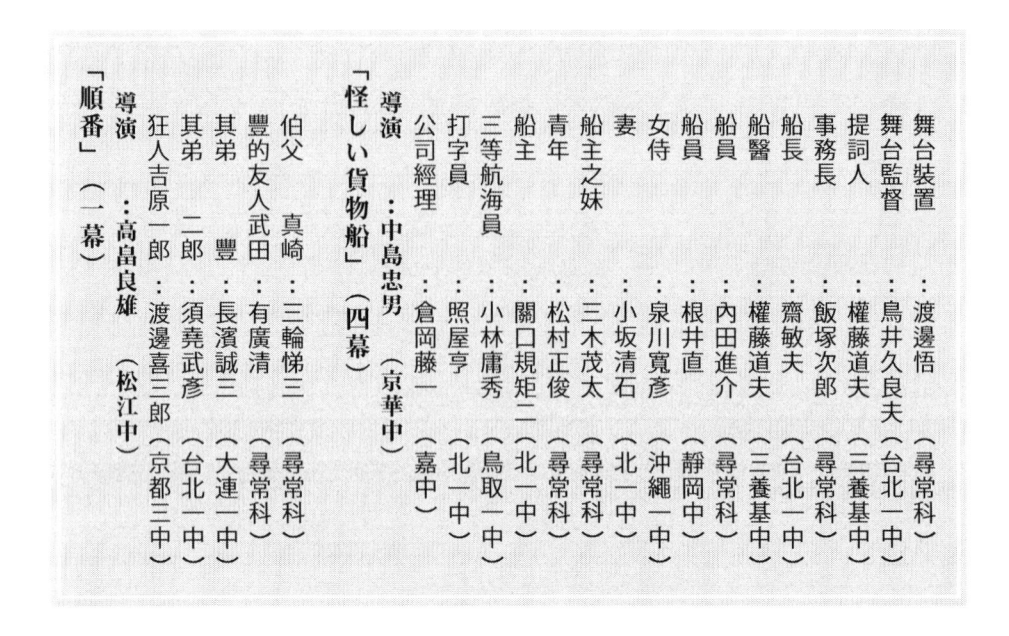

```
舞台裝置       ：渡邊悟（尋常科）
舞台監督       ：鳥井久良夫（台北一中）
提詞人         ：權藤道夫（三養基中）
事務長         ：飯塚次郎（尋常科）
船長           ：齋敏夫（台北一中）
船醫           ：權藤道夫（三養基中）
船員           ：內田進介（三養基中）
船員           ：根井直（靜岡中）
女侍           ：泉川寬彥（沖繩一中）
妻             ：小坂清石（北一中）
船主之妹       ：三木茂太（北一中）
青年           ：松村正俊（尋常科）
三等航海員     ：關口規矩二（北一中）
船主           ：小林庸秀（鳥取一中）
公司經理       ：照屋亨（北一中）
打字員         ：倉岡藤一（嘉中）
導演 ：中島忠男（京華中）
「怪しい貨物船」（四幕）

伯父           ：三輪悌三（尋常科）
豐的友人武田   ：有廣清（尋常科）
其弟 二郎      ：長濱誠三（大連一中）
其弟 豐        ：須堯武彥（台北一中）
狂人吉原一郎   ：渡邊喜三郎（京都三中）
導演 ：高畠良雄（松江中）
「順番」（一幕）
```

而其他劇本導演多是如此；[87] 除導演之外，如狂人一郎、三等航海員、船員等角色，也由日本出身者扮演，當可視為新劇導入與演出的關鍵。[88] 歷年台北高校記念祭劇，都能博得觀眾的滿堂彩，並刺激日後新劇活動的出現；1930 年罷課事件、霧社事件接連發生而中止一回，竟使市民大失所望。[89]

受歡迎的不只是記念祭劇，在整個記念祭期間，作為市民的年中重要活動，並帶動社會文藝風潮，被冠以「台北的名物」、「秋季的名物」等字眼，其舉辦時間、地點、節目、實況等，每年必然在報紙上加以刊載，甚至加上樂評、劇評。另有全校學生前往榮町的ストーム，由應援團前導，同學挽肩橫於路中又唱又跳，人群圍觀，道路為之堵塞，看似野蠻的行動，警察不加干涉還協助維持秩序，乃社會公

---

[87] 《翔風》（7，1929.2），學友會報告頁 3。
[88] 以志馬陸平（即中山侑）的觀察，該校新劇成功的原因，包括：一、東京、京都等地出身而有藝術熱忱的年輕教授的指導，二、日本中學校出身者的投入，以及三、日本出身的教授與學生每年返日吸收新的藝術氣息。志馬陸平，〈青年と台灣（二）〉，《台灣時報》，頁 80-81。
[89] 記念祭劇與台灣新劇發展，參考志馬陸平，〈青年と台灣〉（二）、（三）、（四），《台灣時報》第 197 至 199 期（1936 年 4 月、5 月、6 月號）。

圖34:「記念祭劇」是每年校慶的重頭戲,必定滿場觀眾。(王耀德教授提供)

認的活動,被視為市民生活的一部分。[90] 除了記念祭,諸多社團(部)頻繁對外舉辦活動,都有使台灣社會正面認識高校生的作用。如早期便擁有曼陀林(mandolin)部、管樂部、弦樂部、合唱團的「音樂部」,每年固定舉辦市內公演,除了成果展示,也有向台北市民表現高校氣質的意味;[91]「辯論部」活動不限台北,從1928年起,逐年進行全島巡迴演講,具有啟發民智的意義;「美術部」歷年的作品展,非著重於技巧,乃展現學生精神生活的自由創作,[92] 特令觀者感受潔白無濁的藝術特質,[93] 等等。其中或可注意,1928年起,該校社團常以台灣日日新報社為舉辦活動場所,大小活動都有《台灣日日新報》為其宣傳,或可視為該校生與台日報社關係,已然轉變的跡象。

至於突然「降落」在台灣的高校自由風氣,短時間內便為社會適應的理由,實涉及層面甚廣,此處提出部分原因作為參考。首先,1920年代台灣社會文化環境轉變,尤以島都台北為然,或為社會接受新興高等學校風氣的背景因素,但高等學校自身開放的性格,歡迎市

---

[90] 楊基銓,《楊基銓回憶錄》,頁62。
[91] 江上一郎,〈音樂部・初期のころ〉,《台北高等學校(一九二二一一九四六)》,頁172-179。
[92] 塩月善吉,〈繪家・畫家・鑑賞家〉,《台灣日日新報》11786號,1933.1.29,4版。
[93] TK生,〈高校美術展を見る〉,《新高新報》189號,1929.6.25,6版。

民（不分男女）參與校內各種活動，以及積極對外舉辦各種動、靜態活動，而活躍於市民生活中，加速市民對於高校生及高校生活的瞭解，媒體所謂台北的名物、秋季的名物，不就是台北高校與市民生活融合之例證。其次，學校主事者並未在三澤糾離去後，就採取嚴格的管制方針，特別是下村虎六郎後任的谷本清心，在戰爭氣氛逐漸增強的時代氛圍下，仍維護自由校風長達十年；而台灣總督府干預的情形有限，應是在無礙統治的前提下，尊重該校（乃至全日本）培養少數菁英的模式。無論社會或總督府，多少瞭解高校生一旦進入大學，便不再是昔日弊衣破帽的青年，而是成為堂堂的紳士，對其成長階段中的高校生活能給予體諒。

第二節　「寮生活」與「高校生活論」

校風的另一端乃所謂的「自治」，尤指高等科充分自治的「寮生活」而言。舊制高校以第一高校學寮為典型，各自發展具有特色的自治寮，台北高校七星寮寮史指出，七星寮特別之處在於非全寮制，台日人共同生活，以及近代式二層水泥建築（外觀上）。[94] 本節首先概述七星寮成為自治寮的過程，考察其獨立性之形成，以及學寮生活中營運管理、內在自覺等，是否符合自治之要件。[95] 其次討論自由自治精神薰染下，高校生活的實質內涵。

一、自治寮的形成

七星寮設於台北一中時期，逐步建立其獨立性與營運管理制度。[96]

---

[94] 除七星寮為學校宿舍外，另有一所「南晨寮」，惟開設一年隨即關閉。〈台北高等學校七星寮々史〉，《台北高等學校（一九二二―一九四六）》，頁383。
[95] 自治寮所須之自治要件乃高橋佐門提出，本文加以沿用。高橋佐門，《舊制高等學校研究　校風・寮歌論篇》，頁187-203。
[96] 「七星寮」取名於台北近郊的七星山，為1925年開寮後舍監長庄思萬太郎所命名。以上見諸〈台北高等學校七星寮々史〉，《台北高等學校（一九二二―

最初未置行政組織，僅於各室設室長，直屬舍監，行早晚點名。1925年底由寮生召開會議，共同制訂規約，將規約並「七星寮為自治寮」等內容向舍監提出，獲校長與舍監長許可。1926年3月選出總務以下（文藝、運動、衛生、炊事）委員 11 名正式運作，惟此時延續開寮以來的早晚點名、夜間 9 點門禁、10 點熄燈等規定，乃寮生欲變革之處，其中希望終夜不熄燈早已向舍監提出，惟舍監恐引發火災，採取限定一室不熄燈、學期測驗前延遲熄燈之權宜方式。翌年隨生徒監異動而改換舍監，新舍監為善導寮生生活，考量其社會觀感不佳，遂採取更嚴格的門禁、點名、熄燈，並禁止ストーム，要求放聲高歌之夜歸者交代始末等措施。

　　學生方面，各個年級已整然，對完全自治的要求升高，與舍監屢有衝突。舍監採取嚴懲方式，對部分學生處以退宿、警告；學生們召開寮生大會，表達處分過苛、由學生組成司法機關以維護風紀。交涉後學生主張獲得認可，以此為契機，改革學寮自治組織，依三權分立原則設置中堅會（司法）、委員會（行政）、總代會（立法），其中委員會由總務、委員組成，總代會由各室室長組成；中堅會內規尋獲舍監承認，同時點名簿、出入登記簿、外宿簿交由總務保管，[97]使寮自治更進一步。惟寮生最希望者，乃取消門禁、點名、熄燈等限制，以及ストーム、飲酒之自由。同年 11 月生徒監事件發生，因生徒監兼舍監，學生撤換生徒監的主張等同撤換舍監，結果校方廢除生徒監同時，併改換舍監。新任舍監採取不干涉方針，盡量給予學生自治，標榜學寮即家庭，舉辦聯誼會等改善與寮生關係。易言之，生徒監事件後的七星寮，已具相當之獨立性與自主管理制度，其後寮規乃在此基礎上更張。[98]

　　一九四六）》，頁 385。
[97] 中堅會僅一年便結束，其權限委任翌年設置的理事（即日後庶務委員）。
[98] 以上見諸〈台北高等學校七星寮々史〉，《台北高等學校（一九二二―一九四六）》，頁 383-395；天土春樹，〈七星寮史〉，《南颸》（1，1931 年），頁 11-12。

衛生與炊事亦屬自我管理之要件。對食慾旺盛的高校生而言，炊事制度是令人關心的問題，七星寮最初採承包制，惟其營利性與不合口味而不受歡迎。1926年七星寮改採自炊制，結果會計上反應良好，每人寮費得以降低。自炊除了經濟上的目的，乃透過實務訓練，增加自治之信心，並落實自治營運之實際。[99] 學寮衛生也是不可忽視的問題，因群居加上寮雨、萬年床等風氣，[100] 容易產生不清潔之弊病。由三澤糾曾表示「**希望絕對禁止寮雨**」，[101] 以及寮史編年譜「近來萬年床多」之記載，[102] 可知寮內衛生管理仍有改善空間。最具威脅者乃傳染病的問題，1927年10月，台北市連續出現傷寒病例，11月底首位寮生感染，半個月內接連發生數起病例，學校緊急採取消毒、預防注射、衛生演講等措施，雖遏止了疾病傳染，卻有因預防注射而引發心臟病逝世者。1929年上海霍亂蔓延，停泊基隆港的船隻出現受到感染的徵兆，校方擬對寮生強制注射，但總務以學期測驗將至為由反對，提出若台灣本地出現病例，方願意接受注射，萬一寮內發生霍亂，由總務負全責等，遂使校方作罷。[103] 由此觀之，衛生問題可謂寮自治最脆弱的一環，如寮雨、萬年床等傳統不易約束，傳染病出現時，寮生更難自行處理，雖然總務阻止了校方進行預防注射，凸顯學寮有相當的自主權，但一旦發生傳染病時，仍不得不任由校方介入。

內在聯繫與自覺，亦是學寮生活所須。寮誌、寮史，係自我記述、批判與意見交流之場域。如《南颸》為七星寮文藝部編輯之寮誌，創刊詞曰，該誌乃寮生思想、感情的發表園地，為求自治生活之進展，而嚴厲地自我批判，以及將「生活上諸般對立，直接真實地反映到吾人之寮誌」，即討論生活問題的場所。[104] 其中有前總務回憶，七星寮

---

[99] 自炊制度是否意謂寮生自行煮食，筆者尚不能確定。
[100]「萬年床」即床鋪長期不加清理之意。
[101] 前田一博，〈思ひ出づるまま〉，《南颸》，頁6。
[102]〈台北高等學校七星寮々史〉，《台北高等學校（一九二二―一九四六）》，頁404。
[103]〈台北高等學校七星寮々史〉，《台北高等學校（一九二二―一九四六）》，頁388、397。
[104]《南颸》為第二部寮誌，此前為《やまみち》。目前所知《南颸》發行至第八號。〈創

尚在台北一中時期，因寮生少，寮生或寮幹部總是直接互相提醒、勸告，因此能相互瞭解；但遷至古亭後，隱藏彼此的想法而產生不愉快，或在廁所牆壁塗寫批評幹部的字樣，徒增負面情緒，希望生活上的問題，可以直言不諱。又云，為了台日人之間的協調，希望禁止寮內使用台語，避免彼此無法理解的情形。另對當前選舉的方式，以及缺乏候選人情形，希望有所改善。[105] 另有舍監進言：[106]

> 自治寮的幹部經常毀譽參半，或者只有被貶損的情形。假令能提出合理的寮生規約，即使蒙受惡評或毀謗，也應該忍受……在自治確立的難題上，糾纏著美醜交錯的裏面史，門禁、飲酒、ストーム、衛生、炊事，及其他萬般事務的生活規範，乃附著於所謂高校式的討論，有著遠離自治核心的糾葛。然所謂遠離自治核心的糾葛，結果有益於自治綱領之基礎。……討論再討論，不憚眾議的批評，歷經被輿論雕琢，成為當事者的過程，乃獲得自治之必要。

意謂寮生必經不斷地琢磨、溝通，方能臻於自治之生活，過程雖有不快，卻有益於自治生活的奠基。除了進行寮生的自治討論，諸如寮史、回憶、研究、遊記、短文、小說、畢業生通信等，都在寮誌發表。

每年舉辦的寮祭，乃透過活動聯繫寮生情感，並對外展現學寮精神。如某年寢室之佈置，展示一張床，床上有白布，裡面有學生在睡覺，陳列品註明，「**寢台（身體）、白布（髮膚）受之父母，不敢起床（毀傷），孝之始也**」，另一室陳列一張畫，內容是一位學生在學校放尿，另一名學生以奇異的眼神在看他，陳列品乃註明「**我正在養浩然之氣（校前之樹）**」，即利用漢字與日語發音，表現其詼諧之趣，而寮生在共同討論過程中，必是充滿許多歡樂。[107] 每年的「觀月會」，

刊の言葉〉，《南颿》（1，1931年），頁1。
[105] 前田一博，〈思ひ出づるまま〉，《南颿》，頁5-10。
[106] 舍監小山氏為英語科教授。小山捨月，〈寮生活の基調 —自治への提倡—〉，《南颿》（1，1931年），頁2-4。
[107] 楊基銓，《楊基銓回憶錄》，頁62-63。

圖35：台高舞，又稱高砂舞，寮祭時學生全身喬裝，在七星寮中庭跳著具有原住民風味的舞蹈。（郭双富先生提供）

乃全體寮生一同乘舟，順基隆河或新店溪而下，飲酒、高歌，加上豐盛的餐食，為學寮的重要行事；以及歷年寮祭新作之寮祭歌（「新七星寮寮歌」尤為名曲），觀月會之「觀月舟行之賦」等，都是學寮內的共同文化。就此觀之，七星寮的學寮生活，存在具有特色的內在聯繫模式，並具備自治之內外條件。

應稍加注意者，乃寮生在短時間內獲得的自治權，是伴隨自由校風的追求而成立。即如要求取消點名、熄燈等規定，以及不顧飲酒、ストーム的禁令，不外乎追求寮內的自由自主。蓋自治與自由，同以排除他律干涉為原則，寮生自治的要求，附帶著追求自由的成分，而生徒監事件結果，即使寮生同時獲得自由與自治。但甫獲得自治權的寮生，在學寮運作之初，面臨著自由風氣影響自治生活的難題，尤其日本中學出身者最為自由奔放，此即自治營運尚在學習與嘗試的理由外，亦含有自由、自治間的衝突，乃近乎個人主義與團體主義間，如

何協調的問題,實不難想像自治寮建立初期的陣痛。[108] 其次,引領自由校風的日本中學出身者,在自治寮中扮演什麼樣的角色亦值得注目。1926年學寮組織成立,首屆幹部有將近半數,由日本中學出身者擔任,此後至生徒監事件之間,多數由島內出身者擔任;學寮完全取得自治權後,即生徒監事件開始接連四屆(1928.4-1930.3),總務以及半數幹部,皆由日本中學出身者擔任,不得不認為,日本中學出身者在自治營運的基礎上有其貢獻。最後,自治寮建立過程顯示,自治權力來源乃操之校方,是以一旦校方改變管理方針,自治基礎便隨之動搖,如戰時將自由申請入宿制,改採一年級強迫入宿,且由配屬將校(教官)擔任舍監,不但改變寮內生態,且破壞自治之要件。

至於位在植物園的尋常科學寮,是否具有相同的自治權利,因缺乏詳細資料不得而知。但依畢業生回憶,學寮有舍監,主要負責學生的吃、住、健康,長期擔任舍監的荒川重理,「**脾氣很好,不會罵學生,學寮一個禮拜來兩次,每次約一小時,四處看一看,有需要的話就跟學生、寮母談一談,看學生有什麼問題,沒事的話就回去,管理上算是很鬆**」。[109] 易言之,舍監係居於監督的位置,且該舍監的存在,對寮生實有助益。一方面,在巡視學寮時,尤其關切寮生健康問題,曾有寮生患腎臟病不自知,舍監發覺該生顏面腫脹,緊急聯絡醫生予以診斷,並通知家人照護而得以挽救;[110] 也跟寮生討論人生未來方向,而給予相當建言,如對繪畫感興趣的許武勇,因舍監提醒畫家生活不易,使其決定醫畫兩棲之途。[111] 至於在尋常科學寮照顧生活起居者為「寮母」,由一對日人姐妹先後擔任,「**煮三餐是有請台灣人來煮,但是要煮什麼菜,是由寮母來決定,不過學生也會發表意見,說要吃什麼東西。三餐算不錯,午餐好像是做便當給我們帶去的樣子。三餐

---

[108] 〈台北高等學校七星寮々史〉,《台北高等學校(一九二二—一九四六)》,頁389-393。
[109] 蔡錦堂、徐聖凱訪問,黃伯超口述,2007.11.22(未刊)。
[110] 荒川先生の會,《荒川重理先生の思い出》(該會,1977年),頁120。
[111] 荒川先生の會,《荒川重理先生の思い出》,頁126。

以外，還有點心」。[112] 就此觀之，尋常科學寮在制度上，雖未必有獨立的營運管理制度，但校方管理實以照護為本質，且給予寮生相當自主空間。

自治校風不只是自治寮，還包含著個人自主、自由地思考高校生活的意義與目的，並自己決定如何度過高校生活！學生愛唱的新七星寮寮歌中（第一聯）「自治殿堂的青春」，本意即高校生活的種種。[113] 底下以學生的「高校生活論」為中心，呈顯自由自治精神形塑之高校生活內涵，以及時局等諸般影響下，高校生活論的轉變。

二、高校生活的內涵

1937年的入學典禮，谷本校長云：「從今日起，諸君便是紳士，紳士必須為自己的行動負責，酒也好，菸也好，因為諸君是紳士，善惡的判斷乃諸君的責任。」當日教室裡，理乙班導師開玩笑說：「以三年的時間高歌生命的歡喜，實在太短促了，今日就拜託父母，『希望有六年的時間』」，或可想見校方開放學生自主的態度。[114]

同年入學的文甲班，以「究明高校生活的本質」為題，舉行班級討論會，其中上山氏認為，「高校生正確的生活乃不斷地批判社會」，以追求高校生的進步。對此批判社會以完成人格的說法，質疑者曰，「不批判社會就不能充實人格嗎？」上山氏又云，「時時心向目標而努力，以此為追求真理的手段，苦惱於矛盾之中」，但被質疑，「苦於矛盾之中成為自殺乎？」、「虛無主義者的矛盾，扭曲世相者的矛盾，或尚未有矛盾的人實際存在，對那種人要怎麼辦呢？」，對此反對論的反論則曰，「那很遺憾的，將造成高校生氣概、思想的低落，不是應該消除那種人嗎」；此外，有認為不必要究明高校生活本質者，

---

[112] 蔡錦堂、徐聖凱訪問，黃伯超口述，2007.11.22（未刊）。
[113] 高畠良雄，〈新七星寮歌の生まれるまで〉，《椰子樹會報》（12，2003.1），頁46。
[114] 新開實，〈純情と、熱血と、夢と〉，《回顧・五十年》（十五蕉葉會，1991年），頁158-159。

曰「無如此苦惱的必要，思想健全，身體強壯，吸收知識即可」、「因為是過渡期，今天我們再怎麼討論也沒用，另外，光是讀書是不行的」；或認為「本質問題乃隨著時代改變！」而產生「何謂本質」的討論。

紀錄會議內容者（王育霖），將主要論點分為批判社會、順應社會兩方，自己「**心裡實是佩服上山氏的論說，但是除了二、三人以外，大概都近於反對上山的態度**」。[115] 有別於批判社會、順應社會的對立，第四屆文乙（1929年入學）的班級討論，因多數學生受左翼思想（尤其馬克思主義）影響，而分為左翼派與自由主義派，在意識型態基礎上，各唱其高校生活論。[116]

除了在班級內部，校園刊物也常是討論高校生活的場合，其中弊衣破帽、蠻風，雖為典型高校生活的表現，卻經常成為檢討的對象。一篇〈論高校生活〉，雖不否定弊衣破帽的精神，但批判弊衣破帽的外在形式，另從新康德學派的文化哲學立場上，主張高校生活應包含文化生活的規範意志。[117] 另有反對蠻風者，認為高校生不能因享有自由，便影響他人自由，或流於野蠻、粗暴，以表現自己的非凡；毋寧追求正當而平凡的生活，「**平凡之中生非凡，孕育偉大天才者，乃平凡的凡人社會**」，以平凡生活追求非凡。[118]

某生將高校生活的表現區分為四類，包括實踐自我的自我完成型，持反抗意識的社會批判型，無批判且無意識的讀書型，以及最劣等的禮讚蠻風型；[119] 自1937年左右，也就是中日戰爭開啟之時，所謂禮讚蠻風型常以「面臨國家重大變局」、「背負日本未來」為由受

---

[115] 王育霖，〈文一甲第一回討論會速記抄〉，《南十字星》（終刊號，1940年），頁11-14。

[116] 向山猛夫，〈衝擊を受けた三つの事件〉，《台北高等學校（一九二二―一九四六）》，頁285。

[117] 東日出男，〈高校生活を論ず〉，原文刊載於1931年《台高新聞》。轉引自《芝蘭》（台北帝國大學預科五十周年紀念誌編輯委員會，1994年），頁79。

[118] 真室康三，〈未完成で入り未完成で出て行く〉，《台高》（1，1937.2），頁20。

[119] 小園江五郎，〈自覺を待つや甚だ切なり〉，《台高》（5，1937.10），頁20-21。

到質疑,乃將自治自主的座標,朝向順應時局的自我完成型,進而強調高校生應「自覺」等。[120]

概言之,學生自主思考「如何經營校風之下的高校生活」,對於弊衣破帽、蠻風等典型高校生活的外在表現,也不吝於批判;尤可注意者,乃高校生活主張易受時代環境左右。1920年代至30年代初盛行的左翼思想,高校生普遍都有所接觸,[121]雖於1930年代初期,校內開始取締左翼團體,但在自由閱讀環境下,學生仍有自行吸收的可能,是以早期的高校生活論,亦受左翼思想影響。

另一方面,由班級討論中,主張順應社會者佔多數的情形,多少表示該校校風逐漸被社會接受同時,學生內部也有主動順應台灣社會的傾向,尤其是1930年之後,明顯呈現呼應社會需求的趨勢。如歷年極受歡迎的記念祭劇演出,即連新劇評論家都深受打動,但自1931年起(1930年停演一次),卻被評為「**高校的戲劇幾乎成為一種學生戲劇,只是校慶活動的餘興節目而已,表現時好時壞,喪失了在第一、二次公演中,所看到的對本島文化的啟蒙意義**」,甚至「**我們看不到他們對劇本有任何文學熱情,也看不到在演出上所做的任何研究或努力**」。[122]實際上,記念祭劇絕非校慶活動的餘興,學生演出也投入相當多努力,[123]但在演出上最大轉變,乃從起初的藝術研究目的,逐漸朝向符合大眾口味的方向修正,是以雖被認為失去研究精神,卻

---

[120] 〈諸君自覺せよ!〉,《台高》(7,1938.2),頁29-30。

[121] 「左翼思想」含廣義的社會主義與無政府主義,相關資料多數直指馬克思主義、共產主義。該校不分文理科、台日人,在當時多有所接觸,台灣人方面如文科的吳守禮,理科的宋瑞樓。或從該校1931年之前的《翔風》(第9號)裡的左翼文學,亦可推想當時不少學生有左傾的現象。吳守禮口述、鄭麗玲整理,〈我與台灣語研究〉,《從帝大到台大》,頁11-12;宋瑞樓,〈我的學思歷程〉,《論醫學教育》(台北:橘井文化,2003年),頁424。

[122] 志馬陸平,〈青年と台灣〉(三)、(五),《台灣時報》第198、200期(1936年5月、7月號)。

[123] 由每年撥付相當預算,以及學生極其熱烈投入的情形,可知記念祭劇乃一年一度的重要活動。參與演出者的一舉一動都要受過相當訓練與指導,畢業數年後演出者仍能夠流利地背出台詞,可見其投入之一斑。參見歷年《台高》有關記念祭劇之經費、預備、感想、評論等,以及學生回憶,如楊基銓,《楊基銓回憶錄》,頁62-63。

是每年觀眾爆滿的情形。或如展現學生運動精神的運動會，因競技本位活動缺乏特殊性而不受歡迎，遂自 1933 年起，改變為趣味本位的活動，[124] 尋常科則推出「趣味展」，甚至顧慮社會觀感，連市區のストーム都有所調整。[125] 都反映 1930 年以來，學生內在具有主動順應社會的意願（並成為高校風氣被社會接受的內在因素），而呼應於此一時期的高校生活論。1937 年左右逐漸濃厚的時局氣氛，在高校生活論中也率先反映；惟戰時屢屢出現要求高校生反省、自覺的情形，反更呈顯傳統依然。只不過，在國家要求下，如何在時局與自由傳統間抉擇呢？

班級刊物一篇〈高校生活〉，為時局下高校生活的省思，謂「傳統」是一所學校的學校性，如同國家的建國理想，「**假使國家沒有建國理想，是如何地悲慘呢？**」高校生沒有學校性，即使如何地追求學問也無法領會，「**不過是沒有精神文化的悲慘動物**」。但是，生活在當時代的學校傳統中，高校生不能僅止追求自己的修養、自我的完成，應為同時代的國民、國家，盡全力而活躍著。[126] 該文非發表於校園公開刊物，愈能表現學生真實的想法。[127] 其一面強調學校傳統存在之必要，同時認為高校生不應固守傳統高校生自我追求的生活，需貢獻於時局下的國家，係於思想上協調時局與傳統兩者。

惟隨著時局加峻，自由自主因諸多管束（如禁長髮、一年級生強制入宿等）受到壓縮，時局下的校風該如何維持，以學生與配屬將校（教官）的關係演變為例。1925 年日本配置陸軍軍官於中等以上各級

---

[124] 土方正己，〈學友會・記念祭・台高新聞〉，《台北高等學校（一九二二—一九四六）》，頁 148。

[125] 早期被市民嫌惡的ストーム，1930 年後出現以「有秩序のストーム」、「一絲不亂のストーム」的方式在市區進行，以減少妨礙社會的情形。〈台北高等學校七星寮々史〉，《台北高等學校（一九二二—一九四六）》，頁 404-405。

[126] 伊東保，〈高校生活〉，《南十字星》（終刊號，1940 年），頁 4-11。

[127]《翔風》、《台高》乃文藝部、新聞部發行的校園共同刊物，戰時依「台灣新聞紙條例」接受檢閱，依畢業生回憶確有言論緊縮的情形。與管制校園刊物同時，各班發行內部刊物益見盛行。王育德著，吳瑞雲譯，《王育德自傳》（台北：前衛，2002 年），頁 180-182；吳佳璇，《台灣精神醫療的開拓者——葉英堃傳記》，頁 75-76。

學校，行軍事教練（軍訓），台灣方面同樣採行。不習慣服從他律的高校生，反抗軍事教練情形輩出，教練課學生故意穿著木屐、草鞋，甚至赤腳，受訓時發號令而不動，或往反方向前進，無視配屬將校的種種情形，被形容為「**使配屬將校哭泣**」的教練課；[128] 實際負責教練的配屬將校也明白，高校風氣無法如中學般的斯巴達管理而多加忍讓。每年軍事教練的重要行事為戶外演習（一般在湖口的軍事演習場），卻是學生展現奔放不羈的時機，如1930年夜間演習，學生喝酒後，就把操練用兵器撇下各自回家，隔日學校才把兵器運回；1937年的演習預定發動夜襲，先派出斥候小隊進行偵查，未料斥候小隊一去不歸，因行蹤不明變成本隊搜尋斥候的情形，結果斥候隊員自承，逕赴小吃店而忘記了時間。[129] 這種反抗軍事教練的傳統，在其他高等學校也同樣存在，[130] 但隨著時局緊張而逐漸弱化，結果出現順從軍事訓練，但反抗配屬將校的奇特場景。如楊基銓回憶的湖口演習，白天時相當認真地按照指示進行操演，一到夜間，學生集結起來唱歌跳舞，將配屬將校的綽號編入歌詞中加以諷刺，配屬將校也只能默不作聲，任其為之。[131] 如這般白天按表操課，晚上戲弄配屬將校，即處於時局下服從軍事演練，但又維持一貫反抗他律精神的妥協結果。1942年入學高等科者回憶，入學時雖有配屬將校的存在，但國家尚未進行全面強制行動，對於他律的制限，採取私下反抗，公然反抗，或積極合作等等情形都有，乃夾雜於自由傳統與國家強制之間；但動員學生兵之後，遂成為全面對外的戰爭氣氛。[132]

　　高校生畢業後，又是如何看待昔日的高校生活呢？就畢業生的傳記、回憶錄，或單篇回憶文字觀之，皆對昔日生活不少緬懷。其中日本人的回憶充滿感動，台灣人的回憶或許因為校風特殊，且戰後台北

---

[128] 〈七星ヶ嶺に霧まよふ〉，《台北高等學校（一九二二―一九四六）》，頁41。

[129] 〈七星ヶ嶺に霧まよふ〉，《台北高等學校（一九二二―一九四六）》，頁41；〈駒の足搔のたゆみなく〉，同書，頁77。

[130] 高橋佐門，《舊制高等學校全史》，頁796。

[131] 楊基銓，《楊基銓回憶錄》，頁61。

[132] 朝日豐吉，〈私の尋常科時代〉，《台北高等學校（一九二二―一九四六）》，頁327-328。

高校因改制而消失，往往在高校生活的意義上多有著墨，茲酌錄部分於下：（依入學順序）

- 高校這段教育，是相當可貴的，可以放浪形骸，可以不修邊幅，可以自由思考問題，懂得比較、探索中、日不同的文化本質，在差異與矛盾中，尋求相同劃一。[133]（辜振甫）

- 高等學校乃屬通才教育。三年期間，對大學專才教育而言，可以說完成高品質素養，以及探索高水準學識的思考能力。其對個人思想與精神的影響，既深且大，並真實地體認到，這個世界並不如想像中狹窄，其值得探求、思考的空間，何其廣大。[134]（陳五福）

- 提起高等學校，幾乎每一位畢業生都十分懷念那自由、開放的學習風氣，無論是課業方面或者參加活動，學生都可以依照個人意願和興趣，老師極少干涉，如此培養了獨立、自主、自制的能力。[135]（陳萬裕）

- 除了學校裡的功課也開始留心社會、時局的變化，也思索一些人生、哲學問題。現在想起來，也許不成熟，但是在每一個人成長過程裡，青少年是人生的黃金時期，如果一天到晚渾渾噩噩，做為一個人又和其他生物有什麼不同呢？[136]（郭維租）

- 高校是最自由的時代，高等學校的生活實在是最好的。在我那一屆入學時，日本政府還是很放任，我們想怎麼做都

---

[133] 黃天才、黃肇珩著，《勁寒梅香：辜振甫人生紀實》（台北：聯經，2005年），頁30。
[134] 張文義，《回首來時路——陳五福醫師回憶錄》（台北：吳三連基金會，1996年），頁76。
[135] 廖雪芳，《白髮與白袍——台灣腎臟醫學先驅陳萬裕傳》（台北：橘井文化，2007年），頁48。
[136] 曹永洋，《都市叢林醫生——郭維租的生涯心路》（台北：前衛，1996年），頁69。

可以。學校鼓勵學生多讀書，愈寬廣愈好，校內的風潮更鼓勵多讀哲學、思想、文藝方面的書……當時一個高等學校文科生擁有幾百本書是很普遍的。[137]（賴永祥）

- 自由、開放的風氣是高校特立的傳統。處於青春期後期與成年期早期交迭的高校學生，在傳統文化的保護傘下，享有「盡情探索人生各種可能，卻無須承擔責任」的特權。[138]（葉英堃）

弊衣破帽、放浪形骸乃高校精神的表面，內在的高校生活任人自由思考，探索人生的哲理。脫離俗世泥淖，形成其人生觀、世界觀與人格，往往成為個人生命史中「**人生的轉捩點**」（陳五福）、「**生命中最大轉機**」（王育德）。經由廣泛的摸索，嘗試瞭解自己的興趣與能力，在此時便已奠立人生的方向。[139] 質言之，在人性形成至為重要的青年時期，高校自由自主的教育方式，具有相當的影響力，且在日後長期的人生路途上持續作用，此乃人生歷練已相當圓熟的畢業生，所領會之高校生活內涵。藉由諸多畢業生回顧，將台北高校自由自治的校風——尤以自由為最大特色——稱之為殖民地的「自由學園」，想是並無過當。[140]

而台灣人與日本人，在校園生活中的表現又有什麼不同呢？於自由自主的校風下，台灣人表現可以說與日本人相近。可以自由思考、盡情探索（內在的高校生活），應是台日人的共通之處，形式上可見

---

[137] 許雪姬、張隆志、陳翠蓮訪問，賴永祥、鄭麗榕、吳美慧、蔡說麗紀錄，《坐擁書城——賴永祥先生紀錄》，頁55-56。
[138] 吳佳璇，《台灣精神醫療的開拓者——葉英堃傳記》，頁67-68。
[139] 自治自主的風氣也有造就背離當前社會價值體系的可能，如就讀高校期間投奔中國共產黨的吳克泰（原名詹世平），日後成為中國共產黨全國人大常務代表、全國政協常委、台灣聯盟主席等。其回憶錄雖顯露對日本統治不抱好感，卻將自己穿戴台北高校制服制帽的照片作為回憶錄的封面，或可窺見高校時期——也就是吳克泰「決心回祖國抗日」的當時——在他人生中扮演的重要性。吳克泰，《吳克泰回憶錄》（台北：人間，2002年）。
[140] 以「自由學園」形容台北高校的教育，最初是1943年畢業的小田滋，筆者此處加以援用。

者，如個人或少數幾人利用假期，進行島內外旅行。以東台灣為例，王育德的東台灣之旅，是認為「**不懂得台灣的東半部，那也不像話**」，帶著 15 圓旅費，腳踏木屐，身披斗篷，從台北宜蘭線開始，繞行東台灣一周，出發前必先對當地交通、歷史、氣候等有基本的認識。[141] 吉岡信彥認為在學期間，一定要去過東台灣，二年級學期測驗結束便出發，途遇台東廳河道工程監督技師，向其學習河道工程知識，打聽台東消息；花蓮港乘船遇上大浪，為深山中長大的吉岡未曾有的經驗；花蓮某校長向其介紹原住民學校種種與將來構想，「**本來就對這方面有興趣，因此一點也不覺得厭煩**」；觀察台東卑南社，日本領台前該社統治週遭原住民而生活富裕，日本領台後一概平等管理，但卑南社已遺忘耕作方法，而陷入悲慘狀況；在旭村（日本移民村）聽農家訴說生活困苦，與報紙報導情形不同，使其格外注目，最後抱著感傷心情離開等等，[142] 乃在遊歷過程學習實用知識，並體認東台灣現狀。此般台日人的個人踏查經驗，從台北近郊、島內中南部、離島，乃至於島外的日本、滿蒙、朝鮮、上海、華南等地，在高校生活中並不少見，係含有知性探索為動機的自發性旅行。

不過台人與日人高校生也有相異之處。首先，台北高校的自由風氣，從七星寮開始，一般高校校風也以學寮為中心，但口述訪問結果，台灣人寄宿七星寮者實為少數，中南部出身而台北無居處者，大多住在台灣人開設的「グロ寮」（奇異寮）。[143] 理由除了台日人生活習慣差異外，也有中學時期被差別經驗者，進入高校時期選擇與台灣人居住的情形。[144] 易言之，多數未居住在七星寮的台灣人，對學寮生活的

---

[141] 王育德著，吳瑞雲譯，《王育德自傳》，頁 184-185。
[142] 吉岡信彥，〈東海岸の旅〉，《南颷》（1，1931 年），頁 36-48。
[143] グロ（grotesque）寮為台灣人的戲稱，據聞在今日台北市汀州路附近，由客家人梁萬珍經營，房間數 20，一人一房，多台北高校生與台北帝大生。蔡錦堂、徐聖凱訪問，呂榮初口述，2007.9.10（未刊）。
[144] 所澤潤（聽取り・編輯・解說・註）・陳漢升（口述），〈聽取り調查：外地の進學體驗（III）—抵抗の地・龍潭から基隆中學校、台北高校を經て、長崎醫科大學卒業—〉，《群馬大學教育學部紀要 人文・社會科學編》（45，1996 年），頁 141。

圖36：寄宿グロ寮的台灣人，上圖為寮生與房東一家合影，下圖為寮生飲酒交誼。（賴再興先生提供）

經歷,乃至於高校風氣的感染應有差異。

其次,台灣人在高校生活中的表現也有所不同。最遲於1933年入學理甲的台灣人,已與日本人同行蠻風、ストーム,甚至甫進入高校便開始抽菸喝酒。[145] 但如日本人有軟硬派之別(不採取蠻風者為軟派),前述東日出男的〈論高校生活〉,對於弊衣破帽等外在形式的批判,可視為軟派之作;台灣人如邱永漢(邱炳南),「**服裝打扮都非常整齊,帽子也沒有破痕,從未腰纏長布巾走路,也就是所謂軟派。很明顯的,他對蠻力的風潮採取批判態度**」,[146] 與此相似如陳炯霖,認為硬派的作風「**實在太過分**」。[147] 不過在同校的風氣薰染下,台灣人加入弊衣破帽、ストーム的行列者,應不在少數,就傳記資料或口訪情形即是如此。只不過在校園生活中較為活躍者,多數是日本人,台灣人方面,「**台灣人跟日本人的主要差異,可能是台灣人比較重視功課,也比較關心考試的成績,所以唸書的時間比較長,團隊的活動可能比較沒有那麼重視,我想這方面有那麼一點差異性。當然有一些例外……**」,[148] 對校園生活的關切程度不同,雖有相當活躍的台灣人,但相較為少數。質言之,無論是學寮生活或是校園生活,台灣人投入的程度,與日本人略有差異。

論者指出,1919年以後日本本土新設之高等學校,繼承了既設高等學校以「自由」為中心的傳統,更進一步強化,甚至誇大既有風氣,且在全國高等學校之間,形成同為高校生的一體感,隨著校際交流而益形鞏固;[149] 但自由風氣與高校生的一體感,是否包括殖民地高等學校在內,未有進一步分析。

---

[145] 所澤潤(聽取り・編輯・解說・註)、陳漢升(口述),〈聽取り調查:外地の進學體驗(III)—抵抗の地・龍潭から基隆中學校、台北高校を經て、長崎醫科大學卒業—〉,頁140-142。
[146] 王育德著,吳瑞雲譯,《王育德自傳》,頁183。
[147] 陳炯霖撰述,康明哲整理,《台灣小兒科發展的舵手——陳炯霖》(台北:望春風,2002年),頁23。
[148] 蔡錦堂、徐聖凱訪問,黃伯超口述,2008.1.3(未刊)。
[149] 高橋佐門,《舊制高等學校全史》,頁796-808。

由本章可知，台北高校未經無到有的過程，就從日本直接移植已然成熟的高校校風，是以缺乏傳統高校「所謂 X 高的校風應該為何」的「校風論」，但思考著「如何經營校風之下的高校生活」之「高校生活論」為其特色。「自由自治」不僅是台北高校獨有，也是 1919 年以來新設高校普遍認同的價值觀，但不同於日本本土，已建立起高校風氣相當自由的社會認識，殖民地台北高校引進自由校風初期，引發不少騷動與反彈。校風建立過程中，日本中學出身者與三澤糾，分別扮演了媒介與開門的角色，結果在 1930 年以前，該校便具備所有象徵舊制高校的要素，台灣社會也從排斥態度逐漸轉變，雖對於又唱又跳等行徑未必接受，但高等學校對外開放校內活動，學生活躍於市民生活，給予市民從認識到瞭解的機會；高校生早期與本地社會衝撞的情形，也在 1930 年之後，在諸多行事上採取順應社會的方式而改變，都是影響社會觀感轉變的理由。順應社會的另外一面，非與社會流行共同風氣，而是意圖引領本地社會的風潮，此或為台北高校生與其他高校生不同之處。

　　另一方面，高等學校作為日本培養國家級（與社會）菁英的搖籃，其畢業生被百般奉承「最終不是博士就是大臣」的將來性，[150] 以及高校生自由自治的學風，對於校門外的學子充滿了吸引力，是為「全國青年學子所憧憬的學校」。[151] 惟其校門甚難進入，有所謂「全台升學最大難關」的名校性格，[152] 本文次章節，從進入台北高等學校的入學準備與測驗談起。

---

[150] 王育德著，吳瑞雲譯，《王育德自傳》，頁 164。
[151] 曹永洋，《噶瑪蘭的燭光──陳五福醫師傳》，頁 32。
[152] 王育德著，吳瑞雲譯，《王育德自傳》，頁 164。

第四章

成為準帝大生──入學、教育與學習

進入台北帝國大學的關鍵，並非台北帝大的入學審查，而是在前一階段的高等學校，尤其是台北帝大幾乎百分之百接受的台北高校。[1] 其實不只是台北帝大，高校畢業生的升學進路相當自由，各帝國大學在可收容範圍內，皆可使其免試升學，是以如何成為台北高校生，關係島內「誰可以進入帝大」，乃至於「誰可以成為指導國家社會之菁英」的課題。進入台北高校之後的教育與學習，一方面反映學校的教育目的，一方面影響人才的形塑甚深；又戰時總動員下的教育與學習如何維持，以及知識菁英如何面對時局變遷。本章針對台北高校生的入學選拔、教育與學習情形，以及戰時體制下，知識菁英的動員與因應等進行討論。

---

[1] 鄭麗玲，〈帝國大學在殖民地的建立與發展——以台北帝國大學為中心〉，頁65。

第一節　全台升學的最大難關

　　台北高校併設修業年限三年的高等科，與修業四年的尋常科，尋常科（相當舊制中學）招收小學畢業生，通過入學試驗者，經尋常科、高等科、大學，皆可一路直升；高等科除接收尋常科生，另招收中學畢業或四年修畢者入學，畢業後可直升各大學；是以無論進入高等科或尋常科，幾乎就是預備進入（帝國）大學的準大學生。但在台北高校的入學關卡上，台日人卻存在相當大的差異。高等科每年預定的160個名額中，錄取不到30名台灣人，160個名額包括尋常科直升的40個名額，平均一年僅四名台灣人。[2] 通算台北高校廢校前的20屆畢業生（1928-1945），總計台人591名，僅全數（2,626名）的22.5%，遠不及日人人數。[3] 本節以入學選拔為重心，討論該校的選拔方式與招生情形，而通過升學窄門者，尤其是競爭上相對劣勢的台灣人，又如何能擠進台北高校呢？值得本文進一步瞭解。

　　首先，略述入學選拔的方式。1922年尋常科設立，同時招收一、二年級生，二年級招收中等學校修業一年以上者，因尋常科可一路直升帝大，吸引相當多的醫專、專門學校、師範學校在學生報考。[4] 1925年起尋常科測驗科目不甚變動，皆為國語、算術、國史、理科四科。1939年起不考理科，但增加「國民精神與德性」的筆試，與學科測驗分開，主要測試修身、歷史相關問題。[5] 除了上述筆試，每年都有口頭試問以及身體檢查，「口頭試問」如「**今天（3月10日）是什麼**

---

[2] 蔡錦堂，〈日本治台後半期的「奢侈品」——台北高等學校與近代台灣菁英的誕生〉，頁52-53。
[3] 吳文星，〈日據時期台灣的高等教育〉，《中國歷史學會史學集刊》（25，1993年），頁152-153。
[4] 〈高等學校入學志願者〉，《台灣日日新報》7847號，1922.4.4，2版；〈學生頭腦之擾亂〉，《台灣日日新報》7839號，1922.3.27，3版。
[5] 所澤潤（聽取り・編集・解說・註）・呂燿樞（口述），〈聽取調查：外地の進學體驗（Ｖ）石光公學校から、台北高校尋常科、同高等科、台北高級中學を經て、台灣大學醫學院卒業〉，《群馬大學教育學部紀要・人文・社會科學編》（47，1998年3月），頁213-214。

日子？」，便答曰「**陸軍記念日**」、「**日本陸軍在奉天打敗俄軍的日子**」之會話，[6] 對學童而言並不困難，應是查考學童的聽講程度；「口頭試問」與「國民精神與德性」，即精神意向與會話能力的測試。「身體檢查」除了身高體重等基本測量，須跑百米、吊單槓、持重物行走等吃重的體能測驗，[7] 不能及者就被刷下，是為考生不敢輕忽的關卡。[8]

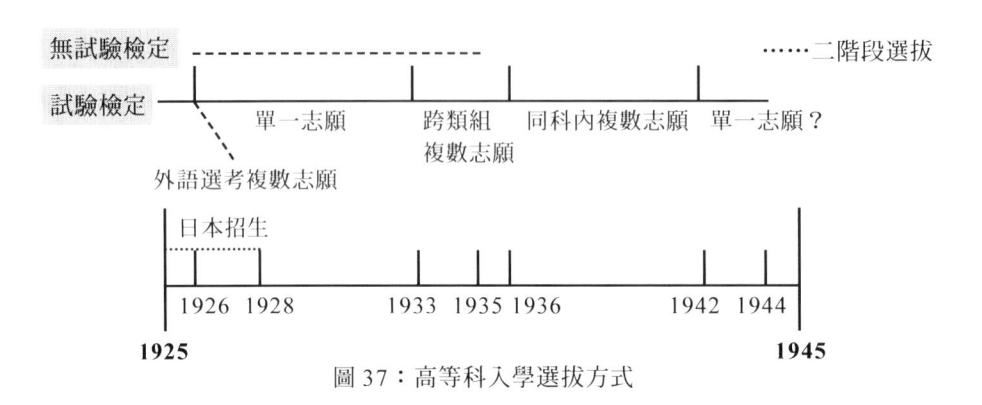

圖37：高等科入學選拔方式

　　1925年高等科首次招生，高等科的選拔方式，受歷任校長影響而較為多變。首先，「試驗檢定」長期存在，且為主要的選拔方式（**圖37**），除了筆試與身體檢查，1928年起加入口頭試問。考生投考前皆須指定志願，1925年採「外語測驗選考英語者，得在各科類指定兩個以上的志願；外語測驗選考德語者，限志願各科乙類」的特殊方式，不過中學校課程並不教授德語，因此考生幾乎都選考英語，志願可選跨文甲、文乙、理甲、理乙各個類組。1926至1932年的三澤、下村校長時期，在投考前僅選定一個類組的單一志願方式，而考生若無法在第一志願的合格名單中，成績卻可合格於其他類組時，是否在內部詮選過程中被錄取，並不得而知。1933年谷本校長又改為可跨各個類

---

[6] 所澤潤（聽取り・編集・解說・註）・呂燿樞（口述），〈聽取り調査：外地の進學體驗（Ｖ）石光公學校から、台北高校尋常科、同高等科、台北高級中學を經て、台灣大學醫學院卒業〉，頁214。

[7] 所澤潤（聽取り・解說・註）・張寬敏（口述），〈聽取り調査：外地の進學體驗（Ⅱ）―台北一師附小、台北高校、台北帝大醫學部を經て台灣大學醫學院卒業―〉，《群馬大學教育學部紀要 人文・社會科學編》（44，1995年），頁155-156。

[8] 1941年進入高等科的李悌元，小學六年級時也曾參加尋常科的測驗，但在吊單槓時連一次都拉不上去，成為落榜的主因。蔡錦堂、徐聖凱訪問，李悌元口述，2007.8.14（未刊）。

組的志願方式，但若以文科為第一志願，同時志願理科的情形，須加考理科的測驗科目，反之亦然。1934、1935 年，測驗科目不分文理皆相同，又可選跨各科類志願，出現不少選跨科類情形。1936 年修改跨類組規定，「得於同一科內先後指定甲乙之志願順序」，即限於文科或理科的甲乙類，不得同時跨文理兩科，是以考生須事先選定報考文科或理科。1943 年之後，因時局環境影響，選拔方式也大抵從簡，1943 年口試時方徵詢志願的類組別，1944 年起倚重出身中學校的調查書（成績一覽、事例等），1945 年比照日本文部省「昭和十九年度大學、高等學校及專門學校入學者選拔方針」，[9] 先以中學校調查書取剩名額的二倍，第二階段才對取剩者進行測驗。概言之，歷年志願規則頻繁修改，且各有利弊，應該是依照實際情形，不斷地調整適合的選拔方式，1945 年的二階段選拔，則為時局緊迫下，日本、台灣諸學校（高等學校、帝大預科、高等專門學校）共通採用的權宜措施。[10]

除了上述的試驗檢定，高等科尚有「無試驗檢定」的入學途徑。無試驗檢定是三澤糾上任後採行的選拔方式，係使島內公立中學校四年級或五年級在學成績優秀者，於 40 個名額內，經出身中學校長推薦，並通過身體檢查，毋須測驗即可入學。若據報載，此制度係使中學成績優秀者免試入學，但因各中學校學期評分方式不同，因此相信中學校長的推薦而加以採用；[11] 不過若推薦人數多於員額，自然多有篩落者。無試驗檢定的施行，不外乎減緩升學競爭中過度偏向升學的問題，如中學四年級便不上學，僅專注考試科目等種種弊病。但下村、谷本校長期間，無試驗檢定名額皆半減為 20 名，1936 年停止施行，推測與高等科入學志願者激增，入學困難度升高後，就不再保障少數的成績優秀者。[12]

---

[9] 〈昭和二十年度帝國大學豫科、高等學校及官立專門學校入學者選拔ノ件〉，《台灣總督府公文類纂》冊號 10506，文號 8，1944 年。
[10] 《台灣總督府府報》1944 年 12 月 3 日，頁 6-7；1945 年 1 月 12 日，頁 21-22。
[11] 〈台灣では前例のない 高等學校の選拔入學〉，《台灣日日新報》9249 號，1926.2.4，5 版。
[12] 無試驗檢定在 1933 年開始的複數志願階段中，亦可選擇複數志願，《台灣總督府台北高等學校一覽》昭和 8 年度，頁 139-140。

至於入學選拔結果，除了前述台日人錄取人數的落差，另一方面，在學校別與地域別出現明顯差距。通過試驗檢定的台灣人，尋常科平均每年 4.4 名，錄取率 4%，高等科每年 20.5 名，錄取率 11%。相較於此，通過試驗檢定的日本人，尋常科平均每年 35.9 名，錄取率 21%；高等科每年 66 名，錄取率 22%（表 4-1-1）：

表 4-1-1：高等科、尋常科歷年「試驗檢定」志願人數、錄取數及錄取率（1922-1942）

	高等科 台人志願數	高等科 日人志願數	高等科 台人錄取數	高等科 日人錄取數	高等科 台人錄取率	高等科 日人錄取率	尋常科 台人志願數	尋常科 日人志願數	尋常科 台人錄取數	尋常科 日人錄取數	尋常科 台人錄取率	尋常科 日人錄取率
1922	—	—	—	—	—	—	156	406	3	78	2%	19%
1923	—	—	—	—	—	—	62	235	1	39	2%	17%
1924	—	—	—	—	—	—	52	168	3	38	6%	23%
1925	26	11	4	52	15%	47%	72	112	5	35	7%	31%
1926	57	175	1	36	2%	21%	90	123	6	34	7%	28%
1927	32	189	8	27	25%	14%	128	161	8	32	6%	20%
1928	88	168	6	34	7%	20%	184	157	7	33	4%	21%
1929	136	320	16	56	12%	18%	72	148	4	36	6%	24%
1930	121	305	22	64	18%	21%	71	154	4	36	6%	23%
1931	106	287	24	75	23%	26%	92	142	5	35	5%	25%
1932	149	337	21	63	14%	19%	77	108	8	32	10%	30%
1933	201	334	20	60	10%	18%	81	93	4	37	5%	40%
1934	200	353	23	53	12%	15%	104	128	6	36	6%	28%
1935	260	268	30	52	12%	19%	124	142	6	34	5%	24%
1936	241	266	35	62	15%	23%	133	140	5	37	4%	26%
1937	225	268	24	71	11%	26%	122	141	4	36	3%	26%
1938	276	289	19	75	7%	26%	121	147	3	37	2%	25%
1939	265	371	26	86	10%	23%	130	238	3	37	2%	16%
1940	237	378	37	116	16%	31%	187	271	4	36	2%	13%
1941	325	527	30	81	9%	15%	226	267	6	34	3%	13%
1942	322	401	24	127	7%	32%	315	283	2	38	1%	13%
總計	3267	5346	370	1190	11%	22%	2599	3764	97	790	4%	21%

註：1. 尋常科於 1922 年設立，高等科 1925 年設立。
　　2. 1922 年尋常科同時招收一、二年級生，該年數據為兩個年級合計，1944 年起不再招生。尋常科欠缺的 1943 年數據，若以《台高會名錄》載錄的名單計算，則有台灣人二名，日本人 39 名，但志願人數不詳。
　　3. 本表不計 1925-1928 年間高等科在日本考場的報考人數與錄取率。
　　4. 1933 年高等科包含無試驗檢定文理科相互志願者 55 名（理科又志願文科的台灣人 11 名，日本人 36 名，以及文科又志願理科的台灣人一名，日本人七名）。

資料來源：《台灣總督府台北高等學校一覽》昭和 3-4 年度、4-5 年度、6 年度至 12 年度；《台灣總督府統計書》第 23、42、43、44、45、46 統計書；吳建堂，《台高會名錄》民國 71 年版。

1927年高等科不論是否加計日本考場，台灣人的合格率都高於日本人，為歷年之例外，整體無論在錄取人數或錄取率，台日人皆有相當差距。其次，在可蒐得的學校出身年份中，小學進入尋常科者，竟集中在台北市內的六所小學校：

表 4-1-2：1923-1937 年尋常科入學者小學出身別

	台北州							新竹州		台中州		台南州		高雄州		花東澎		日本福州
	小學校						公學校	小	公	小	公	小	公	小	公	小	公	
	附屬	南門	旭	建成	壽	樺山	其他												
1923-1925	37	13	8	12	13	9	6	1	10	0	4	2	6	0	0	0	1	0	1
1926-1929	28	27	14	12	12	15	18	2	7	0	8	1	6	1	2	0	1	0	1
1930-1933	35	18	14	14	13	12	5	2	2	0	7	0	18	5	2	0	4	0	2
1934-1937	47	18	26	13	9	14	6	4	1	0	4	0	13	2	1	0	6	0	1
小計	147	76	62	51	47	50	35	9	20	0	23	3	43	8	5	0	12	0	5
	433（73%）								163（27%）										
	477（80%）									119（20%）									
總計	596																		

註：1. 1923-1937 年入學尋常科者，即 1930 年 3 月至 1943 年 9 月高等科畢業者。
2. 「附屬」為台北第一師範學校附屬小學校。

資料來源：《台灣總督府台北高等學校一覽》昭和3-4年度、4-5年度、6年度至12年度；〈高等學校新入學生〉，《台灣日日新報》8204號，1923.3.27，2版。

附屬、南門、旭、建成、壽、樺山等六所小學校，[13] 就佔了尋常科全部錄取人數的73%，加計台北州其他小公學校，則佔80%。換言之，台北市以外的小公學校，平均每年只有五分之一，也就是八名學生被錄取，15 年間進入台北高校尋常科者僅僅只有 119 名，其趨向特定學校與地區的情形至為明顯。值得注意的是，公學校入學者只有 20 名，但同期台灣人進入尋常科全部是 76 名，意謂著台灣人進入尋常科者，

---

[13] 「台北第一師範學校附屬小學校」為今日台北市立師範學院附設實驗國民小學，「南門小學校」為台北市立南門國民小學，「旭小學校」為台北市立東門國民小學，「壽小學校」為台北市西門國民小學，「建成小學校」與「樺山小學校」則於戰後廢校。

多數是小學校出身，反映公學校台灣人進入尋常科之困難。

中學進入高等科的學校出身別，也呈現集中趨勢，尤以台北州或台北一中佔最多數：

表 4-1-3：1925-1937 年高等科入學者中學校出身別

	台北州			新竹州	台中州		台南州			高雄州	日本
	北一中	北二中	基隆中	新竹中	中一中	中二中	嘉義中	南一中	南二中	高雄中	日本
1925-1928	131	11	0	12	15	17	3	26	12	19	96
1929-1931	144	30	3	25	7	12	13	22	9	18	44
1932-1934	124	25	18	19	5	19	15	18	5	30	38
1935-1937	121	25	12	28	12	17	13	27	6	22	19
小計	520	91	33	84	39	65	44	93	32	89	197
各州	644 (50%)			84 (7%)	104 (8%)		169 (13%)			89 (7%)	197 (15%)
總計	1287											

註：1. 另有滿州、青島中學校出身及職業學校出身者 13 名，本表暫不計入。
　　2. 第一屆尋常科（1925 年升高等科者）招收的 40 名二年級生當中，有 37 名台北一中，二名台南一中，一名濱松中投考尋常科而被錄取者，本表暫不計入。

資料來源：《台灣總督府台北高等學校一覽》昭和 2-3 年度、3-4 年度、4-5 年度、6 年度至 12 年度。

單是一所台北一中，就佔了高等科總錄取人數的 40%(520/1287)，台北州合計則佔總數之半，其餘四個州合計七所中學校，只佔全數的 35%，地區差異明顯；個別學校中，基隆中、中一中、嘉義中、南二中錄取人數偏少，基隆中乃 1927 年設立，嘉義中 1924 年等較晚成立的因素外，台中一中、台南二中主要招收台灣人也有影響。整體除了新竹中、台南一中等少數中南部地區學校，有較多被錄取者外，幾乎為台北州，尤其台北一中所佔的情形。

此外，高等科除了錄取島內中學生，尚有不少來自日本本土的考生，特別設立日本考場期間最多；但 1929 年不設置日本考場之後，每年仍有 10 名左右的日本中學生，進入台北高校。就其報考台北高校的動機，主要是認為投考台北高校，比日本高校容易上榜。據聞設校初期，竟有 10 年浪人（重考生）前來報考，另一名廣島出生，於中學校四年級、五年級、第一年重考三次都失敗，在父親建議下，投考台北

高校並且上榜。[14] 河村和亮之兄河村武亮,在兩次重考之後轉考台北高校,結果如願考上,和亮猜想,「**叔父在台灣總督府擔任高官不知是否有所助益**」,武亮入學之後,復邀和亮來考,也如願上榜。[15] 名古屋出生的田中一郎,在重考期間拜訪住在台灣的姊姊,而得知台北高校的存在,翌年投考且通過測試,與班上的末岡氏,成為唯二的浪人入學者,[16] 皆係日本高校競爭度高,而投考台北高校之例。除此之外,推想還有隨著家長轉調台灣服務,而投考台北高校的情形,不過整體而言,通過測驗的日本中學校出身者,是一年10名左右,且逐年減少的有限情形。

給予中學成績優異者得無試驗推薦入學的無試驗檢定,其實施10年間,有甚多值得注目之處。首先,日本人的志願人數雖多於台灣人,但相差不大,意味著台日人被中學校長推薦的機會相仿;又錄取人數與錄取率,同樣日人多於台人,但差距遠小於試驗檢定:

表 4-1-4:高等科「無試驗檢定」志願人數及合格率

		1926	1927	1928	1929	1930	1931	1932	1933	1934	1935	總計
志願人數	台	26	35	31	36	26	15	16	16	19	42	262
	日	23	44	35	31	28	23	28	24	28	27	291
錄取人數	台	20	16	20	11	9	9	8	8	9	8	118
	日	18	18	20	18	10	9	15	10	12	10	140
錄取率	台	77%	46%	65%	31%	35%	60%	50%	50%	47%	19%	45%
	日	78%	41%	57%	58%	36%	39%	54%	42%	43%	37%	48%
(A)		95%	67%	77%	41%	29%	27%	28%	29%	28%	21%	41%

註:1.(A)台人無試驗檢定合格人數佔台人總錄取人數百分比=無試驗檢定合格人數÷(無試驗檢定合格人數+試驗檢定合格人數)× 100%。(小數點第一位四捨五入)

資料來源:《台灣總督府台北高等學校一覽》昭和3-4年度、4-5年度、6年度至12年度。

該制度總計在10年間,錄取台灣人118名,佔同期台灣人總錄取人數289名的41%,對平日成績優秀的台灣人而言,實為重要的入學

---

[14] 〈台北高等學校1〉青春風土記112,《週刊朝日》3146號,1978.9.8,頁70-71。
[15] 〈なぜ台灣へ〉,《ペガサス20》(橫浜:二十年蕉葉會,1995年),頁15-16。
[16] 〈故鶴壽雄氏のことなど〉,《回顧・五十年》,頁133。

管道。1926 年通過試驗檢定的台灣人僅一名（**表 4-1-1**），但無試驗檢定通過者 20 名，其重要性不言可喻。尤其開辦的最初三年，無試驗錄取人數，佔總錄取數的半數以上，是以高等科成立初期，台灣人多數是經由無試驗檢定的管道進入台北高校。以此方式入學者，包括曹欽源、朱華陽、蔡章麟、許建裕、張進通、陳網求、林玉秋、蔡陽明、戴炎輝、周財源、王吟貴、林鼎乾、張水蒼、郭秋煌、張麗旭、陳炯崧、洪遜欣、顏滄波、郭琇琤、張豐胤、余錦泉、李鎮源、林金生、許強、張有忠、陳炯霖、李枝盈……等人。

其次，無試驗檢定入學者的中學出身別，同樣以台北州或台北一中錄取者最多，但相較整體過於集中的情形為之和緩。錄取總人數若扣除日本中學校入學者，單純計算島內各州錄取人數所佔比率，分別為台北州 59%，新竹州 8%，台中州 10%，台南州 16%，高雄州 8%，單獨台北一中則為 48%（**表 4-1-3**）。至於無試驗檢定的情形如下：

表 4-1-5：高等科「無試驗檢定」入學者中學出身別

	台北州			新竹州	台中州		台南州			高雄州	不明
	北一中	北二中	基隆中	新竹中	中一中	中二中	嘉義中	南一中	南二中	高雄中	
1926	13	5	—	5	4	1	—	4	4	3	0
1927	9	2	—	4	6	2	—	3	4	4	0
1928	12	4	—	3	3	2	3	5	5	3	0
1931	5	3	1	2	1	0	2	0	2	2	1
1932	7	2	2	1	1	3	1	3	2	1	0
1933	5	1	1	1	1	3	2	1	1	2	0
1934	9	3	0	2	1	1	2	1	1	1	0
1935	4	1	3	1	4	1	1	1	1	1	0
小計	64	21	7	19	21	13	11	18	20	17	1
各州	92 (43%)			19(9%)	34 (16%)		49 (23%)			17 (8%)	—
總計	212										

註：1. 嘉義中學校 1924 年設立，基隆中學校 1927 年設立，兩校分別最早於 1928、1931 年才有參加無試驗檢定的資格者。
　　2. 1929、1930 年欠缺無試驗檢定合格名單。

資料來源：《台灣日日新報》9249 號，1926.2.4，5 版；9601 號，1927.2.1，2 版；10001 號，1928.2.26，夕刊 1 版；11066 號，1931.2.3，夕刊 2 版；11429 號，1932.2.4，7 版；11795 號，1933.2.7，7 版；12043 號，1934.1.24，7 版；12505 號，1935.1.24，7 版。

台北一中錄取比率佔 30%（64/212），仍是一枝獨秀，但台北一中與台北州整體所佔比率皆下降，其他各州皆有提升；學校別中除了台北一中，各學校錄取人數較為平均，較晚設立（基隆中、嘉義中）或台灣人為主的學校（中一中、南二中），在此制度中的劣勢較不明顯。

然就上表觀之，因各校校長推薦自校優秀學生，應該每年至少保有一個名額的錄取者，卻有幾次出現沒有錄取者的情形。背後理由並不清楚，若據曾參加無試驗檢定的陳漢升回憶，他被推薦的原因，是該校（基隆中學校）日本人成績大多不理想，若是只有台灣人被錄取，而日本人沒被錄取，將使學校蒙羞，是以陳漢升的成績乃班上第六、七名，尚非最頂尖，卻被推薦出去，不過是「**在形式上被推薦**」而已，結果與其他被推薦的台灣人同樣不被錄取。[17] 一方面說明，台灣人即便在無試驗檢定中，仍可能存在不平等的情形；一方面表示，日本人學期成績遠不如台灣人的情形下，或許是造成某些中學校在無試驗檢定中，沒有被錄取者的原因之一，尤其是日本人成績不佳的學校。

此外，無試驗檢定雖以「台灣中學校第四學年或第五學年在學者」為對象，但錄取者幾乎都是中學四年級生。中學五年級被錄取的人數，在可知的年份內僅僅六名（1929 至 1935 年），被推薦者亦很稀少，這個情形也被參加無試驗檢定者所認識：「**（被推薦者）大抵是四年級生，不推薦五年級，四年級成績優秀者被推薦**」，[18] 自然錄取者也多是四年級生。主要錄取或推薦中學校四年級生，並沒有明文規定，但連被推薦者都了然於胸的情形，或可推測此乃台北高校的既定方針，且在運作之時，已事先知會各個中學校，以推薦四年級為主的原則。但為何不是錄取五年級，而是錄取四年級生？一方面成績優秀者在四年級被錄取，可免去第五學年的升學準備過程；但主要理由應該是如

---

[17] 所澤潤（聽取り・編輯・解說・註）、陳漢升（口述），〈聽取り調查：外地の進學體驗（III）―抵抗の地・龍潭から基隆中學校、台北高校を經て、長崎醫科大學卒業―〉，頁 130-131。

[18] 所澤潤（聽取り・編輯・解說・註）、陳漢升（口述），〈聽取り調查：外地の進學體驗（III）―抵抗の地・龍潭から基隆中學校、台北高校を經て、長崎醫科大學卒業―〉，頁 130。

四年制尋常科,為了縮短 6-5-3-3 的 17 年教育年限,將中學修業五年縮短為四年,使有能力者,在冗長的教育過程中盡早「完成」。中學四年級修畢,就得以進入台北高校,與高校尋常科同樣具有縮短教育年限的作用,其實不論試驗檢定或無試驗檢定,都可以在中學四年級報考高等學校,即為縮短教育年限的目的。[19]

試驗檢定與無試驗檢定的選拔結果,都反映了台日人入學的差異,以及被錄取者,集中個別學校或地區的情形。究其原因為何?實涉及廣泛層面,此處僅能略作討論。先就學校差異言之,尋常科生出身的小學,有四分之三來自台北市的六所小學校,六所小學校中,又以台北第一師範學校附屬小學校最具競爭力。附屬小學校對上級學校的錄取率十分驚人,該校每年僅招收男子 40 至 50 名,二年級以上轉出入學的結果,全部也不過 60 至 70 名,[20] 平均每年卻有 10 名學生,考進台北高校尋常科,等於全台其他小公學校,競爭剩下的 30 個名額;旭、南門小學校進入尋常科的也相當多,但這兩個學校每年招收學生 200 名,錄取人數、錄取率都不如附屬小學校,是以附屬小學被視為「台灣最好的小學校」,[21] 無法擠入附屬小學校的學童,便退而求其次,進入旭、南門等實際也很優秀的升學名校。[22]

附屬小學校員額雖少,但升學成績絕佳,每年湧入大量的志願者,在入學關卡上進行學科測驗外,還要再抽籤,因此要進入該校相當不容易。附屬小學校一年級至四年級,採單複式班級並行(男女合班),單式班級以一般學年方式編班,複式班級乃將成績優秀者,與上一年級合班,如一與二年級,三與四年級合為一班,五年級起回歸單式(男女分班),集中進行升學準備。升學對象不限台灣,若以東京的中等

---

[19] 每年以浪人(重考生)身分,或高等小學校、公學校高等科身分進入台北高校者屬於少數,推測當局存在盡量錄取應屆生的意圖。
[20] 參照《台灣總督府學事年報》第 21-36 報(1922 至 1937 年統計資料)。
[21] 所澤潤(聽取り・解說・註)、泉新一郎(口述),〈聽取り調査:外地の進學體驗——台北師範附屬小から台北高校、台北帝大を經て內地の帝大に編入〉(平成二年度文部省科學研究補助金研究成果報告書,1993 年),單行本頁 7-12。
[22] 有馬元治,《有馬元治回顧錄》卷一(東京:太平洋總合研究所,1998 年),頁 7。

學校為目標,則專攻東京府立一中、府立四中,或如武藏高等學校尋常科、神戶一中、橫濱一中等各校的入學試題。若以台灣中等學校為目標,則依照台北高校尋常科、台北一中、台北三中的順序。如畢業生回憶五、六年級學校進行升學準備時,每週按照測驗成績安排教室座位,座位第一排,是能夠進入台北高校尋常科者,第二排得以進入台北一中,第三排得進入台北三中,第四排則還要再努力,以此方式刺激學童的競爭意識。[23] 張寬敏從附屬小學校四年級開始,就被老師灌輸「**不要去看一中、二中什麼的,以高等學校尋常科為目標就是了**」,且「**不只是我,對有能力的同學也是如此。從一開始老師就選擇10個人,當作(尋常科的)特攻隊**」。[24] 是以附屬小學校人數雖少,卻是目標性地針對台北高校尋常科進行升學準備,是為該校在升學方面,成績特別突出的原因之一。[25]

其次,被錄取者多的中小學校(尤其小學進入尋常科),幾乎集中在台北,也反映了地區間的落差,原因之一是升學意願的不同。藤井康子進行的升學調查中,小學報考中學校時,多數選擇自己居住所在地的中學校,從中南部投考位在台北的學校為少數情形。[26] 就此而言,尋常科出現地區差異的原因之一,與小學升上中學時的升學意向有關。不過高校尋常科全台只有一所,在全日本也是少數,復有直升大學的優勢,自然仍比一般中學校具有吸引力。其次,就讀新竹州關西庄石公仔公學校的呂燿樞回憶,因居住地區過於偏僻,連就讀新竹

---

[23] 所澤潤(聽取り・解說・註)・泉新一郎(口述),〈聽取り調查:外地の進學體驗——台北師範附屬小から台北高校、台北帝大を經て內地の帝大に編入〉,單行本頁 7-12。

[24] 所澤潤(聽取り・解說・註)・張寬敏(口述),〈聽取り調查:外地の進學體驗(II)—台北一師附小、台北高校、台北帝大醫學部を經て台灣大學醫學院卒業—〉,《群馬大學教育學部紀要 人文・社會科學編》(44,1995 年),頁 154。

[25] 惟附屬小學校自 1930 年代後期逐漸被旭小學校超越,1938 年合格尋常科者有附屬小學校 10 名,旭小學校 11 名,1941 年附屬小學校僅三名,旭小學校 12 名。所澤潤(聽取り・編集・解說・註)・呂燿樞(口述),〈聽取り調查:外地の進學體驗(V)石光公學校から、台北高校尋常科、同高等科、台北高級中學を經て、台灣大學醫學院卒業〉,頁 222。

[26] 藤井康子,〈日治時期台灣中學校之形成——教育目的・制度・背後支柱〉,頁 157。

中學都非常麻煩，同年級中僅五、六人有繼續升學的意願，且多以職業學校為目標，同學大多不知道台北高校的存在，學校也沒有進行所謂的升學準備。住在鄉下的呂燿樞會知道台北高校，是因為他就讀台北高校的堂哥，暑假期間到呂燿樞家時提到：「**高校的生活是青春的謳歌，最快樂的時候**」、「**高等學校有一個尋常科，如果進去的話，高等科、大學都是直升，只要可以通過學期考試就可以了**」，遂使呂燿樞決心升學。[27] 由此可知，偏遠地區學生的升學意願，以及學校在升學準備上，存在深刻的城鄉差距。

至於台日人錄取人數的落差，對台灣人而言是個重要的問題，也是影響上述學校、地區差異的原因之一。但台灣人入學困難的原因為何？必需要加以檢證。首先，教授高峯一愚在接受所澤潤的訪談中，承認在入學測驗的關卡上，存在對台灣人不平等的情形，此即：[28]

> 戰後為處理高等學校事務時，在教務課文書裡看見，在我赴任的前兩年左右，應該進入合格圈的學生，在我赴任之後才成為合格者而入學。單就成績而言，本來應該早我赴任前兩年左右，便已合格入學。看到那樣的例子時，想著『噢，就算是高等學校也有這樣的事情啊』。

兩年前就已合格的學生，卻在兩年後高峯氏赴任之際才入學，意味該名台灣人本應錄取但未錄取，至少重考一次後才進入台北高校；不過這名教授又表示，「**那種事幾年才一次，不是每年每年的情形**」、「**三年一次或四年一次的程度**」，易言之，高峯教授的證言，乃承認錄取不公平確實存在，但並非普遍的情形。

高峯氏係於1942年進入台北高校服務，擔任教授兼生徒主事，留用至1946年返日，其所言教務課文書今日已不存，但就其人經歷觀

---

[27] 蔡錦堂、徐聖凱訪問，呂燿樞口述，2008.5.6（未刊）。
[28] 所澤潤（聽取り・編集・解說・註）・高峯一愚（口述），〈聽取り調查：外地の進學體驗（IX）・特別篇 台北帝國大學學生主事補・台北高等學校教授の體驗を中心に〉，頁75-76。

之，1943、1944、1945三個年度，進行入學測驗時已然在校，只是不清楚有不平等問題的存在，及至戰後翻閱學校留下的文書方才察覺。此敘述是否合理，筆者無法判斷，以及既然有不公平選拔之事，為何又會三、四年才一次的疑問？不過至少說明了台北高校在入學關卡上，確實存在著未公開的內部審理機制。

其次，就高等科、尋常科歷年試驗檢定的志願者人數觀之（**表4-1-1**），台灣人報考人數長期低於日本人的報考人數，或可表示台灣人對於進入上級學校，不如日本人來的熱絡，[29] 但志願人數偏低的理由，應該是在台北高校之前的階段，也就是小學、中學，已經存在台灣人入學困難的問題。是如附屬小學校，每年不過錄取零至二名台灣人，平均每年一名；台北一中最多曾錄取十餘名，但平均每年七、八名，[30] 意即進入台北高校之前的升學名校，每年錄取的台灣人少之又少。觀察進入附屬小學校或台北一中的台灣人，皆非尋常家庭，如附屬小學校的入學方式，是在學科測驗之後進行抽籤，且台灣人通常只有一個名額，實力之外還需要相當運氣，結果張寬敏（父張文伴）及其姊弟三人，[31] 竟在前後屆通過抽籤而入學，張寬敏自己也感到不可思議。[32]

蔣松輝於1927年進入台北一中，同年也是他的父親蔣渭水，從文化協會獨立出來，創立台灣民眾黨之時，蔣松輝記得一個笑話，「**我考上的時候，大家那些同志說，『不是說松輝有那個學力，是故意要讓你進去的，怕人家去抗議說我們的兒子為什麼不讓他進去』，其實不是這樣，還是有實力的……**」，[33] 這兩所學校是否有實力即可入學，仍待追加調查。此外，台灣人人口雖遠高於在台日本人，但中學生人

---

[29] 不可忽視的是，台灣人另有不少前往日本就讀高校者，惟應另文探討。
[30] 參照《台灣總督府學事年報》第21-36報（1922至1937年統計資料）。
[31] 張文伴（1898-1987）為北市著名的蓬萊婦產科醫院院長、產婆講習所所長。
[32] 所澤潤（聽取り・解說・註）張寬敏（口述），〈聽取り調：外地の進學體驗（II）—台北一師附小、台北高校、台北帝大醫學部を經て台灣大學醫學院卒業—〉，頁154。
[33] 蔡錦堂、徐聖凱訪問，蔣松輝口述，2007.8.21（未刊）。

數，直到1940年才首度超過日本人（公私立合計），意謂取得高等科入學資格（中學四修或五畢）的機會上，台灣人就已少於日本人。

除了可能存在的內部審理機制，以及不利的入學條件，測驗內容的困難處，方為考生直接面對的難關。如王育德投考尋常科失敗後，參加第二志願台南一中的入學考試，「**每從考場出來，我就在心中嘀咕著『殺雞焉用牛刀』**」，但先前台北高校考試時，卻是「**我倉皇失措而走投無路了，悔恨的淚水一顆一顆滴落在答案紙上**」的慘狀；究其失敗的直接原因，自認出在國語科。[34]《台灣民報》數度談論共學實施後的入學測驗問題，直指中等以上學校雖然共學，但在基礎教育有公學校、小學校之分，入學測驗題目從小學校課本取出，造成對台灣人學童不利的情形。特別在國語科（國語即日語）的問題上，略謂：[35]

> 在這時候發生問題的就是公學校和小學校的國文課本程度的深淺了，其餘的姑且勿論，就對國文一科在兒童本來的素養已經有差異了，何況在修業中的課本程度又再差了，那末小公學校兒童對國文的實力自然是生出差等的。（原文漢文）

日語能力與教科書內容已然有差，加上試題以小學校課本為基礎，測驗結果自然出現相當落差：[36]

> 就是在台灣唯一的高等學校尋常科的入學成績如何，公學校的兒童中有膽力志願高等學校的都是算一算二的，但是試驗的結果也是如左記的差度……。（原文漢文）

意謂敢於報考台北高校的台灣人，莫不是當中的佼佼者，但能通過入學測驗者仍是相當少數。不僅是小學進入尋常科的階段，中學校進入高等科的測驗題目，也是相同情形，即《台灣民報》的評論所謂：[37]

---

[34] 王育德著，吳瑞雲譯，《王育德自傳》，頁112。
[35] 〈入學試驗制度與準備教育廢止問題〉，《台灣民報》146號，1927.2.27，頁2。
[36] 〈準備教育廢止後的入學試驗成績如何〉，《台灣民報》154號，1927.4.24，頁4。
[37] 〈關於高校入學試驗〉，《台灣民報》98號，1926.3.28，頁3。

> （台北高校）試驗問題全由小學校和日本人中等學校裏抽出，
> 怎麼叫沒有唸過那教科書的兒童或生徒，圓滿得寫上去哪！
> （原文漢文）

意謂日本人佔多數的中學校，其採用的教科書，與台灣人佔多數的中學校有別，遂在高等科的入學測驗上，產生對台灣人不利的情形。

質言之，台灣人輿論將造成台灣人入學困難的原因，皆直指測驗題目對台灣人不公平，除了王育德或報紙指出的國語科問題，以日人教育內容為中心的出題方式，出現有關日本文化的試題便不足為奇。如陳漢升是龍潭公學校出身，日語能力不差，甚至比同班的日本人還突出，六年級時曾代表所在的學校、郡、州，三次參加日語演講比賽；但他在尋常科的入學測驗上，遭遇其生活圈中不曾出現的「鯉幟」考題，[38] 對當時住在鄉下、就讀公學校的陳漢升而言，完全是不認識之物。[39] 像這類與日本人生活關係密切，台灣人卻相當陌生的問題，也出現在入學考題中。

若就試題配分而言，1925 年尋常科試題總分 550 分，包括歷史、地理、理科，各 50 分，國語、算術兩科，各 200 分；該年被錄取者最高分接近滿分，最低也要 400 分以上。[40] 換言之，合計便佔 400 分的國語、算術（算術即數學）兩科，影響是否合格至為關鍵。而國語科（及其他科目）的出題，也應該如報紙、考生所言，自小學校教育內容取出，因在「台灣總督府高等學校規則」（1922 年府令 84 號），第 36 條有關入學規定中，明言「尋常科第一學年入學志願者人數，超過定額之時，依尋常小學校畢業程度進行選拔」，[41] 是以校方參照小學校

---

[38] 鯉幟係以紙或布紮成鯉魚形狀，於端午節時矗立的旗幟，係有男童的日本人家庭於特定季節高掛的祈福之物。

[39] 所澤潤（聽取り・編輯・解說・註）・陳漢升（口述），〈聽取り調查：外地の進學體驗（III）—抵抗の地・龍潭から基隆中學校、台北高校を經て、長崎醫科大學卒業—〉，頁 119-129。

[40] 〈國語と算術が肝腎〉，《台灣日日新報》8925 號，1925.3.17，7 版。

[41] 《台灣總督府台北高等學校一覽》昭和 2-3 年度，頁 22。

教科書內容出題，甚至是於法有據，但對公學校的台灣人而言，等於是一道難關。算術科方面，在測驗成績上也佔有相當比重，但如通讀小、公學校教科書的呂燿樞所說，小學校算術教科書與公學校共通，並無不同，[42] 這方面台灣人或日本人，並沒有顯著的優勢。是以入學考試的關鍵科目在於國語科，應無疑義。

其實公學校考生也清楚題目出自小學校課本，[43] 並盡力彌補小、公學校的差距，但就王育德所言，試題「**出現文部省歌唱教本『鎌倉』的前半部分，……實際上『鎌倉』出現在尋常小學讀本卷十二，也就是小學校六年級後期的教科書中；末廣即使購買為副讀本，根本顧不到那裡，或者頂多學個表面，和沒學過完全一樣，回答不出也是理所當然**」。[44] 末廣是王育德就讀的公學校，台南市雖然有二所小學校，但王育德並沒有考進小學校，只好就讀末廣公學校，但公學校在教科書上落後於小學校，進而造成公學校畢業後，投考台北高校尋常科的挫敗。

質言之，造成台灣人進入台北高校人數偏低的原因（尤其是台灣人錄取率只有4%的尋常科），除了難以知悉的內部審理機制，實存在著兩階段的入學限制：

1. 在台灣的小、中學校階段，台灣人已然存在入學困難的問題。雖如就讀小學校，有較高的機會考進尋常科，但台灣人進入小學校並不容易，附屬小學校、台北一中等升學名校更是如此，以及中學生人數長期低於日本人，而呼應於台北高校的志願人數中，台灣人長期低於日本人的情形，都顯示進入台北高校之前的中小學階段，已為台灣

---

[42] 所澤潤（聽取り・編集・解說・註）・呂燿樞（口述），〈聽取り調查：外地の進學體驗（Ｖ）石光公學校から、台北高校尋常科、同高等科、台北高級中學を經て、台灣大學醫學院卒業〉，頁214-215。

[43] 所澤潤（聽取り・編集・解說・註）・呂燿樞（口述），〈聽取り調查：外地の進學體驗（Ｖ）石光公學校から、台北高校尋常科、同高等科、台北高級中學を經て、台灣大學醫學院卒業〉，頁221-222。

[44] 王育德著，吳瑞雲譯，《王育德自傳》，頁112。

人升學的第一道限制。

　　2. 在此競爭劣勢下，復遭遇入學測驗中對台灣人相較不利的考試內容。無試驗檢定的錄取情形，其實已反映出台灣人成績優秀者，若以申請的方式進入台北高校時，未必會遜於日本人；但在試驗檢定時，也就是需要筆試的情形下，可以考進去的人卻寥寥可數，關鍵就在於考試題目對台灣人而言相當困難，尤其是被形容「真正讓台灣人想哭」（蘇銀河語，1934年入尋常科）的國語科。[45]

　　歷年能夠考進台北高校的台灣人，除了學科能力外，莫不是具有相當的日本語文能力，像是呂燿樞（1941年入尋常科）、陳漢升（1933年入高等科），能夠代表學校參加日語演講比賽的實力固不必論，[46]黃伯超（1939年入尋常科）二歲到七歲的時候，跟隨父親在京都生活，回到台灣後進入嘉義旭小學校就讀，是為日台雙母語的台灣人；[47]張寬敏（1938年入尋常科）三歲進入日本人開設的幼稚園，與一家皆附屬小學校的姊弟，即便在家裡也使用日語交談，說是常用國語的家庭也不為過，[48]這些例子，在在說明進入台北高校者必須具備良好的日語能力。

　　總結台北高校的入學選拔結果，最難進入高等科者，為公學校出身，非就讀台北市中學校的台灣人；最難進入尋常科者，則為公學校出身，非在台北市就學的台人子弟。在此劣勢條件下的台灣人，如何考進台北高等學校？首先舉公學校進入尋常科的情形為例。

　　1929年呂燿樞出生在關西石光子，是「**比鄉下還要鄉下的地方**」，

---

[45] （蘇銀河）《荒川重理先生の思い出》，頁129。
[46] 所澤潤（聽取り・編集・解說・註）・呂燿樞（口述），〈聽取り調查：外地の進學體驗（V）石光公學校から、台北高校尋常科、同高等科、台北高級中學を經て、台灣大學醫學院卒業〉，頁211-212。
[47] 蔡錦堂、徐聖凱訪問，黃伯超口述，2007.5.2、2007.7.13（未刊）。
[48] 所澤潤（聽取り・解說・註）・張寬敏（口述），〈聽取り調查：外地の進學體驗（II）—台北一師附小、台北高校、台北帝大醫學部を經て台灣大學醫學院卒業—〉，頁155。

即使想要進入小學校，也要先克服來往新埔的交通問題；在如此偏僻又完全沒有升學風氣的地方公學校，能考進尋常科實屬不易。究其合格的理由，除了自己的努力，師範學校畢業的父親，從呂燿樞公學校一年級就開始，購買小學校課本作為雙教材，連同公學校教科書一起，**「告訴我這個禮拜應該要唸到那裡，告訴我一個禮拜的進度，不了解的地方要問，一個禮拜唸過的要考試，就這樣一直進行」**，[49] 擔任學校教師的父親，對呂燿樞而言正是最佳的家庭教師。而其使用的升學參考書，如《木山國語》、《木山算術》、《模範算術》、《模範國語》等多種，是以在人助自助下，以公學校及第尋常科並非僥倖。[50]

另可注意，台北高校生的家長，為國語學校或後來師範學校畢業者，直可列出相當長的名單，除如（子‧父）劉興文‧劉克明，宋進英‧宋瑞昌，魏火曜‧魏清德，許乃邦‧許嘉種等等，出現在當代名人錄上的社會領導階層子弟之外，也有相當多與呂燿樞父母同樣擔任學校教員者，如杜詩綿，杜詩統（兄弟），賴永祥，盧焜熙（兄弟），葉英堃，郭維租，吳建堂，吳新英等人之父，都是國語學校師範部，或師範學校出身而擔任小學教員者，[51] 許是因為瞭解上級學校的入學制度，與入學困難點，且自身具有輔導升學的最佳條件，在其子弟預備升學過程中，可能扮演相當重要的角色。

就讀台南港公學校的許武勇（1933年入尋常科），父親許望海外經商十一載，期間許武勇不知道自己有父親，母親則忙於維持家計，欠缺輔導升學的家庭環境。許武勇進入尋常科的原因，可說是天份使然，雖如他所說，**「好像也沒有做什麼特別準備」**，就考進了尋常科，其實許武勇在公學校時，已非常有數學天份，竟解答了全校老師無法

---

[49] 蔡錦堂、徐聖凱訪問，呂燿樞口述，2008.5.6（未刊）。
[50] 所澤潤（聽取り‧編集‧解說‧註）‧呂燿樞（口述），〈聽取り調查：外地の進學體驗（V）石光公學校から、台北高校尋常科、同高等科、台北高級中學を經て、台灣大學醫學院卒業〉，頁209。
[51] 參見終章，表5-1-1。

解答的數學問題，[52] 昔日同窗回憶，「**許武勇一直是名列前矛，品學兼優的模範學生。尤其對數學最有心得，連數學老師不能解的難題他都能解答，當時同學們都認為他將來會成為數學家……**」，[53] 進入高校尋常科後，也以第一名成績升上高等科。[54] 但是最初，許母並沒有讓許武勇投考台北高校的打算，而是校長請老師向許母遊說就讀尋常科的好處，許母答應後，遂由校長推薦報考，結果一試及第。就此觀之，許武勇雖有父母的經濟後盾，但缺乏升學規劃與輔導，公學校師長的遊說與自身的天份，是為進入尋常科的動機與原因。

台灣人進入高等科的情形，以竹東出身的蘇瑞麟，以及蘇家保存的升學準備用書為例。蘇瑞麟1918年出生，1925年進入竹東公學校，與多數預備升學的台灣人同樣，在升上五年級時，從公學校轉到小學校，就學於竹東尋常高等小學校，此後經新竹中學校、台北高校文科甲類、台北帝大文政學部政學科，1942年9月取得法學士學位；畢業後初任興南新聞社新聞記者，不久因戰爭返回竹東。1944年4月任竹東街役場助役兼農會副會長。戰後初期加入三民主義青年團，維持地方秩序，1945年短暫派任竹東郡守、新竹工商金融課長。[55] 蘇家則係於19世紀前半葉來台，開台二世時經營農墾有方，成為年收二千石之戶，以「武功堂」為堂號，堪稱地方富裕之家。[56] 日本領台以來的情形未悉，若以蘇瑞麟所屬第三房所保留的《日清簿》（1944至1952年）觀之，該戶收租或納賦的田地，包含鹿寮、竹東、三重埔、田新、柯子湖、荳子埔、大肚、橫山、上員山、新埔等地；1949至1951年間，以「蘇瑞麟」為業戶名，繳納賦稅給新竹縣政府的土地，則有上述大

---

[52] 蔡錦堂、徐聖凱訪問，許武勇口述，2008.6.8（未刊）。
[53] 台北高校理科乙類卒業50周年記念クラス會，《五十年の軌跡》（該會，1983年），頁90。
[54] 許武勇尋常科成績單（未刊，許武勇先生提供）。
[55] 蘇瑞麟，〈自傳〉（蘇瑛煊先生提供）；蘇瑞麟公、小學校一到六年級獎狀（蘇瑛煊先生提供）。
[56] 徐聖凱訪問，蘇瑛煊口述，2007.8.28（未刊）。

圖 38：《受驗旬報》，該號分析各校試題特徵與準備方式，右圖左下為台北高校國語科試題分析。（蘇瑛煊先生提供）

肚、田新、壹子埔、橫山等地。[57]

　　今日蘇瑞麟一房所保留昔日的升學用書甚是多種，尤以國漢文科最被重視。底下擇就《受驗旬報》、《國漢文研究週報》、《受驗作文要訣》、《受驗必勝之秘訣》相關部分加以說明。

　　《受驗旬報》係東京歐文社出版，以高等諸學校為目標的綜合性升學準備刊物，每期近 300 頁，內容極其豐富；由學生投稿、有獎徵答的得獎名單觀之，是一份相當受到學生歡迎的升學雜誌。蘇家保存的 1941 年 3 月號、6 月號內容中，有「高等學校・大學預科試題特徵及其對策」，乃將該年度高等科入學測驗的國漢文（國語及漢文

---

[57]《日清簿》昭和 19 年以降（蘇瑛煊先生提供）；新竹縣政府田賦折徵代金繳納收據等八件（蘇瑛煊先生提供）。

科)、數學、英語三主科,就整體高校、大學預科的試題概觀,以及個別學校的出題特徵、準備對策提供給考生。其中有關台北高等學校國漢文科的出題,執筆者曰:[58]

> 國語 全文解釋最重要,因為從「十訓抄」「枕草子」「玉かつ間」等著名文獻出題,參考書裡的題目最好都能先準備好。接著測驗基本文法,所謂基本之意,乃缺乏基礎學力者無法回答,養成相當的根基之意。繼而是捕捉大意的問題,須對內容有相當的掌握力,表現能力也是必要,要注意。因為今年有考書取(為假名注漢字),明年似乎也是,希望平生多加留意。
>
> 漢文 兩題之中有一題,是解釋畫底限的部分,一題是全文解釋。雖多從日本漢籍中出題,卻是文獻中很難理解的地方。又將此處對照日本近代名家的文章,大概是想把學生導向說得過去的答案吧。
>
> 作文 「喜歡的東西、討厭的東西」「季節」「旅途回想」等答題時相當難以興風浪的題目,希望平生事先練習,習慣此類試題為宜。(括弧筆者)

即分析該年出題型態後,提醒考生須加以注意之處;也對台北高校數學、英語科的準備提出建言,對正在預備升學的考生來說應有其助益。此誌以試題分析,名家升學講座,各校入學需知,學科準備方式等專門預備升學的內容為主,另外也有屬於學生生活的軟性篇章,如 3 月號有「學園通信」,雖以日本學校為主,但也介紹了台北高校的曲棍球社,又在全國高等學校聯合競賽(Inter-Highschool)中獲得佳績等消息,給予準備升學中的學生,增加認識志願學校的機會。《受驗旬報》各號最末,都有有獎徵答及得獎者名單,由得獎名單不少為各高校已然在學者觀之,中學生即使已經考上志願學校,對此類升學刊物

---

[58] 《受驗旬報》綜合版 6 月號(東京:歐文社,1941 年),頁 136。

的模擬試題仍然躍躍欲試;「台北高」的得獎者也在其中,而蘇家保存的 6 月號,這部分已被撕下,推想也是為了有獎徵答吧。

《國漢文研究週報》是專門準備國漢文科的週刊,另有《英語研究週報》、《數學研究週報》等。單就《國漢文研究週報》而言,主要包括國文及漢文的解釋、文法、練習三部分,被蘇瑞麟畫記為重點的地方(以「」粗體字表示)相當多,如國文解釋「**注意段落中的相對句,便是解讀困難文章的關鍵**」,國文文法「**先求述語,再找對應於述語的主語,是為剖析文章的密法**」,作文範例則劃下「**閉門即是深山,讀書隨所淨土**」之佳句,尚在不勝枚舉的實例與細節上劃線,反映了對該科目的重視。[59]

《受驗作文要訣》則是針對國漢文科的作文準備書籍,該書作者認為,考生在國漢文科的得分差異不大,優劣高低將取決於作文分數,但如目前每一個科目都要準備的話,不會有太多時間練習作文,因此主張考生每週進行一次作文寫作,每年 40 次的「四十題主義」。該書最初的購買者為蘇瑞麟之兄,後來出現在蘇瑞麟的書房,或許在準備考試過程中也曾參考過;畫記的部分很少,但將作者提供的數十篇名家文範中,特別勾選值得注意的 29 篇,包括武者小路實篤、夏目漱石、德富蘆花、鶴見祐輔、坪內逍遙、久米正雄、芥川龍之介等名士之作。[60]

《受驗必勝之秘訣》乃針對自學者,提供各方面的升學準備方式,特別之處在於重視應考當下的反應,如何增進記憶力,精神與生理方面的調適等,不乏在各種場合的小技巧。如該書畫線之處,包括進入考場前後不要著急,「**入場鈴聲響起之前,喝下一杯冷水,自然壓制悸動而回歸冷靜**」,平心靜氣而深呼吸,「**從肚臍下方用力吸氣,使空氣充滿下腹**」,回答方式「**針對問題的核心來回答,如此即便只寫兩、三行也有沒問題**」,利用聯想記憶法,透過「1、**特定事件**,2、

---

[59]《國漢文研究週報》(15:1-17,1937 年)。
[60] 谷口為次,《受驗作文要訣》(東京:有精堂,1936 年)。

結合基礎觀念，3、假設」，將各種對象聯結而易於背誦等等。可說是蘇瑞麟用以建立實戰心態與觀念的書籍，也是準備過程中較為細膩之處。[61]

概言之，台灣人與日本人在進入高等教育的過程中，台灣人方面受限於中小學以及高校入學測驗的兩階段難關。高校入學測驗尤以國語科更為一道試煉，是無論在尋常科或高等科的升學準備上，不得不盡力加強國語科的能力。

然而，日本人雖然有較多的錄取人數以及較高的錄取率，映襯台灣人入學之不易，但未必代表日本人就可以輕輕鬆鬆過關，如小田稔敘述從弟小田滋（附屬小學校），準備台北高校尋常科考試時的情境：[62]

> 從早就背著大書包去學校，不到五點不會回來，今天帶回來6、7個回家作業，不知道的地方就算是我看了也已經忘光。即便大家說『休息吧』，還是蒼白著臉繼續努力，……如此一日復一日，身體越來越虛弱，累積下來每個月必定會生病，休息2、3天後又繼續努力，過一個月後又生病，還看著月曆說：『已經快考試了阿』。

為了入學考試不斷努力，造成身體日益虛弱，即便生病仍牽掛著考試的事情；看著弟弟身陷升學地獄，小田稔想起自己在小學階段也是如此地煎熬。

通過全台升學最大難關者，一方面得享有自由自主的風氣，一方面成為日本帝國大學的準大學生，接受「高校—帝大」菁英教育過程的前一個階段。

---

[61] 受驗研究社編，《受驗必勝の秘訣》（同社，1930年）。
[62] 小田稔，〈入學試驗〉，《台高》（1，1937.2），頁6。

第二節　通才教育與自主學習

　　高校教育具有大學預備教育與高等普通教育的雙重性質，[63] 所謂大學預備教育，係因高校成員幾乎全員進入大學，在高校時期養成的基礎學力，以及課程安排上相當重視的外語訓練，為日後進入大學從事研究的基礎。高等普通教育則為文部省高等學校令（1918年）規定，「高等學校以完成男子的高等普通教育為目的」，旨在廣泛傳授各領域基本知識；又教學者在知識傳授外，重視培養學生的研究、賞析能力或興趣，是以高校與大學教育之區別，在於前者廣泛學習，而後者探究高深知識。高校生的學習不限於課內，學生自主性地閱讀哲學、文學、歷史書籍，或鑽研自己喜好的領域，更是學生學習當中不可忽視的一環，綜合上述特色，高校教育一般被視為通才教育或通識教育。本節以台北高校生的課程、教育與學習等進行討論。

一、課程與教學

　　課程設計關係著人才的養成與教育目的，「台灣總督府高等學校規則」（1922年府令第84號）所訂定的課程安排，大抵比照文部省1919年頒布的「高等學校規程」及歷次修正條令而行。先就高等科而言，高等科分文、理兩科，又依主修之外語不同分甲、乙兩類（因而產生文甲、文乙、理甲、理乙四個班），甲類以英語為第一外語，德語為第二外語；乙類則以德語為第一外語，英語為第二外語。學科方面，文科有修身、國語及漢文、英語、德語、歷史、地理、哲學概說、心理及論理、法制及經濟、數學、自然科學、體操等12個科目；理科有修身、國語及漢文、英語、德語、數學、物理、化學、植物及動物、礦物及地質、心理、法制及經濟、圖畫、體操等13個科目，可以說文科重視人文科目，理科重視數理科目。

---

[63] 高校教育究竟為大學預備教育，抑或獨立的完成階段，存在相當爭議。舊制高等學校資料保存會，《舊制高等學校全書》第一卷・總說篇，頁433-505。

較特殊的科目，如文科的「哲學概說」，教授方針是「使學生領會窮極原理之精神、態度、方法，隨之學習偉大思想家的思索軌跡，培養自我思考的素養，就人生觀、世界觀、國家觀的問題，養成正確的認識與批判力」，為培養抽象思考能力的科目。文科、理科皆有的「心理」（心理學），乃「即事性考察具體的人類行動，就主要事項培養識見，解明精神現象發生變化的事理，從而廣泛領會探求文化之科學態度與方法」。文科的「論理」（邏輯學），則「指明邏輯性思考的成立與形式，……特別應使學生理解學問研究之方法與嚴密性，基於自身根據之自覺，培養將思想統一為有組織體系之素質」。[64] 上述諸科雖非傳授實科知識，但有益於養成學生抽象思考，建立邏輯思維，並學習研究所需的態度與方法。

文理科都有的「法制及經濟」，係使學生「領會我國政治及經濟生活之組織與內容，特別是明瞭我國的本質，以培養國民生活上必要的知識」，就此目的傳授法制、經濟知識。理科的「圖畫」，雖有少數繪圖時間，但主要為「圖學」，教導各種圖形（如投像圖、透視圖、幾何圖等）的繪製方法，以及製圖、繪圖工具的基本概念。[65] 以上哲學、心理、法

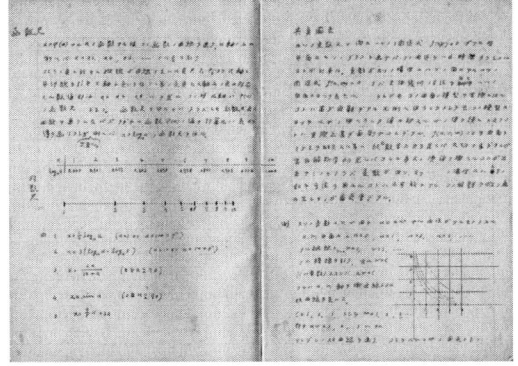

圖39：圖表學筆記、國語學概論筆記。（黃伯超、蘇瑛煊先生提供）

---

[64] 舊制高等學校資料保存會，《舊制高等學校全書》第三卷・教育篇，頁166-194。
[65] 高校教育究竟為大學預備教育，抑或獨立的完成階段，存在相當爭議。舊制高等學校資料保存會，《舊制高等學校全書》第一卷・總說篇，頁433-505。

制及經濟等科目的授課時數，未必低於歷史地理（文科），是具有重要性的思想啟發課程。

文、理科主修科目雖不同，但有其共通處，即對於外國語以及人文類科目的重視（表 4-2-1），這也是高等科課程的特色：

表 4-2-1：1925-1941 年「高等科」課程分類與平均每週授課時數

	文科				理科			
	甲類		乙類		甲類		乙類	
	時數（小時）	百分比	時數（小時）	百分比	時數（小時）	百分比	時數（小時）	百分比
人文類	13.3	40.8%	13.3	39.6%	3.7	11.8%	3.7	11.2%
外國語	12.3	37.7%	13.3	39.6%	10.7	34.0%	12.3	37.2%
社會類	1.3	4.0%	1.3	3.9%	0.7	2.2%	0.7	2.1%
數理類	2.7	8.3%	2.7	8.0%	12.0	38.2%	12.0	36.4%
技術類	—	—	—	—	1.3	4.2%	1.3	4.0%
體操	3.0	9.2%	3.0	8.9%	3.0	9.6%	3.0	9.1%
總計	32.6	100%	33.6	100%	31.4	100%	33.0	100%

註：1. 人文類包括修身、國語及漢文、歷史、地理、哲學概說、心理及論理。
社會類為法制及經濟。
數理類包括數學、自然科學、物理、化學、植物及動物、礦物及地質。
技術類為圖畫（圖學）。

資料來源：據《台灣總督府台北高等學校一覽》昭和 2-3 年度，以及〈舊制高等學校のカリキュラムに關する考察〉一文加以修訂。關正夫，〈舊制高等學校のカリキュラムに關する考察〉，《一般教育學會誌》（10：1，1998 年）。

外國語與主修科目（文科—人文類，理科—數理類）合計，已佔總課程時數八成，為課程之核心。先就外國語（英語、德語）觀之，不論文理科，每週至少都有 10 小時以上的外語修習時數，咸不低於主修科目；其中乙類的第一外國語（德語），每週在九到 11 小時之間，甲類的第一外國語（英語），於中學時期已有基礎，每週也在六到九小時之間，各類組時數最多的科目，也必定是第一外國語。其次，主修科目中應該注意人文類科目，人文科目在文科系佔相當比重，原無可厚非，但在理科系也佔一成強，每週三個小時以上的時間，為重視人文學養之故。

若將台北高校理科與台北高等商業學校、台南高等工業學校（法令上同屬於總督府高等諸學校）等高等專門學校相比較，台北高等商業學校的外國語課程，佔有32%（英語23.5%，選修外語8.5%）的比重，但人文類科目僅有4.2%，國語及漢文、歷史等課程，僅對非中學校入學者課之。高等商業學校已是專門學校當中，較重視外國語及人文科目的學校，若就台南高等工業學校而言，課程80%都是專業科目，外國語（英語）僅佔9%，其餘為體操、修身、工業經濟、工場衛生，合計為11%。[66] 台北高校理科與上述二校相比較，凸顯出外國語、人文科目的高比重，也是重視人文素養與外語學習的教育方針使然。

文部省於1942年發布「高等學校規程臨時措置」（省發專31號），與1943年的「高等學校規程改正」（省令第27號），這兩次改正令，係因應戰時分別縮短教育年限半年、一年而進行的課程調整，台北高校隨之跟進。以1943年的課程改正言之，(1)修改部分學科名稱，文科不分甲、乙類，併為一個班級，理科維持甲、乙類的分別。[67] (2)削減外國語比重，增加主修科目時數：文、理科主修比重均提升至50%，體操、教練時數增加，外國語時數相當減少，如理乙的外國語，從每週12.3小時減少為7.6小時，每學年相差百餘小時的外語修習時間。[68] (3)教授方針重視各學科的橫向聯繫，並講求實用，避免空洞的講授與抽象理論。[69]

整體而言，重視外國語及人文科目，為高等科的課程特色，即便戰時縮短教育年限，調整教授方針，兩類科目仍佔相當的比重，而此

---

[66] 台灣總督府台北高等商業學校，《台灣總督府台北高等商業學校一覽》大正15年度（同校，1926年），頁10-13；台灣總督府台南高等工業學校，《台灣總督府台南高等工業學校一覽》昭和7年度（同校，1932年），頁11-17。

[67] 原來的修身改「道義」，體操改「體鍊」，國語及漢文改「古典」，地理、法治及經濟加上政治合併為「經國」。文科併為一個班級，不分甲、乙類，將第二外國語列為選修，另設「選修科」，教授古典及歷史，或第二外國語；理科維持甲、乙類的分別，植物及動物、礦物及地質兩科合為「博物」，國語及漢文加上歷史合為「人文」，圖學併入「數學」等。

[68] 《台灣總督府台北高等學校一覽》昭和19年度，頁33-35。

[69] 舊制高等學校資料保存會，《舊制高等學校全書》第三卷・教育篇，頁252-327。

為台北高校高等科與日本高校共通之處。

另一方面，全日本設有尋常科的高校僅有九所，文部省雖規劃有尋常科課程，但沒有訂定授課內容及教授要綱，令尋常科學科程度比照中學校；台北高校尋常科課程則與文部省規劃，或台灣中等學校課程有若干差異。

尋常科相當於中學階段，但修業年限四年（中學校五年），課程特色在於減少實科（實業科、作業科），加強一般學科課程。先就台灣公立中學校課程觀之，1922年頒布的「台灣公立中學校規則」（府令66號），比照日本中學校置修身、國語及漢文、外國語、歷史、地理、數學、博物、物理及化學、法制及經濟、實業、圖畫、唱歌、體操等13科，其中實業科視情形可闕之，另得設台灣語科。台北高校尋常科亦可設台灣語科，但實際無此課程及可擔任教員，另於高等科已有的法制及經濟科，尋常科便不增列，又尋常科無實業科。1931年文部省發布「高等學校規程中改正」（省令第7號），於尋常科增加公民科、作業科，且調整各科時數，但台北高校尋常科並未跟進，及至1933年台灣中學校依「台灣公立中學校規程改正」（府令47號），將實業科列為必修，同樣增設公民科（取代法治及經濟）、作業科，台北高校尋常科才於翌年比照文部省改正令，增加公民、作業兩科，但仍無實業科。易言之，尋常科課程乃介於文部省與台灣中學校之間，參考兩者而斟酌採行。

若就台北高校尋常科與台灣公立中學校前四年的課程時數相較，1933年以前，尋常科除實業、法制及經濟科的有無之外，實與中學校差異不大；但1933年的中學校課程調整，乃減少一般學科，增加實科時數，遂使二者產生相當差異。如1934至1942年，尋常科外國語較中學校每週多一至六小時，四年至少相差200小時，數學每週多零至四小時，四年至少相差40小時，[70] 而公民科、作業科合計每週少零至

---

[70] 1933年的中學校課程改正，第四學年外國語、數學各為每週二至四小時。台灣教育會，《台灣教育沿革誌》，頁807-808。

一小時，四年少175小時，凸顯尋常科較重視外國語等學科的性質。

尋常科既免修實業、法制及經濟科，且公民、作業科時數較少，乃相對增列一般學科時數（表4-2-2），以四年教育相當於中學五年課程：

表4-2-2：1922-1943年「尋常科」課程分類與平均每週授課時數

	1922-1933		1934-1942	
	時數（小時）	百分比	時數（小時）	百分比
人文類	11.0	34.3%	11.0	34.3%
外國語	6.8	21.2%	6.3	19.6%
數理類	7.8	24.3%	7.3	22.7%
藝能類	1.5	4.6%	2.5	7.8%
體操	5.0	15.6%	5.0	15.6%
總計	32.1	100%	32.1	100%

註：1. 人文類包括修身、公民、國語及漢文、歷史、地理。
　　　數理類包括數學、理科。
　　　藝能類包括圖畫、音樂、作業（手工藝）。
　　2. 1922至1924年間體操科每週三小時，1925年改每週五小時（文部省令17號）。
資料來源：〈台灣總督府高等學校規則〉，《台灣總督府府報》1922.4.1，號外頁3；《台灣總督府台北高等學校一覽》昭和9年度，頁33-34。

各類學科比重長期穩定而變化小，人文、外國語、數理類合計，超過總時數的四分之三，其中外國語乃英語（德語從高等科開始修習），每週六小時以上，數理類每週七小時以上，都較中學校為多，僅藝能類低於中學校。學科比重高的理由，除了四年內要養成基礎學力，尋常科生未來直升高等科，進入大學，沒有必要多安排實科課程。

1943年的課程改正（府令64號），[71]為配合戰爭需求及國家總動員，減少外國語、人文類時數，增加數理類時數；正式課程外，尚有每週三小時的修練（農耕、手工業）時間，再加上課程內的藝能、

---

[71] 這次改正將尋常科學科分為「國民科」（含修身、國語、歷史、地理）、「理數科」（含數學、物象、生物）、「體鍊科」（含教練、體操、武道）、「藝能科」（含音樂、書道、圖畫、工作）及「外國語」之五大科的正式課程。

體鍊，每週就有13小時的主科外時間。惟因總授課時數，延長為每週35.5小時，人文、外國語、數理等學科時數合計，每週僅略減二至三小時。[72]

尋常科課程另一特色，係與高等科相銜接，除了1934年增設的公民、作業科，所有學科都可對應到高等科課程，校方及教師得在尋常科、高等科的先後階段，安排淺深不同但具有延續性的教學內容，是以尋常科咸被視為高等科之預科。[73] 復因尋常科結業後，毋須考試便可進入高等科，不會因升學準備而中斷教學，或因此而產生的種種升學弊害，如兼任台北一中校長的松村傳所認識，尋常科生「**在學中又不似中學不斷為學業所迫，徒傾注（預備升學）當中**」，而中學校教師「**因日常測驗及成績考核，一學年中便耗去30天的教學時間**」，相較於此，尋常科教師在這方面減縮不少時間，學生亦得以正常發展，以及高等科教授得為尋常科生授課等等不同之處。[74] 質言之，中高一貫的教育制度，使尋常科教學在各個方面，與高等科得有較佳的聯繫。[75]

---

[72] 《台灣總督府台北高等學校一覽》昭和19年度，頁32-33。
[73] 熊秉真、江東亮訪問，《魏火曜先生訪問紀錄》（中央研究院近代史研究所，1997年再版），頁5-6；有馬元治，《有馬元治回顧錄》卷一，頁8。
[74] 〈新設された七年制 高等學校の特色〉，《台灣日日新報》7848號，1922.4.5，7版。
[75] 將前述高等科、尋常科的課程安排，參照畢業生回憶乃大抵不相違，但也有差異之處，如台北高校畢業生回憶的外語時數，都高於「台灣總督府高等學校規則」所規定。1925至1941年高等科主修德語的文乙與理乙班，每週德語分別最多11、10小時，但青木茂（文乙）與柯德三、新開實（以上理乙）等人回憶，每週德語有13小時。主修英語的文甲、理甲班，在制度上每週英語分別最多九與八小時，但理甲的陳漢升回憶英語是12小時，即每週實際修習時數，都比高等學校規則多出二至四小時；又文乙的第二外語（英語），制度上為3小時，但畢業生回憶是四小時，外國語合計每週是17小時，制度上僅14小時。概言之，在可見的回憶當中，外語授課時數皆高於制度規定。造成制度與施行差異的原因，筆者並不清楚，但校方依實際需求，略為調整課程安排的情形應該存在。楊基銓，《楊基銓回憶錄》，頁60；青木茂，〈異色クラスの變り種〉，《台北高等學校（一九二二一一九四六）》，頁271；柯德三，《母國は日本、祖國は台灣》（東京：櫻の花出版，2005年），頁148；新開實，〈アルト・ハイデルベルク―日本のハイデルベルクを願って―〉，《舊制高校の溫故知新・わが青春の記錄》（東京：文教圖書出版株式會社，1997年），頁179；所澤潤（聽取り・編輯・解說・註）・陳漢升（口述），〈聽取り調查：外地の進學體驗（III）―抵抗の地・龍潭から基隆中學校、台北高校を經て、長崎醫科大學卒業―〉，頁138。

實際的教學情形，當隨著教育者而異，特別在高等教育階段更是如此，且台北高校名師甚多，就個別教師的教學內容，來逐一說明較為理想；但受限於史料，此處以高等科、尋常科的數名教師為中心，就教學情形進行考察。

（一）高等科的教學

1. 犬養孝與國語科

犬養孝（1907-1998）為終生投入《萬葉集》研究的知名國文學者，生平確立「萬葉風土學」的研究領域，致力於保存萬葉遺跡，企劃萬葉旅行等普及《萬葉集》之運動，著有《萬葉風土》、《明日香風》等，於1987年獲選「文化功勞者」。[76]《萬葉集》是日本最早的詩歌集，亦為日本文學的一級資料，犬養孝在台北高校任教期間，以獨特的「犬養節」（犬養調）朗讀《萬葉集》，引起學生對《萬葉集》的喜好，卷頭「籠もよ み籠もち ふぐしもよ みぶくし持ち この丘に 菜摘ます兒 家聞かな 名のらさね そらみつ 大和の國は おしなべて われこそ居れ しきなべて 吾こそませ われこそは 告らめ 家をも名をも」，意謂日本天皇在野外散步時，遇見一位女孩子在摘花草，天皇問她的名字？是那裡人？然後才說我是這個國家的統治者，我可以告知我的住址及名字等等；犬養調於昔日風靡台高各個班級，今日已然老邁的畢業生，仍能以犬養調默誦此段原文，[77]足見犬養孝授課入力之深。

圖40：研究《萬葉集》的國文學者 犬養孝

---

[76] 上田正昭等監修，《日本人名大辭典》（東京：講談社，2001年），頁213。
[77] 犬養孝的《萬葉集》可說是受教過的學生之共通回憶，年逾八十的黃伯超（理乙）受訪當時，一字不漏地以犬養調「唱」出此段原文。蔡錦堂、徐聖凱訪問，黃伯超口述，2007.11.22（未刊）。

戰後創立「台北歌壇」的吳建堂，其創作之《台灣萬葉集》，具有「**高等學校特有的極度教養主義色彩文化**」，[78] 吳以該書獲得日本「菊池寬賞」，即源於台北高校時期，犬養孝的講授而啟發興趣。[79] 林宗毅亦深受吸引，課後猛讀犬養孝推薦的《萬葉集鑑賞及其批評》、《萬葉集講話》、《萬葉古怪》、《萬葉秀歌》、《萬葉精粹之鑑賞》等書，他回憶三年期間，犬養孝除了不間斷地教授《萬葉集》，第一年《竹取物語》、《更級日記》、《堤中納言物語》，第二年《源氏物語》，最後一年講授江戶文學之井原西鶴、近松門左衛門等人著作，又推薦諸種現代文學著作，包括川端康成《雪國》、《伊豆的舞孃》，宇野浩二的《文學三十年》，小島政二郎《眼中之人》；此外，林宗毅請犬養孝推薦而購讀的書籍，則有《吉野之鮎》、《日本文藝學》、《日本文藝的樣式》、《古寺巡禮》、《日本古代文化》等。[80] 概言之，犬養孝的課堂教學，乃其傾注半生研究之《萬葉集》，另依古代、中世、近世之順序，講授各時期代表性文學著作，而學生亦相應產生了文學興趣與鑑賞能力。

2. 瀨邊惠鎧與化學科

瀨邊惠鎧（1894-1978），為兼任中央研究所技師的化學科教授，在台期間以台灣產天然植物的化學成分為研究主題，戰後擔任熊本醫科大學教授，承繼原台北帝大教授野副鐵男發掘的七角形芳香化合物群（Troponoids），復積極投入重金屬污染產生的水俁病（有機水銀中毒之神經疾病）研究，主要確認發病性物質，及有機水銀的化合物構造，成為水俁病研究通說，係終生不懈於研究之學者。[81] 其高校時

---

[78] 所澤潤著，黃紹恆譯，〈我的訪談主題及經驗──日治時期台灣人的「自我塑造史」〉，《口述歷史》，頁239。

[79] 吳建堂為開業醫師，文名「孤蓬萬里」，1996年獲「菊池寬賞」，亦為日本劍道八段的知名劍士。孤蓬萬里，《孤蓬萬里半世紀》（東京：集英社，1997年），頁6-7。

[80] 林宗毅，〈わが生活と讀書〉，《台北高等學校（一九二二──一九四六）》，頁331-332。

[81] 瀨邊先生記念出版會，《瀨邊惠鎧先生の回想》，頁9-35、63。

期的同僚言,「**當時高校教師沒有研究的義務,亦不鼓勵研究,研究環境亦不佳,我自持教師的研究生活乃是必要,瀨邊教授的作為便是我的榜樣,比起任何的說教都來得受勉勵**」。[82]

對學生而言,課堂講義之豐厚與認真的授課態度為最大印象。瀨邊主要負責有機化學與實驗,有機化學講義以山口四郎《有機化學》為中心加以補充,教學上,自己謄寫講義後油印分發,講解內容則於黑板上緩緩書寫,並以實驗輔助,學生則忙於筆記,「**因熱心地講解,光是筆記就有六冊左右,老師有要領且緩慢清楚地解說,期間適切的插入實驗,誠然使學生得以瞭解**」。[83] 實驗課程以孔恩(英文)與達伽瑪(德文)的實驗法原文書為主,從有機化學最基本的元素分析,到代表性的化學反應之合成實驗,「**當時不論全國何所高校都沒有的有機化學實驗課程,我們以一個月的基礎實驗,便對有機化學更加喜好**」,[84] 另實驗課程在化學教室舉行,特別由一名穿著白色實驗衣的女性台灣人(曾對妹)擔任助手,也是瀨邊授課獲得好評的原因。[85] 而且在課程全部結束前,瀨邊預備了大學入學測驗講義,對學生而言,無論是否專攻化學科,都是很好的總整理,甚至為了有志大學化學科的學生,計劃一個月的課後加強,[86] 可說是相當熱心的教育者。

至於其影響,如台人石天之樞、日人谷村愛道的升學測驗,皆受惠於他的講授內容,[87] 或如郭維租所言,為其接觸科學原文的開始。[88] 但主要啟發學生對化學研究的興趣,如岡野一郎、住吉勇三、松村久、下川敬治等人,皆受其影響而決意於大學時專攻理、工、農科,此一重要性在於,台北高校生無論是台、日人,有志於大學理農學部者,

---

[82] 瀨邊先生記念出版會,《瀨邊惠鎧先生の回想》,頁 53。
[83] 瀨邊先生記念出版會,《瀨邊惠鎧先生の回想》,頁 63。
[84] 瀨邊先生記念出版會,《瀨邊惠鎧先生の回想》,頁 64。
[85] 瀨邊先生記念出版會,《瀨邊惠鎧先生の回想》,頁 94-95。
[86] 瀨邊先生記念出版會,《瀨邊惠鎧先生の回想》,頁 63-64、95。
[87] 台北高校理科乙類卒業 50 周年記念クラス會,《五十年の軌跡》(該會,1983 年),頁 90;瀨邊先生記念出版會,《瀨邊惠鎧先生の回想》,頁 57。
[88] 曹永洋,《都市叢林醫生──郭維租的生涯心路》(台北:前衛,1996 年),頁 69。

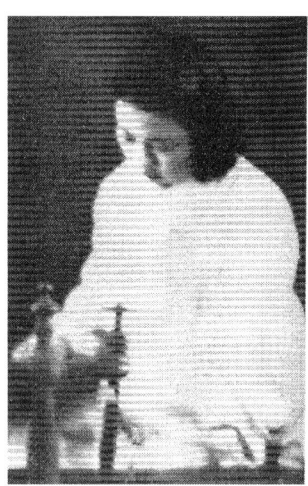

圖41：化學實驗課程與台籍女性助手。（許武勇先生等人提供）

遠少於其他學部（詳後），多少影響了該領域人才的質量；而瀨邊的熱心教學，除了奠定扎實的基礎學力，且能吸引學生走向理、工、農學的領域，而台籍生如潘貫、林耀堂、葉炳遠等極少數大學選擇理化學部，且在戰後化學研究領域有所表現者，無不是在高校時期接受瀨邊之指導。

3. 塩見薰與歷史科

塩見薰教授東洋史、日本史，有別於犬養孝、瀨邊惠鎧等學究般的學者，塩見薰在台北高校期間發表的專門論著不多，但與學生往來密切，尤其受台籍高校生歡迎，具有鮮明的自由主義色彩，著有《歷史與反省》、《過渡期的人們》。《歷史與反省》以時事或往事的議論為主，由既發表的散篇，加上新作合編而成，其中〈關於學生〉提及自己正在擔任高等學校教授，雖有如夏目漱石批評一高生般的興論，認為今日高校生已不如往昔，但塩見薰自己所見的高校生並非如此，且訝異其自我覺醒的能力；他認為高校生雖有不少應該改進之處，但教育者若因此無視學生人格，而施以輕蔑的言語行動，絕無法獲得成效；看見學生的缺點，不能反省自己的過去是否有同樣的盲點，遂

以現在的角度加以批判,僅徒然招致反感。[89] 該書出版於1944年,塩見薰所言不能忽視學生人格,本為台北高校尊重學生人格的教育方式,但戰時該校有配屬將校氣焰高漲,動輒以言語辱罵高校生的情形,[90] 此文或意有所指,亦可窺見塩見薰對台北高校生的想法,以及教育方式。《過渡期的人們》非意謂青春期的少年,而是針對明治時期——日本步向近代化的關鍵過渡時期——的人物研究與批判,本書完成於1943年,與明治維新同樣是攸關日本國家與民族的轉捩點,是以選擇明治人物的反省與批判,完全是回應時勢。[91]

圖42:反軍國主義又照顧台籍生的教授塩見薰,被軍隊徵召入營,休假期間與學生在菊元百貨合照,左下為張冬芳。(賴再興先生提供)

回應時勢的特點也出現在課堂教學中,自由主義、同情殖民地台灣人、[92] 又關注日本命運的塩見薰,是如何對學生授課的呢?「**不從古代史開講,而是由現代史開始,的確符合『時宜』**」,1942年入學的林宗毅回憶,塩見薰在文科的東洋史課程,內容包括清朝末年的鴉片戰爭到辛亥革命、袁世凱帝制、國民革命,乃至於中日事變,以及甘地等人反抗英國殖民統治的歷史。[93] 李登輝回憶第一堂課的一個多小時裡,簡略地從中國古代講到鴉片戰爭,接下來的課程,「**從鴉片戰爭開始,詳細說明中國社會所遭遇的困難、問題,分析鴉片戰爭以**

---

[89] 塩見薰,《歷史と反省》(台北:清水書店,1944年),頁200-203。
[90] 台北高校後期學生不少提及戰時配屬將校(五藤貞豬、松延陽一)氣焰囂張的情形。〈限りも知らに奧深き〉,《台北高等學校(一九二二—一九四六)》,頁100;泉新一郎,〈入學から入營まで〉,《台北高等學校(一九二二—一九四六)》,頁350。
[91] 塩見薰,《過渡期の人々》(台北:東都書籍株式會社台北支店,1943年),序言。
[92] 王育德著,吳瑞雲譯,《王育德自傳》,頁195-196;吳克泰,《吳克泰回憶錄》,頁97。
[93] 林宗毅,〈わが生活と讀書〉,《台北高等學校(一九二二—一九四六)》,頁336。

後中國的遭遇，關於中國革命的變化等等」、「他用歷史家的立場在做研究，是個唯物論者，但是也不是完完全全的唯物論者，在我看來，他的實證主義性格很強，好像很接近胡適……我受塩見教授的影響很大，因為少年時受他的歷史教育，使我對中國有一個起碼的認識，對中國革命相當同情」。[94] 林宗毅因受塩見薰的東洋史觸發，熱心地讀羅曼・羅蘭的《甘地傳》，橘樸《中華民國三十年史》，尾崎秀實《現代支那論》，周佛海著・犬養健譯《三民主義解說》，長與善郎《大帝康熙》等中國歷史相關書籍。[95] 筆者認為，塩見薰的研究與教學，除了「實證主義性格很強」，尚顯露出習文者敏於時局，但秉持理性思考的本性。

其次可注意理科生的歷史教學。理科原無單設「歷史科」，但1942 年增設「人文科」，平均每週 2.8 小時，合併傳授國漢文、歷史、人文等，因歷史教學時數既少，又非理科生的主修，塩見薰乃採取主題式教學。由張寬敏保留的《人文科筆記》觀之，塩見薰負責講授日本史、日本文化及東洋史，第一回〈開講辭〉，第二回講義〈日本如何吸收西洋文化，又如何批判之〉，第三回〈日本代表性的科學家──高野長英〉，第四回〈理性主義的精神與日本文化〉，第五回〈東洋社會與工業〉，第六回〈東洋社會與水的問題〉，第七回〈Bruno Taut 的日本文化觀〉；[96] 太田廣接續塩見薰之後教授西洋史，由西洋近代思想、產業革命開始談起。筆記內容呈顯太田廣近於通史性講述，塩見薰注重啟發性的主題式教學之差異。[97]

塩見薰的第五回講義〈東洋社會與工業〉，以中國工業發展的問

---

[94] 張炎憲主編，《李登輝總統訪談錄》第一冊（台北：允晨，2008 年），頁 61。
[95] 林宗毅，〈わが生活と讀書〉，《台北高等學校（一九二二─一九四六）》，頁 336。
[96] Bruno Taut（1880-1938）為德國建築師，表現主義建築的先驅。1933 年赴日，在仙台、高崎指導工藝，後為土耳其政府招聘、離日，著有《日本》、《日本文化私觀》、《日本美的再發現》等書。相賀徹夫編，《日本大百科全書》第 14 冊（東京：小學館，1984 年），頁 614。
[97] 長谷川博重，《人文科筆記》（張寬敏提供）。長谷川博重即張寬敏，該筆記兩面為一頁。

題為重心,討論中國工業發展甚早,卻在近代落後西方國家的原因。大旨為:歐洲國家支配全世界許多殖民地,而成為世界近代史的主導者,其背後原動力為資本主義,而與資本主義不可分割者,為工業發展以及工業基礎。中國工業起步時間相當早,如冶煉、製紙、水車、製粉技術的發明,其中水車在近代煤鐵被徹底利用以前,為發展工業的有利條件,但中國社會向來採取農業保護主義,壓抑工商業,此或為水車利用無法發達的原因;又中國政府常因水車的使用,與治水、灌溉衝突,往往不願意保護水車,即治水、灌溉設備,皆以國家權力為後盾,但水車有礙治水與灌溉,因此水車的利用,受到人為壓抑而無法更為發展,此或為中國雖早有水車的發明,工業卻無法如歐洲發達的另一個原因。乃在課堂上提出中國工業較早萌芽,卻落後西方國家的歷史課題,塩見薰言此乃「**東洋社會研究或東洋文化性格的基本問題,自己無法解答,但略指出其緣由**」。[98]

　　理乙的張寬敏與堂兄張臥龍,應是受本段教學啟發,在高等科一年級時的課堂作業,以「中國古代工業衰退的原因」為題寫成小論文,將中國工業問題,就內在因素、外在因素分別討論,其要旨為:內在因素為中國的民族性,中國古代相信人與自然交涉的「天人相關」思想,即天化育萬物,天子代理天化育萬民、調節自然而不誤自然之序;但「調節自然」並非克服、支配自然,而是順應自然,是以對科學研究、工業生產所需克服自然的精神,遠遠落後於其他文明。其次為中庸思想的妥協性,中國人對個人、社會、自然界,都採取順應妥協的方式,雖適於自我保全,但對工業的持續發展有所妨礙。外在因素方面,其一為災害多,由川崎正雄翻譯的《支那救荒史》計算,中國每六個月就會發生一次災害,災害的發生招致生活上的損害,直接影響社會經濟的衰微,遂成為工業發展的障礙。其二為異民族的入侵,中國四周都是異民族,歷來趁中國發生災害,內部力量減弱之際入侵中國,尤其中國北部最為頻繁,而異民族的掠奪、戰爭,消滅了中國人的生命及其創造之物,因而即使逐漸興盛的工業,也無法持續發展。其它便

---

[98] 長谷川博重,《人文科筆記》,頁 33-37。

是農民暴動、人口移動、人口死亡等等。[99]〈中國古代工業衰退的原因〉顯示高等科理科一年級生，所具有的思考及論述能力，而選擇此課題進行寫作的出發點，起因於塩見薰的課堂教學，而開啟探究之慾望。

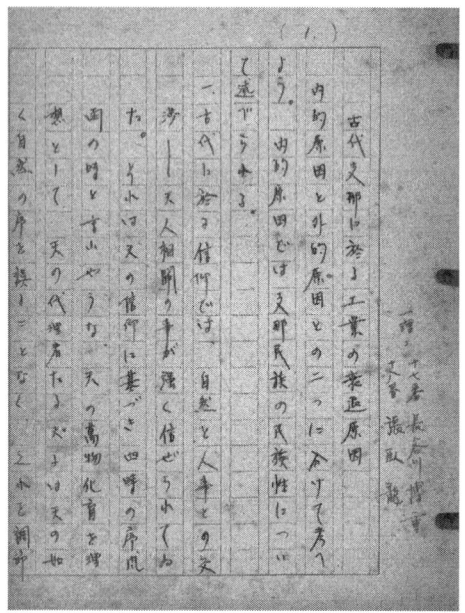

圖43：人文科筆記與小論文〈中國古代工業衰退的原因〉。（張寬敏先生提供）

「**教歷史的是塩見薰，他的教法很活潑，不照教科書來教，視野很寬廣，常會要我們自己去思考問題**」，戰後編纂、譯介長老教會史料的賴永祥，對歷史的興趣即是受他影響。[100] 學期測驗則為申論題，如「試論人種與民族」、「試論元朝衰亡理由」之類的大題目，[101] 若與授課內容合併觀之，可說以涵養學生思考歷史問題為目的，並獲致成效。

---

[99] 長谷川博重、張臥龍，〈古代支那に於ける工業の衰退原因〉（張寬敏提供）。
[100] 許雪姬、張隆志、陳翠蓮訪問，賴永祥、鄭麗榕、吳美慧、蔡說麗紀錄，《坐擁書城——賴永祥先生紀錄》，頁52。
[101] 王育德著，吳瑞雲譯，《王育德自傳》，頁195。

4. 島田謹二與英語科

　　島田謹二（1901-1993）為比較文學界巨擘，以英國文學研究為基礎，探討日本近代文學與外國文學的關係，以及日本近代文學誕生的原因，建立起比較文學、比較文化的研究領域，另有關明治時期民族主義的研究，也相當著名。1970年所著《在美國的秋山真之》，獲得文學界的「日本エッセイスト・クラブ賞」，1977年以《日本的外國文學——比較日本文學研究》，獲得「日本學士院賞」，1990年《日俄戰爭前夜的秋山真之》獲得「菊池寬賞」，1992年獲選「文化功勞者」，著有《近代比較文學》、《華麗島文學志》等。[102]

圖44：比較文學界巨擘 島田謹二教授。

　　島田雖於1940年才受聘為台北高校教授，實自1929年起，就在台北高校、台北帝大兩校擔任講師，學生回憶島田擔任講師的期間，**「研究上已有成果，心機一轉，覺得氣勢旺盛並且充滿信心，想要把今日的所得，傳遞給年輕的舊制高校生們」**。[103] 教學以西文原著為教材，並加以解說，柯德三回憶在三年級理乙時，每週三小時的授課，乃朗讀蘇格蘭作家史蒂文森（Robert Louis Stevenson）的《海邊別墅》，猶記得島田解說其中一句："An assistant arrived in the afternoon"中A開頭字母並列，暗示著故事的黑暗性，如果不瞭解的話，無法吟味文章真正的意思。[104] 1941年他擔任一年級文甲導師及英語科

---

[102] 日本史廣辭典編輯委員會編，《日本史人物辭典》（東京：山川，2000年），頁432；相賀徹夫編，《日本大百科全書》第10冊，頁189。

[103] 神田孝夫，〈回想 台灣時代の島田謹二先生〉，《比較文學研究》（65，1993.12），頁149-161。轉引自橋本恭子，〈島田謹二《華麗島文學志》研究—以「外地文學論」為中心—〉（國立清華大學中國文學系碩士論文，2003年），頁38。

[104] 柯德三，《母國は日本、祖國は台灣》，頁153-154。

教師，每週八小時的英語，便讀狄更斯（Charles Dickens）《爐邊蟋蟀》，華滋華斯（William Wordsworth）《華滋華斯詩集》，江戶川亂步《黑貓》等三本英文原著。

「**老師對譯文相當講究，吟味著一字一句宛如詩的一節**」，文甲班學生舉《爐邊蟋蟀》為例，學生翻譯開頭之處，「**圍爐裡的上面聽見鳴叫蟋蟀之聲，還有包裹著毛毯的老人，與旁邊專心編織著衣物的女性**」，島田聽完之後不滿意地質問、並解說：

> 在圍爐裡的上面鳴叫之蟋蟀！是什麼呢？蟋蟀應該被燒了吧。這裡的 hearth 在字典裡是『爐』，但是這裡不是『圍爐裡』的意思，而是外國家庭在房子牆壁設置燃燒薪材與木炭的『暖爐』。在一旁置放乾薪的地方傳出蟋蟀的鳴叫聲，唧唧唧、唧唧唧，是象徵著這個家庭的和平。知道嗎，這個情景。
>
> 然後老人包裹著毛毯，躺在暖爐前的搖椅，以及編織著衣物的婦人，是要使人想像這個家庭洋溢著滿足、溫暖。因此譯文上如果不能呈顯這樣的氣氛是不行的。

「**原來是這樣**」，課程便以這樣的方式持續進行著。[105] 主修德語的文乙班教材又不相同，以小泉八雲（Lafcadio Hearn）英譯法國作家法朗士（Anatole France）的著作，另外也讀日文的《建札門院右京大夫集》，橋本左內《學問的進步》，森鷗外譯《即興詩人》等，滲入其專精的比較文學講授之，[106] 理乙的吳建堂云，「**老師當時教授英語，但在課堂上會時而露出幾段對比較文學的興趣，有時會放下英語教材，突然地詠唱起漢詩或和歌，或者點出東西方語言在神韻上的不同，皆令眾人讚嘆稱奇**」，因對比較文學的興趣，即使教授英語，日本文學也都會在課堂上出現，使學生明瞭日本與西方文學表現之差異。[107]

---

[105] 田中一郎，〈限りも知らに奧深き　文の林に分け入りて〉，《舊制高校の溫故知新・わが青春の記錄》，頁 187-188。

[106] 泉新一郎，《青春の日はくれやすく》（橫濱：泉新一郎，1996 年），頁 154。

[107] 孤蓬萬里，《「台灣萬葉集」物語》（東京：岩波書店，1994 年），頁 44-45。

至於學生的感受，王育德認為島田的授課，與其說是教授英語，不如說是外國文學鑑賞或藝術鑑賞，[108] 賴永祥則曰：「**上島田謹二的英文課是一種高度的享受，他講課時十分投入，把自己濃摯的情趣感受融入於講詞，他的博學、他的分析，少有人可以相比**」。[109] 因島田授課注入相當的熱情，常進入忘我的境界，十分吸引學生投注其課程當中，柯德三雖是理科的學生，但受到島田謹二吸引，而開啟閱讀欲望，「**亂讀文學、哲學、藝術的領域，與同儕交相激論，武者小路實篤、森鷗外等，日本小說、隨筆也讀很多，亦沒首於近松門左衛門，中國人像是隨筆作家林語堂等人的著作也有相當讀過**」，雖未必以外國文學為主要閱讀對象，但開啟閱讀興趣，乃始於島田謹二。[110] 究其教學的成果，除了課堂上採用原文教材，細膩地指出英日文語法表現不同之處，使學生能適宜地轉換日語與外國語，此外便是文學鑑賞能力的培養，學生回憶三個月的時間，便能感受鑑賞能力的提升，且「**更理解如果不能認識該國、該地方的風俗與習慣，而感受到人們的良心與善意，不能說是真正的外國文學鑑賞**」。[111] 概言之，島田謹二在英語教學同時，相當吸引學生產生閱讀或文學的興趣。

圖45：英語科小山捨男、William James，德語科石本岩根、西田正一教授。（郭双富先生提供）

---

[108] 王育德著，吳瑞雲譯，《王育德自傳》，頁196。
[109] 許雪姬、張隆志、陳翠蓮訪問，賴永祥、鄭麗榕、吳美慧、蔡說麗紀錄，《坐擁書城──賴永祥先生紀錄》，頁51。
[110] 柯德三，《母國は日本、祖國は台灣》，頁155-156。
[111] 田中一郎，〈限りも知らに奧深き　文の林に分け入りて〉，《舊制高校の溫故知新・わが青春の記錄》，頁188-189。

5. 德語科

　　高校既與大學教育相銜接，高校語言科便需考慮大學教學或研究需要，劉盛烈回憶進入大學「一旦入學，馬上就需閱讀日文、英文、德文、法文等學術專門雜誌，解讀別人新發表的論文，並登台演論」，[112] 陳萬裕回憶台北帝大的臨床醫學教學，「美國人 Cecil 所寫的《內科學》是最主要的課本，德文版 Magnus 所寫的《內科學》及美國人赫里遜的《內科學》是推薦參考之書。老師上課時用日語，講到專有名詞時用英文或德文……至於聽課學生如何記筆記呢？哈，我是用日文加上德文啦」。[113] 意即一旦進入大學，便需倚賴各種語文，進行專門研究與學習，又大學原則上不再特意教授外國語，因此所需要的基本語言能力，必須在高校時期養成，這也是高等學校將外國語列為最重點科目的原因。

　　台北高校自設校之初，便積極延聘外語教師，是如初代教授擔任「台灣總督府在外研究員」者，多數為外語專長的教師；此外每年有一至三名的雇外國人教師，負責外語會話，如 George H. Kerr（葛超智）、Reginald J. Wilkinson、William James，係與台北一中合聘之英語教師，Beyer、Hoisel（德語全名不詳）、Hans Sauter，為台北高校德語教師，Wolfgang Kroll、Arundel del Re 為與台北帝大合聘的德、英語教師，加上同校整齊的日本教師陣容，可知台北高校的外語師資相當充足。惟在德語教學上，現存的史料相當有限。

　　德語教學異於英語科，英語自台北高校尋常科或中學校一年級開始學習，四至五年間，便累積相當的修習時數，而中學生通過高等科入學測驗者，必具有一定的英語能力，因此該校的英語科教師，皆未採取嚴格測驗、背誦之教學，如英語科的島田謹二，在課堂上暢談西方文學與文化，小山捨男的課程，大多在漫談西方遊歷見聞，[114] 乃在

---

[112] 劉盛烈，〈我的台大人經驗〉，《從帝大到台大》，頁 152。
[113] 廖雪芳，《白髮與白袍——台灣腎臟醫學先驅陳萬裕傳》，頁 64。
[114] 王育德著，吳瑞雲譯，《王育德自傳》，頁 195。

學生已有基本英語能力上進行教學。但德語在高等科以前，殆無任何基礎，「台灣公立中學校規則」規定外國語科為「英語、德語或法語」，然中學校咸以英語為外國語科，並無德語（或法語）的授課，[115] 除了台北高校尋常科生，有可能較早接觸外，[116] 德語一般自高等學校高等科才開始學習。

高校生必須在三年之內養成相當的德語能力，尤其主修德語的乙類各班更是如此，又大學需要入學測驗時，德語往往是最為困難的科目，[117] 是以高校時期的德語時數既多，且教學嚴格，此乃畢業生對德語科的主要印象。[118] 石本岩根採用的教科書，為施篤姆（Theodor Storm）著《Ein Fest auf Haders-Levhuus》，[119] 推薦學生暑期自修書籍，有佐藤通次《獨和言林》，片山正雄《新改獨乙文法辭典》，田中康一《詳解獨乙文章論》三本，皆屬必讀。其中《新改獨乙文法辭典》，為有評價的文法辭典，對於研習文法、文章寫作有所助益，《獨和言林》亦為辭典，對探究字辭本意、德文翻譯，是相當好的工具書，《詳解獨乙文章論》雖為初學者複習所用，但仍可從中受益；另外推薦關口存男《新獨乙語文法教程》、《獨作文教程》二冊，認為對作文訓練具有實效。[120]

對德國文學、北歐文學有深厚造詣的教授西田正一，[121] 幾乎每週舉行隨堂測驗，[122] 因此課堂教學勢必有相當進度，無法漫談；不過他也認為學習德語的高校生，「**應該知道基本的德語歷史與德國文學**

---

[115] 蔡錦堂、徐聖凱訪問，呂榮初口述，2007.9.10（未刊）；蔡錦堂、徐聖凱訪問，李悌元口述，2007.8.14（未刊）。
[116] 如呂燿樞升上尋常科四年級時開始自修德語。蔡錦堂、徐聖凱訪問，呂燿樞口述，2008.5.6（未刊）。
[117] 有馬元治，《有馬元治回顧錄》卷一，頁14；楊基銓，《楊基銓回憶錄》，頁73-74。
[118]〈獅子頭山に雲亂れ〉，《台北高等學校（一九二二―一九四六）》，頁31-32。
[119]〈落したレクラム版〉，《台北高等學校（一九二二―一九四六）》，頁297。
[120]〈夏季休暇推薦圖書〉，《台高》（4，1937.6），頁20-21。
[121]〈獅子頭山に雲亂れ〉，《台北高等學校（一九二二―一九四六）》，頁32。
[122] 王育德著，吳瑞雲譯，《王育德自傳》，頁194。

史」，是以推薦學生暑期自修書籍，為山田幸三郎《獨逸語發達史》，三井光彌《獨逸文學十二講》，以及休閒讀物安徒生（Hans Christian Andersen）著・大畑末吉譯《安徒生自傳》，荷爾德林（Friedrich Hölderlin）著・渡邊格司譯《哈佩力恩》，但期望學生能與原文對照閱讀，以精進德語能力。[123]

德語科的嚴格教學，使學生「**剛開始總是叫苦連天，後來回想起來，反而覺得是很好的訓練方式**」，[124] 且苦練之下的德語，開啟了高校生接觸德國文化的窗口。德語除了作為日後學術研究的工具，德文歌、德國電影、德國小說都成為高校生活的一部分，「**我們唱校歌或是唱寮歌，開始唱時都要喊 eins，zwei，drei，才開始唱**」，[125] 德文 eins，zwei，drei，即英文 one，two，three 之意。「**看電影時，德國電影也比美國電影常看**」，理乙的黃伯超記得一齣電影《Heimat》（故鄉），女主角為當時許多人欣賞的 Zarah Leander，主題曲名同為「Heimat」，至今仍能哼唱並解釋歌詞大意：「**晚上在看星星，有三顆大顆藍色的，雖是同樣的星星，但不是在故鄉看的星星……**」。[126] 學生喜歡唱的流行歌，「**也是德國歌比較多，像是 Lorelei 是大家比較熟知的，菩提樹、Lorelei 跟野玫瑰當時都是德語歌，我們就有學德文，所以這些德文歌大家都會唱**」。[127] 張寬敏對於德國的興趣，「**不是讀德語而已，德國的文學、哲學、歷史，歷史我很有興趣，哲學我也有興趣**」，高校生愛唱的デカンショ節，「**デ是 Descartes，カン是 Kant，ショ是 Schopenhauer**」乃笛卡爾、康德、叔本華三位哲學家之姓名縮寫。[128] 有學生回憶高校時期，「**因為德語教育而對德國嚮往，是為相當感性的時期，即使沒到德國留學，卻感覺德國如同我的**

---

[123] 〈夏季休暇推薦圖書〉，《台高》（4，1937.6），頁 16-17。
[124] 王育德著，吳瑞雲譯，《王育德自傳》，頁 194。
[125] 蔡錦堂、徐聖凱訪問，黃伯超口述，2007.12.6（未刊）。
[126] 蔡錦堂、徐聖凱訪問，黃伯超口述，2007.12.6（未刊）。
[127] 蔡錦堂、徐聖凱訪問，黃伯超口述，2007.10.17（未刊）。
[128] 蔡錦堂、徐聖凱訪問，張寬敏口述，2008.5.4（未刊）；秦郁彥，《舊制高校物語》，頁 147。

故鄉……特別對歌德非常地心醉」的情形。[129]

概言之，德語教學在高校課程裡，有相當的重要性，雖不若其他科目，在課堂上可以傳授廣泛的普通知識，而以語言訓練為目的，教學亦較嚴厲，但對日後從事高深研究有必然的重要性，且在英美國家外，使學生對德國文化產生興趣，開啟世界的另一片視野。

6. 課後教學活動──西洋文化研究會 B 班

1930 年代後期各種定期、不定期演講，或特定主題的演講會、研究會相當蓬勃，如文化演講會、西田哲學批評會、西洋史研究會、數學研究會、萬葉集講讀會、即興詩人講讀會、西洋文化研究會等，除文化演講會外，率為該校教師自發成立的課後講習會。一般安排周末下午進行，由同校教師主講，另邀請台北帝大為主的外校教師做專題演講，特別在縮短教育年限之 1942 年左右最為興盛，具有彌補戰時教學不足的重要性；其中「西洋文化研究會」，係以西方文化、文學為研習對象，於 1941 年開辦，分 A、B 兩班，A 班由德語教師市瀨齋主持，以德國文化為中心，B 班由英語教師島田謹二主持，以泛西方文化及文學為對象。

表 4-2-3 為西洋文化研究會 B 班最初預定課程，以每週一回，扣除暑假約半年時間完成，結果雖因戰局影響而有所調整，但大致仍順利運作。[130] 創會宗旨乃養成學生對西方（歐美）文化的基本概念，明瞭西方文化在世界文化中所佔的地位，並加以反省批判，期待對日本文化建設有所裨益。[131] 課程先後為「西洋文化研究的基礎」、「西洋文化與東洋的關係」、「西洋文化的諸相」、「西洋文化的過去、現

---

[129] 新開實，〈アルト・ハイデルベルク―日本のハイデルベルクを願って―〉，《舊制高校の溫故知新・わが青春の記錄》，頁 180。

[130] 調整的部分以第三梯次最多，該梯次第一至第四回實際授課主題為「西洋文化的根基」、「近代西洋諸國的國民性與世界觀」、「近代諸國語言的特異性」、「中世、近代西洋男性的理想」，惟此處無細說課程變革的需要。〈西洋文化研究會（B 班）〉，《翔風》（24，1942.8），頁 129-133。

[131] 〈西洋文化研究會（B 班）報告〉，《翔風》（22，1941.7），頁 122。

表 4-2-3：西洋文化研究會（B班）課程內容與薦讀書目

課程		西洋文學文化必讀書籍
回數	內容	

課程		西洋文學文化必讀書籍
第一梯次：1941年4至6月 **西洋文化研究的基礎・讀書方法**		Ⅰ—基本知識與能力 1. 語言：英、德、法、拉丁、希臘語 2. 人種、地理、風俗、教育、生活： 　《世界地理風俗大系》、《列國現狀大觀》等 3. 政治、軍事、經濟、宗教、思想： 　箕作元八《西洋史講話》、坂口昂《概觀世界思潮》等 4. 建築、雕刻、繪畫： 　《世界美術全集》正、續篇
第一回	西洋的少年文學：安徒生《童話集》	
第二回	西洋的小說：普雷沃《曼儂・萊斯戈》	
第三回	西洋的戲曲：莫里哀《恨世者》	
第四回	西洋的詩歌：但丁《神曲》的一節	
第五回	西洋文學文化必讀書籍（如右）	
第二梯次：1941年9至10月 **西洋文化與東洋的關係・我們的周圍**		Ⅱ—古代、中世、近世文化及文學 1. 古代文化 　A. 希臘羅馬思潮：《希臘神話》 　B. 希伯來思潮：《聖經》 2. 中世文化：《西洋中世文化》 3. 近世文化 　A. 文藝復興與宗教改革： 　　《文藝復興史概說》 　B. 啟蒙運動與浪漫思潮： 　　《笛卡爾方法敘說》 　C. 寫實主義與晚近文學：《現代的藝術》
第一回	描寫南海的西洋文學： 羅帝、康拉德、史蒂文生、毛姆	
第二回	描寫台灣、印度、中國等的西洋文學	
第三回	尼采對日本的影響	
第四回	歌德在世界史上的意義	
第三梯次：1941年11月 **西洋文化的諸相・我們的目標**		Ⅲ—翻譯文學與文學入門 1. 翻譯 　A. 譯詩：《海潮音》 　B. 譯文：《即興詩人》 2. 入門：《文學序說》
第一回	文學與思想：福樓拜與蒙田	
第二回	哲學與道德：柏拉圖與康德	
第三回	語言與生活： 德語的心理、審美、社會性特質	
第四回	教育與社會：西洋男性的理想	
第四梯次：1941年11至12月 **西洋文化的過去、現在、未來・我們的覺悟**		Ⅳ—各國文化（作者名） 1. 法國文化 2. 德國文化 3. 英國文化 4. 美國文化
第一回	台北帝大矢野禾積教授的演講與座談	
第二回	帝國大學西洋文學文化的研究史與今後我等的研究態度	

註：1.「西洋文學文化必讀書籍」Ⅱ、Ⅲ書目過多，此處各僅舉一書為代表；Ⅳ作者名省略。

資料來源：〈西洋文化研究會B班講義の內容〉，《自治と自由の鐘が鳴る》，頁262-263。

在、未來」四大主題，大體依照基本概念與閱讀書目，東西洋文化交流，西洋文化之精神，日本人如何吸取西洋文化與進行研究，另開列詳細的薦讀書目——「西洋文學文化必讀書籍」。該班由島田謹二主持，亦為實際的主講人，復邀請同校的德語教授瀧澤壽一、石本岩根、英文教授山地清、哲學教授田中熙、台北帝大教授矢野禾積（矢野峰人）等人助講，為一有計畫與內容的西洋文學文化學程。其中第三梯次第三回，本由石本教授主講，但因身體不適，改為島田謹二講述「英語的特性」，強調學生抱有語言即是背誦的觀念不得不改變，語言乃人類情意的象徵，各種語言有其歷史，語言的歷史含有著民族性、文化性特徵，對語言若僅止於背誦，則無法體會其動人的真意。[132]

　　諸多講義當中，「描寫南海的西洋文學」由山地清講授自身遊歷經驗，以及康拉德（Joseph Conrad）《群鳥的無宿者》、《鹽湖》等著作梗概，並加以評述，島田謹二講解毛姆（William Somerset Maugham）的文學作品，提出理想的南海文學。「尼采對日本的影響」由瀧澤壽一講授，先解說尼采（Friedrich Wilhelm Nietzsche）的思想與東洋思想的差異，繼就高山樗牛時代，生田長江、阿部次郎、和辻哲郎時代，乃至今日三個時期，受尼采影響的情形分別講述。「近代西洋諸國的國民性與世界觀」由田中熙講解、評價德法英三國的國民性與世界觀，島田則講述此三國的藝術觀、自然觀、想像力。第四梯次第一回，是台北帝大教授矢野峰人的座談會，矢野峰人就其求學、留學經歷，對於外國文化的印象，以及日本文化的反省，和當時知名詩人、學者的交遊情形與學生分享。最終回有關日本的西洋文學文化研究，島田闡述自己對西洋文化研究的信念，講述日本吸取西方文化的歷史，繼以帝國大學、早稻田大學有關西洋文學的研究為中心，從坪內逍遙《文學論》開始，將日本的西洋文學研究分為四個時期而細細解說；島田認為今後對於西洋文學文化研究，必定要開拓屬於日本人自己的研究領域與見解，結語乃鼓勵學生投入西洋文學文化研究的

---

[132] 〈西洋文化研究會（B班）〉，《翔風》，頁132。

圖46：西方語文及文化的教學，使學生對西方世界產生興趣與瞭解。（王耀德、郭双富先生提供）

領域。[133]

綜觀該班的課程與內容，可說以探討西方文學文化與近代日本的關係為前提，由瞭解西方的文學與文化開始，經過日本吸收、接納的被影響過程，最終釐清日本近代文學文化誕生的原因，而此為島田謹二一貫關注的焦點。由每場參與學生百人、滿場的情形觀之，可說是相當受到歡迎的課後講習活動。西洋文化研究會 B 班結束後，1943年6月島田另發起「即興詩人講讀會」，專以森鷗外翻譯的《即興詩人》為研讀對象，與此同時還有一年前犬養孝開講的「萬葉集講讀會」，此時已進行十餘回，計畫以 20 回結束。[134]

在時局氣氛漸濃，縮短正式課程等日趨惡劣的環境下，由教師主持的各種講習會，成為學生課後涵養知識的重要場合。

（二）尋常科的教學

尋常科既相當中學階段，又「台灣總督府高等學校規則」規定，尋常科的學科程度比照中學校，自然尋常科教學程度近於中學校。不過前述業已說明，尋常科課程盡量減少實科，加強一般學科，以及免試升學制度，使教師得專注於知識的傳授。此外，尋常科學科教員，多數為高等科教授，如 1938 年入學尋常科的學生回憶，學科（如國語科、英語科）教師有荒川重理、**小山捨男、河南宏、嶺脇四郎、三尾良次郎、塩見薰、中野賢作、田中伊藤次、伊藤慎吾、加藤平左衛門、庄司萬太郎、常松始郎、森政勝**、山地清、Arundel del Re、George H. Kerr、河上邦治；術科（如圖畫科、體操科）教師有塩月桃甫、平澤平三、橋口善一、杉原季義等人。其中，學科教師幾近由教授陣容（添加底線者為教授）組成，非教授的山地清，實為具有教授資格的教諭，Arundel del Re 為台北帝大與台北高校的合聘講師，George H. Kerr 亦為高等科講師，足見尋常科教師與一般中學校教師陣容相當不同。可

---

[133] 〈西洋文化研究會（B 班）〉，《翔風》，頁 129-133。
[134] 〈報告〉，《翔風》（25，1943.5），頁 125-127。

惜尋常科授課資料較為欠缺，僅以一名學科教師，兩名術科教師為代表。

1. 荒川重理與生物科（動物科）

圖47：兼任尋常科舍監的教師荒川重理。

荒川重理（1884-1976）負責尋常科生物，以及高等科的生物實驗課程，嘗與學生鹿野忠雄，在海拔2240公尺高山，發掘未被披露的台灣弓蜓，[135] 1930年出版之《日本地理大系》中，由其執筆的〈台灣的動物分布〉，大致就台灣學術界的動物研究，以及哺乳類、爬蟲類、魚類、節肢動物、甲殼類、珊瑚等各種台灣物種加以介紹，且說明棘皮動物、腔腸動物、蠕形動物、海綿動物等物種，豐富且稀有，但尚待開發的情形，[136] 另著有《趣味的昆蟲界》。

荒川因不具教授資格，多半時間負責尋常科教學。[137] 其人在課堂上並未傳授繁重的生物專門知識，乃穿插生物學史、科學思想等較有趣的內容，吸引學生產生興趣，是連進化論在課堂上也有相當講授。[138] 不過學生印象最深刻的，是課堂外的戶外採集與考察，學生回憶由其帶領考察的地點，包括基隆海岸、士林、富貴角、台大實驗林，以及

---

[135] 鹿野忠雄，〈台灣高山領域にユリトンボを產す〉，《昆蟲》（4，1930年），頁207-208。轉引自山崎柄根著、楊南郡譯註，《鹿野忠雄》，頁407。
[136] 荒川重理，〈台灣の動物分布〉，《荒川重理先生の思い出》，頁19-23。
[137] 畢業生們認為，荒川個性溫和且和藹，將學生當作小紳士般地看待，對長期受其照顧的學生人格有甚大影響。
[138] 荒川先生の會，《荒川重理先生の思い出》，頁117。

高雄港採集浮游生物，社寮島觀察海岸生物；[139] 帶領修學旅行或當天來回的遠足，至少則有紗帽山、泥火山、四重溪、鵝鑾鼻、恆春等地，採集過程乃一路教導學生該生物的學名、俗稱與習性，收集來的可微觀生物，在返校後透過顯微鏡加以觀察。[140]

高等科生物教室助手回憶，自己每年都跟隨荒川教師，帶學生到基隆千疊敷週遭採集魚貝類，某年有學生用漁網捕撈到如鰻魚大小的中型鱧魚，鱧魚一般全長 80 公分、性情凶暴，學生雖網到鱧魚卻也拉不動它，此時荒川就問在場學生：**「如何把鱧魚從石壁之間，與石頭下方的洞穴中拉上來呢」**，然後解說；他看了看這條鱧魚，**「鱧魚牙齒尖銳，所以先拿竹片或木片靠近給它咬」**，兩三名學生便照著做，結果鱧魚齜牙裂嘴的反應，令眾人大吃一驚，被捕的鱧魚帶回學校，經過泡製弗馬林等等過程，最終成為生物教室標本之一。[141] 除了帶學生野外調查，也將生物採集當作暑假作業；[142] 而經歷採集經驗的學生認為，此一過程開啟了其生態與分類學的視野。[143]

1941 年，相當罕見的日全食，預計在 9 月 21 日出現於基隆海岸，荒川重理帶著尋常科「自然科學研究班」的 10 名成員，赴基隆八斗子海邊觀測日蝕，學生猶記得當日的場景：[144]

> 『開始了！』不知道是誰的喊聲，我們把塗有碳的遮光玻璃板拿在頭上一看，已經缺角的太陽從薄雲中走出來，變得比新月還要狹窄，看著看著，太陽已如絲般的細，下個瞬間完全成為黑色的太陽。我們依照荒川老師預先的指示，勤快地進行各種觀測，此時頭上有星星閃耀，水平線上有明亮的積雨雲，近處的民家響著尖銳的雞叫聲，浪潮好似俄然高起，溫度計的指示也降低下來……。

---

[139] 荒川先生の會，《荒川重理先生の思い出》，頁 65、73、74、83、84。
[140] 〈高校修學旅行〉，《台灣日日新報》10021 號，1928.3.18，夕刊 1 版；荒川先生の會，《荒川重理先生の思い出》，頁 83-84、98、165。
[141] 原軍記，〈荒川先生とホルマリン〉，《荒川重理先生の思い出》，頁 45-46。
[142] 荒川先生の會，《荒川重理先生の思い出》，頁 124。
[143] 荒川先生の會，《荒川重理先生の思い出》，頁 78-79。
[144] 荒川先生の會，《荒川重理先生の思い出》，頁 170。

在觀測之前，學生已依照荒川的指示，準備好溫度計、三腳望遠鏡、遮光玻璃板，與各種手製觀測道具，結果亦如預期全程觀測日全食，及其同時發生的種種自然現象。[145] 自然科學研究班是以自然科學為研究對象的課後研習會，學生自主參加，荒川重理主持，[146] 該次日全食時，高等科有相同性質的「理化班」22 名成員前往觀測，從其事後報告可知，學生對於此次觀測應該甚有心得。[147] 就荒川帶領自然科學研究班的課後研習，或如該次日全食觀測，對於甫在中學階段的尋常科生而言，學習從事前的準備工作，到實際觀察瞭解，不啻是立下良好的實地觀測經驗。

荒川雖負責生物或動物科，也相當重視學生的英語能力，蓋認為，**「對專攻生物學的人而言，在物理或化學等其他方面，有不少需要調查的文獻，因此語言能力很重要，法語或是何種語言也好，如果有一種外語可以跟母語一樣自然地表達，是最好的研究武器」**，直指良好的外語能力，是研究生物學或醫學所需之高度基礎素養所不能欠缺者；[148] 對於英語成績不理想的學生，往往在暑假或課餘時間進行特訓，學生尚記得數名同學在炎炎夏日，於荒川家中，以英文報紙代替教科書輪讀的場景。[149]

概言之，其教育重心可說將尋常科生自中學階段起，便集中朝向高深知識所需的基本能力開始培養，是如生物學研究相當重視的外語能力、戶外採集，且對於生物有興趣者，熱切地給予指導，也有學生在其建議下，閱讀《物種源起》、《昆蟲記》等著作。[150] 又時常關切學生，日後在高等科或大學類組的選擇，是否符合學生性格，或將來出路問題等等，在生涯規劃上給予建議。是以筆者以為，其人的教學

---

[145] 荒川先生の會，《荒川重理先生の思い出》，頁 170、180。
[146] 尋常科的「自然科學研究班」於何時成立，並不清楚，高等科的「自然科學研究會」則於 1937 年成立，兩者分開運作。
[147] 理化班，〈日蝕觀測報告記〉，《翔風》（24，1942.9），頁 100-109。
[148] 荒川先生の會，《荒川重理先生の思い出》，頁 53。
[149] 荒川先生の會，《荒川重理先生の思い出》，頁 148、182、184。
[150] 荒川先生の會，《荒川重理先生の思い出》，頁 79、156-167。

目的,以養成知識菁英為主,這也是尋常科教育有別於中學校,而更與高等科、大學相銜接之處。

2. 塩月桃甫與圖畫科

　　塩月善吉（塩月桃甫）為日治時期領導台灣畫壇的知名洋畫家,長期擔任台北高校、台北一中圖畫科教師,在台期間創設「京町畫塾」,義務指導油畫和木炭素描,1926年成立教導社會人士繪畫的「黑壺會」,1927年與石川欽一郎等人,催生「台灣美術展覽會」（台展）,長期擔任審查委員直至1943年台展閉幕,影響台灣美術發展甚深。自身定期展出繪畫,舉辦個展,另為許多圖書或刊物裝幀,繪製插畫,亦為不可忽視的業績。[151]

圖48：名洋畫家 塩月桃甫

　　熱愛台灣高山原住民的野性美與原始藝術,強調自由創作而反對仿習,以及反軍國主義等,為塩月善吉的特色;[152] 其中對自由創作的理念,與其美術教學方式至為相關。塩月嘗發表其美術教育理念,認為圖畫教育的目的,是為了提升學童的審美態度;其次,教師需能尊重學童的生活,及其圖畫表現,才有指導學童繪畫的資格;再者,教師本身也要經常繪畫、寫生,這種直接經驗是提昇教師審美能力的重要方法;再次,應重視物體與背景之間的關係,背景好壞對主題表現有絕對影響;復次,「圖畫」與「繪畫」不同,圖畫是較為客觀正確的描寫,繪畫是較為主觀的表現,現今的圖畫教育,應該先繪畫而後圖畫;最後,所謂的「自由畫」,是在自己想畫的時候,畫自己想畫

---

[151] 王淑津,〈南國虹霓──塩月桃甫藝術研究〉（國立台灣大學藝術史研究所碩士論文,1997年）,頁20-36。

[152] 上田雄二著,廖瑾瑗譯,〈塩月桃甫其人與藝術〉,《藝術家》（310,2001年3月）,頁338-355。

的題材，且其畫法具獨創性，在學校中的圖畫指導，也須朝著這個方向。[153] 乃強調圖畫教育以養成學童的審美觀念為主要目的，且應尊重學童心性，自主創造繪畫方式，而不預設任何技法，教師亦需自我提升審美經驗與能力等。

　　學生學習經驗則與上述理念甚是符合，從尋常科到高等科「繪畫部」，持續受教於塩月的許武勇回憶，「塩月的教學方法甚為奇特，美術課程從素描開始進入水彩、油畫，但從頭到尾不教學生如何畫的技術問題，他大概想讓各人發明自己的技法，所以只看學生的作品並加以批判而已。他時常說『不要用手畫，而用頭腦畫』，他強調各人的作品需有個性及創造性，且主張自由思考的重要性」，[154] 此一不教任何技法，任學生自由創造的教學方式，與小、公學校時代，臨摹圖畫教科書作畫，或者與當時畫界名士石川欽一郎，都有相當大的不同；[155] 以及，「他講課時，常說明『觀照』的意義，即對象及對象有所感受的畫家內在精神的合一，畫家的使命就是描畫此合一」，乃培養學生對繪畫對象的心靈感知能力。[156] 更特別者，在尋常科的高年級時：[157]

> 教構圖色彩與人類心理關係、美術與心理哲學，並以彩色的複製品解說西洋現代畫派……尋常科畢業時，每一個人要提交出美術論文，乳臭未乾的學生們馬上變成大學生，蒐集學校圖書館的舊書裏面資料，有的人寫「廟與美術」、「布袋戲與美術」等，日籍學生寫「日本古城與美術」等。

即對尋常科的高年級生，教授美術心理學，且要求提交美術有關的小

---

[153] 轉引自王淑津，〈南國虹霓——塩月桃甫藝術研究〉，頁26。
[154] 許武勇，〈塩月桃甫與自由主義思想〉，《藝術家》（8，1976年1月），頁73-74。
[155] 有關塩月桃甫與石川欽一郎兩位日治時期影響力最大的畫家，在繪畫與教學上的差異，參閱許武勇〈塩月桃甫與石川欽一郎〉，《藝術家》（138，1986年11月），頁222-238。
[156] 許武勇，〈塩月桃甫與石川欽一郎〉，《藝術家》，頁228-229。
[157] 許武勇，〈塩月桃甫與自由主義思想〉，《藝術家》，頁74。

論文。由其教學內容與課堂要求觀之，塩月桃甫與其說是培養尋常科生成為畫家，不如說是具有欣賞或研究藝術的能力者，此即一般高校生日後，並不會成為專業畫家（如許武勇是專業醫師、業餘畫家），而一路往大學以上發展，因此，「**他從頭就不期望他的學生將來做畫家，但希望成為美術理解者，他說希望學生們將來利用美術課所習得的自由思考及創造力應用於學術研究方面，發揮個人的才能**」云云，[158] 除了凸顯塩月桃甫相當獨特的教育方式，實與生物科的荒川重理，同樣以培養高等知識人才為目的，只不過繪畫本身難應用於高深研究，因此期待培養的是學生的藝術鑑賞，與自由思考能力。

3. 船曳實雄與體操科

船曳實雄為台北高校最初的體操科教師，1933年遷居巴西而離職，在校11年間遺留不小影響。船曳於1922年來校任教時，採取與當時中學校不同的作法，由1924年入學台北一中的久富良次回憶，當時台北一中實行斯巴達教育，學生穿著制服、制帽、軍靴，加上綁腿，到校時行服裝檢查，檢查鈕扣、綁腿打法等是否正確；[159] 但同時暫居於台北一中校內的台北高校尋常科生，因船曳建議，打綁腿對體育有不良影響，尋常科生遂免打綁腿上學。[160]

其次，船曳的教學亦異於一般體

圖49：體操科教師 船曳實雄。（郭双富先生提供）

---

[158] 許武勇，〈塩月桃甫與自由主義思想〉，《藝術家》，頁74。
[159] 久富良次，《光と影》（東京：近代文藝社，1989年），頁12-13。
[160] 〈獅子頭山に雲亂れ〉，《台北高等學校（一九二二—一九四六）》，頁28。

操教師，與台北一中同處一校的尋常科生回憶，「**不只是實技，從肉體的構造、筋肉、骨骼名稱開始教**」、「**我至今對三角肌、腓腸肌、括約肌之物全部都記得，明明不是生理學的課程，卻在體操課時用圖解解說**」、「**一般體操教師就是把學生叫去運動場『一⋯⋯，二⋯⋯，三⋯⋯』進行體操，普通不會有那樣的講義內容**」；另外，船曳實雄特別強調體育的精神，後來接替的體操教師，亦延續其教育方針，屢屢強調運動家精神。[161] 再者，導入不少的新式運動，如曲棍球、美式足球等，影響後來在校內出現曲棍球、美式足球社團，其中曲棍球為該校傳統運動，且對外成為台北高校最具代表性的運動強項。概言之，不同於中學校以操練為主的內容，船曳特別對運動相關的生理知識多有教導，且引進新式運動，強調運動家精神等，乃在體育基礎之上，養成學生正確知識與運動精神。

綜上所述，高等科除了德語科為奠定基礎語言能力，一般教師咸以自身專長吸引學生產生興趣，即使非主修科目亦得因此培養人文素養或鑑賞能力，此外便是獨立思考之訓練；尋常科教學異於中學校，中學校的實科或重視技術、操練的部分，皆非尋常科教學重點，無論高等科或尋常科，都是朝向知識菁英的方向，也就是高校─大學的人才養成路徑來培養。但這並非意味，高校時期便開始灌輸特定領域的專門知識，就高等科教授的教學可知，引發研究興趣及引介經典書籍，以至於課程不相關知識，都成為授課內容，如英語課講授比較文學的情形，絕不只是島田謹二，小山捨男的英語教學，有40分鐘在漫談，剩10分鐘才回到教科書，「**漫談內容大概都是歐洲旅行的所見所聞，橫跨西洋文化史，使人興致勃勃**」，[162] 漫談內容雖非英語科專門知識，卻有吸引學生認識西方文化的作用，李登輝回憶的數學課程，「**不是教普通的微積分，是教數學的歷史和觀念**」，[163] 若考量李登輝為文科

---

[161] 〈獅子頭山に雲亂れ〉，《台北高等學校（一九二二─一九四六）》，頁28。
[162] 王育德著，吳瑞雲譯，《王育德自傳》，頁194-195。
[163] 林宗毅回憶加藤平左衛門的數學課程乃教授和算的歷史，與李登輝所說數學的歷史稍有不同。林宗毅，〈わが生活と讀書〉，《台北高等學校（一九二二─一九四六）》，頁337-338；張炎憲主編，《李登輝總統訪談錄》第一冊，頁58。

班，而未必要傳授高難度的數學誠可理解，但教導數學史與數學概念，或者尋常科圖畫課要求美術相關的小論文等，係為充實知識人才之涵養而來，乃近於通識之教育。

學生在此教育方針下，以開啟閱讀的興趣為最大反響，不少學生憶及，因課堂啟發或教師推薦，在課後自發蒐集相關書籍進一步閱讀。以文科—林宗毅為例，林宗毅為板橋林家出身，1942年入學高等科文甲，原擬畢業後投考東京帝大法學部，惟因戰爭不得不就讀台北帝大醫學部，戰後轉讀台灣大學文學院，畢業後至東京大學攻讀英國文學；在高校時期，除了既引述的國語科、歷史科書目，他在課後自發閱讀之相關書籍有：[164]

> 英語科——小泉八雲編纂的英國文學史，葛史密（Oliver Goldsmith）《威克菲德的牧師》，富蘭克林（Benjamin Franklin）《富蘭克林自傳》，阿爾諾（Matthew Arnold）《文化和無政府》，基新（George Gissing）《田園散記》等原文書，翻譯書則有勞倫斯《兒子與戀人們》，薩克萊《虛榮之市》。以及矢野峰人《近代英詩評釋》，石川林四郎《近代英詩選》。
>
> 哲學科——出隆《哲學以前》，朝永三十郎《近世「我」之自覺史》，三木清《哲學入門》，阿部次郎《倫理學的根本問題》，柏拉圖著・久保勉、阿部次郎譯《蘇格拉底的申辯》，安倍能成《西洋哲學史》，西田多幾郎《善的研究》、《日本文化的問題》，天野貞祐《道理的感覺》，希爾第《幸福論》、《為了不眠之夜》。
>
> 法制及經濟科——穗積重遠《法學通論》，末弘嚴太郎《民法講話》，波多野鼎《經濟學入門》、《經濟講話》，宗拔《高度資本主義》，舞井長五郎《經濟學史概要》，河合榮治郎《Thomas Hill Green的思想體系》，大河內一男《亞當斯密與李斯特：經濟倫理與經濟理論》，船田享二《法律思想史》，鄧寧著・古賀鶴松譯《政治學說史》。

---

[164] 林宗毅，〈わが生活と讀書〉，《台北高等學校（一九二二—一九四六）》，頁331-342。

自然科學──赫胥黎著‧宓英譯《何謂死》，吉田洋一《零的發現》，寺田寅彥《天災與國防》，小泉丹《常識的科學性》。

皆係課堂相關的延伸閱讀，這也是該校教育方針的一大作用，是以畢業生認為，高校教育可以說是完成高品質素養，以及探索高水準學識的思考能力，誠是如此。[165]

二、「不知極限深，沒入文之林」

學校固然是傳授知識的主要場合，但不能忽視學生在課外的自主學習，尤其舊制高校普遍存在相當興盛的閱讀風氣，對學生的知識形成，興趣培養，乃至於世界觀與人生觀的建立，可能是更為重要的部分。

（一）課外閱讀的風氣與傾向

楊基銓在回憶錄裡提及，高校時期是文科生讀書量最多的時期，自己最愛看歐洲文藝復興時期的名著小說，同時也是第一次購買中文小說，最欣賞並讀完四大才子書中的三本：《三國志》、《西遊記》、《水滸傳》，此外對日本小說也很欣賞，特別是菊池寬以戀愛為主的小說，尾崎紅葉的《金色夜叉》也是高校生愛讀的，當中男女主角的對話，不知道使多少青年高校生悲憤激昂。[166] 陳五福大量閱讀西洋文學作品與哲學書籍，如莎士比亞的文學作品，英國桂冠詩人丁尼生的詩集，盧梭、孟德斯鳩的思想論集，[167] 以及尼采《悲劇的誕生》，叔本華《意志與表象的世界》，康德《純粹理性批判》，佛洛伊德《夢的解析》等哲學、心理學的書籍，尤其是希爾第（Karl Hilty）的《幸福論》等著作，在思想上影響陳五福相當深遠。[168]

---

[165] 張文義，《回首來時路──陳五福醫師回憶錄》，頁 76。
[166] 楊基銓，《楊基銓回憶錄》，頁 63。
[167] 張文義，《回首來時路──陳五福醫師回憶錄》，頁 78。
[168] 曹永洋，《噶瑪蘭的燭光──陳五福醫師傳》，頁 34-35。

有關台高生的藏書，賴永祥傳記提及文科生擁有數百本書，乃普遍的情形；[169] 王萬居自言，高校時期購買的圖書逾五千本，其後經歷水災，至今尚保存二、三千本；[170] 保留在蘇瑞麟家中的戰前圖書，雖未精確計算，粗估也有王萬居目前實際保存量的二倍以上，且具相當水準；而李登輝既通讀台北高校圖書館內重要館藏，[171] 買來的書籍光岩波文庫就有七百冊之多，還因藏書龐大，曾計畫在戰後開舊書店，[172] 都反映台北高校生興盛的讀書風氣。學生閱讀的動機，一方面是學校方針，「**鼓勵學生多閱讀，愈寬廣愈好，校內的風潮更鼓勵多讀哲學、思想、文藝方面的書**」，[173] 為校方積極鼓勵與校內風氣而來。除此之外，正值青春期的人們思想活躍，以及高校生對獲取知識的焦躁感，亦為驅使學生閱讀的動力；[174] 而李登輝則是用「讀書解決人生問題」。[175]

　　有關書籍知識的來源與取得，除了教師課堂介紹的圖書，校內圖書館也有相當藏書，「**學校圖書室設在本館三樓，收藏圖書有萬餘冊，雜誌《改造》、《中央公論》、《文藝春秋》、《新潮》是普遍受歡迎的，不過我也注意到《愛書》、《民俗台灣》、《文藝台灣》……報紙除了《朝日》、《每日》、《讀賣》等大報外，也備有《台灣日日新報》和《台灣新民報》**」，[176] 學生整天不上課，躲在圖書館看書者不乏其人。[177] 該校圖書館首任的圖書課長，是夏目漱石的閉門弟子林原耕三

---

[169] 許雪姬、張隆志、陳翠蓮訪問，賴永祥、鄭麗榕、吳美慧、蔡說麗紀錄，《坐擁書城──賴永祥先生紀錄》，頁55-56。
[170] 蔡錦堂、徐聖凱訪問，王萬居口述，2008.8.15（未刊）。
[171] 賴貴三，〈「一甲子菁莪樂育，五十年薈萃開新」〉，《國立台灣師範大學國文學系六十週年（1946-2006）暨國文研究所五十周年（1956-2006）雙慶人事編年史稿》（未刊），頁6、註20。
[172] 李登輝，《台灣的主張》（台北：遠流，1999年），頁41。
[173] 許雪姬、張隆志、陳翠蓮訪問，賴永祥、鄭麗榕、吳美慧、蔡說麗紀錄，《坐擁書城──賴永祥先生紀錄》，頁55。
[174] 辻守昭，〈時の舞い〉，《自治と自由の鐘が鳴る》，頁183。
[175] 張炎憲主編，《李登輝總統訪談錄》第一冊，頁64。
[176] 許雪姬、張隆志、陳翠蓮訪問，賴永祥、鄭麗榕、吳美慧、蔡說麗紀錄，《坐擁書城──賴永祥先生紀錄》，頁56。
[177] 蔡錦堂、徐聖凱訪問，王萬居口述，2008.8.15（未刊）；蔡錦堂、徐聖凱訪問，張

教授（英語科），繼由愛好北歐文學的德語科教授西田正一，擔當約七年的時間，後經一年歷史科教授後，轉由德語科市瀨齋教授負責，大抵皆由外國語教授總理之。[178]

書店對高校生而言相當重要，學生憶及出入台北的書店，有東京丸善、三省堂的台北支店，城內的「新高堂」、「文明堂」、「太陽堂」，大稻埕「日光堂」書店；舊書店則有麗正門附近的「鴻儒堂」，兒玉町的「野田書房」；依照林宗毅的經驗，教科書大抵可在新高堂購得，西文書則向丸善訂購。[179] 此外，學生彼此介紹書籍，交換心得，[180] 以及校園刊物中，不時刊登有關讀書心得，文章評論，或如《台高》第15號，簡介土屋喬雄《日本資本主義史上的指導者》，高山岩男《文化類型學》，同校講師柳田謙十郎的《世界精神與日本精神》等九本著作內容，並加以推薦，[181] 甚至有圖書交換活動，[182] 都是傳播書籍知識的方式。

讀書的方法，概如王育德所言，「**精讀、速讀、亂讀等等，都有嘗試過**」，[183] 由中學校進入高等科者，因中學時期欠缺自由閱讀的環境與條件，進入高校後，甫接觸到校內閱讀風潮，為學生生活的重大改變，[184] 王育德由學長指導，「**『一年級讀文學書，二年級讀哲學書，三年級讀英文』，還口授各種應讀的書名。我也遵照他的指示，文學書從杜斯妥也夫斯基的《罪與罰》開始，哲學書從西田多幾郎的《善**

寬敏口述，2008.5.4（未刊）。
[178] 參見歷年《台灣總督府台北高等學校一覽》之校務分掌。
[179] 城內係以今日總統府為中心的行政地區，大稻埕為今台北車站西北方靠近淡水河一帶，麗正門為公園路與南昌路、愛國西路間的地區，兒玉町則為今日南昌街、寧波西街周圍。林宗毅，〈わが生活と讀書〉，《台北高等學校（一九二二－一九四六）》，頁340-341；許雪姬、張隆志、陳翠蓮訪問，賴永祥、鄭麗榕、吳美慧、蔡說麗紀錄，《坐擁書城——賴永祥先生紀錄》，頁56。
[180] 蔡錦堂、徐聖凱訪問，李悌元口述，2007.8.14（未刊）。
[181] 〈讀書の頁〉，《台高》（15，1940.2），頁28-29。
[182] 〈古本交換市〉，《台高》（11，1938.12），頁45。
[183] 王育德著，吳瑞雲譯，《王育德自傳》，頁175。
[184] 蔡錦堂、徐聖凱訪問，李悌元口述，2007.8.14（未刊）。

的研究》開始」。[185] 有別於中學校出身者，尋常科生的校內生活，雖以讀教科書、運動為主，[186] 但在免升學測驗，且自主自由的環境下，部分尋常科生便已沒首於書籍中，王育德憶及邱永漢（1936 年尋常科入學）的情形，**「我進到高校後才讀的書，他似乎早就在尋常科時就已經看過了，一時成為話題時，總是說出尖銳的一番見解。他的書架上盡是我不熟悉的書，從他那裡，我受到刺激，非常加油，但讀書量根本無法相較」**，[187] 此外如日本人辻守昭、上瀧淳等，同樣都自尋常科起便猛讀課外書，[188] 即因尋常生較早進入台北高校，且能直升高等科，提早融入閱讀風氣之故。

　　1940 年，新聞部針對高等科學生，進行「讀書傾向調查」，調查內容分為最近所讀書籍，特別受感動的書，特別矚目作家，購讀的報紙雜誌，一個月書籍開銷，崇拜人物等六項，回答者 251 人（文科 112 人、理科 139 人），約佔高等科生的五分之三，[189] 先就「最近所讀書籍」觀之。最近所讀書籍的調查，細分為文學類／哲學・思想・宗教・經濟・歷史類／自然科學類等三類，並將此三類獲得二票以上的書籍名稱並作者，文理科票數列出，結果此三類獲得二票以上者，分別為 62／71／13 本書，獲得一票分別有 201／124／45 本書，但有少數書籍在分類時重疊（如《居禮夫人傳》、《學生與科學》）。該項目每人最多可填寫六冊，結果平均每人填寫三至四冊，各類前五名書籍如下（**表 4-2-4**）：

---

[185] 王育德著，吳瑞雲譯，《王育德自傳》，頁 175。
[186] 有馬元治，《有馬元治回顧錄》卷一，頁 12。
[187] 王育德著，吳瑞雲譯，《王育德自傳》，頁 183。
[188] 辻守昭，〈時の舞い〉，《自治と自由の鐘が鳴る》，頁 183；台北高等學校尋常科昭和 19 年修了生，《新雲葉》第一號（編者，1997 年），頁 32-33。
[189] 〈讀書傾向調查について〉，《台高》（18，1940.12），頁 90-96。

表 4-2-4：1940 年讀書傾向調查之「最近所讀書籍」

（文學類）

排名	作者	書名	初版時間	出版社	頁數
1	橫光利一	旅愁	1940	東京：改造社	379
2	大迫倫子	娘時代	1940	東京：偕成社	272
3	林語堂著‧阪本勝譯	生活的發現	1938	東京：創元社	380
4	賽珍珠著‧新居格譯	大地	1935	東京：第一書房	363
5	野澤富美子	煉瓦女工	1940	東京：第一公論社	244

（哲學‧思想‧宗教‧經濟‧歷史類）

排名	作者	書名	初版時間	出版社	頁數
1	希特勒著‧室伏高信譯	我的奮鬥	1940	東京：第一書房	346
2	河合榮治郎	給學生	1940	東京：日本評論社	396
3	杉正俊	鄉愁記：青年哲學者的日記	1940	東京：弘文堂	231
4	天野貞祐	給學生的書	1939	東京：岩波書店	232
5	三木清	哲學入門	1940	東京：岩波書店	195
5	河合榮治郎編輯	學生與科學	1939	東京：日本評論社	504

（自然科學類）

排名	作者	書名	初版時間	出版社	頁數
1	愛因斯坦著‧石原純譯	物理學的誕生	1939－1940	東京：岩波書店	2 冊
2	河合榮治郎編輯	學生與科學	1939	東京：日本評論社	504
3	波瑞耳著‧矢野健太郎譯	時間與空間	1940	東京：岩波書店	249
4	矢島祐利	法拉第	1940	東京：岩波書店	167
5	居禮著‧川口篤等譯	居禮夫人傳	1938	東京：白水社	648
5	小泉丹	野口英世	1940	東京：岩波書店	187

註：1. 原統計未註明西文書為原文或翻譯，此處概以翻譯本為依據。
　　2. 初版時間、出版社、頁數為筆者自行添加。
　　3. "河合榮治郎編輯" 為日本評論社出版的「學生叢書」。

資料來源：〈讀書傾向調查について〉，《台高》（18，1940.12），頁 90-96。

該項調查應注意：

1. 最近最多人看的書，幾乎是最新的書籍

讀書傾向調查於 1940 年的 11 月 4 日進行，最近所讀書籍之各類

前五名中，作者為本國人（日本人）時，幾乎是 1939 至 1940 年間發行的書籍，多數是與調查時間相同的 1940 年，西文書雖未註明原文或翻譯，即使是翻譯本的初版時間，也在 1935 至 1940 年間，意謂台北高校生「最近」所讀書籍，大多是甫由東京出版的圖書，等於新書上架的不久時間，台北高校生便可到手閱讀，此係為該項調查的主要意義。且意味著以同樣方式，在不同的時間點進行調查，受歡迎圖書將會不同，是如楊基銓、陳五福等 1940 年以前畢業者，完全未提及上表的書籍，而另愛讀其他書，而 1942 年畢業的郭維租，則深受表中《居禮夫人傳》感動。[190]

2. 多方涉獵，廣泛閱讀

「此三類獲得二票以上者，分別為 62/71/13 本書，獲得一票分別有 201/124/45 本書」，等於調查當下的高校生們，愛看的書籍雖如表 4-2-4，但也有不少，甚至更多是與他人不同的書籍，反映著搜羅、觀看圖書的廣度。

3. 以岩波書店、日本評論社的出版品為主流

岩波書店於 1913 年創立，1927 年仿效德國 Reclam 文庫，設立「岩波文庫」，岩波文庫選擇東西方經典書籍翻譯、考訂，均以袖珍本 15×10 公分的版型逐次刊行；書價大致採每 100 頁 20 錢的方式，分為 20、40、60、80 錢、1 圓五種，郵寄費用分別是 3、6、9、10、10 錢，堪稱以相當低廉的價格對外提供。[191] 至 1945 年為止，岩波文庫出版圖書數為 1531 冊，李登輝擁有的七百冊，已是該文庫總數的 45%。岩波書店另於 1928 年刊行「岩波講座」，1938 年發行「岩波新書」系列，[192] 皆受到不少歡迎，而此調查中的岩波文庫、岩波新書、岩波講座等岩波書店的出版品為最大出版源。

---

[190] 楊基銓，《楊基銓回憶錄》，頁 63-64；曹永洋，《噶瑪蘭的燭光──陳五福醫師傳》，頁 34-35；曹永洋，《都市叢林醫生──郭維租的生涯心路》，頁 70-71。
[191] 〈岩波文庫に就て〉，《分類目錄》（東京：岩波書店，1939 年），頁 23。
[192] 綠川亨，《岩波書店七十年》（東京：岩波書店，1987 年），頁 841。

日本評論社出版品，主要是河合榮治郎個人著作，及其主編之「學生叢書」，河合榮治郎（1891-1944）乃戰前的經濟學者及知名自由主義者，1920年起擔任東京帝大經濟學部助教授、教授，以自由主義及耶穌會士的社會主義，批判馬克思主義、法西斯主義，1938年一部分著作被禁止，1939年被迫退職，[193] 著有《第一學生生活》、《給學生》等教養書籍。學生叢書則為培養學生人格與學養的系列書籍，於1936年至1941年間，由河合等人執筆，日本評論社發行，共12冊，該系列與河合本人著作共計八本，在這次調查的「哲學・思想・宗教・經濟・歷史類」中榜上有名，特別《給學生》高居第二位，顯見受學生喜愛程度。河合榮治郎曾於1936年擔任台北帝大文政學部講師，且在台北高校的禮堂進行演講，相當多的台北高校生前往聆聽，楊基銓回憶，當時**「我第一次聽到第一流的學者演講，覺得他的口才很好，說話有力、內容豐富，給像我這樣的鄉下學生莫大的興奮與感動」**，稱其為高校生尊敬的對象，[194] 或許也是他的著作受到學生歡迎的原因。

河合榮治郎的《第二學生生活》，於1937年5月27日由東京日本評論社出版，隔月的6月14日，成為蘇瑞麟藏書而蓋上「瑞麟藏書」印，並付日期，等於發行後第18天，台北高校生便可取得東京的出版品（依照林宗毅的經驗，日台航路運送約7至10日可以送達），[195] 惟該書的最末一節，為河合回憶「二二六事件」相關內容，蘇瑞麟所藏該書這部分卻被割下，推測應是出版前的取締所致，而非蘇瑞麟自行裁切，結果便是讀者無法閱讀相關內容。其次，該書第一部分是「學生生活」，分就大學預科的生活，給考大學的學生，大學生活論，時局與學生，有關測驗，有關就職，給畢業學生等12篇，係與高校生密切相關的內容，尤其從高校生活、大學生活、畢業之後、就職依序寫來，可說是給予學生生涯規畫的建言。〈大學預科的生活〉一篇，

---

[193] 日本史廣辭典編輯委員會編，《日本史人物辭典》，頁255。
[194] 楊基銓，《楊基銓回憶錄》，頁69。
[195] 林宗毅，〈わが生活と讀書〉，《台北高等學校（一九二二―一九四六）》，頁341。

包括高校生活的意義,被給予的標準,自覺的成長,師與書籍,應該讀什麼書等九個小節,其中「應該讀什麼書」,認為高校生應該從哲學、倫理學開始,尤其將道德哲學當作哲學的中心,如康德的名著,李普斯(Theodor Lipps)《倫理學的根本問題》,古寧(Thomas Hill Green)《倫理學序說》;其次便是歷史著作,《歐洲文明史》、《英國膨脹論》、《歐羅巴文明史》,以及人物傳記,如《自敘傳》、《哥德》等,此外,小說亦不可不讀,其於《第一學生生活》一書,舉出高校時期應讀之小說二百冊。河合在「台灣之旅」,也談到1936年在台灣的心得,惟無需侈述。[196]

4. 外國著作佔相當比例

高等學校課程重視外國語,且教師在課堂中引介西方文化,應是引發學生閱讀外國著作的原因之一,希特勒《我的奮鬥》為「最近」最多人閱讀書籍,推測與該校有德語科教授採用《我的奮鬥》原文作為教科書,[197] 並且正值譯本出爐,故成為最近最多人看的書(此外可能與時局有關,詳後),而《大地》、《居禮夫人傳》為經典名著,亦吸引不少閱讀者。此外,各類榜上有名(二票以上)的外國著作非常之多,通算作者為西方人的書籍有54本,另一本為中國人(林語堂),書名有關「西方」,或傳記主人為西方人的書籍有28本,反映外國著作在台北高校生的閱讀當中,佔有相當比重;如果跟外國語教育合併觀之,高等學校乃知識菁英快速吸收西方知識與文化的時期,給予學生具有不限於日本或台灣的廣闊視野。

讀書傾向調查第二項為「特別受感動的書」,結果以人物傳記、教養書為多,前五名不少是最近出版的書籍,如《居禮夫人傳》(譯本1938年)、《日本精神與世界精神》(1939年)、《我的奮鬥》(譯

---

[196] 蘇瑞麟在《第二學生生活》標示的重點集中於〈時局與學生〉一篇,應該是蘇瑞麟較為著重的部分,惟此處不擬詳細討論。河合榮治郎,《第二學生生活》(東京:日本評論社,1937年)。

[197] 林宗毅,〈わが生活と讀書〉,《台北高等學校(一九二二―一九四六)》,頁335。

本1940年)、《鄉愁記：青年哲學者的日記》（1940年）；其中《日本精神與世界精神》是1937年擔任高等科修身科講師的柳田謙十郎所作。惟此類最近出版的書籍，一旦在不同年度進行調查，是否仍受歡迎，不無疑問，應特別注意的是，分居二、四位的《愛與認識的出發》、《出家人及其弟子》。二書作者同為倉田百三（1891-1943），係於1910年進入第一高等學校後，因結核病輟學，長期臥病不起的作家，其文學作品幾與病痛相伴而生，但也特別感動人心；[198]《愛與認識的出發》、《出家人及其弟子》分別早在1921、1917年，由岩波書店出版，即使穿越歷史時間仍引人閱讀，不少台北高校生在回憶中曾提及，甚至如李登輝認為《出家人及其弟子》為影響其「一生的三本書」之一。[199]

　　第四項「購讀的報紙雜誌」亦可稍加注意，由於重要的報紙雜誌，在該校圖書館皆可閱覽，是以此項調查，可視為學生喜愛閱讀的報紙雜誌。就雜誌部分觀之，文科生整體閱讀的雜誌有36種，最受歡迎前幾名依序是《中央公論》、《文藝春秋》、《改造》、《新若人》、《思想》、《日本評論》、《The current of the world》；理科生閱讀雜誌有51種，最受歡迎的是《中央公論》、《文藝春秋》、《キング》、《科學畫報》、《科學思潮》、《Le serpent》等，顯然《中央公論》、《文藝春秋》為最受高校生歡迎的雜誌。

　　閱讀多種類雜誌與「最近所讀書籍」，同樣反映高校生閱讀的廣度，但不意味台北高校生對任何雜誌都感到興趣，大抵格調高的知性雜誌，佔居前幾名，休閒性刊物則人氣較落後。休閒性刊物如《キング》，《キング》於1924年發行後，成為最具代表性的大眾休閒刊物，是日本第一部發行量突破百萬部的雜誌，[200]但在文科生的調查中

---

[198] 相賀徹夫編，《日本大百科全書》第7冊，頁609。
[199] 張炎憲主編，《李登輝總統訪談錄》第一冊，頁71-74；李登輝，《台灣的主張》（台北：遠流，1999年），頁40。
[200] 台北帝大生的閱讀情形，參考鄭麗玲，〈台北帝國大學組織與校園文化〉，頁158。

為倒數（二票），理科生亦不過 10 票，落後《中央公論》、《文藝春秋》相當多。另如當時正發行的《風月報》，完全榜上無名，《風月報》與《三六九小報》（別分於 1944 年、1935 年終刊）咸為台灣人的通俗雜誌，但連台籍高校生都認為這類刊物「**太俗了，不會想去看**」（張寬敏語），[201] 呈現與《中央公論》、《文藝春秋》相當大的反差，反映高校生的涉獵對象，與市民讀者之間的差距。此外是外語或外國相關的刊物，如《The current of the world》（英文世界時潮）、《Le serpent》、《英語研究》、《德語》雜誌等，在學生閱讀喜好中，佔有一席之地。

概言之，新書、廣泛閱讀、外國著作，為台北高校生重要的閱讀傾向，但廣泛閱讀仍有其偏好，圖書以教養書、傳記、文學為主，因此「特別矚目作家」，都是河合榮治郎、倉田百三這些教養書的作者，以及夏目漱石等文學作家；雜誌則偏好高格調的刊物。不過喜好閱讀自然要付出不少代價，從「一個月書籍開銷」計算，平均每名文科生每月有 5.37 圓，理科生 3.36 圓的圖書開銷，[202] 除反映家境狀況外，即使富裕之家也必須有相應的閱讀慾望，才會達到此般數字，因此賴永祥說高校時期──尤其文科──普遍擁有幾百本書的情形，則不難理解。

（二）求知的精神與自我嘗試

閱讀風氣呈顯了台北高校生的自學精神，另就在學期間發表的研究報告，也可以看到他們對知識的探索情形；只是學生自主涉獵的範圍相當廣泛，這裡以幾個面向作為代表。

---

[201] 蔡錦堂、徐聖凱訪問，蘇培溥、張寬敏口述，2009.1.17（未刊）。
[202] 此圖書開銷倘以岩波文庫每本 50 錢計算，文科、理科生每個月各可買 10、7 本，學生叢書若以每本 1.8 圓計算，每個月最多買三本與二本。但許多書籍可以在舊書店買到，實際購書量可能不只於此。

1. 台籍生對台灣歷史與傳統的探索

蘇瑞麟在高等科三年級時，把自行摸索台灣史的心得，跟相關書籍資料，寫成〈關於台灣史〉，投稿於《台高》（1940年），為戰前台灣人寫作台灣史的罕見文章；如其敘言所說，當時高校生對東洋史、日本史、西洋史都有普遍的認識，但對台灣史，只聽過濱田彌兵衛、鄭成功，以及簡單的台灣史分期而已，認為「**已經是把真正的台灣史寫出來的時候了**」。這篇文章以台灣的開發與經濟為中心，先後敘述無所屬、荷蘭佔有、鄭氏、清領等四個時代台灣的情形，並介紹閱讀書目，提示學校圖書館有無，實為拋磚引玉之作。經其提示的台灣歷史相關書籍有：

1.	《台灣島史》（里斯博士著‧吉國藤吉譯）	2.	《台灣文化誌》（伊能嘉矩著）
3.	《史記》	4.	《漢書》
5.	《三國志》	6.	《台灣府誌》
7.	《隋書》	8.	《明史》
9.	《元史》	10.	《Formosa Under The Dutch》
11.	《大日本史料》	12.	《調查書》
13.	《台灣通史》（連橫著）	14.	《台灣文化史說》
15.	《台灣歷史考》（岡田東寧著）	16.	《被遺誤的台灣》（C.E.S著‧谷河梅人譯）
17.	《台灣貿易史》（林東辰著）	18.	《賜姓始末》（黃宗羲著）
19.	《鄭成功傳》（黃宗羲著）	20.	《台灣外誌》
21.	《台灣鄭氏記事》	22.	《台灣私法》（台灣總督府）
23.	《台灣之圍》（Hambroek 著）	24.	《台灣外記》
25.	《台灣紀略》（林謙光著）	26.	《台灣歷史考》
27.	《偽鄭逸事》	28.	《理蕃誌稿》（台灣總督府警察本署）
29.	《台灣全誌》	30.	《明治二十七‧八年台灣平定記》（杉浦和作著）
31.	《台灣匪史》（秋澤烏川著）	32.	《日清戰役後台灣史》（榎本乙吉著）

作者在臚列書名之外，也簡介書籍內容，除了驚嘆其認識資料之廣，亦可注意當中語言的使用。由通篇夾雜日文、漢文、英文可知，解讀漢文與英文資料為基本功力，但以日文為主要語言工具，漢文乃是其次：

圖50：《台高》，以發表論文、校園動態為主的綜合性刊物，圖為第15至18號。（移川丈兒先生—移川子之藏子—提供）

> 這個時代（清代）的事情在《台灣府誌》，鳳山、彰化、諸羅、台灣、淡水各縣誌，以及《噶瑪蘭廳誌》中明確、詳細地記載著，這些書籍作為《台灣全誌》在本校圖書館也有，不過是用漢文寫的，還是讀《台灣文化誌》比較容易了解。

蘇瑞麟從小接受嚴厲的漢文教育，[203] 行文中亦逐一引用漢文原典；不過面對以漢文書寫的清代方志，乃選擇推薦伊能嘉矩整理的《台灣文化誌》。[204]

與〈關於台灣史〉同時，另一篇〈鄭經時代的台灣海外貿易〉，發表在班級刊物，該篇不以介紹台灣歷史、書籍為目的，而近於小論文，惟內容未說明資料來源，應是參酌前述資料，不明之處視情況加

---

[203] 徐聖凱訪問，蘇瑛煊口述，2007.8.28（未刊）。
[204] 蘇瑞麟，〈台灣史に就て〉，《台高》（15，1940.2），頁17-22；譯文參見徐聖凱・岡部三智雄，〈日治時代台北高等學校台籍學生的台灣史認知——譯介蘇瑞麟〈台灣史に就て〉〉，《師大台灣史學報》（1，2007），頁149-160。

以推斷。〈鄭經時代的台灣海外貿易〉主要討論鄭成功死後，至鄭氏降清之前的台灣對外貿易，對象包括台灣與中國、日本、呂宋、英國、荷蘭等國的往來。要旨為：中國採取徙民內地，漁船不准入海等封鎖大陸的政策，反而使台灣成為中國貨物集散地，左右東亞貿易而極為隆盛。與日本、呂宋、暹羅的交易應該仍舊維持，但沒有充分資料可參考，大抵交易貨物以中國物產，及台灣本地的鹿肉、鹿皮為主。英國對東亞貿易腳步落後，但積極與鄭經締約往來，惟貿易利益不如預期，尤其鄭經加入三藩征戰，使福州、廣東沿岸淪為戰場，遂放棄貿易合作關係。荷蘭退出台灣後，仍與鄭氏進行貿易交涉，但荷蘭復與清朝結盟圖台，合作終而告吹。最末言之，鄭經時代的台灣成為中國貨物集散地，東亞貿易地位升高，當時以安平、基隆、高雄、鹿港為主要港口而熱絡活動著，台灣產鹿皮等物也以戎克船交易得利。[205]

戰前的歷史教育，欠缺蘇瑞麟關心的台灣史這一塊，於是在高校期間，自行蒐集、閱讀相關資料，並嘗試寫作發表，這種向他人推介台灣歷史研究的熱情，與蘇瑞麟後來在1949年出版中文的《台灣經濟史》，應有直接的關係。[206]

王育霖在高校期間投稿《翔風》四篇、《台高》、《月來香》、《華麗島》、《文藝台灣》、《大阪朝日新聞》台灣版各一篇，以及《南十字星》十餘篇，[207] 內容以文學創作為主，也包括〈台灣歌謠考〉等論說文。〈台灣歌謠考〉在1938年發表於《翔風》，係針對台灣民謠進行考究，分為民謠之曲調、表現法、形式、分類（純民謠、童謠、台灣語譯中國民謠、歌仔、創作民謠、台灣流行歌）、特色等段落，其中認知台灣民謠特別受中國大陸影響，但隨著自主發展而孕育出自己的獨特性。不可忽視之處為其寫作動機：「**此論文以中日事變為契機，台灣在精神上也好，物質上也好，正大步走入日本，我把今日之**

---

[205] 蘇瑞麟，〈鄭經時代に於ける台灣の海外貿易〉，《南十字星》（終刊號，1940年），頁26-31。

[206] 《台灣經濟史》實以台灣歷史教育為目的而發行，詳見終章。蘇瑞麟，《台灣經濟史》（新竹市北門：文昌書局，1949年）。

[207] 王育霖，〈三年間を顧みて〉，《南十字星》（終刊號，1940年），頁25。

前當作一個階段而記錄下來，如果有助於整理舊台灣，則達成我十二分願望」，係因中日戰爭（1937年）發生後，皇民化運動沸沸揚揚地舉行，「舊台灣」可能隨之消失，故就相關資料加以整理；且台灣在各方面皆處於過渡時期，「**在過去未來的錯綜關係中，人往往歸結其方向而不迷失，在此般過渡期之際，知識人不只是為了自己，須為所有的人們，努力歸結出正確的方向……**」，期待從過去找尋未來的發展方向，是而整理過去的事物。[208]

就內文可知，「記錄消失的舊台灣」比起找尋未來方向的理由，更是為寫作論文的原因，這跟三年後為了保留台灣舊有民俗，而創刊之《民俗台灣》的出發點雷同；[209] 不得不注意，抱持此般態度不只是王育霖，同班的潘廼禎（蘇瑞麟也是同班），投稿〈士林歲時記〉、〈士林市場〉、〈內山鑼鼓〉在《民俗台灣》，從弟王育德寫作〈台灣戲劇的今昔〉，皆係相同的動機，惟王育霖在台灣當局加速同化腳步之初，便感知時局變化可能帶來的影響，且以知識人自任整理舊台灣之責。

喜歡看電影與傳統戲劇的王育德，高校期間曾為了研究台灣傳統戲劇，跟隨「國風劇團」巡迴演出，並於班級刊物《シルエット》（人影），發表跟隨國風劇團巡迴演出的見聞記。[210] 另在《翔風》刊登〈台灣戲劇的今昔〉，將中日戰爭前後的發展情形分別介紹，中日戰爭後的部分，就近考察戲團、劇場的生態，如劇團成員的出身、集體生活、學習態度等內容，都有詳實的描述。[211]

王育霖另一篇〈「大地」與台灣舊社會〉，係於《大地》讀後，嘗試比較中國與台灣社會之異同。《大地》是生長在中國的美國作家

---

[208] 王育霖，〈台灣歌謠考〉，《翔風》（18，1938.10），頁48-60。
[209] 記錄舊台灣未必是可惜舊事物即將消逝，王育霖、育德兄弟對於台灣傳統抱持不少批判，期待日本國家的近代性可改革台灣傳統不文明之處。參見王育德，〈台灣の家族制度〉，《翔風》（24，1942.8），頁9-24；王育霖，〈「大地」と台灣舊社會〉，《台高》（9，1938.7），頁3-4。
[210] 王育德著，吳瑞雲譯，《王育德自傳》，頁193。
[211] 王育德，〈台灣演劇の今昔〉，《翔風》（22，1941.7），頁55-67。

賽珍珠所作，描寫中國社會感受西方文化侵入，造成新舊時代過渡時期的矛盾，1931年發表後獲廣泛迴響，1935年由新居格日譯，1938年獲諾貝爾文學獎，在前述台北高校生的讀書調查中，亦相當受歡迎。王育霖在《大地》的讀後心得概指出，婚前不見面，指腹為婚等風氣，在台灣與中國有所差異外，既批評中國之陋習（男性對美女、醜女的區別），以及台灣受影響之處，如蓄妾等心態，期許透過近代教育來改善台灣社會。其背後之意識，乃觀察中國社會──其所謂的舊社會──與台灣相當類似，但台灣在近代教育的施行下，應可將陋習變革。惟其因篇幅限制，只就《大地》三部曲中第一部談論之。[212]

可作為比較者，乃其從弟王育德的〈台灣家族制度〉，王育德於該篇起頭曰，台灣家族制度為中國的移植，但在日本領台之後應有所改變，繼詳細陳述自己所見的大家族制度，但置重於剖析此舊制度之弊害。其指陳之缺失，包括統馭大家族的家長，透過血緣與性關係，組織其橫向、縱向的權力網絡，在此權力網絡中充滿暗鬥（如妻與妾之間）；家長咸為日本領台以前未受教育者，是以愚鈍、膚淺者多，對兒女的婚嫁，以門第、聘金好壞多寡決定之；在大家族當中，沒有個人的家庭，尤其在分家以前；家長死後的財產分配方式，醞釀利己主義，造成兄弟鬩牆，而後嗣只想繼承財產，而不思努力以獲得幸福生活等等問題。此乃大家族出身的王育德，回頭對大家族制度的嚴厲批判。[213]

王育德認為大家族制度終將崩毀，時下的青年尤其經過近代文明洗禮者，憧憬新家庭生活，並主張自由戀愛，以及憑藉自己的努力建立家庭，斷然廢除早晚會消失的家族祭祀公業；即使在中國展開的新生活運動，也正急速的改良家族制度，台灣的青年應作為傳統的創始者，揚棄舊傳統，建立日本式的家族制度。概言之，王育霖、育德兄弟，同樣是對台灣舊社會進行批判，而應該注意舊社會源頭，為中國移植於台灣的傳統，改革社會的走向，乃暗示（育霖）或明示（育德）

---

[212] 王育霖，〈「大地」と台灣舊社會〉，《台高》（9，1938.7），頁3-4。
[213] 王育德，〈台灣の家族制度〉，《翔風》（24，1942.8），頁9-24。

以日本的近代化為標的，建立象徵文明之新社會，而接受近代教育者──校園刊物的閱讀者咸為台北高校生──有帶領台灣，從舊社會走向新社會的責任。

發表在校內刊物咸為嚴謹的論文形式，投稿在《民俗台灣》則不拘，且相對有趣。《民俗台灣》是由金關丈夫、陳紹馨，以及台北高校須藤利一教授、畢業生黃得時（台高、台北帝大畢業）創刊，1941年7月發刊後，幾乎每期都有台北高校教授或畢業生投稿，台籍在學生投稿者，如黃良銓、賴襄南、張寬敏等。黃良銓〈台北的雜居房屋〉，探討多個家庭居住在同一個房屋的情形，以大稻埕太平町一至六町目（今延平北路一帶）大街及兩旁後街為範圍，調查693間房屋（大街273間，後街420間），其中大街最多一間住九戶人家，後街最多一間住16戶人家。一間房屋如何住多戶人家？黃良銓舉一間兩樓住六戶的情形，圖繪一樓、二樓的房屋格局，與公共空間擺設，另表列各戶人數、收入、性別、職業、房租，發覺其中的關係，如住二樓往往經濟情況較好，可多租幾個房間，住一樓甚至有床鋪在房間外（公共空間）的情形，另分析雜居房屋裡的人際關係，最後提出產生雜居房屋的原因，包括經濟貧困、磚造房屋（相對於日式木屋）、大家族制度，都是產生雜居房屋的原因。[214] 黃良銓另調查艋舺大厝口（今華西街）當地，某舊「王家」留下的豪宅而為11戶雜居，調查內容、分析方法與大稻埕皆相同，最後比較兩地雜居房屋的情形。[215] 張寬敏〈四腳亭動物考〉、賴襄南〈鹿港的投石對戰〉，則是採集基隆、鹿港的地方故事與民俗活動，而後發表之。[216]

2. 自然科學相關研究

校內有關自然科學的課後研習會不少，都由學生自行參加，同校教師主持。最早應為「台高博物學會」，該學會於1931年發行會誌《自

---

[214] 黃良銓，〈台北の雜居家屋〉，《民俗台灣》（12，1942.6），頁10-12。
[215] 黃良銓，〈艋舺の雜居生活〉，《民俗台灣》（17，1942.11），頁25-30。
[216] 長谷川博重，〈四腳亭動物考〉，《民俗台灣》（39，1944.9），頁20-21；賴襄南，〈鹿港の石合戰〉，《民俗台灣》（11，1942.5），頁15-16。

然》，創刊號發行時會員42名，學生發表的文章，如李洛書〈皇漢醫學病症中的陰陽之別及其關連之藥性〉、野村健一〈閒話稀有蝴蝶〉、橫尾良次〈原形質分離〉、中野博三〈鍬形蟲〉、森永孝三〈台灣蝴蝶的分布與氣溫〉、真室康三〈狸藻〉、戶波真〈雌紅紫蛺蝶〉等將近20篇。[217] 1937年，校內成立「自然科學研究會」，每次例會由二名學生報告，前三回報告題目為鈴木健三〈關於混色〉、谷垣陽一〈關於膠狀體〉（Colloid）、岡本芳生〈蝸牛〉、瀧口哲朗〈有關再砂〉、北川浩〈關於電視機〉、橫山良一〈天牛的飛翔與甲殼素〉。[218] 1941年配合校內社團組織變更，各種課後研習會改稱為班，「理化班」取代自然科學研究會。此類課後研習會的參加者，與發表人大多為日籍生，僅少數台灣人如郭維租參加。[219]

宋瑞樓（理科）曾表示，原先自己看不起成績不好，卻能一路升學的日本人，但進入高校後發現，日本同學作學問的態度仔細，而且善於思考，便開始以不同的眼光觀察之。他舉課堂報告為例，化學科教師要求繳交暑假作業，結果除宋瑞樓外，只有三個日本人提交報告，其中一人是以釣魚實驗為題，利用暑假期間，觀察在沒有水流的池塘、流速快與流速慢的河邊，魚竿的浮標各應距離魚鉤多遠。第二個人是把一本莎士比亞小說中的每個英文字母一一計算出來，如果應用打字機，鍵入莎士比亞小說類的文章，打字機應如何重新修改字母的排列方式。第三個人的題目則源自日本歷史事件「忠臣藏」，忠臣藏最後乃赤穗義士進入吉良臥室，欲取其性命卻不見吉良蹤影，浪人之一發覺被中尚有餘溫，知其逃離不久，最終在柴房找到吉良並砍下頭顱；這位同學的題目是：「如果事件發生在台灣的夏天，會是如何？」遂在大熱天躺進被子裡，然後出來，間隔幾分鐘就用手伸進被子裡，看看要離開多久之後，才摸不出身體留下的熱度。[220]

---

[217] 久富良次，《光と影》，頁47-48。
[218] 各見《台高》第1號，頁42；第2號，頁25-26；第3號，頁31；第4號，頁20。
[219] 曹永洋，《都市叢林醫生——郭維租的生涯心路》，頁73。
[220] 宋瑞樓，〈我的學思歷程〉，《論醫學教育》，頁417-418；廖雪芳，《醫者之路：

自然科學的相關研究相當多，僅以小田稔在校期間的研究為例。小田稔（1923-2001）為戰後國際知名的天文學者、宇宙物理學者，從台北高校時期，受物理、化學教授影響，希望在大學時鑽研物理學。1941年日全食當時，跟隨理化班師生前往基隆沿岸，持望遠鏡與各種光學儀器觀測日蝕，返校後與理化班成員，共同發表數篇研究結果，其中他負責日全食當中的日照度變化，惟因該日氣候不佳，雲層移動顯著而影響測量的數值。[221] 小田稔回憶在學中，曾以多次照相的方式，紀錄水滴滴落瞬間的變化，觀察水滴從落下之初，經不規則形、柱狀，到成為一滴水珠的過程，自認該篇的體裁已近於專家論文，可惜未對外公布，[222] 惟《翔風》有採錄之。[223] 另外有一篇關於氣泡體積的研究，在數個玻璃管內，製作五個發泡口的複雜發泡裝置，各發泡口口徑僅0.1至0.6毫米，從發泡口注入氣泡，進入玻璃管水中時，計算「發泡口口徑與氣泡體積的函數關係」，該實驗先前有一名台北帝大生，以1.4mm口徑進行研究，而得出某公式，小田稔以此小口徑發泡口重作實驗，結果呈現玻璃管口徑大小，與氣泡體積成等比直線關係，所得公式異於台北帝大生的實驗結果。[224]

此外，不少理科生於在學期間，就有出入台北帝大研究室的情形，如姉齒量平在高等科二年級時，對生物科學，尤其是遺傳學產生興趣，而進出台北帝大農學部育種遺傳學教室，在該教室的研究者之間，學習研究態度與專業知識；[225] 黃伯超常去金關丈夫的解剖學教室，幫忙正在進修博士學位的叔叔，計算泰雅族大腿骨相關數字，不管是獲得見習的機會，黃伯超高校畢業後，也進入金關丈夫的解剖學教室，以

台灣肝炎鼻祖宋瑞樓傳》（台北：天下，2002年），頁45-46。
[221] 小田稔、道島正美，〈皆既日蝕中の照度の變化〉，《翔風》（24，1942.9），頁101-102。
[222] 小田稔，《青い星を追って》（東京：日經サイエンス社，1990年），頁15-16。
[223] 小田稔、塚本哲男，〈水滴の生成〉，《翔風》（22，1941.7），頁89-90。
[224] 小田稔、大園俊朗，〈上昇氣泡の大きさに關する〉，《台高》（17，1940.11），頁57-59。
[225] 姉齒量平，〈故菟原先生と私〉，《回顧・五十年》，頁147。

高山族頭髮的顏色跟形狀為畢業論文。[226]

概言之，在學期間除了廣泛閱讀，高校生對感興趣的事物，咸展現主動學習態度，為其自學與求知精神使然，可說是進入大學前的暖身運動。

3. 台高生的文學活動

文學活動對知識菁英的養成，毋寧是不可忽視的一環，尤其高等學校鼓勵學生自由發展，並涵養其人文、文學素養，學生在課後大量閱讀文學書籍，進而產生寫作、參與的動機，是以校內的文藝創作至為興盛。[227]

最足以代表校內文學風氣者為《翔風》，這一份「**使台灣文藝界驚嘆不已**」的校園刊物，於1926年3月5日發行創刊號，當時僅三篇小說、三首詩，而稍具文藝雜誌型態；創刊號作者，幾乎是台北一中出身，在台北一中時期參與西川滿主辦的《櫻草》的成員，畢業後進入台北高校繼續活躍著。[228] 1927年1月發行第2號，開始進入《翔風》的全盛時期，主要的改變是「**（來自日本的）年輕教授與學生**」投入編輯與創作。[229] 原來創刊號出刊時，曾經主編《新人》雜誌的三澤糾認為，《翔風》過於貧弱，連跟其他學校交換的程度都沒有，於是邀請林原耕三教授指導文藝部。林原耕三即大罷課事件當時，破窗警告學生逃離，而被下村虎六郎開除的教授，其與久米正雄、芥川龍之介、松岡讓等人，都是夏目漱石的門生，林原為關門弟子，以自成一格的

---

[226] 蔡錦堂、徐聖凱訪問，黃伯超口述，2008.1.24（未刊）。

[227] 此與學校教育方針、學生自主性都有相關，是以筆者於此一併討論。此外，昭和初期起揚名日本文壇的芥川龍之介、菊池寬、久米正雄、山本有三、堀文明、藤森成吉、倉田百三、豐島與志雄等，皆係高校時期便活躍於校內文藝刊物。高橋佐門，《舊制高等學校全史》，頁534-588。

[228] 西川滿則於台北一中畢業後投考台北高校，三次皆落榜，後赴日就讀早稻田高等學院，《櫻草》遂停辦。

[229] 志馬陸平，〈青年と台灣（九）〉，《台灣時報》（205，1936年12月），頁108。

俳句著名。林原耕三由創刊號發行之後接手《翔風》，從紙張選擇，封面繪製（主要由塩月桃甫繪圖），併載教師與學生文章等，著手改良《翔風》內容，[230] 並舉辦兼具讀書、介紹、評論的「讀書會」；[231] 另有好穿台灣衫的詩人教授杉山產七，同樣熱情地指導學生。評論者志馬陸平（中山侑）認為，透過林原等年輕教授，將「**中央文壇的動態，文學運動的潮流，不斷敏銳地影響學生們，更為學生的文學熱忱加一把勁**」。[232]

將校內文學風氣推向頂端的是《足跡》的創刊。《足跡》是首次由高校生所辦的純文學同人雜誌，創刊者為濱田隼雄──日後寫作《南方移民村》的知名作家──在台北高校一年級時，受杉山產七影響而積極投入文學創作，《足跡》創刊之前，《翔風》創刊號已然發行，但濱田認為「**《翔風》有略為死板的感覺，因此大家說要編寫一本更加任意的雜誌**」，而開始籌辦《足跡》，成立足跡同人社。[233] 這一本被濱田稱為「**打開文學之眼**」的學生刊物，是向市內的新高堂、文明堂、台日運動部等與台北高校關係密切的商家努力拉贊助，以及校內熱愛

圖51：文藝部指導教授　林原耕三，也是夏目漱石的關門弟子。（郭双富教授提供）

---

[230] 林原耕三，〈繪と俳句會と讀書會〉，《台北高等學校（一九二二─一九四六）》，頁261-262。

[231] 1926年5月的第一回讀書會讀阿部次郎《三太郎日記》，第二回讀蕭伯納（George Bernard Shaw）《聖約翰》、帕品（Giovann Papin）《基督傳》、契訶夫（Anton Chekhov）的短篇小說，第三回、第四回介紹史特林堡（August Strindberg）與蕭伯納，讀其相關著作，第五回讀巴比塞（Henri Barbusse）的《地獄》、《論抄》等。

[232] 志馬陸平，〈青年と台灣（九）〉，《台灣時報》，頁108-109。

[233] 濱田隼雄，〈文藝十話（一）〉，《河北新報》，轉引自松尾直太，〈濱田隼雄研究──日本統治時期台灣1940年代的濱田文學〉（國立成功大學歷史研究所碩士論文，2001年），頁17-18。

文學的教師支援，終於在 1927 年 2 月發行創刊號，由塩月桃甫負責的裝幀，被評價為「**極盡奢華的堂堂外觀，恐怕壯觀的足以和日本的一流雜誌並駕齊驅**」。[234] 創刊號除杉山教授投稿一篇文章，其餘皆學生創作，包括濱田隼雄、塩月糾（塩月桃甫之子）、土方正己（開成中學畢業）、網野正雄、蔭山泰敏，以及日後聞名日本文壇的作家中村地平（宮崎中學畢業）。[235]

《足跡》故意不與正式刊物《翔風》合流，採取半對立的「在野」姿態，惟發行至第三號，因經費問題畫下句點。然其影響甚大，首先，「**《足跡》使台灣的文藝愛好者，不但單單認識此雜誌，還一同連《翔風》的作品都廣泛認識**」，且「**為『詩人組合』解散之後，沉默一時的台灣文藝界，再度注入新的活力**」，結果刺激了文學愛好者，陸續刊行《詩火戰》、《創生》、《白貓》、《台灣詩集》、《AKANE》等文藝雜誌，[236] 台北高校內更出現《日時圭》、《南方文學》、《POTABIN》、《カドラン》、《風琴與壺》、《文藝批判》等蓬勃發行之同人刊物，將學生文學熱情推向極點。[237] 此外，《足跡》作者大多立足《足跡》，又跨足《翔風》，《足跡》解散後活躍於《翔風》的第 5、6、7、8 號，成為《翔風》全盛時期（第 2 號到第 8 號）的核心人物，而濱田隼雄、中村地平等日後以南方文學知名的作家，則另投入台高生發創的《南方文學》，[238] 此時的台北高校，無異成為台灣文學乃至於南方文學的搖籃。

不過校內的文學活動，自 1930 年起趨於沉靜，《足跡》等學生自主發行的同人誌暫時消失，《翔風》第 8 號以前，大抵在每年春秋二季出刊，但《翔風》第 9 號的出現，要相隔一年半（1931 年）才產

---

[234] 志馬陸平，〈青年と台灣（九）〉，《台灣時報》，頁 111。
[235] 濱田隼雄，〈文藝部・三步で消えた『足跡』〉，《台北高等學校（一九二二—一九四六）》，頁 49。
[236] 志馬陸平，〈青年と台灣（九）〉，《台灣時報》，頁 111。
[237] 裏川大無，〈台灣雜誌興亡史（二）〉，《台灣時報》（184，1935 年 3 月），頁 102-105。
[238] 志馬陸平，〈青年と台灣（九）〉，《台灣時報》，頁 112。

生，且品質日益低落，比起全盛時期的作品，評論者認為，**「後來的品質就逐漸退步，到最近的內容，消沉頹廢得甚至令人懷疑，學生們有沒有文學研究精神」**，[239] 不只是校外人士如此認為，即使參與文藝部的學生也認為水準不比從前，[240] 或如1934年發行的第13號，僅薄薄50頁，尚於刊物最後加上文章懸賞「一等一名二十圓，二等二名各十圓」之字樣，可知《翔風》雖為當時唯一的校內文藝刊物，其質與量皆漸次低落，甚至需要以提供獎勵，來鼓勵學生創作。

造成文學風氣頓然消退的原因，首歸因於大罷課事件後，林原耕三、杉山產七兩名指導教授轉任他地，失去良好的指導者有關，以及日本中學校出身者減少，台高文學成為純島內出身者的創作，失去與日本本土間的相互激盪。再者，1930年起，也是校內運動風氣進入最興盛的時期，島內各種競賽幾乎無役不與，同時全日本高等學校，在反體制以及思想運動受到打壓之後，產生文化活動衰微，體育活動興盛的趨勢，[241] 尤其全日本高等學校聯合競賽，吸引了全國高校生的目光，台北高校亦是逐年跨海征戰，可能因此轉移了台高生的焦點。此外，《翔風》第12號的編輯後記中，記載「**校內輿論呼籲著《翔風》的大眾化**」「**《翔風》既不是教授們所屬，也不應該是文藝部成員的同人雜誌**」，[242] 似乎發展成僅採錄，或

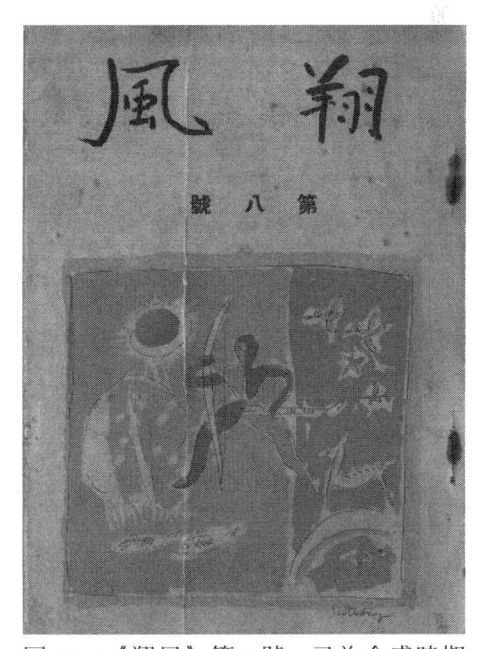

圖52：《翔風》第8號，已為全盛時期的末端

---

[239] 志馬陸平，〈青年と台灣（九）〉，《台灣時報》，頁112。
[240] 參見《翔風》第10號（1932年）、20號（1939年）編輯後記。
[241] 高橋佐門，《舊制高等學校の教育と學生》，頁314。
[242] 〈編輯雜記〉，《翔風》（12，1934.2），頁110-111。

多數採錄教師及文藝部成員的發表作品，結果經學生輿論反應後，於第 13 號貼出對外文章懸賞告示。雖然愛好文藝者理當集中文藝部，但限縮投稿者的情形，無異對刊物發展有所影響。

　　班級刊物的興盛，可說是同人誌集體失敗後的另一種嘗試。1930 年之後文藝風氣衰退，但不意味學生完全失去文學熱情，如日後創辦《台大文學》的新垣宏一，高校時期（1931 年入學高等科）乃自詡文學青年，但期間僅應黃得時之邀，在《台高新聞》發表文章，[243]《台高新聞》停刊後，無異在校內失去舞台。但有文學熱情的學生，未必有能力經營同人誌，先前由《足跡》引發校內的學生刊物風潮，無一不是以 3 號雜誌告終，主要原因除經費外，獨立編輯刊物亦甚吃力，隨後便出現班級刊物。目前所知最早的班級刊物，是 1933 年入學理乙班的《曙》，之後自 1936 年以文科生為中心，開始製作班級刊物的熱潮，已知如《同人》、《南十字星》、《亞熱帶》、《猩々木》、《シルエット》、《濁酒》、《凡》等，尋常科也有《雲葉》、《真洞》、《くちなし》、《あかう》，且非 3 號告終之雜誌。內容如 13 文甲的《南十字星》終刊號，以文學創作為最大宗，另有「高校生活回顧」、「論文・研究」之綜合內容；昭和 19 年尋常科修了生的《雲葉》（全 8 號，另特別號一冊），幾乎每號都是 200 頁以上，以文學（俳句、小品、隨筆、短歌、詩、小說）為中心的刊物，[244] 相較於已然衰微的《翔風》，稀有但內容豐富的

圖 53：《南十字星》終刊號（蘇瑛煊先生提供）

---

[243] 新垣宏一著，張良澤編譯，《華麗島歲月》（台北：前衛，2002 年），頁 28。
[244] 〈舊雲葉目次〉，《新雲葉》第一號，不著頁碼。

班級刊物更加引人注目。

　　1930年以來不能忽視的改變，乃台灣人在校園文學活動中益見活躍。首先，林炳耀、黃得時、辜振甫、張有忠、王育霖、胡鑫麟、吳新英等台灣人的作品，在《翔風》逐漸增加，擔任編輯者，如辜振甫主編第15號，除封面為塩月桃甫彩繪，還有立石鐵臣為之插畫，內容且為第9號以來最為充實的一期，王育德則有參與第22、23號的編輯，乃文學活動的參與度有所提升。其次為文學刊物的發創，班級刊物創刊者，如《南十字星》為王育霖，《シルエット》的王育德，《真洞》的盧焜熙、林榮勳等都是台灣人；沉寂已久的同人誌，於1939年再度出現，為邱永漢於尋常科時，仿效西川滿發行美裝限定版之華麗雜誌《月來香》，[245] 第一號分作鄉土版與素花版，鄉土版以霞海城隍廟神明為封面的版畫，定價高於素花版10錢，全部限定70本，發行地點為尋常科學寮，第二號封面同為神明版畫，寄稿者大抵以台北高校師生為中心，另有楊雲萍、西川滿等人。[246] 在1930年代校內文學風氣低迷時，台籍生展現了推展文學活動的熱情。

　　值得注目的是，戰時台灣人組織的「杏讀書會」與《杏》的產生。杏讀書會以文學發表與討論為中心，由黃良銓、賴襄南、張寬敏為首的三名台北高校生發起，會員主要由台北二中、台北三中、北三女的學生組成，另包括台北一中、北一女、北二女、靜修女中等最多三十餘名的全台籍男女成員。1943年5月，發行會誌《杏》，《杏》發刊後一直到「二二八事件」翌年的1948年2月，才以第11號結束。主要會誌《杏》以外，另外製作《罌粟》譯介西文（英文、德文）著作，以及詩集《夜來香》、短文《白雲》，除了《杏》第一號製作25本，其餘都以一本相互傳閱的方式輪讀，各號最末有讀後批評欄。另在讀書會之外，自1946年9月起，於每週五舉辦「杏・金曜會」，共舉

---

[245] 邱永漢，《わが青春の台灣 わが青春の香港》（東京：中央公論社，1994年），頁26-27。

[246] 《月來香》1-2號（邱炳南，1939年）。

行 45 回，至 1947 年 12 月 8 日結束。[247]《杏》與杏讀書會特別之處，乃從戰事加劇時期，歷經終戰、二二八事件等重大事件，且為台籍男女學生組成之甚有規模的文學讀書團體；成員雖多為中學生，但無疑是由台北高校生發創，賴襄南、張寬敏（總務）主持，而為台籍生從日人為主的文學世界中獨立出來，自主運作的文學活動。

「不知極限深，沒入文之林」，為三澤糾所作第一校歌歌詞（第二段開頭），描寫學生忘我地投入學問之理想精神，這種精神由鼓勵學生自由發展、自主學習來實現，且在學生身上產生重要影響。宋瑞樓、陳五福、陳萬裕等人皆提及，愛不愛上課可以自己決定，學校不會逼迫，因此學生翹課是司空見慣的事情，[248] 此非指學生對學問不感興趣，而是瞭解在高校期間可以自由地探索，開發自己的興趣，不必拘束於課堂內容。從學校教育可知，教學以廣泛培養學生興趣為主要目的，因此看似與日後研究無所相關的內容，亦有所講授，且吸引學生注目。學生在高校時期所學與種種研究心得，雖未必在日後發揮作用，但對研究所需的態度，學問必要的熱忱，都是重要的啟發時機，畢業生們極為強調，此時經過自由摸索，而往往決定日後發展的目標、人生走向，或者奠定人生觀、世界觀等種種思想基石，李登輝不僅在此時遇上人生最重要的三本書，且認為讀完高校後，人生要做的事情越來越清楚，[249] 應可認為高校教育對個人的重要性，乃在於外在世界的摸索，以及內在自我的探求，對日後發展甚具關鍵。不能忽視者，為人文素養的養成，也是這個階段重要的課題，譬如文學之物，經由課堂講授，學生閱讀，參與創作，成為涵養知識份子的重要過程，此係舊制高校特有的教養文化，而與戰後教育不同之處。

---

[247] 蔡錦堂、徐聖凱訪問，張寬敏口述，2008.5.4（未刊）；《杏》、《罌粟》、《夜來香》、《白雲》（杏讀書會，1943-1948 年）、〈杏沿革概況〉，以上皆未刊（張寬敏先生提供）。

[248] 宋瑞樓，《論醫學教育》，頁 416；曹永洋，《噶瑪蘭的燭光——陳五福醫師傳》，頁 33；廖雪芳，《白髮與白袍——台灣腎臟醫學先驅陳萬裕傳》，頁 49-50。

[249] 張炎憲主編，《李登輝總統訪談錄》第一冊，頁 74。

第三節　破帽與軍帽——戰時的教育與肆應

　　人群間的征伐影響人類活動甚鉅，1941 年底太平洋戰爭點燃不久，日軍隨於 1942 年下半年顯露頹勢，與此同時，全日本高等學校縮短高等科修業年限，乃因應人力需求而來。在此局勢下，學校教育或學生生活能否維持？畢業生表示，戰爭發動之初，學業、日常生活尚感受不到影響，惟進入 1943 年，日本軍事劣勢已然明顯，這群接受高等教育的菁英開始被動員，如文科學生取消緩徵、提早徵兵年齡、「學徒出陣」（學生出征）等，[250] 乃戰爭影響教育的重大變化，台北高校也就從 1943 年起，進入最為動盪的時期。本節考察 1943 年至 1945 年學校軍隊化之間的學校教育，以及學生對時局的反應，接著以台北高校在校生的軍事徵召為主軸，究明戰爭影響下知識菁英的動員實況。

一、逐步加強管制的學校教育

　　首先略述校內管制情形的改變。1941 年 8 月校長谷本清心卸任以前，陸續有停辦記念祭劇、觀月舟行，禁止三年級生入寮等強制規定，曾有寮生違反禁令，自行籌辦觀月舟行，而遭到停學三週的處分，[251] 顯示校方確有加強管束之舉。1941 年學友會改組為「報國校友會」（與日本高校一致），高等科報國校友會下設總務部、鍛鍊部、國防訓練部、文化部、生活部，將原社團（部）改稱為班，分別歸屬上述諸部，惟此大抵為名稱變更，非實際內容改變（另於 1943 年再度改正會則）；[252] 只不過為節省紙張消耗，將《翔風》自 22 號起，合併新聞部《台高》成為綜合性刊物，[253] 除校內時事，課後研究會的成果、

---

[250] 林宗毅，〈わが生活と讀書〉，《台北高等學校（一九二二—一九四六）》，頁 339。

[251] 〈觀月會事件顛末〉，《蕉葉會報》（74，1997.6.1），頁 4-5。

[252] 「報國校友會會則」於 1943 年再度改正而近於戰時體制，惟施行程度如何並不清楚。〈校內記事〉，《翔風》（22，1941.7），頁 108-110；《台灣總督府台北高等學校一覽》昭和 19 年度，頁 203-210。

[253] 〈編輯室にて〉，《台高》（18，1940.12），頁 88。

研習會內容，亦刊載於《翔風》。另有尋常科生反映，此時全員皆需加入尋常科的體育性社團，行有餘力才能參加文藝性社團。[254] 然整體言之，此乃1936年至1941年間逐步的改變，並非猝然間強化統制。

校園明顯加強管制，是1941年8月谷本清心卸任，下川履信上任後開始，經歷兩任校長的畢業生咸反應，下川上任後感受學校管制增多，如柯德三升上三年級時，覺得多處受限，不若過去自由；楊照雄回憶升上二年級之後，學校管制變多，不能留長髮等等，皆係1942年之事。[255] 不少學生直指擔任過總督府視學官、文教局督學的下川履信相當官僚，且對學生強加干涉，[256] 另外就是1942年來校擔任配屬將校的陸軍大佐五藤貞猪，以及剛從滿洲回來，曾在蘇聯參加作戰的中尉松延陽一，管理學生時間既多，且氣焰囂張；[257] 五藤曾告訴學生，**「台北高校是養成下級將校的預備士官學校」**，松延陽一則說，**「台北高校的鐘是從美國來的自由之鐘，令人作嘔……」**（此時美國為敵國），[258] 台籍生因無服兵役義務，被當面叱喝**「你們不是人」**，[259] 灌輸非軍人就不是人的觀念。當時學生綁綁腿上學，且連教師一同打綁腿授課，共同接受軍事訓練、義務勞動；[260] 穿木屐，蓄長髮，已成為過去式。宿舍方面，校方自行變更學寮寮則，每朝以太鼓通知學生行朝禮，晚間12點以前門禁，且自1943年起，新生除自家通學者，皆

---

[254] 朝日豐吉，〈私の尋常科時代〉，《台北高等學校（一九二二―一九四六）》，頁327。

[255] 蔡錦堂、徐聖凱訪問，楊思標、楊照雄口述，2007.5.9（未刊）；蔡錦堂、徐聖凱訪問，柯德三口述，2008.6.7（未刊）。

[256] 朝日豐吉，〈私の尋常科時代〉，《台北高等學校（一九二二―一九四六）》，頁328；〈業にいそしむ學びの舍〉，《台北高等學校（一九二二―一九四六）》，頁88。

[257] 〈限りも知らに奧深き〉，《台北高等學校（一九二二―一九四六）》，頁100。

[258] 泉新一郎，〈入學から入營まで〉，《台北高等學校（一九二二―一九四六）》，頁350。

[259] 〈台北高等學校1〉青春風土記112，《週刊朝日》3146號，1978.9.8，頁73。

[260] 齋藤信子，《筏かづらの家 父・島田謹二の思ひ出》（東京：近代出版社，2005年），頁103-104；所澤潤（聽取り，解說・註）・張寬敏（口述），〈聽取り調查：外地の進學體驗（II）―台北一師附小、台北高校、台北帝大醫學部を經て台灣大學醫學院卒業―〉，頁154。

強制入寮。[261] 此外便是課程上的教練、作業時間增多,學科時數減少,以及多次的軍事演習。[262]

表 4-3-1：**戰時校園行事**（1943.4-1944.7）

年	月	日	校園行事	年	月	日	校園行事
1943	4	1	入學典禮、入寮儀式	1943	11	24	校長夜間學寮訓話
	5	8	壯行式			29	研習會（太田廣，門羅主義）
		10	研習會		12	1	防空訓練、第一回學徒兵入營
		17	研習會			3	研習會（塩見薰，關於「告訴世界」）
		18	配屬將校講話			6	研習會（島田謹二，強調必勝信念）
	7	1	寮壯行式			9	教練查閱
	10	21	研習會（塩見薰）			11	舊職員、前輩戰歿者慰靈祭
		25	夜間防空演習			13-14 18	勤勞作業（河邊陣地）
		26	夜間防空演習	1944	1	17-19	中高專合同聯合演習
		29	勤勞作業			26	研習會（島田謹二，指導者）
	11	2	荷重速行			29	研習會（太田廣，君主論）
		5	實彈射擊演習			31	演講會（須田氏，芝山巖六氏先生）
		6	鍛鍊會		2	3	勤勞作業（松山機場）
		11	研習會（瀧澤壽一，尼采雜感）			5	10公里競賽大會
		20	行軍演習（枋寮往返40公里）		4	29	演講會（兵務部長）
		22	學徒壯行式，市內列隊行進		7	2	海軍徵募暗號要務處理員

註：1. 原資料來源為河村和亮（19 文甲）日記、記事本，河村和亮自 1944 年 7 月接受海軍徵募入伍後,對校內行事不詳；本表僅節錄教育、軍事、勞動有關之行事。

資料來源：〈昭和 18‧19 年度學校曆〉,《ペガサス 20》,不著頁碼。

由上表觀之,1943 至 1944 年與軍事或勞動相關之校內行事——包括軍事演習、勤勞作業、壯行式——已佔去不少時日。1943 年 10 月起,各種軍事演習頻繁,「夜間防空演習」、「防空訓練」,乃預

---

[261] 學寮的管制雖增多,但學生認為寮內仍保有相當的自由風氣,寮雨、裸舞仍舊存在。〈七星寮後記〉,《台北高等學校（一九二二──一九四六）》,頁 409。

[262] 〈限りも知らに奧深き〉,《台北高等學校（一九二二──一九四六）》,頁 100。

防可能到來的空襲,「荷重速行」、「實彈射擊演習」、「行軍演習」為配屬將校率領的強化軍事訓練,「中高專合同聯合演習」則為每年在湖口的大規模聯合軍事演練,「鍛鍊會」、「10公里競賽大會」,不外乎鍛鍊體魄以符合時勢所需。其次為集體「勤勞作業」,是以團體勞動行精神教育,並挹助生產,在校園、農場、演習林等學校設備,或防空設備、道路、農地等場所進行勞動,如表內的河邊陣地、松山機場,或如學生回憶曾種植蓖麻,作為飛機的潤滑油。[263]「壯行式」乃為即將出征者舉辦的鼓舞、送別儀式,此外尚有不少同窗間的壯行會、送行會(表略),然於1943年10月以前,壯行對象都是同校教師、配屬將校或已畢業者,該年10月才出現最早的台北高校在學生入伍(10月壯行式,12月入營)。

同時期的校內教學,則有不少課後的研習活動。前述教師發起的各種講習會、研習會或演講會,在戰時縮短教育時數的情形下,具有彌補教學不足的作用,就上表而言,至少持續至1944年初;此般研習活動原為週末下午,約自1943年左右,大抵選在夜間舉行,乃避免妨礙白天的勤勞動員,及躲避空襲,林宗毅憶及參與研習會的情景:[264]

> 我們放學後,晚上再到學校集合,於職員會議室拉下防空用的黑色掛布,雖然反覆聽見令人不快的警報信號,但我們沒首於古人的詩歌世界。會後揚起黑斗篷,踩著腳踏車,三三五五地歸去,在燈火管制下,全然黑暗的市區只有星光冷冷地閃爍著,研習會後充實的心情不知為何與悲愴的情緒複雜地交錯。

從拉下防空掛布,聽見警報信號,及燈火管制,可說教師教學熱情與學生學習態度甚是積極,然必須選擇如此補習授課方式,反映整體學

---

[263] 所澤潤(聽取り・解說・註)・張寬敏(口述),〈聽取り調査:外地の進學體驗(II)—台北一師附小、台北高校、台北帝大醫學部を經て台灣大學醫學院卒業—〉,《群馬大學教育學部紀要 人文・社會科學編》(44,1995年),頁172。

[264] 林宗毅,〈わが生活と讀書〉,《台北高等學校(一九二二—一九四六)》,頁341。

習環境不佳。

　　復參照學生日記（表 4-3-2），更可凸顯戰時教育的情形。[265] 由黃伯超「**晚上 12 點警報響起，綁綁腿前往本館，校長、教師及一部分寮外生，皆待機而動，兩點過後我被允許回寮，凌晨 5 點至 5 點半之間輪值看守**」，即未有真正空襲，但可能在白天或夜晚傳出空襲警報，此時校內及學校附近學生，急趨校內待機而行，且夜間輪流守夜，另於 1944 年 10 月 12 日「**早上 4 點空襲警報且持續，8 點到校，加入校內防衛隊**」的上述兩筆資料中，「輪值看守」、「校內防衛隊」，似說明學寮或校內有正式或非正式的防衛組織，此由昭和 19 年的學校一覽略可推知。該校於 1943 年 11 月，制定「台北高等學校特設防護團團則」，將既有「防空團」，改稱台北高等學校特設防護團，負責奉護御真影及教育敕語謄本，保護學生，保全貴重書籍資料，防護建物設施等四項目的，防護團下設警護隊、一般防火隊、機器防火隊、防毒防火隊四個小隊，[266] 空襲時黃伯超加入者，可能是當時校內的防空團或防護團組織。

　　不過，為何學生在空襲時選擇到學校躲避？既如學生所說，矗立在古亭原的台北高校，「**東、西有二排橫向校舍，中間由一條長廊銜接，如在空中鳥瞰，十分清晰可辨**」，[267] 在美軍轟炸時，應是容易辨別的目標，然如 1944 年 10 月，黃伯超已不住在七星寮，但空襲過後仍選擇到學校躲避，佐佐波也在 1945 年 1 月跑到學校避難。除了學校可能給予心理上的安全感，以及週遭有防空洞以外，似與曾經在台北高校任教的葛超智（George H. Kerr）有關。

　　葛超智於 1937 至 1940 年間，在台北高校擔任講師，負責英語會話，時與台籍學生頻繁來往並藉機認識台灣情勢，返美後在哥倫比亞

---

[265] 黃伯超與佐佐波昭二同為尋常科直升高等科，前者於 1943 年進入高等科理乙，後者於 1944 年進入高等科理甲。黃伯超日記對授課情形記載較多，佐佐波幾乎不記載而側重空襲、動員之內容，但兩者同樣是以日文書寫，亦非逐日記載的日記。
[266] 《台灣總督府台北高等學校一覽》昭和 19 年度，頁 211-212。
[267] 楊金妮，《台灣地質學先行者・王源》（台北：玉山社，2006 年），頁 50。

大學、美國國防部軍事情報總局任職，1944至1945年擔任美國海軍情報中心武官，曾編纂美軍的台灣佔領計畫。台北高校校內謠傳，葛超智在校任職過，因而不會引導美軍轟炸台北高校，不過，「**畢竟那只是謠言而已，我們仍是很小心，然而我們慢慢地發現到學校附近地區在一次又一次的轟炸中，絲毫沒有受到任何損害，有些比較謹慎的學生在空襲警報時，也不敢躲到防空洞中，有些甚至跑到（本館）三樓的屋頂上看轟炸的經過**」。[268] 王源回憶1945年5月台北大空襲時，學校教師告訴學生校內很安全，不會是空襲的目標：[269]

> 有很多高校老師從收音機短波得知許多確切的戰況消息，尤其教英文的老師，因為沒有語言障礙，能直接收聽到戰爭的真相，因此知道戰爭已打到末期，日本必定戰敗，更神奇的是他們竟然知道這次任務的指揮官曾是我們的師長，並且肯定他不會下令炸校舍。

意謂學校教師知道必然敗戰，且認為學校不會被轟炸。就此推知，此一「謠言」應是師生累積台北高校未受轟炸的經驗，猜想當時擔任美國軍事要務，曾在台北高校任職的葛超智有參與轟炸使然，然而，「**謠言到底從何而起，至今仍是一個謎，多年後，我把這件事告訴Kerr先生，他也不知所以然**」，[270] 其實美軍轟炸未必以學校為對象，然無論如何，學生來校躲避空襲而不受傷害，是為最好的結局。

　　因應空襲或防空而來，乃防護練習以及不得已的停課。由黃伯超日記中，學習「警防圖」或「三角巾使用法」，即因應戰時所需的防護練習而來。直接影響教學者，則為實際空襲、單純警報，或種種原因而導致教學中斷，1943年4月起，停課之日漸多，明確因警報停課者如1944年9月9日，至於美軍連續轟炸期間（1944年10月起），

---

[268] 鄭純宜主編，《被出賣的台灣：葛超智（George H. Kerr）文物展綜覽》（台北228紀念館，1999年），頁13、86。
[269] 楊金妮，《台灣地質學先行者・王源》，頁49。
[270] 蕭成美，〈一個小小的禮讚〉，《被出賣的台灣：葛超智（George H. Kerr）文物展綜覽》，頁13、86。

更不用說能正常授課。此般轟炸必定帶來相當的心理恐懼與傷亡,由新山茂人記事(終戰時尋常科),1945 年「**二月一日的深夜,連空襲警報的預報也沒有,美軍飛機撒下觸發性小型飛彈,一發命中我家,我父親右腳的第一、二指被割下……**」,[271] 可想像當時學童的心情,是如何地不安。

即使未因空襲而停課,也有各種勤勞作業或軍事訓練,如「**數日河邊掩體、構築作業**」、「**連續三小時的教練課,難以忍受**」,可知負擔不小,此由佐佐波昭二的日記更為顯著。1944 年甫入學的佐佐波,經常參與(或被動員)作業或訓練,其中 1944 年 8 月 21 日(至 29 日)的重機關槍訓練,一般是由體格強健者擔任(兩三個人才能抬起一把重機關槍),應是佐佐波體格較佳而被動員。另外,台灣總督府直到 1944 年 9 月,才開始對台灣人實施徵兵,此前台灣人軍事演習時,手持無法擊發的三八式步槍進行演練,應無操作實戰武器的機會。且值得注意的是,8 月 21 日當時,一年級的佐佐波參與重機關槍訓練,二年級的黃伯超參與河邊陣地的構築作業,此時正值暑假(7 月 27 至 8 月 31 日),[272] 意謂即使是放假期間,也可能被外部動員,縮短了自己可以利用的時間。

上述日記所顯示整體的教育與學習情形。首先,前述 1943 年高等科、尋常科同時調整課程規劃,減少學科時數,增加勞動與操練時間,經此變動後,如理乙的外國語,一年短少百餘小時的修習時數;整體課程教學大抵仍持續進行,只不過半日不授課的情形逐漸增加。其次,如黃伯超經常利用停課後的時間,閱讀感興趣的圖書,或複習課程內容、教科書等;進入 1944 年,尤其 10 月以來空襲頻繁,台北高校應有不少整日無法授課的情形,因此需依賴學生的自主學習,彌補學校教育的不足。

---

[271] 新山茂人,《私の太平洋戰爭日誌》(未刊),1945 年 2 月記事。
[272] 《台灣總督府台北高等學校一覽》昭和 19 年度,頁 25。

表 4-3-2：學生日記摘錄（1943.4-1945.1）

年	月	日	1943 年進入高等科（黃）	1944 年進入高等科（佐佐波）
1943	4	1	買德日辭典。	
		4	晚上12點警報響起，綁綁腿前往本館，校長、教師及一部分寮外生皆待機而動，我兩點過後被允許回寮，凌晨5點或5點半之間輪值看守。	
		5	加藤教授教警防圖。下課後向二理乙的人學習三角巾使用法。綁綁腿入睡。	
		6	三、四節的圖畫課停課，回寮看偵探小說，放學後又練習三角巾使用法到5點半。	
	6	10	第五、六節的圖學停課。到市區買書，民俗台灣35錢、苦兒流浪記3圓。	
	7	1	一、二節停課。跟二年級借圖學教科書。	
	9	18	買書，家有小孩1圓40錢，虎彥龍彥2圓。寫五藤大佐（配屬將校）的作業。	
1944	4	1		川俁隊勤勞作業
		9	出發到宜蘭作業	
		12		岡村隊勤勞作業
	5	9	非常地蒸熱，連續三小時的教練課，難以忍受。	
	6	29	抄錄名言「艱難是最好的教育」等。	
	7	22		從本日起在淡水參加作業
	8	21	數日河邊掩體、構築作業	重機關槍訓練，8點左右至教育隊，上午到下午持續進行眼鏡照準、裝填、預作演習等。下午3點開始侵入陣地、匍匐演習等等。重機關槍訓練至29日進行十次。
	9	6	本日上課僅上午兩小時	
		8	今日上課三小時，11點回宿。德文a開頭單字大致全部背下，已過百。	
		9	因警報的關係，第四堂停課，12點左右解除警報，下午2點前往圖書室練習微積分。松山機場被襲。晚上5人前往公會堂參加軍歌大會。	

年	月	日	1943 年進入高等科（黃）	1944 年進入高等科（佐佐波）
	10	10		8 點 20 分左右發布警報，暫時待機，經許可後回家，夜間管制嚴重。
		11		警報未解除，上午讀德語，下午讀微積分。
		12	習微積分。早上 4 點空襲警報且持續，8 點到校，加入校內防衛隊。	早上 3 點半突然發布警報令，匆忙躲進防空洞。早起擔任監視員。9 點過後出現大量敵機，松山機場、三張犁的陸軍倉庫、台北橋、松山鐵道工廠、淡水被轟炸。
		13	早上 7 點半發布空襲警報，一度本館避難，落彈時建物全體震動。	早上 7 點左右發警報，9 點半到 10 點半擔任監視員，10 點 20 分出現敵機，躲避，松山被轟炸。放火燃煙，糧食足夠兩個星期。
		14	早上 7 點多空襲警報，但無爆擊。構築砲陣地，決定全部掩體的位置。讀完草枕，瀧口入道讀一半。	早上 6 點開始燃煙，7 點 20 分發出警報，但敵機未出現而解除。
		15		下午警報 1 小時多就解除，收到作業的連絡。
		16		在川俣隊勤勞作業，行掩體補強工事，發警報但作業未停止。
		20		今天開始授課，體操競跑，下課後射弓。
	11	3		借德富蘆花集，夜晚讀書，為「黑潮」所驚。
		8		在双葉書店買高等物理學。
1945	1	3		發出空襲警報，赴學校躲避，敵機轟炸機場。
		9	5 點半起床預習 Robert Koch（柯霍），6 點半發布警報，持續空襲。	
		12	6 點起床，僅僅擦槍便離校。	11 至 12 日聯合演習。
		15	7 點起床，朝禮時警報響起，警報解除以前待在學校。明天可能有大空襲。	13 至 17 日進行降碳作業，第一次壓台車。
		18	級友多因徵兵檢查而缺席，約僅出席 20 名。	

註：1.1944 年暑假為 7 月 27 日至 8 月 31 日，寒假為 12 月 29 日至隔年 1 月 5 日。

資料來源：黃伯超日記（未刊）；佐佐波昭二，〈一年生當時の日記抄〉，《獅子頭山に雲みだれ》（台北高等學校一九四六年卒業同窓會，1998 年），頁 71-80。

二、學生對時局的反應

在此時局下的高校生，如何面對外界的局勢？是不得不關心的問題，第三章雖曾提及，1930 年代台北高校生有從內部逐漸順應社會的傾向，然順應社會與順應時局，應為不同層次的問題。高校生與時局問題，舊制高校研究者認為，以自由主義為基調的高校生，在日本逐漸向外擴張之際採取反戰的態度，但 1937 年日中戰爭爆發後，一反批判或反戰傾向，而採取順應時局的態度。[273] 但就台北高校的情形，應涉及多層複雜的面向。

（一）高校生對國家、時局的傾向

台北高校生大抵於 1940 年左右，確實有順應時局的情形。先於高等科設立初期，由日本導入的自由校風，或是學校主事者的作為，尚無引導學生支持戰爭的理由，時至 1940 年左右的畢業者回憶，當時多數教師抱持自由主義，抨擊總督府諸多政策（如皇民化、原住民政策），僅少數負責修身科、教練科教師，傾向軍國主義。此外，某新聘之極右派教授（德語科）使用希特勒演說集當教材，對學生影響較多，以及學校當局改變教育方針，皆為 1941 年之後的情形。[274] 易言之，1940 年以前，戰時氣氛雖有所增加，但學生的時局傾向，可說主要操之在己。

依據 1940 年底台北高校進行的讀書傾向調查，除愛讀書籍、矚目作家外，尚有一項「崇拜人物」的調查，此調查被特別註明「與讀書傾向沒有直接關係」。其結果為，五票以上者共 11 位，其中如野口英世、居禮夫人等四位為學者，分居 3、6、7、8 名，其餘七位先後是：希特勒（29）、西鄉隆盛（26）、楠木正成（12）、乃木大將（6）、拿破崙（5）、林肯（5）、墨索里尼（5）。其中希特勒、拿破崙、墨

---

[273] 高橋佐門，《舊制高等學校全史》，頁 956。
[274] 〈駒の足搔のたゆみなく〉，《台北高等學校（一九二二—一九四六）》，頁 78-80；王育德著，吳瑞雲譯，《王育德自傳》，頁 195-196；蔡錦堂、徐聖凱訪問，許武勇口述，2008.7.12（未刊）。

索里尼、乃木大將（乃木希典）等四人，可視為「戰爭英雄」，希特勒、墨索里尼更是時下戰場上的人物，楠木正成、西鄉隆盛則為「忠義」的崇敬。是就學生的崇拜人物觀之，似已呈現順應時局的傾向。但需加上但書者，乃崇拜人物一欄未填（64），或不明（6），以及填入「沒有」（38）的情形，佔總調查人數的四成（108/251），等於是放棄，或沒有崇拜人物。至於矢內原忠雄、內村鑑三等反戰、非戰論者，在兩項統計中皆榜上無名。[275]

概言之，雖然不少學生沒有崇拜對象，但一旦有崇拜對象的情形下，卻多數為戰爭英雄，或歷史上忠於國家的人物，而這是1940年底──極右派教授尚未來校，學校管制未猝然變動以前的調查結果。就此結果而言，台北高校生與日本高校生，似乎同樣在1940年以前，就出現了順應時局的情形，但嚴格的說法應該是，高校生所抱持批判或反戰的態度，在日本已然捲入戰爭情形下，因「面臨國家重大變局」、「背負日本未來」，逐漸改採順應的態度。此一轉變除了「愛國心」、「命運共同體」的理由外，反映被視為未來國家、社會領導者的高校生，在時局對應上所具有背負國家社會興亡為己任的性格。不過此處所謂「順應」（係指不抵抗），是否境於納粹主義、軍國主義的程度，或僅止於不抵抗的情形，有很大的差異，如1941、1942年某文甲班，因自由派教師塩見薰影響，大抵居於後者，文乙班則受極右派教授煽動，而「**納粹主義者輩出**」。[276]

（二）台籍生的國家認同

台籍高校生是否同樣地順應時局？這個問題首先牽涉台灣人面對殖民政府的態度。1927年台灣的社會運動，受左翼團體影響而分裂後，1930年有張麗旭為首的三名台籍高校生，因參加台灣共產黨外圍組織台灣文化協會的活動，遭受檢束，幸未被退學。[277] 張麗旭為台南

---

[275] 〈讀書傾向調查について〉，《台高》（18，1940.12），頁90-96。
[276] 王育德著，吳瑞雲譯，《王育德自傳》，頁196-197。
[277] 〈演說會の檢束騷ぎ〉，《台灣日日新報》10935號，1930.9.23，7版。

地方資產家張壽次子，1928 年入學理乙，1931 年如期畢業，進入東京帝大理學部後，繼續參與共產黨活動，1933 年因反帝國主義，並鼓吹台灣民族獨立，在東京被逮捕，[278] 為台北高校首見的激烈反政府者。1934 年與楊基銓同時入學的鍾和鳴，同樣熱心於台灣社會運動，楊基銓認為此人具有濃厚的民族意識，然在學期間突然消失，可能事出有因。[279] 此為 1930 年代前半，台籍高校生受社會思潮、台灣社會政治運動鼓舞，而出現的反政府傾向。

1936 至 1942 年間在校的邱永漢憶及，「**前輩的台灣人學生當中，打從心底憎恨日本統治，懷念祖國的人們不少**」，[280] 同為尋常科出身的許武勇亦言及，台灣人當中有所謂的「祖國派」（傾向蔣介石或共產黨），如郭琇琮，相當地尊敬蔣介石，對殖民政府採取反抗態度，曾搶奪軍庫而被日本士兵打傷。[281] 祖國派另如吳克泰，「**有強烈的中國民族意識，抗日思想濃厚，時常批判日本政府**」，1944 年假志願兵名目，充當大陸的日軍翻譯而投奔中國共產黨，鍾和鳴（即鍾浩東）從大學畢業後，與蕭道應共赴大陸，投入「祖國的抗日戰爭」。[282] 甚至有來自中國廣東的學生，選讀台灣人較多的理組，引介同窗給在台的反日人士。[283]

如上述抱持反日、抗日態度的祖國派學生似乎不少，另外，「非祖國派」的學生也對殖民政府抱持許多不滿。王育德回憶在 1942 年台灣人秘密集會的場合裡，與會者頻頻吐露反日言論而使其驚訝；[284] 此處「秘密集會」一般指 1933 年左右開始，台籍高校生每年秘密舉行的

---

[278] 〈台灣○○主義獨立運動者 張麗旭在京逮捕送局〉，《台灣日日新報》12016 號，1933.9.17，夕刊 4 版。
[279] 鍾和鳴在學期間消失，先是因罹患肺病，後傳聞總督府擬徵召通曉廣東話的客家青年，於是放棄在台求學，以同等學力考上明治大學。楊基銓，《楊基銓回憶錄》，頁 52；藍博洲，《幌馬車之歌》（台北：時報文化，2004 年），頁 44、51。
[280] 邱永漢，《わが青春の台灣 わが青春の香港》，頁 27。
[281] 蔡錦堂、徐聖凱訪問，許武勇口述，2008.7.12（未刊）。
[282] 藍博洲，《幌馬車之歌》，頁 35。
[283] 吳佳璇，《台灣精神醫療的開拓者──葉英堃傳記》，頁 73-74。
[284] 王育德著，吳瑞雲譯，《王育德自傳》，頁 199。

聯誼聚會，[285] 王育德聽見反日言論時相當驚訝，自己也認為，「**對於總督府推行的皇民化運動，我當然非常反感**」、「**在台南一中受到那麼悽慘的欺負，我不可能一點都沒有反日想法**」，對日本有很深憧憬的邱永漢，[286] 當時也「**對日本的殖民地支配抱持著不滿**」。[287] 另外一個集會地點是グロ寮，為台灣人寄宿之處，故可盡情暢言；柯德三閒暇之時，便到グロ寮與台灣人談論差別待遇，抒發不滿之情，[288] 黃伯超亦曾在グロ寮與台灣人談論內台問題。[289]

台灣人的「不滿」、「反日想法」可說是批判精神的展現，惟就批判內容觀之，只能說是台灣人民普遍受到差別對待，殖民政府施行皇民化政策，故而台籍生發出不平之聲，是為對時事的批判，未必表示在國家立場上抱持反日的態度。

台籍高校生的國家認同，另可由 1943 年以來的《杏》，及杏讀書會成員來觀察。杏最初的成立動機，因「**屢見日本人學生看不起台灣人學生，自己有決心與這等日人學生抗爭，起頭是與上一年的兩位先輩計畫去習台灣拳法，但是更希望努力唸書來成就精神力、學力，來超越日人學生的優越觀念**」，[290] 是以台灣人被輕視、差別為出發點。如此不滿日本人而組成的讀書會，《杏》內容卻有「日本是我的國家」之感。駱明正曾就《杏》部分篇章，討論其認同意識（identity），先說明皇民化下台籍醫師有人種意識曖昧的情形，再剖析張寬敏（創會者、總務之一）發表於《杏》第 1 號的〈台灣醫界論〉中，潛藏著「日本化的台灣人」意識，以及杏會員目的乃希望台灣文化、社會之提升，期待日本國家如同自己的國家（country）與民族（nation），而珍愛台灣如同自己的家鄉（hometown）。[291]

---

[285] 蔡錦堂、徐聖凱訪問，許武勇口述，2008.7.12（未刊）。
[286] 王育德著，吳瑞雲譯，《王育德自傳》，頁 199。
[287] 邱永漢，《わが青春の台灣 わが青春の香港》，頁 27。
[288] 柯德三，《母國は日本、祖國は台灣》，頁 154。
[289] 黃伯超日記（未刊），1943.7.2。
[290] 蔡錦堂、徐聖凱訪問，張寬敏口述，2008.8.17（未刊）。
[291] Ming-Cheng M. Lo, *Doctors within Borders: Profession, Ethnicity, and Modernity in*

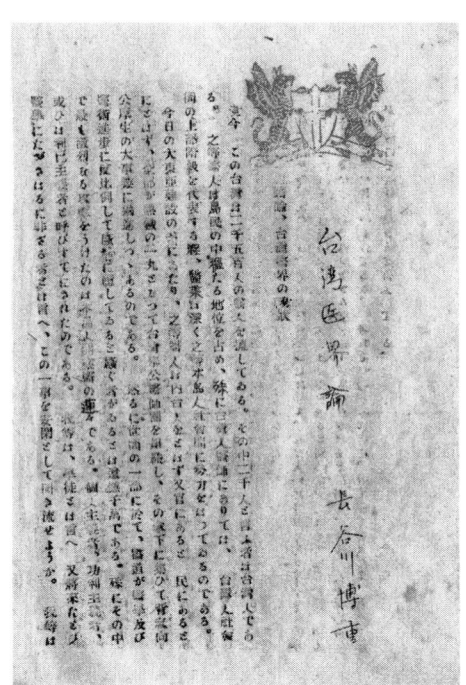

圖54：杏讀書會誌《杏》與張寬敏〈台灣醫界論〉。（張寬敏先生提供）

「日本為國家，台灣為家鄉」的意識，也存在於《杏》其他篇章，並充滿文化的「銃後奉公」之意味。賴襄南（另一名創會者、總務）在諸號的序言曰：[292]

> 戰爭日日益烈，國家要求學生者為何，大家應該都瞭解，在涉足戰場之日以前，我們是立於文化戰的第一陣線的知識人。

當下以文化發展為要務，且知早晚步上征途；另呼應於政治的大東亞統合概念，文化上「**將《杏》的發展，當做大東亞七億人類的發展**」、「**《杏》之中湧出大東亞的血，湧出民族的意志**」，《杏》與台灣的關係「**《杏》的目的為台灣文化的向上**」、「**提高、拯救（台灣）賴**

Colonial Taiwan（Berkeley, Calif.: University of California Press, c2002）, pp.141-145.

[292] 賴襄南，〈序〉，《杏》（6，1944.4），頁4-5。

廢的文化是什麼呢……那是思慕台灣的心，愛故鄉的心」。[293] 其序言裡的國家與民族，皆與擴張中的日本統合為一，而台灣是為故鄉。1944年2月，日軍在瓜加林島（Kwajalein，屬馬紹爾群島）的五千餘名士兵全滅，張寬敏寫作〈此般決心〉以誌之，日期為「**聽到馬紹爾群島六千同胞玉碎之日**」。[294] 張寬敏本為痛惡日本實行差別待遇的台灣人，但其顯露的民族認同，亦係以母國日本為中心，而此咸為戰時台籍高校生在杏讀書會時所發表。

質言之，戰時張寬敏、賴襄南等殖民地高校生，既是屬於日本國的台灣人，與日本國的日本人之間，已於國家為頂點之處相結合，其間的族群差距，在意識上往日本人的方向靠近。

此般不滿日本人差別對待，同時又認同日本為國家之間，並不全然矛盾，蓋如台北高校生等戰前接受高等教育的知識份子，除了中國、日本外，並無第三個國家選項，「**當時的台灣人分做兩派，一派祖國派，一派日本派，主張台灣獨立者很少，幾乎沒有，那是光復後二二八事件、白色恐怖出來的……**」；[295] 對非祖國派的台籍高校生而言，即使普遍存在被差別意識，以及潛在的祖國想像，但在國家認同上，乃靠近殖民母國，以杏會員的情形即是如此。此外更不用說是完全親日的台灣人，如郭宗波在戰時志願成為日本軍醫，「**他說『我們要成為日本人，犧牲生命也沒關係，讓日本知道我們台灣人的精神』**」，[296] 欲成為日本人，犧牲生命也在所不惜的極端之例。

如杏讀書會成員或郭宗波等認同日本國家者，在台籍高校生中所佔比例尚無法衡量，亦有如黃伯超等始終保持著緘默態度，從其日記內容，亦未顯現清楚的國家意識，而許武勇則為祖國派、日本派兩者皆不取。

---

[293] 賴襄南，〈序〉，《杏》（2，1943.8），序頁；同氏，〈序にかえて〉，《杏》（3，1943.9），序頁。
[294] 長谷川博重（張寬敏），〈この決意〉，《杏》（6，1944.4），頁5-6。
[295] 蔡錦堂、徐聖凱訪問，許武勇口述，2008.7.12（未刊）。
[296] 蔡錦堂、徐聖凱訪問，許武勇口述，2008.7.12（未刊）。

（三）知識人的本性

　　然國家認同與支持戰爭之間，不全然是相等的關係，即使是日本人，如泉新一郎，乃從後被加鞭，不得不走向戰場，心裡完全沒有打仗的念頭，[297] 被徵調前線而戰歿的教師山地清（亦台北高校畢業），亦為極端反對日本軍國主義者，[298] 杏讀書會的台灣人，即便支持日本國家，也未必希望投入戰場的殺伐，[299] 許武勇則是「**希望世界上沒有戰爭，世界大同**」。[300] 但有畢業生認為，全校係採反戰態度，可能言過其實，如堀之內久俊等三名受國家徵召後，加入神風特攻隊，以自殺攻擊身亡者確實存在；[301] 然大抵而言，在戰爭不得不然的情形下，多數皆希望日本勝利，而順應、配合著時局所需，惟自身並不欲加入戰場。原來接受高等教育者，可貢獻國家之物為其知識與學養，而非陣前的征伐，一般高校生雖敏於時事，往往首當其衝，然戰爭咸違反其所經歷的自由風氣與人文教養洗禮，是以即使是受時局鼓動，振而投筆從戎者，或者被動受徵召者，一旦投身軍隊，經常出現難以適應的情形。此般破帽與軍帽間互斥的情形，由1943年12月台北高校在校生陸續出征後，可以得見。

三、台北高校生的軍事徵召

　　1943至1945年8月戰爭結束以前，在校生依被徵召的情形分為三個階段，先是文科生出征（1943.12-1945.3），繼而全校軍隊化（1945.3-1945.8），未滿徵兵年齡者以第二國民兵役動員之（1945.3-1945.8）。

---

[297] 泉新一郎，〈入學から入營まで〉，《台北高等學校（一九二二—一九四六）》，頁350。
[298] 〈駒の足搔のたゆみなく〉，《台北高等學校（一九二二—一九四六）》，頁77。
[299] 張寬敏對台灣的大學理工農醫學部學生被徵調感到憤慨，希望如醫學部的台灣人可以完成學業之後再當軍醫。蔡錦堂、徐聖凱訪問，張寬敏口述，2008.5.4（未刊）。
[300] 蔡錦堂、徐聖凱訪問，許武勇口述，2008.7.12（未刊）。
[301] 堀之內三夫，《開聞岳を後にして》（東京：堵南舍，1993年），頁10-11、56-57。

（一）文科生出征（1943.12-1945.3）

原「兵役法」規定，高校高等科生於22或23歲以前得緩徵，大學學部學生除醫學部外，至24或25歲以前得以緩徵，緩徵最高年齡視出生時間而定（1939年部分改正）。依此規定，高校二年級生除重考、休學、留級等情形外，年齡一般在18到19歲之間，即使年紀較大者，多半仍在緩徵範圍內。然1943年10月發布「在學徵集延期臨時特例」（敕令755號），除大學理農工醫學部、高校理科外，取消緩徵召，因此一般符合徵兵年齡20歲的高校文科生，接受徵兵檢查後隨即入營。如河村武亮原應於1944年9月畢業，因為重考過兩次，1943年10月已滿20歲，即使尚在學，同年12月仍被徵召入營，成為台北高校首批學徒出陣者。

首批學徒出陣者，咸以最低階士兵身分進入軍隊，直接經歷戰爭洗禮，例如：[302]

> **河村武亮**——1943.12.10佐世保第二海兵團，1944.2.1橫須賀海軍對潛學校，成為海軍兵科預備學生（預備士官），1944.12.15赴佐世保防衛隊，擔任水測士兼航海士，9天後向美軍出擊，所屬船艦被擊沉，獲救，返佐世保防衛隊，1945.2赴鹿兒島山川防衛所，及至終戰。

> **高橋健二**——1943.12.1台灣鳳第十部隊，擔任補助憲兵，接受教育訓練後進入東港分遣隊佳冬分駐所，職務為搜捕間諜、俘虜管理、處理死屍等，經歷1944年10月台灣沖航空戰。

一般中等學校以上即將被徵召者，多先報考陸海軍預備學生，或甲乙種幹部候補生，通過測驗後接受訓練，可成為士官或下士官。然首批學徒出陣之前，高校生未預期突然被徵召而無投考機會，入營時咸為最低階士兵。河村武亮原應於1944年12月25日從海軍對潛學校畢業，

---

[302] 河村武亮，〈軍隊生活〉，《椰子樹會報》（10，2001.2.1），頁2-11；高橋健二，〈萬年一等兵の記錄〉，《椰子樹會報》（10，2001.2.1），頁12-15。

成為海軍少尉,但畢業前數日向美軍出擊,獲救後回到佐世保防衛隊,是否成為海軍少尉並不清楚,高橋健二則始終擔任低階士兵;另如山田一彥為1943年12月入營,1944年3月通過特別甲種幹部候補生測驗,應入預備士官學校,惟感染傷寒而入院,1945年初才入校,擔任見習士官。[303] 質言之,接受高等教育者以二等兵、一等兵等低階士兵身分出入前線,為最早入營者的普遍情形。

1943年12月發布「徵兵適齡臨時條例」(敕令939號),徵兵年齡提前為19歲,使1943年12月1日至1944年11月30日間年滿19歲者,須依「兵役法」規定入營,依此令,台北高校原訂於1944年9月畢業(第18屆)的文科生,乃全數入營。繼於1944年10月,原訂1945年3月畢業(第19屆)的文科生亦幾乎全數入營,[304] 結果第18、19兩屆文科生先後離開校園。

就第19屆文科生入營情形觀之,既然將於1944年9月入營,學生先後參加海軍翻譯要員甄選,及幹部候補生、預備學生考試。先是日本海軍通知台北高校,欲募集翻譯要員(暗號人員),條件是需要提前入隊,可持續半年以上勤務,被採用者於翌年進入部隊後,優先以預備學生採用;對學生而言,既知早晚要入營,不少學生便參與甄選。結果該屆有25名高校生通過測驗,6月入海軍受訓,從摩斯號碼開始進行基礎教育,達到製作暗號,解讀暗號後,大多被分配到高雄,其他數名在馬公、台北、新竹、東港的海軍基地。未接受海軍徵募者,於9月入營,其中多數通過測驗,獲得特別甲種幹部、預備學生資格,先集體在淡水挖防空壕,之後幹部候補生、預備學生資格者,進入島內其他部隊,再分派到日本與旅順等地受訓。而接受海軍徵募者於1945年1月結束動員,2月1日進入各部隊。然而,在畢業以前便進入軍隊,其學歷資格及大學入學問題如何解決?結果是全數自動畢業,

---

[303] 山田一彥,〈學徒出陣の苦勞話〉,《椰子樹會報》(10,2001.2.1),頁16-20。

[304] 19屆文科生僅少數幾名未入營而得升大學,惟進入大學之初應該即刻被徵召。〈文の林に分け入りて〉,《台北高等學校(一九二二—一九四六)》,頁105-106。

獲得高等學校高等科畢業資格，其大學志願由班導師參考在學成績來決定，教師填寫一、兩個志願後，提出申請文書，學生毋需參加升學測驗。[305]

另外，1944年9月台灣總督府開始對台灣人實施徵兵，19屆文科的台灣人首當其衝，最先被動員者為葉英堃。葉英堃為首批台灣人徵兵者中學歷最高的一位，因而被推派在台北公會堂，代表全體台灣青年，向台灣總督安藤利吉宣誓「感謝」與「效忠」。他在1945年3月入伍，歷經短暫顛波後，編入關東軍移防台灣的命軍團，屬其旗下之軍旗小隊，負責收集敵軍情報、擾亂作戰、安撫民眾等。[306]

文科生被動員期間，台北高校的理科生因緩徵召而持續學業，然至1945年3月全校軍隊化，不論台日人或文理科生，一概未經徵兵檢查，全數隸屬大日本帝國陸軍一三八六二部隊的一員。

（二）全校軍隊化（1945.3-1945.8）

1944年9月，隨著琉球第三十二軍隸屬台灣軍，台灣軍改稱「第十方面軍」，負責防衛台灣、琉球，第十方面軍編成五個師團，六個獨立混成旅團，另成立多個特設警備大隊。台北高校生含校內附設臨時教員養成所學生，屬台灣獨立混成旅團「敢一三八六二部隊」（簡稱一三八六二部隊），該部隊由台北高校、台北高商、台北一中、台北三中學生組成，下設第一至第五中隊，另遴選各校精壯者，進入重機關槍中隊（重機中隊），台北高校生分屬該部隊的第一、第五，及重機中隊：[307]

---

[305] 中津川武郎，〈二年たらずの高校生活〉，《台北高等學校（一九二二－一九四六）》，頁354-361。
[306] 吳佳璇，《台灣精神醫療的開拓者──葉英堃傳記》，頁76-81。
[307] 〈第十方面台灣軍編成資料〉，《しょうへい》（舊制台北高等學校昭和一九年入學生・昭和二〇年入學生，1996年），頁135-138。

中隊	學校	組成	最初兵營
第一中隊	台北高校	文科，理甲二組與理乙的一、二年級生	普通教室
第五中隊	台北高校	尋常科四年級，理甲一組的一、二年級生	七星寮
重機中隊	各校組成	第一小隊台北高校 第三小隊台北高校、高商混合	

3月20日學生入隊後，第一中隊以普通教室為「兵營」，第五中隊以七星寮為兵營，除了重機中隊編成後隨即離開台北，多數留在學校日夜訓練，挖防空壕。穿著縫有一顆星的陸軍襦袢（上衣）、長褲（寬鬆而近於工作褲），腳踏膠底鞋的高校生，成為速成的陸軍二等兵。[308]

經歷10天左右的學校軍隊生活，4月1日美軍從琉球嘉手納、讀谷海邊上陸，一三八六二部隊緊急往北海岸移動，屯駐八里庄（今淡水八里），以阻止美軍登陸。學生日夜在海岸邊挖掘「蛸壺」（可一個人藏身或攻擊的地洞）與戰車壕的陣地工事，作戰所需裝備，僅有不能擊發的三八式步槍以及短劍。[309] 5月初，部隊渡過淡水河，從新北投穿越硫磺谷，分別屯駐於陽明山、七星山、大屯山等地，行徒手訓練、持槍訓練，特別是美軍登陸時的爆破練習，於竹竿尖端掛著圓錐形炸彈，躲在蛸壺裡等戰車經過時爆破之。[310] 多數學生在這裡直到終戰，另有24名於7月轉往破竹二一〇〇二部隊的速射砲（反戰車砲）小隊。[311]

（三）未滿徵兵年齡者擔任第二國民兵役（1945.3-1945.8）

一三八六二部隊編成時，全校僅尋常科三年級生，共40名未編入。因1944年起尋常科不再招生，1945年全校總動員時，尋常科僅

---

[308] 膠底鞋易於磨損，台高生從八里庄開始穿著自製的草鞋。上井良夫，《七星が嶺に霧まよふ》（編者，1996年），頁4。
[309] 〈二等兵物語〉，《私の太平洋戰爭日誌》，不著頁碼。
[310] 上井良夫，《七星が嶺に霧まよふ》，頁12-14。
[311] 倉員嘉郎，〈破竹二一〇〇二部隊 速射砲小隊〉，《對の大屯　わらしが館》，頁102-107。

剩三年級、四年級各一個班級，此時四年級最低年齡為16歲，三年級最低年齡15歲，若依照1944年「兵役法施行規則改正」（陸軍省令第45號），將17歲以上編入兵籍，則尋常科四年級生應有不需編入部隊者；然四年級整班編入一三八六二部隊第五中隊，該部隊甚至另有未滿15歲的中學生被編入，[312] 意味著1945年徵召學生入隊，可能出現違法召集，且實際陷入混亂的情形。[313] 年齡未滿17歲者，如尋常科三年級生為15或16歲，則依照1944年「陸軍特別志願兵令改正」（敕令594號）及同日改正令，得將14歲以上未滿17歲者編入第二國民兵役，接受防衛召集，依此令，尋常科三年級未隨一三八六二部隊出征而留校，不過仍有接受防衛召集的義務。

這群15、16歲的尋常科三年級生，即使未隨同出征，亦處於勞動與軍事訓練當中，且最後加入了一三八六二部隊。因空襲頻繁，該班成為校內防衛空襲的必然成員，曾於講堂前接受幫浦滅火訓練，另有一週七星寮集宿訓練，白天進行軍事練習與勞動，晚間在教室拉下防空用的黑幕，行3小時左右的授課，其他時間便是製作防空壕，挖蛸壺。5月14日全數前往八里庄行動員作業三週，最末於7月加入一三八六二部隊，及至終戰。[314]

質言之，1943年12月文科生陸續出征並參與戰鬥，1945年3月全校加入陸軍行列（尋常科三年級生7月加入），乃脫離校園而立於陣前。除了學生以外，另有五名年輕教授同樣進入一三八六二部隊，配屬中隊長底下指揮班，可能借重管理學生經驗而召集入隊；惟被召集者全為文科系教授，包括犬養孝（國語）、高峰一愚（哲學）、木藤才藏（國語）、小山捨男（英語）、瀧澤壽一（德語），[315] 與學生

---

[312] 上井良夫，《七星が嶺に霧まよふ（補遺）》（編者，2003年），頁10。

[313] 學生兵徵兵年齡問題，參見高橋英男，《台灣における『學徒兵』召集の實態とその法的背景》（作者，1998年），頁138-139、150、164。

[314] 稻場安〈先輩方留守中の出來事〉、下村忠行〈青春の八里庄〉，《はるかなり わが台高—六〇年前の出來ごと》（舊制台北高校しょうへい會，2005年），頁20-23。

[315] 參見一三八六二部隊名簿，《對の大屯 わらしが館》，頁154-157。

同樣為二等兵，需一同在工地中勞動，接受低出身、低教育者的指揮。

一三八六二部隊雖未真正參與戰鬥，但知識份子成為陣前兵卒，所承受的負擔與衝擊可想而知；畢業生在戰後編輯數多的戰時回憶文集，包含不少軍中生活甘苦談，其中高校生難以適應者，大抵包括將官欺凌、衛生惡劣、疾病感染、食物欠乏（營養不足）以及死亡威脅，[316] 以蘇仲卿的情形，是挨過四個多月極端營養缺乏日子之後罹患瘧疾，被扛進今天板橋國小的臨時陸軍醫院，出院時已經失去入伍時體重的三分之一，[317] 教授犬養孝則言，「犬養二等兵」為其一生當中最不想回憶的時期。[318]

學習上值得一提者，乃自學風氣仍勉強維持著。入營期間，大原一三曾言：「**不論我們的生活、言論、自由如何被束縛，思考的自由決不能被束縛**」，[319] 夜晚熄燈後，在窗邊讀著岩波文庫的書籍，[320] 伊藤圭典回憶大家都帶了很多書入營，彼此間互相交換，自己至少讀了《德國戰歿學生的備忘錄》、《三太郎日記》、《少年維特的煩惱》、《綠之蔭》、《祖母》、《科學與人類生活》、《不滅之魂》、《窄門》、《科學精神講話》、《怪談》等十餘冊，[321] 呂燿樞也是帶著岩波文庫為主的藏書，與高年級生交換，有閒時便讀著；[322] 概岩波文庫本受學生歡迎，且袖珍版型易於攜帶，因此學生大多選帶岩波文庫入營。文學活動尚微露一絲曙光，王萬居、洪祖培、王源、周隨土等配屬於重機關槍中隊的台灣人，在軍隊生活中，寫著隨筆、詩、和歌、俳句等，

---

[316] 相關資料相當豐富，擬待日後追述。
[317] 蘇仲卿，〈我與台大農化系〉，《從帝大到台大》，頁262。
[318] 正本昭二，〈台高くずれ〉，《自治と自由の鐘が鳴る》，頁133。
[319] 林成德，〈四題〉，《獅子頭山に雲みだれ》（台北高等學校一九四六年卒業同窗會（理科），1998年），頁59。
[320] 上井良夫，《七星が嶺に霧まよふ》，頁8。
[321] 伊藤圭典，〈台北高等學校の一年間〉，《しょうへい》，頁20。
[322] 所澤潤（聽取り・編集・解說・註）・呂燿樞（口述），〈聽取り調查：外地の進學體驗（Ｖ）石光公學校から、台北高校尋常科、同高等科、台北高級中學を經て、台灣大學醫學院卒業〉，頁243。

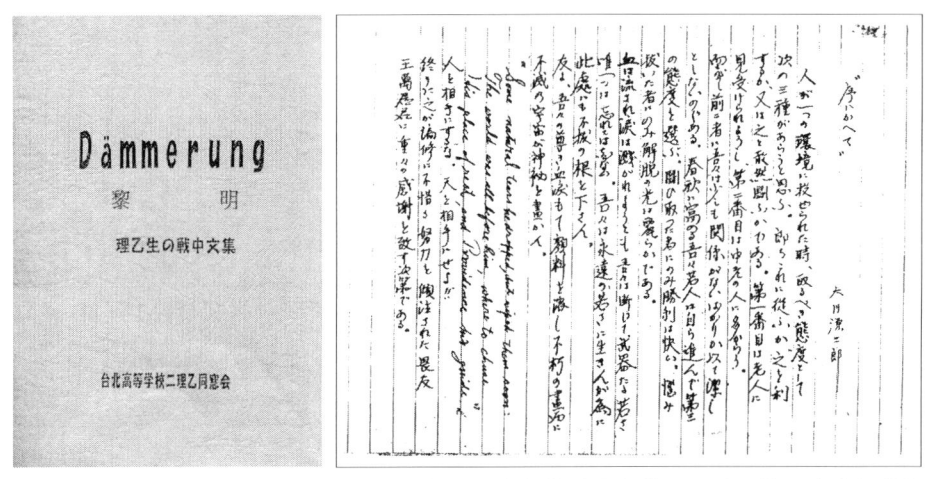

第四章 成為準帝大生──入學、教育與學習 | 233

圖 55：《Dämmerung》，為戰時台灣人在軍隊中創作的文學作品。（王萬居先生提供）

戰後復刻為《Dämmerung》（黎明）。[323] 1945 年黃伯超從高校畢業進入台北帝大，學生兵期間的日記還記載著，在五股山上逐日記錄火星移動的情形，[324] 咸為戰時展現難能可貴的求知精神。

日治末期，學生在戰事中度過嘈雜不安的高校生活，為時代變局下被迫選擇的結果。1945 年 8 月 15 日戰爭結束，8 月 29 日全校解除徵召，學生出征期間（1943 至 1945 年）有四名高校生死亡，全為文科生。總計 1937 至 1945 年間，台北高校在學生及畢業生直接戰死（如神風特攻隊的堀之內久俊），或間接因戰事影響（如鹿野忠雄），死亡者共 121 人，包括 72 名文科生，49 名理科生，均無台灣人，[325] 佔全部日籍畢業生人數 6%，折損率不可謂不低。

1945 年 9 月 10 日學校恢復授課，11 月 30 日台北高校改名為「台灣省立台北高級中學」（台北高中），學生感嘆學制轉變後，高校生

---

[323] 蕭柳青，〈食いものの恨みは忘れない〉，《對の大屯 わらしが館》，頁 108。
[324] 黃伯超日記（未刊）。
[325] 〈同窗生戰歿者〉，《蕉葉會名簿》創立 85 周年記念版（蕉葉會，2007 年），不著頁碼。

淪為高中生，專科生反進入大學先修班，成為準大學生：[326]

> 因為學制轉換，舊高商與醫專編入國立台灣大學的前期二年級，在學生成為大學生，但本來應該更為優位的高校生，變成了高級中學生，這是因為中華民國政府沒有好好理解日本的學校制度。

學制差異下的轉變，也在報紙頭版報導了：[327]

> 中日學制不同的關係，台北高等學校要被改作高等中學了，尚有大學預科和醫專，都是要編入大學先修班。向來的高等學校是進入大學的登龍門，學生們是頂呱呱的優秀份子，而今好像是迷途的羔羊一樣，怪不得他們要急躁、焦慮。

台北高中成立並接手台北高校尚未畢業的學生，應屆畢業生則於1946年3月，以「昭和二十一年三月以前持續在學，修畢所定課程」之條件，取得「台北高等學校仮卒業證書」（臨時畢業證書）之畢業資格，尋常科四年級生取得「尋常科四年課程修了證明書」返日，日籍未畢業生則編入日本各高等學校，或在戰後不安的環境下放棄學業。[328]

---

[326] つねあきお，《台灣島は永遠に在る 舊制高校生が見た一九四五年敗戰の台北》（東京：堵南舍，1990年），頁173-174。此處「國立台灣大學的前期二年級」，應指台灣大學先修班及醫學專修科；而日本舊制高校在戰後咸成為新制大學。
[327] 〈熱言〉，《民報》26，1945.12.10，1版。
[328] 竹內昭太郎，〈最後の仮卒業證書〉，《台北高等學校（一九二二—一九四六）》，頁364-366；新山茂人，〈勇士どもが夢のあと〉，《蕉葉會報》（65，1992.12.1），頁11。

終　章

知識菁英與近代台灣

設置於殖民地的台北高等學校，經歷了日本統治中後期，以 25 年的生命告終，原被期待成為國家、社會的菁英養成機關，因戰後改制而夭折；然於此培養出身者的日後發展情形，關係著知識份子與國家社會之間，如何交互影響的問題。以時代變遷觀之，日治中後期誕生的台北高校生，至少經歷高等科三年，大學三至四年而完成高等教育過程，之後便已屆日本統治後期，甚至政權已然轉換，意味著經由台北高校─大學所培養出來的高知識份子，可能尚未發揮以前，便面臨了時代變局。雖有不少台籍畢業生，在戰前或戰後取得不小成就，但若考慮戰前台灣為殖民地，戰後台灣的體制與政權改變，其成就是否如當初所預期，可能不無疑問。

　　另一方面，舊制高校被期許為培育指導國家社會人才的培養皿，係自高等學校制度創設之始，被當作「養成足以左右社會思想者之處」（森有禮）而經營之，戰時的高校教育，更直接將培養成為國家「指導性人物」，列為首要教育方針（1942 年文部省訓令第 7 號），而高校生亦普遍自持著「既為知識人，須為所有的人們……」（王育霖語）般的菁英意識，對於自身當貢獻之處，無疑地抱有一份使命感，此乃經歷舊制高校教育者，所特有的精神樣貌。

　　此般菁英意識，與近代台灣之間可能存在什麼樣的關係？本書最末以台籍高校生的發展為中心（輔以日籍生為對照），從家庭背景，大學選擇，經歷戰前、戰後發展之生命歷程，瞭解台籍知識菁英與近代台灣之關係。

第一節　台灣菁英的塑造與發展

　　能夠擠進台北高校的窄門，進而獲取高學歷資格，除了努力以外，也要有其它條件相配合，特別跟出生環境所賦予的條件有關。原舊制高校在日本成立之初，以士族子弟出身佔絕大比例，士族子弟接受高等教育，累積其發展條件，再轉化成為社會新中產階級，中產階級以上出身者，逐漸成為舊制高校生的主要出身家庭，1930年代中期以降，如第一高等學校中產階級以上家庭，便佔 90% 之絕高比例。[1] 台北高校日本人的出身家庭應不外於此，但在殖民體制下，以管理階層者居多，雖無正式統計，由同窗間屢述高官子弟不少，[2] 他如教授、警察、實業家子弟相當多，便可推知一二。

　　舉例如金子正久、金子光久、金子三郎兄弟的父親，為州會議員、律師（金子光太郎），吉岡博雄之父是台北州知事（吉岡荒造），三卷弘正父為府評議會員、會社重役（三卷俊夫），近藤丹四郎養父是北警署長、州會議員（進藤滿夫），今澤正雄與今澤五郎之父為警察署長、警務課長（今澤正秋），倉岡圭二郎與倉岡周南夫之父為台北醫院長、市會議員、學校長（倉岡彥助），阿部宗明父為視學官（阿部文夫），若槻哲雄父為視學官、學校長（若槻道隆），谷村愛道父為殖產局技師（谷村愛之助），竹內昭太郎父為專賣局副參事（竹內文藏），八田泰雄父為總督府技師（八田與一），佐佐波一郎與佐佐波昭二之父為遞信部長（佐佐波外七），上瀧淳父為法院檢察官長（上瀧汎），井手孟雄養父是總督府土木局營造課長（井手薰），大里新太郎父為地方法院長（大里武八郎），池內正次父為高等法院院長（池內善雄），姉齒量平父為台北高等法院判官（姉齒松平），桑原正雄祖父為新竹州協議會員、新竹街長（桑原佐一郎），松本真三父為總督府技師、出張所所長（松本虎太），深川吉郎父為總督府遞信部長、

---

[1] 竹內洋，《學歷貴族の榮光と挫折》，頁 166-190。
[2] 〈台北高等學校II〉青春風土記 113，《週刊朝日》3147 號，1978.9.15，頁 65。

文教局長（深川繁治），小見山大輔父為總督府鐵道部課長、技師（速水和彥），森田保養父為總督府警務課長、學務課長（森田俊介），吉岡英一父為總督府地方理事官（吉岡英吉），白勢玄一父為總督府交通局長、鐵道部長（白勢黎吉）等。

又如實業界，土居二郎與土居襄的父親，是華南銀行董事（土居才吉），稅所重治與稅所篤行之父為南興公司監事、總督府專賣局技手（稅所重雄），吉川輝與吉川昇之父為森永製品台灣販賣株式會社董事（吉川榮次郎），荒井涉與荒井澄夫之父為台灣銀行董事（荒井賢次郎），辻本大輔父為台灣產業株式會社社長、台灣瓦斯株式會社社長、台灣炭業株式會社董事（辻本正春），住吉勇三父為營建業住吉組主、協議會員（住吉秀松），林一郎父為台南林百貨創辦人（林方一），竹腰宏與竹腰秀邦父為竹腰商店社長（竹腰進一），原田歲久父為台灣儲蓄銀行董事長（原田歲壽），吉田嘉一父為台灣銀行副社長（吉田勉），柏熊莊平父為鐵道飯店董事、台灣製紙株式會社等重役（柏熊福太郎），近藤敏夫父為台灣總督府酒賣捌人理事兼組合長、協議會員（近藤勝次郎），松岡洋一郎父為台灣新聞社社長（松岡富雄），前田昌之父為台灣日日新報社株式會社秘書課長（前田莊吉），泉新一郎父為知名記者、評論家（泉風浪）等。

教授、校長的子弟相當多，如素木洋一的父親，是台北帝大農學部教授（素木得一），神田信夫與神田孝夫之父為台北帝大文政學部教授（神田喜一郎），移川丈兒父為台北帝大文政學部教授（移川子之藏），森礼於父為台北帝大醫學部教授（森於菟），金關毅父為台北帝大醫學部教授（金關丈夫），小田稔、小田滋之父為台北帝大醫學部教授（小田俊郎），河石浩父為台北帝大醫學部教授（河石九二夫），橫川宗雄父為台北帝大醫學部教授（橫川定），於保義彥父為台北帝大醫學部教授（於保乙彥），小山弘文父為台北高校英語科教授（小山捨男），下村覺父為台北高校校長（下村虎六郎），下川逸雄父為台北高校校長（下川履信），加藤敬太郎父為台北高校數學科教授（加藤平左衛門），嶺脇浩父為台北高校數學科教授（嶺脇四郎），

市瀨修父為台北高校德語科教授（市瀨齋），新井愛彥父為台北高校礦物科教授（齋藤齋），西田越郎父為台北高校德語科教授（西田正一），庄司久孝父為台北高校歷史科教授（庄司萬太郎），塩月糾父為台北高校圖畫科講師（塩月桃甫），大浦浩文父為台北高校漢文科教授、台北師範校長（大浦精一），春田浩父為台北高校國語科教師、台南一中校長（春田重之），東嘉生父為小學校長（東八郎），野田幸雄父為台中高等農林學校校長（野田幸猪），佐多誠之父為開南商工學校校長（佐多萬之進），近藤圭二父為基隆高女校長（近藤廉三）等。[3]

應可認為日籍生多為中上階層的家庭，另父親職業為地方警察的也不少（有馬元治、堀之內久俊等），嘗見一日籍生因貧困免除學費，又自己賺取生活費之少見案例，惟係因父親沉溺喝酒與賭博使然，非真正的清寒之家。[4]

台籍生的家庭環境也不差，有世家大族出身者如林宗毅（板橋林家）、顏滄波、顏滄浪（基隆顏家）、辜振甫、辜寬敏（鹿港辜家）、王育霖、王育德（台南王家）等。但應該注意學生出身家庭，與家長所受教育之間的密切關係，家長教育背景尤以國語學校與醫學校居多。論者指出，清代社會領導階層進入日治時期，使其子弟接受新式教育，具備更佳的條件延續其家世與地位，而日治初期設立的國語學校與醫學校，尤為新社會領導階層的搖籃。[5] 若由人物誌整理台籍高校生親族之學經歷（**表 5-1-1**），日治前期進入國語學校或醫學校者，其子弟不少經由日治中期成立的台北高校，而進入高等教育階段，意味著台籍高校生的上一代，使下一代透過新式高等教育，累積其發展條件，至於上一代的職業，多屬於地方重要實業家或資產家：

---

[3] 〈台灣二世〉，《愛光新聞》7-31號（1955.4.1-1957.4.1）。家長職業參考台灣新民報社編《台灣人士鑑》（台北：該社，1937年）與興南新聞社編《台灣人士鑑》（台北：該社，1943年）。
[4] 江夏弘，〈高等學校時代の生活を回顧して〉，《回顧‧五十年》，頁58-63。
[5] 吳文星，《日治時期台灣的社會領導階層》（台北：五南，2008年），頁83-164。

表 5-1-1：人物誌所示台籍生及親族學經歷

屆	姓名	大學	職業所在地（1941年）	親族	親族學歷	親族職業
1	劉興文	台農	台灣總督府米穀檢查所	父·劉克明	國語學校師範部	台北一師、北三女囑託
2	曹欽源	東文	東洋大學	父·曹丁波	漢學	會社重役、地方協議會員
	宋進英	東法	東京帝國大學大學院	父·宋瑞昌	國語學校師範部	會社重役、地方學務委員
	蔡章麟	東法	神戶地方裁判所	父·蔡彬淮	漢學、國語傳習所	州協、信用組合幹事
	朱華陽	東經	北支開發株式會社調查局	父·朱四海	漢學	保正、地方稅務調查、協議會員、會社重役
	魏火曜	東醫	赤十字台北支部醫院	父·魏清德	國語學校師範部	報社記者、州協
	蔡陽明	名醫	台南開業醫	父·蔡超		信用組合長、醫師
3	許乃邦	京法	近藤法律事務	父·許嘉種	台南師範學校	昭和信託專務取締役
	賴雅修	東北工	東邊道開發會社特殊鋼試驗工廠	父·賴金圳		會社重役
4	黃際沐	早法	廈門高等法院	父·黃福成	漢學	廈門台灣居留民會議員、會社重役
5	范炳耀	京法	廣東治安維持會	父·范寶勳	國語學校國語部	州協、市協、會社重役
	廖貴英	九醫	台北帝大醫院澤田內科	父·廖富淵	漢學	會社重役
	葉炳賢	東工大	台灣總督府工業研究所	祖·葉有全	總督府醫學校	台北開業醫
6	黃繼圖	京法	台南律師	父·黃旺成	國語學校師範部	公學校、台灣新民報社、會社重役
	黃得時	台文	興南新聞社編輯局	父·黃純青	漢學	區長、庄長、信用組合長、州協、府評
	李子賢	京法	新竹律師	父·李良弼	國語學校師範部	市議會員、公學校、街協
	郭幼柏	京農	勸業銀行台北支店	父·郭廷俊	國語學校國語部東京專修大學經濟科	府評、州協、東洋協會專門學校講師、台灣商工學校講師囑託
	魏炳炎	東醫	東京帝大附屬醫院	父·魏清德	國語學校師範部	（同第2屆魏火曜）
7	黃明發	京經	展南拓殖株式會社	父·黃維生	漢學、日語速成科	壯丁團團長、參事、州協、府評、會社重役
	翁廷藩	台醫	台北帝大醫院小田內科	父·翁瑞俊	台北醫專	開業醫

屆	姓名	大學	職業所在地（1941年）	親族	親族學歷	親族職業
	蕭雲嶽	熊醫	台北帝大醫院 澤田外科	父・蕭祥安	國語學校師範部	律師、法院通譯、府通譯
	朱彩陽	長醫	長崎醫大醫院 影浦內科	父・朱四海	漢學	（同第2屆朱華陽）
	李祐吉	熊醫	熊本醫大醫院 今永外科	父・李春盛	漢學、國語傳習所	保正、庄協、州協、信用組合長
8	洪遜欣	東法	岡山地方裁判所	父・洪火煉	公學校	州協、信用組合長、會社重役
	顏滄波	台理	台北帝大理農學部	父・顏國年	漢學、經書	府評、實業家
	蔣松輝	長醫	上海日本近代科學圖書館	父・蔣渭水	台北醫專	民眾黨幹部、醫師、社會運動家
9	王祖濤	台農	台大理農學部附屬農場	兄・王祖派	總督府醫學校	醫師、信用組合理事
	陳漢升	長醫	長崎醫大醫院 影浦內科	父・陳展勳	公學校	庄協、會社重役
	陳定松	台醫	台北帝大醫院 小田內科	父・陳增福	國語學校師範部、明治大學法律科專門部	律師、國語學校訓導、市協、州協
	葉炳哲	台醫	台北帝大醫院 小兒科	祖・葉有全	總督府醫學校	（同第5屆葉炳賢）
	葉炳遠	台理	中山太陽堂 台灣香料試驗工廠	祖・葉有全	總督府醫學校	（同第5屆葉炳賢）
	王經綏	台醫	台北帝大醫院 產婦人科	父・王祖派	總督府醫學校	醫師、信用組合理事
10	辜振甫	台文	大和產業株式會社	父・辜顯榮		保良局長、府評、貴族院敕選議員、組合長、會社董事、參事
	顏滄浪	東法	北海電化工業株式會社	父・顏國年	漢學、經書	（同第8屆顏滄波）
	呂天爵	九工	昭和製鋼株式會社	父・呂阿昌	總督府醫學校	中央研究所囑託、醫院醫員、學務委員、市議員
	黃當時	台醫	傳染病研究所 病理學部	父・黃純青	漢學	（同第6屆黃得時）
	陳定燦	熊醫	台北帝大醫院 澤田外科	父・陳增福	國語學校師範部、明治大學法律科專門部	（同第9屆陳定松）
11	宋瑞樓	台醫		父・宋燕貽	總督府醫學校	醫院長、組合長、街協
	顏朝邦	東工大		父・顏國年	漢學、經書	（同第8屆顏滄波）
12	楊思槐	京文		父・楊良	私塾	會社重役
	林挺生	台理		父・林尚志	府工業講習所建築科	組合理事、會社重役

屆	姓名	大學	職業所在地（1941年）	親族	親族學歷	親族職業
	洪文治	台醫		父・洪允居	長老教中學	庄會計役、組合理事
	楊思標	台醫		父・楊良	私塾	（同第12屆楊思槐）
13	洪耀德	京醫		父・洪清江	國語學校師範部	助役、組合理事、組合評議員、公學校訓導、區長
14	葉雲峰	京經		叔父・葉清耀	法學博士	律師、地方法院書記
	黃暢谷	台醫		父・黃洪炎	國語學校師範部	報社重役、公學校教諭、通譯
15	柯德三	台醫		祖父・柯秋潔	芝山巖學堂第一期生、電報學堂	電報總局技手、學務部臨時雇、國語學校教員、公學校教員
	高繁雄	台醫		父・高敬遠	台北醫專、醫學博士	市會議員、醫院長、醫學醫事會長、信用組合監事、中央研究所囑託
	傅遠達	名醫		父・傅祖鑑	台北醫專	醫師、街協、信用組合理事
16	陳定雄	京醫		父・陳增福	國語學校師範部、明治大學法律科專門部	（同第9屆陳定松）
18	張寬敏	台醫	台北高校在學	父・張文伴	台北醫專	醫院長、產婆講習所長
	陳定芳	熊醫	台北高校在學	父・陳增福	國語學校師範部、明治大學法律科專門部	（同第9屆陳定松）
19	黃伯超	台醫	台北高校在學	父・黃文陶	總督府醫學校、醫學博士	醫院長、市協
20	辜寬敏	東經	台北三中在學	父・辜顯榮		（同第10屆辜振甫）
	陳定光	台工	台北三中在學	父・陳增福	國語學校師範部、明治大學法律科專門部	（同第9屆陳定松）

註：1. 親族職業欄「州協」＝州協議會員，「街協」＝街協議會員，「市協」＝市協議會員，「府評」＝府評議會員。
    2. 畢業生職業欄為1941年台北高校《會員名簿》登載之職業所在地，自11屆起空缺。

資料來源：台高同窗會，《會員名簿》1941年版（同會，1941年）；台灣新民報社編，《台灣人士鑑》；興南新聞社編，《台灣人士鑑》；林進發，《台灣官紳年鑑》（台北：民眾公論社，1933年）；唐澤信夫，《台灣紳士名鑑》（台北：新高新報社，1937年）。

人物誌所示僅限名望之家，另由訪談、回憶錄等資料觀之，家長為國語學校（尤其師範部）或師範學校出身，擔任教員的情形相當多，係於教務之餘，得輔導子弟進入上級學校，如呂燿樞、杜詩綿、杜詩統（兄弟）、賴永祥、盧焜熙（兄弟）、葉英堃、郭維租、吳建堂、吳新英等人之父皆是；另有五子（陳定松、定燦、定雄、定芳、定光）同為台北高校生的律師陳增福，亦為國語學校師範部畢業；[6] 又如上表（子・父）劉興文・劉克明、宋進英・宋瑞昌、魏火曜與魏炳炎・魏清德、許乃邦・許嘉種、范炳耀・范寶勳、黃繼圖・黃旺成、李子賢・李良弼、郭幼柏・郭廷俊、蕭雲嶽・蕭祥安、洪耀德・洪清江、黃暢谷・黃洪炎……等等，幾乎說明台北高校生家長的最大組成，是國語學校、師範學校出身，其職業為小學教員，收入中等且可輔導子弟升學者，或是與教職無關，但具經濟實力的實業家、資產家、律師。其次便是台灣總督府醫學校、台北醫專出身，在地方開業的家長。且不論是國語學校、醫學校，或漢學出身的家長，其子弟就讀醫科的情形甚是普遍，概日治時期台灣社會以學醫為理想出路，即使上一代為國語學校出身，擔任教員、律師、實業家，下一代仍以學醫居多，如呂燿樞、杜詩綿、杜詩統、郭維租、吳建堂、陳定松、陳定燦、陳定雄、陳定芳等人皆然。

家境中等或小康者，在訪談或回憶資料中居多，家長除教員以外，為地主或自耕農者亦不少，而家境不佳的情形較為罕見。地主或自耕農之家，如陳萬裕、王源、王萬居（種、賣花卉）、李鎮源、陳五福（兼雜貨商）、蘇瑞麟等，得提供基本以上的升學條件；其他如楊基銓（雜貨商）、蘇仲卿（雜貨商兼小型採礦業）、陳炯霖（茶商）、賴再興（米商）、吳守禮（製糖會社職員）、李登輝（警察）為收入尚可或小康家庭。真正家境困苦者僅少，如吳克泰、張有忠皆佃農家庭，張有忠因祖母支持而得以升學，高校期間僅第一學年繳交學費，二年級起申

---

[6] 所澤潤（聽取り・編輯・解說・註）・陳定堯（口述），〈聽取り調查：外地の進學體驗（IV）―樺山小から台北三中、台北帝大豫科、台北帝大醫學部を經て台灣大學醫學院卒業―〉，《群馬大學教育學部紀要 人文・社會科學編》（46，1997年），頁123。

請免除學費，且獲得許可，[7] 吳克泰「（父母）做牛做馬也要供他上學！」，[8] 然貧農、貧戶之家，就讀高校（以上）的情形較為少見。

概言之，台籍生的家庭環境，在台灣社會多屬於中等或小康家庭以上，[9] 且不少具有師範或醫學背景。但是在訪談或回憶資料中，家境中等或不佳者，全為中、後期的畢業生，親族為經濟條件更好的社會領導階層（人物誌所代表），在畢業生第 10 屆以前較多，之後有所減少，除了資料來源為主要差異外，因 1922 年開放中等以上學校日台共學，以及全日本陸續設立高校、大學，使得接受高等教育的門檻，因未必需要遠赴日本或各地而降低，自耕農、小學教員家庭，即可供應高校、大學的求學所需；所費不貲的海外留學，則由經濟條件更好的家庭子弟，因自願或無法通過島內競爭而前往。惟無論如何，家庭背景與家長所受教育，仍為成就高等教育者的重要背景因素。

高校生對於大學及領域的選擇，更是累積自身發展條件的一環。除了 1944 年之後畢業者（第 18 至 20 屆），因戰爭阻斷日台交通，不得不被迫選擇台北帝大以外，主要分散台北帝大、京都帝大、東京帝大，以及各地的醫科大學：[10]

---

[7] 張有忠，《外地人・外國人と日本人：ある外地人辯護士の步みと願い》（大阪：張有忠，1985 年），頁 7-8、17-18。

[8] 吳克泰，《吳克泰回憶錄》，頁 69。

[9] 1938 年台北帝大所做的學生生活調查亦可作為旁證。該調查中，有關醫學部 105 名學生的學費支付情形，有 35 名容易負擔，63 名一般，7 名不易負擔；而該校醫學部幾乎為台北高校畢業，大致日、台人各半的組成。台北帝國大學學生課，《學生生徒生活調查》（該課，1939 年），頁 5。

[10] 所澤潤，〈專門學校卒業者と台北帝國大學——もう一つの大學受驗世界〉，頁 199-201。

表 5-1-2：第 1-18 屆畢業生選讀大學、領域

	文政學部領域				理農學部領域				醫學部領域			
	日本人		台灣人		日本人		台灣人		日本人		台灣人	
	人數	百分比	人數	百分比	人數	百分比	人數	百分比	人數	百分比	人數	百分比
東京帝大	268	28%	37	26%	63	20%	3	7%	10	4%	14	4%
京都帝大	**351**	**37%**	**57**	**40%**	27	9%	4	10%	21	8%	23	7%
台北帝大	186	20%	35	25%	**173**	**57%**	**33**	**80%**	**137**	**51%**	**174**	**54%**
其他	142	15%	13	9%	43	14%	1	3%	99	37%	112	35%
合計	947	100%	142	100%	306	100%	41	100%	270	100%	323	100%

註：1. 文政學部領域指文、政、經濟學部及商科大學，理農學部領域含理學、農學，醫學部領域含醫學、藥學。
　　2. 就讀工學部領域者，因台北帝大工學部於 1943 年才成立，此前只能選讀日本的大學，本表暫且略去。

資料來源：據所澤潤〈專門學校卒業者と台北帝國大學——もう一つの大學受驗世界〉表 5 至 7 加以調整。

各領域的大學選擇不甚一致，進入**文政學部領域**者，分散京大、東大、台大，而日本人志願該領域者尤其多；志願**理農學部領域**者，無論日、台人皆少，僅文政學部的三分之一，但集中台大。志願**醫學部**者主要為台灣人，有一半比例選擇台北帝大，不過台北帝大醫學部在 1936 年才成立，是以醫學部志願人數、學校，在台北帝大醫學部設立前後，應有相當的變化。

　　所澤潤指出，台北帝大醫學部尚未成立以前，台北高校畢業生就讀醫學部領域的，平均每年 22.3 名（台灣人 10.8 名），未集中京都帝大、東京帝大，而分散在日本各個大學，尤其各地醫科大學；台北帝大醫學部成立之後，平均每年就讀醫學部領域者，增加將近 20 名，為 41.5 名（台灣人 23.6 名），選擇台北帝大醫學部的，便佔總數七成比例，平均每年 29.3 名（台灣人 16.4 名）。此外，台北帝大醫學部設立後，理科乙類的台灣人將近全數（96%）就讀醫學部，七成選擇台北帝大，非理科乙類（文甲、文乙、理甲）的台灣人，也有半數選讀醫學部，近七成選擇台北帝大，意謂台北帝大醫學部之設立，不僅更刺激台灣人進入醫學部的意願，且吸引了不少台籍高校生就讀。只不過，因台北帝大醫學部的設立，反造成選讀其他領域者減少，尤

其選讀各大學理農學部者銳減,如選讀台北帝大理農學部者,在1936年以後逐年降低,台灣人更寥寥無幾;就讀文政學部的,亦呈減損之勢,台灣人咸往台北帝大醫學部集中。[11]

質言之,日、台人的志願領域有所分別,**日人**以文政學部為多,**台人**以醫學部為主,不過兩者對於選擇學校的差異不大。日、台人志願**文政學部**者,皆分散京大、東大、台大,志願**理農學部**者咸少,但集中台大。日、台人志願**醫學部**者,在台北帝大醫學部成立後皆顯著增加,並牽動其他志願領域人數減少,且以台北帝大醫學部為首選。另外在進入日本一流大學——東京帝大、京都帝大——的選擇上,同樣須通過入學測驗,[12] 但台灣人相對有偏向京都帝大,而「敬遠」東京帝大的情形,這是否因為殖民地人民的二等地位,而形諸於外之心理作用,或者另有他故,仍有待討論。

大學畢業後的發展更值得注目。日治時期通過高等文官試驗合格,擔任總督府事務官、宜蘭郡守的楊基銓回憶,戰前已經相當有名的台籍高校畢業生,如司法官戴炎輝、蔡章麟、洪遜欣,律師宋進英、黃啟瑞、李子賢、劉闊才、楊華玉,行政官如張水蒼(與楊基銓同為高等官)等,[13] 乃戰前發展有成者,然皆屬第7屆以前的畢業生。追蹤學生畢業後發展(**表5-1-3**、**表5-1-5**)可知,大抵台北高校第一屆至第六屆畢業生,在**戰前**較有發展之條件,也就是1928至1933年間高校畢業,1931至1937年間大學畢業者。第七屆之後,雖有楊基銓(第10屆,1940年大學畢業)迅速躍升總督府高等官之例,但多

---

[11] 台北帝大醫學部吸引台籍生之效應,特別在1938至1944年間畢業者最為顯著,合計同時期台灣人選讀台北帝大醫學部總人數132名,近於台灣人選讀台北帝大各學部總人數141名,即94%就讀台北帝大者選讀醫學部。吳建堂,《台高會名錄》民國71年版;所澤潤,〈專門學校卒業者と台北帝國大學——もう一つの大學受驗世界〉,頁198-203。

[12] 全日本各(帝國)大學優先錄取高等學校畢業生,大學學部在可收容範圍內皆使其免試入學,因志願者多而須要入學測驗的學校主要為東京帝大、京都帝大的學部,測驗科目以主修外國語(英語、德語、法語)為主,此外部分志願者眾的醫科大學(單科大學)亦須入學測驗,如千葉醫科大學、岡山醫科大學,主要視志願人數是否超過招收人數而定。

[13] 楊基銓,《楊基銓回憶錄》,頁57-58。

表 5-1-3：第 1-6 屆畢業生職業所在地（戰前）

		政府機關	學校 大學	學校 高專中學	會社及實業	法院及律師	醫院及醫師	小計(%)	其他	不詳	死亡
日本人	日本	31	25	23	91	4	15	189 (39%)	22	31	38
	台灣	111	32	33	59	2	4	241 (50%)			
	滿蒙中國南洋	22	0	3	25	0	3	53 (11%)			
	百分比	29%	10%	10%	30%	1%	4%		4%	5%	7%
台灣人	日本	1	9	1	10	3	5	29 (25%)	3	17	6
	台灣	5	5	1	21	6	25	63 (54%)			
	滿蒙中國南洋	7	4	3	6	1	3	24 (21%)			
	百分比	9%	13%	4%	26%	7%	23%		2%	12%	4%

註：1. 職業所在地為 1941 年當時。
　　2.「大學」含大學醫院，「會社」（公司）含官公立會社及私人會社。

資料來源：台高同窗會，《會員名簿》1941 年版。

數經歷三至四年的大學階段後，便已進入戰爭時局，甚至面臨政權與體制的轉換。

　　由第一屆至第六屆畢業生發展觀之，日、台人大學畢業後，皆僅半數在台服務。日本人在台發展者，多數進入政府機關（111 名），反映台灣高等教育機關培育之**日本人**，確實成為殖民地管理所需的人才或技術人員；其次是在台北帝大（含專門部）擔任教授、助教授，以及在高校、帝大預科、專門學校、中等學校任教者，以及進入官民營會社（公司）的也不少。相較於此，**台灣人**在台發展者，任職政府

機關、學校者咸少,以吳守禮的情形,「**大學畢業後,我想教書,大學畢業時我們大都有日本文部省發給中等學校、高等學校教員的資格,雖然我有意願要教書,卻沒有機會。我曾和主任教授商量,想請他推薦,但是該主任教授卻回說沒有辦法**」,或者「**不能當官、升上其他職位**」,結果畢業後在台北帝大文政學部擔任副手(無任官),[14] 係殖民地人民擔任教職或官吏之機會受到限制,即使是接受高等教育者亦然;戰前曾擔任教授職者,僅潘貫於台南高等工業學校之少數情形,當時已為進入戰爭狀態的 1942 年,擔任高等官者(需有高等文官資格)亦不過張水蒼與楊基銓。因前進政府機關、學校發展之途受限,故進入會社或任職法曹(法官、律師)、醫院、獨立開業的比例居多,實為經過同等高等教育階段的日、台籍菁英最大差異之處,也意味著高校—大學畢業生,作為指導國家發展者、學術鑽研者,未能涵蓋殖民地養成的台籍菁英,此乃畢業後留在台灣發展的情形。

大學畢業後,在日本或他地發展者不少,日本人有將近四成在日發展,台灣人前往滿蒙、中國、南洋者達兩成強。不同於在台灣,以服務政府機關與學校為主,**日籍生**在日本以進入會社居多(91 名),進入政府機關者反而較少(31 名),係因在日優勢不比在台,發展性與一般日本人無異,加之學緣、地緣網絡可能不及日本本土培養之高等教育者,是以進入一般會社者較多,擔任律師、醫師比例也較在台為高。**台籍生**在日本之發展近於在台,進入會社,或擔任律師、醫師者仍為多數,另因在台發展受限,而前往日本營試者不少,只不過前景未必較好,吳守禮因留在台北帝大欠缺發展性,於是把握機會前往日本東洋文化研究所擔任囑託(非正式臨時人員),個人學識有所增長,但發展之途未能推進,最後返台進入台北帝大南方文化研究所擔任囑託,始終未能任官。[15]

然台灣人前進日本統治下的滿蒙、中國、南洋活動者,發展條件

---

[14] 吳守禮口述、鄭麗玲整理,〈我與台灣語研究〉,《從帝大到台大》,頁 15。
[15] 吳守禮口述、鄭麗玲整理,〈我與台灣語研究〉,《從帝大到台大》,頁 16-17。

似較在台、日為佳，無論進入政府機關、學校、會社者，普遍情況不差，如許建裕在滿洲中央銀行調查課，魏根宣在廈門日本總領事館，陳錫卿在滿洲國民政廳文教科，張樑標在南中國派遣軍調查班，[16] 係應日本的外地發展而前往，可能具特別作用而委以職務，或因外地社會尚未成為穩定社會，而具較高的發展空間。

　　復由人物誌刊載畢業生在台發展有成者（表 5-1-4）加以觀察。首先，無論日、台籍畢業生，所學咸與日後職業有所關聯，台籍生雖在政府、學校部門發展受限，但其職業仍與所學有關，表示高等教育者所受專業訓練，在戰前於公部門即使受到限制，仍得以在台灣社會施展（也可參見表 5-1-1 畢業生職業欄）。但也有所學與職業不相干的情形，如蔣松輝從高校畢業尚未進入大學前，於上海遭逢八一三事件而一時無法返台，遂進入外務省為推行日本在中國文化事業，而設立之上海「日本近代科學圖書館」擔任館員；[17] 辜振甫於台北帝大文政學部政學科在學中，接手多個家族事業，係因其父辜顯榮猝逝，而須承繼家業，[18] 皆為所學與職業不同之個別案例，但並非常態。其次，人物誌所示畢業生獲致成就之職業，日本人以政府機關、學校教職為主，台灣人以醫師、律師、實業人士為多，符合畢業生在台發展之分布。

　　再者，若將職業對照大學所學，則日籍生以習農、法、理科，成為政府機關所需專業人員或教師，台籍生以習醫、法、經濟科，而成為社會矚目的醫師、律師、會社要員，也意味著大學領域的選擇，與畢業後之成就存在著高度關聯，是以高校生選擇大學志願時，莫不是經過深思熟慮。

　　最末為大學選擇與日後成就之關係。如 1942 年以前，台北高校畢業生返校擔任教授職者，必從東京帝大畢業，說明就讀東京帝大在

---

[16] 台高同窗會，《會員名簿》1941 年版，第三回生。
[17] 蔡錦堂、徐聖凱訪問，蔣松輝口述，2007.8.21（未刊）。
[18] 黃天才、黃肇珩著，《勁寒梅香：辜振甫人生紀實》，頁 36-42。

台北高校教授一職的競爭上較為有利，不過日本人就讀台北帝大者，在台灣亦堪受重用，如行政官、技師、教職，多為台北帝大畢業生，代表從台北帝大畢業者，在台灣官、教職場上有其競爭條件，惟非帝國大學出身的，幾不列名其中，顯然在日本人社會，學歷出身有其重要性；但對台灣人而言，因進入官職、教職之途受限，既多為自由業或者會社要員，何所學校畢業之重要性，可能不比領域選擇來的重要，是如東大、京大、台大、醫科大學畢業生的表現均平分秋色。

表 5-1-4：第 1-6 屆畢業生在台發展有成者（戰前）

屆數	日籍畢業生			屆數	台籍畢業生		
	姓名	大學	職業		姓名	大學	職業
1	岩崎彰一郎	京法	府事務官、警務局衛生課勤務	2	曹欽源	東文	同人會本部雜誌編輯員
	鉅鹿義明	東法	台南地方法院嘉義支部判官		蔡章麟	東法	大阪地方裁判所判事
	新井信夫	台農	府地方技師		邱鼎宗	長醫	英德醫院長
	石井稔	台農	台北帝大理農學部助教授		蔡陽明	明醫	開業醫
	石橋普	台農	新竹州地方技師		張進通	九醫	醫學博士、順天堂醫院長
	後藤定年	台農	台南農業學校教諭	3	許炎亭	台政	香港實業界
	渡邊正一	台農	府產業技師		王吟貴	京經	組合長、北港街協議會員
	古城坤三	台農	台北帝大農林專門部教授		許乃邦	京法	律師
	近藤丹四郎	台農	食糧局食糧課技師		戴炎輝	東法	律師
	住谷自省	東北理	總務局勞政課技師		潘貫	台理	台南高工教授
	分島拓	東理	台北高校教授		吳登山	岡醫	吳內科醫院、竹山街協議會員
2	松田光治	東法	陸軍司政官		陳金富	九醫	開業醫
	大倉永治	京農	台北帝大理農學部助教授	4	張水蒼	東法	殖產局商政課事務官
	桂田德勝	京工	台南高等工業學校教授		郭秋煌	東經	學甲信用組合長、南亞製粉常務董事、興南新聞社常務董事
	上村延太郎	台農	台灣產業技師		黃際沐	早法	廈門地方法院檢察官
	金兵忠雄	台農	台北帝大農林專門部教授		廖學義	台理	會社重役
3	國分直一	京文	台南第一高等女學校教諭	5	邱鼎芳	東醫專	開業醫

屆數	日籍畢業生			屆數	台籍畢業生		
	姓名	大學	職業		姓名	大學	職業
	山村光敏	台文	新竹中學校教諭		蔡蔭棠	京經	新竹共榮信用組合監事
	若森倫次郎	台法	府專賣局參事 鹽腦課長		林德旺	台法	台北商工會議所議員、會社重役
	衣笠俊男	台理	台北帝大理農學部副教授		張嘉英	長醫	開業醫
	富岡健次郎	台理	台北帝大預科教授	6	黃得時	台文	皇民奉公會娛樂委員、台灣文藝家協會理事、興南新聞社論說委員
	渡嘉敷一郎	京醫	台南醫院耳鼻咽喉科部長		李子賢	京法	律師
4	佐藤八郎	京法	台北帝大助教授 兼同大附屬醫專教授		林德富	京經	興南新聞社經濟部次長
	酒井薰	台法	府農業試驗所總務課長				
	曾我與三郎	台法	大溪郡守				
	松井貫之	台法	皇民奉公會中央本部參事				
	伊東謙	台理	台北帝大預科教授				
	後藤武夫	九農	市立台北家政女學校校長				
	內藤實	台理	台北帝大理農學部助教授				
	林金雄	台農	台北帝大農林專門部教授				
	平野保	台農	台北帝大理農學部助教授				
	吉田忠	台農	府糖業試驗所技師				
5	庄司久孝	京文	台北高等商業學校教授				
	松本隆一	東北理	府殖產局礦務課技師				
6	內田壽雄	東工	府交通局技師				
	本田四郎	東農經	嘉義高等女學校教諭				

註：1. 職業欄優先採用 1943 年《台灣人士鑑》所示職業，若無，則參考 1937 年《台灣人士鑑》及《台灣紳士名鑑》。

資料來源：台灣新民報社編，《台灣人士鑑》；興南新聞社編，《台灣人士鑑》；唐澤信夫，《台灣紳士名鑑》。

　　隨著日本統治步入後期，畢業生發展環境益劣，第七屆以後的大學畢業時間，咸為 1937 年以降，台灣逐步進入戰爭體制之時，台籍生僅楊基銓、林挺生（繼承家業）於人物誌有見登載，日籍生則陸續接受軍隊徵召。另由**表 5-1-5** 之畢業生職業所在地可知，學生畢業之初，多留在大學擔任助手，或者進入會社，以累積自身發展條件；表中進

表 5-1-5：第 7-10 屆畢業生職業所在地（戰前）

		政府機關	學校 大學	學校 高專中學	會社及實業	法院及律師	醫院及醫師	小計(%)	其他	不詳	死亡
日本人	日本	11	14	5	96	0	3	129 (42%)	30	30	14
	台灣	34	30	16	57	0	0	137 (45%)			
	滿蒙中國南洋	5	0	3	30	0	2	40 (13%)			
	百分比	13%	12%	6%	48%	—	1%		8%	8%	4%
台灣人	日本	0	22	0	11	2	3	38 (33%)	4	16	1
	台灣	6	46	1	9	0	6	68 (60%)			
	滿蒙中國南洋	1	0	1	5	0	1	8 (7%)			
	百分比	5%	50%	1%	19%	1%	8%		3%	12%	1%

註：1. 職業所在地為 1941 年當時。
　　2.「大學」含大學醫院，「會社」（公司）含官公立會社及私人會社。

資料來源：台高同窗會，《會員名簿》1941 年版。

入政府機關，或任職法曹、醫院者相對較少，即因自身條件尚未充足之故。

　　概言之，經歷台北高校——大學的畢業生，無論日、台人，在戰前**僅早期數屆**較有發揮空間；台灣人即使是接受高等教育者，在台灣卻難以進入官廳、擔任教職，而另從事醫業、實業，或任職法曹等台灣社會最為重視的行業，並以此獲致成就。台灣人因在台灣發展受限，抑或自願前往日本，及其他地方發展的情形相當普遍（佔畢業生人數46%，**表 5-1-3**），便如實業、醫業，在台灣以外的地方從事者不少，

或者服務於日本在外地的派出機關，乃台籍菁英在主客觀意願下，不限於台灣一地，而活躍於整個日本國家，以及鄰近的中國、南洋，這也是戰前台籍菁英發展的特色之一。

二次大戰結束前後，台籍畢業生的大學志願產生變化，戰前集中進入醫科、法科，而輕忽理、農、工科的情形逆轉，1945 年 10 月以降（第 20 屆畢業生及終戰時在校生），**理、農、工科**成為畢業生熱門志願，三科合計將近佔總人數之半（49.5%）。志願醫科者，則從六成減為三分之一強，法科減為一成：

表 5-1-6：1945 年前後台籍畢業生大學科系志願變化

	文科	法科	醫科	理科	農科	工科	經濟	商科	其他	合計
1945.3 以前	25	85	346	14	26	33	31	1	2	563
百分比	4.4%	15.1%	61.5%	2.5%	4.6%	5.9%	5.5%	0.2%	0.4%	100%
1945.10 以後	1	10	34	10	9	29	2	0	2	97
百分比	1%	10.3%	35.1%	10.3%	9.3%	29.9%	2.1%	—	2.1%	100%

註：1. 1945 年 3 月以前畢業者，即第 1-19 屆畢業生。
　　2. 1945 年 10 月以後畢業者，為第 20 屆畢業生及「終戰時在校生」（戰前入學、戰爭結束時尚未畢業者）。
資料來源：吳建堂，《台高會名錄》民國 71 年版。

攻讀理、農、工科而成為大學教授者，如孫炳榕、王源、王西華、黃本源、黃際鍊、蘇仲卿、楊昭華等；究其選擇戰前冷門科系，而不選醫科的理由，畢業生表示，黃際鍊（台大農經系教授）等人讀農不讀醫，乃考量戰後台灣建設需要農業人才，而攻讀該部門。[19] 蘇仲卿（台大農化系教授）思考著，「**在 1945 年以前，我以學醫為目標，1945 年日本戰敗，台灣脫離殖民地統治之後，給我是否繼續學醫的反省。**

---

[19] 所澤潤（聽取り・編集・解說・註）・呂燿樞（口述），〈聽取り調查：外地の進學體驗（Ｖ）石光公學校から、台北高校尋常科、同高等科、台北高級中學を經て、台灣大學醫學院卒業〉，頁 247。

在殖民地環境之下，當一位醫生是許多知識份子的願望，但是脫離殖民地統治之後呢？」，[20] 實為當時不少台籍菁英考慮的問題。王源（台大地質系教授）從醫學院退出改唸地質，是因早坂一郎（台北帝大留用教授）勸說，學地質得為「祖國」（中國，以下維持原文）效力：[21]

> 『"光復"後，中國的天地那麼大，年輕人應該眼光放遠，走出去，活躍於人生的舞台。況且中國地下資源的開發很落後，你現在學地質的話，將來一定可以一展長才，為祖國效力。』這番話一直在我的心裡發酵，經過思考後，深深觸動了我的"祖國情結"……，心想此刻正是台灣青年大開眼界的時候，既然祖國那麼落後，土地資源亟待開發，我還等待什麼？我要以我所學貢獻給我的"祖國"才對啊！

政權轉換之際，為了台灣、祖國或者人們，而決定自身之志願，無疑為其菁英意識的展現。

概高校生決定大學類組的出發點，其一為自由意志或社會意志，戰前知識份子紛趨習醫，乃考量收入、地位，以及台灣人在殖民統治下，以醫、法等自由業最適宜發展；其二為時局所迫，如戰時取消文科生緩徵，為躲避兵役而改讀醫科的情形普遍存在，且日、台人皆然，如葉英堃本志願法科，林宗毅本志願文科，戰時咸不得不改讀醫科；[22] 再者為時勢之趨或應國家所需，戰前顏滄波進入台北帝大製糖化學教室，是認為當時台灣製糖工業領先世界，而台北帝大的製糖技術佔有重要地位，想在台灣學習製糖技術後，到中國華南地區，參與製糖工業的現代化計畫。[23] 戰前社會穩定，以順從社會意志者多，戰後脫離日本統治，順應國家所需，而決定自身走向者迅速增加，遂在戰爭結束前後，台籍菁英的大學志願呈現大幅變化。

---

[20] 蘇仲卿，〈我與台大農化系〉，《從帝大到台大》，頁263。
[21] 楊金妮，《台灣地質學先行者・王源》，頁56-57。
[22] 吳佳璇，《台灣精神醫療的開拓者——葉英堃傳記》，頁84-85；林宗毅，〈わが生活と讀書〉，《台北高等學校（一九二二——一九四六）》，頁342。
[23] 顏滄波，〈我在台北帝國大學及台陽礦業公司時代的回憶〉，《台灣鑛業》（55：4，2003年12月），頁2。

同時應該注意的是，戰前即使將日本視為母國的台灣人，戰後也自負知識菁英需為祖國效力之責任。杏讀書會會員目睹祖國之殘破，認為「**戰勝國不能比戰敗國悽慘，我們是祖國需要的年輕之力，年輕之力不能有所作為的舊思維應該打倒，期待著諸賢的自愛與努力**」，[24]此為戰爭結束後的1946年10月，可以說多數的台籍菁英，包括日本派與祖國派，在戰後初期對國家的認同與未來走向逐漸匯合，凝聚產生需要共同努力的目標。

惟隨後政治上的二二八事件、白色恐怖，經濟上的土地改革陸續出現，以及引起種種事件發生的背景因素，如外省人踞佔政經機關、貪污強奪等，使不少台籍菁英懷抱的祖國情結旋即破滅。中國軍隊來台之初，蘇瑞麟參加「三民主義青年團」，維持地方秩序，但在1953年蘇瑞麟寫給葛超智的書信中，抒發其情緒云：[25]

> 1945年起台灣改變很大，90%的台灣人變得越來越窮，我在這段期間失去了所有的土地……被這個政府奪去並賣給耕作者，我們的薪水一個月低於50元，無法支應日常開銷，如此我們無法教育我們的孩子。這裡有兩條路（給人在美國的葛超智），一條是走遠而且不要再回到福爾摩沙，另一條是在福爾摩沙獲得一個美國派出的職位……如果是我，我不願再回到福爾摩沙——這個沒有自由、沒有希望的地方。（括弧筆者）

原來在1944至1952年間，蘇瑞麟家收租或納賦的田地，包含鹿寮、竹東、三重埔、田新、柯子湖、荳子埔、大肚、橫山、上員山、新埔等地；1949至1951年間，以「蘇瑞麟」為業戶名，繳納賦稅給新竹縣政府的土地，尚有大肚、田新、荳子埔、橫山等地；[26]然在1953年

---

[24] 賴襄南，〈序〉，《杏》（10，1946.10），序頁。
[25] 〈A Letter from Su to Kerr／1953年8月28日〉，《葛超智先生相關書信集》下（台北市228紀念館，2000年），頁575。
[26] 《日清簿》昭和19年以降；新竹縣政府田賦折徵代金繳納收據等八件（蘇瑛煊先生提供）。

圖56:《被背叛的台灣》作者葛超智(左圖中帶帽者),也是台北高校英語講師,與台籍學生往來頻繁。(蘇瑛煊先生提供)
圖57:蘇瑞麟參加革命實踐研究院教育訓練之手冊。(蘇瑛煊先生提供)

撰此書信時已盡失田產,且生活陷入危機。而所謂台灣「沒有自由、沒有希望」,應另有其他遭遇。

　　蘇瑞麟與高校同窗王育霖、張雲舫、英文教師葛超智等師友交好,嘗因葛超智提議,彼此約定一起到美國參觀博覽會,增廣見聞,[27] 不幸王育霖在二二八事件受難,張雲舫滯日不歸,葛超智逃亡返美,唯獨蘇瑞麟一人在台。葛超智逃亡前,駕著留有子彈狙擊痕跡的吉普車,

---

[27] 張雲舫,〈幻のアメリカ行き〉,《回顧‧五十年》,頁40-44。

通知王育霖、蘇瑞麟等人盡速離台；蘇瑞麟也差點在二二八期間遭難，且為情治人員長期跟蹤，[28] 或是因此，認為台灣已經失去自由與希望。對於「一輩子痛恨國民黨」的蘇瑞麟而言，中國國民黨黨證及參加「革命實踐研究院」之教育訓練活動，在動盪時期或可聊作護身符之用。

　　戰後初期環境如此，自不利台籍菁英之發展，然其菁英意識促使下的努力成果，竟也露出一絲絲曙光。1946 年在日求學、發展的台籍菁英陸續返台，由朱昭陽（一高、東大）發起，創辦台灣第一所私立大學「延平學院」，籌劃團隊朱華陽、郭德焜、賴永祥、宋進英、張冬芳、邱永漢，全為台北高校—東大畢業生；各科教師如國文曹欽源、黃得時、張冬芳，英文蘇維熊，論理學黃金穗，經濟學朱華陽、張漢裕、邱永漢、郭德焜，民法蔡章麟、洪遜欣、戴炎輝，數學許振榮等，皆為台北高校出身，再進入各大學求學者，且不少為大學教授；惟開學不及半年，這所學生千名，「**要給這混亂、昏昧的社會提供一線光明**」、「**要當荒野暗夜中的螢光**」的延平學院，因二二八事件發生而被迫關閉。1948 年延平學院以「延平補習學校」再出發，設立高中部及專修班，在學制上的地位雖低，但在社會上仍被視為大學，台高出身擔任台大教授者，如黃春木、曹欽源、洪遜欣、黃金穗、翁通楹，以及李登輝、朱華陽、許建裕、賴永祥等人，均為了庶民教育繼續來校授課。該校一年最多達 50 個班級，二千多名學生，1959 年補校日間部改為中學，直至今日（即私立延平中學）。而其成立之過程，乃處於政治、經濟、社會動盪環境中，憑藉台籍菁英長期支持、貢獻而存在。[29]

---

[28] 蘇瑛煇（蘇瑞麟子）：「我還有一個叔叔，他也是在日本不知道大學唸幾年級，因為光復就回來，叔叔回來後參加台灣的出國留學考試，他的第一志願是日本，但不行就去大陸，結果就沒有回來了，所以我爸爸可能是這個事情被調查局跟蹤，跟蹤了好久，還有二二八的時候也差一點被抓走，那個時候是我祖母作九十一歲的大壽，開三天的流水席，他剛好三天都在那裡，全庄的人都看到他在那裡進進出出，沒有證據說他參與二二八，所以才沒有被抓。」徐聖凱訪問，蘇瑛煇口述，2007.8.28（未刊）；王育德著，吳瑞雲譯，《王育德自傳》，頁 267。

[29] 朱昭陽口述，吳君瑩紀錄，林忠勝撰述，《朱昭陽回憶錄：風雨延平出清流》（台北：前衛，2002 年），頁 83-90、147-179；許雪姬、張隆志、陳翠蓮訪問，賴永祥、鄭麗榕、吳美慧、蔡說麗紀錄，《坐擁書城——賴永祥先生紀錄》，頁 128-142。

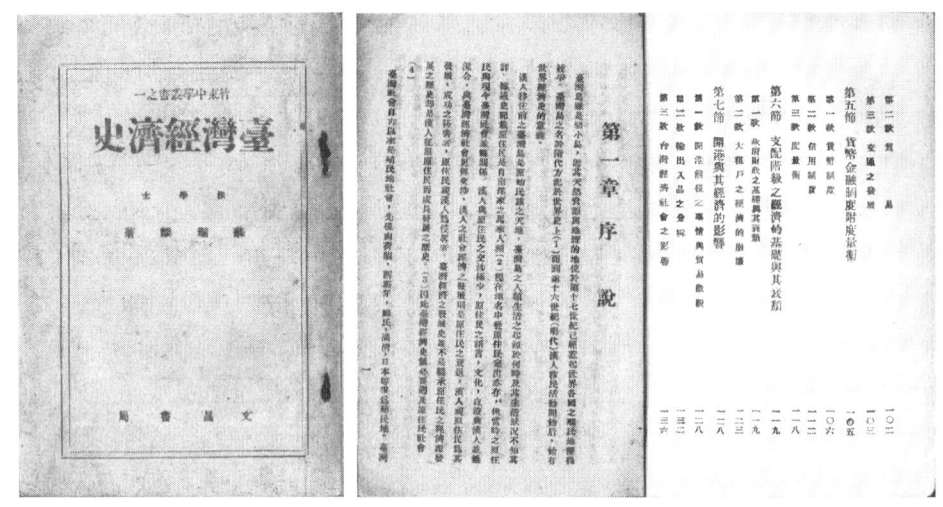

圖 58：以中文書寫之《台灣經濟史》，於 1949 年出版。（蘇瑛煊先生提供）

　　蘇瑞麟在台北高校期間，有感於對台灣史毫無認識，於是自行摸索，閱讀相關書籍，而寫作〈關於台灣史〉、〈鄭經時代的台灣海外貿易〉等篇，且認為已經到了應該寫下台灣史的時候。國民黨政府撤退來台同年，其以中文完成 153 頁的《台灣經濟史》，實為高校時代寫作台灣史想法的延續。該書自序云：「**本書所述事項之輕重取捨以著者之主觀為主要的基礎，任意涉獵書籍，可為參考之思想及表現皆收於本書，故可稱一種編纂書**」，為整理既有成果之著作，非新研究之創出；其為整理研究成果，而筆錄東嘉生《台灣經濟史概說》之日文手稿今仍保存。該書最大特色，乃戰後初期以流利的中文書寫，盡量少正文而多註解，體例近於教科書，復多提供參考書目，且由列入「竹東中學叢書」（當時蘇瑞麟為竹東中學校長）可知，該書負有台灣歷史教育的意義，1949 年由新竹文昌書局出版。[30] 在政權轉變時期，台籍菁英的努力，確可譬為荒野暗夜中的螢光。

　　上述出現人物，多為比例上佔少數的**文科生**；概習文科者，特別

---

[30] 蘇瑞麟，《台灣經濟史》（新竹市北門：文昌書局，1949 年）。

關切時局而付諸行動者多，因此折損、逃亡、滯留國外者不少。不過戰後初期台籍菁英並非全無去處，即如朱昭陽觀察，「**我發現大陸來的接收官員，對教育不像對權力錢財控制得那麼緊……像魏火曜、高天成、陳茂源、曹欽源、陳成慶、林宗義等都到台大當教授，辦學校對我們來說可能是比較好的出路**」，因此加強辦學決心。[31] 日治時期，台灣人難以升上大學教授、助教授，然戰後台籍菁英進入延平學院、延平補校協助授課者，已不少為大學教授，總計1957年文科生進入教育機關服務者35名，其中15名為大學教職，[32] 教育領域成為戰後文科生的重要去向。如以蘇瑞麟的情形亦然，蘇瑞麟戰後長期立身教育界，1946年起擔任新竹縣立竹東初級中學（今竹東高中）首任校長二十多年，1967年奉派接掌省立豐原商職校長，隨後擔任教育廳副研究員，退休後擔任公私立大專日文教師。[33] 進入教育機關未必為自身所願，但為時代變遷下，文科台灣人較可立身之處。

相較於文科生的情形，台灣人在醫學領域的發展情形大不相同，經歷「台北高校─帝大」學歷路徑者，在戰後長期左右台灣的醫學界與醫學教育（表5-1-7）。畢業生除了擔任臨床或基礎醫學教授外，各醫學學會為學術交流與醫師繼續學習的重要場合，「台灣省醫學會」扮演台灣基礎醫學和臨床醫學最重要的綜合性領導角色，咸由台北高校─帝大出身者主持或發創，可知該系統出身者，在戰後醫學領域的重要性。不僅是各大小醫學學會的創辦人，接手學會，擔任理事長、主要幹部者相當多，如黃伯超與台灣營養學會，楊照雄與細胞及分子生物學學會，楊思標與中西整合醫學會等等不一而足。台灣大學醫學院為戰後長期領導醫學教育發展的重要醫學教育機關，其第10任院長（陳維昭）以前，都是日本時代接受高等教育的知識菁英。惟須說明，

---

[31] 朱昭陽口述，吳君瑩紀錄，林忠勝撰述，《朱昭陽回憶錄：風雨延平出清流》，頁84。
[32] 台北高等學校同學會，《畢業生名簿》民國四十六年版。
[33] 蘇瑞麟，〈自傳〉（未刊，蘇瑛煊先生提供）；徐聖凱訪問，蘇瑛煊口述，2007.8.28（未刊）。

進入醫學領域的資格（成為醫學士）應為大學畢業，[34] 並非由台北高校直接賦予；但戰前島內通往大學的門檻，不得不為台北高校之門，並在高校時期決定日後方向，此後才前進各個大學，是以台北高校畢業生，與近代台灣醫學發展之關係如此密切：

表 5-1-7：台北高校——帝大畢業生與戰後醫學領域（醫學學會）

（醫學學會）			
創立年	醫學會名稱	首任理事長	畢業學校
1959	中華民國胸腔病醫學會	楊思標	台北高校—台北帝大
1960	中華民國小兒科醫學會	魏火曜	台北高校—東京帝大
1960	中華民國婦產科醫學會	魏炳炎	台北高校—東京帝大
1960	中華民國神經精神醫學會	林宗義	台北高校—東京帝大
1965	中華民國耳鼻喉科醫學會	杜詩綿	台北高校—台北帝大
1970	中華民國消化系醫學會	宋瑞樓	台北高校—台北帝大
1975	中華民國皮膚科醫學會	呂耀卿	台北高校—台灣大學
1977	中華民國神經醫學會	施純仁	台北高校—台灣大學
1978	中華民國泌尿科醫學會	謝有福	台北高校—台北帝大
1980	中華民國糖尿病學會	蔡詩顯	台北高校—台灣大學
1982	中華民國藥理學會	李鎮源	台北高校—台北帝大
1982	中華民國老年醫學會	許成仁	台北高校—台北帝大
1983	中華民國腎臟醫學會	陳萬裕	台北高校—台北帝大
（台灣省醫學會歷屆理事長）			
屆別	理事長	任期	畢業學校
1-9	杜聰明	1946-1971	總督府醫學校—京都帝大
10-11	魏火曜	1971-1977	台北高校—東京帝大
12	邱仕榮	1977-1980	台北高校—台北帝大
13	彭明聰	1980-1983	台北高校—台北帝大
14	宋瑞樓	1983-1986	台北高校—台北帝大
15	楊思標	1986-1989	台北高校—台北帝大
16-17	林國信	1989-1992	—
18	黃伯超	1992-1995	台北高校—台灣大學

---

[34] 醫專畢業後進入台北帝大或戰後台灣大學服務者也不少，惟係因戰前台灣情形特殊，須另文討論，而這裡指全日本一般的情形。

（台灣大學醫學院歷任院長）

任別	院長	任期	畢業學校
1 3	杜聰明	1945-1947 1948-1953	總督府醫學校―京都帝大
2	嚴智鍾	1947-1948	第一高校―東京帝大
4	魏火曜	1953-1972	台北高校―東京帝大
5	李鎮源	1972-1978	台北高校―台北帝大
6	彭明聰	1978-1983	台北高校―台北帝大
7	楊思標	1983-1985	台北高校―台北帝大
8	楊照雄	1985-1987	台北高校―台北帝大
9	黃伯超	1987-1991	台北高校―台灣大學

註：1. 台北帝大為 1945 年以前畢業者，台灣大學為 1945 年以後畢業者。
　　2.「台灣省醫學會」原為日治時期「台灣醫學會」，戰後更名為台灣省醫學會，1990 年改名為「中華民國台灣醫學會」，2000 年再改名為「台灣醫學會」。

資料來源：李明濱總編，《台大醫學院百年院史》中冊（國立台灣大學醫學院，1998 年），頁 85-89、115、117。

誠如王育德所云，「**我的朋友們在台灣醫學界建立起堅固地盤，就連殘暴的國府政權也不敢輕易染指他們**」，[35] 是為經歷時代風波者確鑿之言；大抵醫學與教育同非當時政治權力、利益集中之處，且台灣人習醫者眾，社會地位高，得成為一塊較自主發展的空間。

但並不是所有習醫者，在戰後都有良好的成就，特別從日本返台者，因戰後環境與秩序改變，競爭條件似不如原在台發展者。如 1944 年東大醫學部畢業的許武勇，先在京都郊外的鄉村地方行醫，返台後因無經濟能力在台北開業，於是到當時沒有醫師願意駐診，但饒富山林景色的阿里山當了兩年醫師，雖曾到台南省立醫院求職，但該院院長表示，「**我們從院長到醫生都是醫專畢業的，你一個東大的進來我們要怎麼辦**」，原來相當有用的東大招牌，在戰後醫院不被採用，結果在路竹的衛生所工作 16 年，最後才到台北開業；[36] 此般東大畢業生流落至鄉間衛生所，在戰前社會許是難以想像，東大醫學部畢業生不

---

[35] 王育德著，吳瑞雲譯，《王育德自傳》，頁 166。
[36] 蔡錦堂、徐聖凱訪問，許武勇口述，2008.6.8（未刊）。

如在地醫專生的真實案例，卻在戰後發生，實為時代與社會秩序猝然改變下的現象。又，倘若許武勇當初選讀台北帝大，而不是東京帝大，以台北帝大生在戰後活躍於台灣醫學界的情形，或許會有不同的際遇。

戰後初期台籍菁英進入政府機關的情形，復為另一番局面。原行政長官公署時期，由外省人獨占中央主管要職，主任以上主管96名，僅三名為台灣籍，地方一級首長非外省人即「半山」；[37] 1947年起，政府機關裡的台籍官員比例略有提升，[38] 台籍菁英得進入政府機關者，藉著相互提攜以增加參政機會。如徐慶鐘於1947至1954年間，擔任台灣省農林處處長、廳長，其下科室主管陸續更換為台灣人，包括特產科長周財源、農產科長羅啟源（後來擔任農林廳副廳長）、黃榮華（接替羅啟源）、畜產科長張水蒼、林務科長胡煥奇、水產科長楊基銓、經濟顧問室主任魏根宣、經濟農場業務蔡雨澤、秘書陳錫卿等，[39] 皆為不同帝大，但同為台北高校之人脈；蘇仲卿回憶大學畢業前，也是台北高校畢業的台大農學院教授楊祖馨，帶著四名台北高校出身的後輩（也是楊祖馨的學生），到農林處找徐慶鐘介紹工作，其中三名順利獲得農林處職位。[40] 游彌堅是受過日本教育（國語學校、日本大學政經學系）的半山，台北市長任內，吸收不少台籍菁英加入市府陣容，如教育局長黃啟瑞（原民政局長轉任）、社會課長洪明輝、民政課長張燦堂、地政課長古廷正、財產課長兼秘書楊基銓（原秘書轉任）等，亦為不同大學、同樣台北高校之人脈。[41] 而上述被提攜進入政府機關服務的台灣人，逐漸累積政治資本而嶄露頭角，如周財源後來擔任台北市議會副議長及監察委員，黃榮華後任經濟部國貿局副局長，羅啟源後任農林廳副廳長、台北市建設局局長、台北市銀行總經理，

---

[37] 朱昭陽口述，吳君瑩紀錄，林忠勝撰述，《朱昭陽回憶錄：風雨延平出清流》（台北：前衛，2002年），頁92-93；台灣省行政長官公署人事室，《台灣省各機關職員錄》（該室，1946年）。
[38] 據1947年台灣省政府《台灣省各機關職員錄》，台籍人士比例確有所升高，惟整體比例仍低。台灣省政府，《台灣省各機關職員錄》（台灣省政府，1947年）。
[39] 楊基銓，《楊基銓回憶錄》，頁207。
[40] 蘇仲卿，〈我與台大農化系〉，《從帝大到台大》，頁271-272。
[41] 楊基銓，《楊基銓回憶錄》，頁185-186。

終章　知識菁英與近代台灣 | 263

陳錫卿後任彰化市長、第一任民選彰化縣長，楊基銓後任經濟部次長、台灣土地銀行董事長、華南銀行董事長等職。

惟台籍菁英的「要職」，多為次級主管，且進入政府機關之門依然狹窄；相較於此，進入半官方之美援機構者不少，如1949年遷台之中美合作機構「農復會」（中國農村復興聯合委員會），為協助農業復興之重要機構，李登輝、溫理仁、賴文傑、許建裕等人皆長期於此服務，協助發展台灣農業；該會在美援技術協助計畫下，提供留學機會，第一期（1950年）錄取之李登輝、許子秋、江萬煊、王源、黃際鍊、楊基銓，均為日後各領域專家及領導者。同為美國美援機構的「安全分署」，以台籍菁英為主要成員，包括林海達、賴國和等人。[42] 1946年洛克斐勒基金會，援助台灣成立「台灣省瘧疾研究所」（後改由農復會提供經濟援助），為戰後初期台灣瘧疾防治計劃的核心機關，成員13名皆為台灣籍，梁鑛琪、陳錫舟、陳政德、陳錫煊、莊徵華、陳萬益、黃謙道等七名年輕醫學士，為台北高校——台北帝大（或台灣大學）出身，犧牲豐厚臨床收入而投入瘧疾防疫；1960年代順利撲滅瘧疾，數名成員受聘為世界衛生組織（WHO）顧問，在世界其他地區協助防治瘧疾。[43] 而上述美援機構之人事自由度，遠高於當時政府機關，能力與努力概較省籍為要，且可能獲得出國進修機會，遂成為戰後初期台籍菁英的重要去處；而進入美援機關的台灣人，既有施展處所，並裨益台灣發展，莫不是投入其專業與熱情，且於此累積日後發展條件。

承上可知，歷經政權轉換與初期的混亂，在舊制教育下養成的台籍菁英，即便在不利的環境下，仍與近代台灣之關係益愈深刻。楊基

---

[42] 「安全分署」原為1948年成立之「美國經濟合作總署中國分署」（Economic Cooperation Administration, Mission to China），1952年改名「美國共同安全總署中國分署」（Mutual Security Agency, Mission to China），此後復數度改名，主要負責經援台灣之運作。許雪姬等撰文，《台灣歷史辭典》（行政院文化建設委員會，2005年），頁41；楊基銓，《楊基銓回憶錄》，頁218、253。

[43] 朱真一，〈瘧疾研究所及早期服務的前輩（上）〉，《台灣醫界》（52:3，2009年），頁155-158；蔡錦堂、徐聖凱訪問，黃伯超口述，2007.12.6（未刊）。

銓列舉台高畢業生日後在各個領域有所成就者，地位最高首推台灣前總統李登輝；擔任過五院院長、副院長者，如徐慶鐘、戴炎輝、周百鍊、劉闊才、洪壽南、林金生；部長級的有許子秋、施純仁，擔任過民選市長的有黃啟瑞、賴順生、陳新安、陳錫卿，擔任過監察委員或大法官的有蔡章麟、周財源、洪遜欣、陳世榮；財經界的領導者辜振甫、林挺生，具有全國性知名度的學術界人物，醫學方面如魏火曜、李鎮源、林宗義，經濟學方面的張漢裕，著作界方面的邱永漢、王育德，研究台灣語甚深的曹欽源，文學界黃得時、張冬芳；其他如黃彰輝、賴永祥、陳五福、郭維租、辜寬敏等人，均為不同時期，在各個領域貢獻心血而卓有所成者。[44]

不過畢業生的職業分布，主要是醫業、實業與教育（分別佔35.4%、14.5%、13.5%），而教育領域尤以大學教職居多，特別是醫學領域之臨床或基礎醫學教授，其他職業人數較少。[45] 除了印證台籍菁英確實在醫學界建立起堅固地盤，然在其他領域卻也是秀異份子輩出，僅就楊基銓所列諸氏即可瞭然，表示舊制台北高等學校在菁英選拔的關卡上，確切扮演了嚴選人才的功能，其教育對象均為戰前已然篩選過之極度菁英者，且視之為日後國家社會指導人，結果戰後台籍菁英即使處在劣勢環境，能憑藉自身條件與能力獲致成就，並與台灣建立深厚關係，可歸因於高校的人才選拔與培養。

最末，日籍生同樣在台灣的菁英教育下養成，並未因戰敗遣返，而對近代台灣無所貢獻，以國際訴訟案中，日、台人合力為台灣辯護之事蹟為例。著名法學者小田滋，與旅日律師張有忠，在「光華寮」事件中為台灣政府辯護已為人所知，「台灣人元日本兵」（台籍日本

---

[44] 楊基銓，《楊基銓回憶錄》，頁 58-59。

[45] 合計 1957、1978 兩年畢業生職業分布情形（含「終戰時在校生」），進入政府機關佔 4.4%、議員 0.4%、大學教職 12%、高專中學教職 1.5%、公司及實業 14.5%、法院及律師 1.7%、醫業 35.4%、其他 9.5%、不詳 7.6%、死亡 13%；其中大學就讀醫學領域者之職業分布，開業醫 61.5%、大學教授 12.1%、其他醫務 5.9%、非醫職 2.1%、死亡 12.5%、不詳 5.9%。資料來源：台北高等學校同學會，《畢業生名簿》民國四十六年；台高會，《會員名簿》中華民國六十七年版。

兵）補償事件，台北高校學緣網絡在其中扮演著重要角色：

> 第二次世界大戰期間，台籍日本兵死亡人數三萬餘人，生還人數17萬6千，受傷人數無以計算；然戰後日本政府，對台籍日本兵戰死、傷者，及其遺族未有補償，並積欠軍餉、軍郵儲蓄。當時國民黨政府並未給予原台籍日本兵任何協助，台灣民間遂自行成立「中華民國台灣省民對日請求償還委員會」、「台籍同胞原日本軍人軍屬之軍貯欠餉死傷恤償討還代表團」、「台灣人原日本兵軍儲、遺族年金要求委員會」等求償團體，或獨自向日本索償，均無有成果。[46]

> 1974年，印尼摩露太島的原始林中，台籍日本兵中村輝夫（原名李輝夫）被發現，日本眾議院議員**有馬元治**，與「蕉葉會」（台北高校日本人同學會）副會長大越伸前往迎接，轉交捐款，並以蕉葉會成員為中心舉辦洗塵會；台北高校同窗聚會時，有馬元治萌生道義上日本政府不得不為戰死傷者補償的想法，惟當時有馬在議員選舉中落選，倘能再度勝選，認為無論如何應促使日本政府進行補償。[47] 以中村輝夫的出現為契機，傷殘之數名原台籍日本兵，自費前往日本索償，當時流亡日本的日本大學教授**王育德**協助接應；王育德發案設立「台灣人元日本兵補償問題思考會」（簡稱思考會），為此後補償活動之核心機關，復邀請明治大學校長、自由人權協會會長宮崎繁樹擔任首席代表人，以及山口房雄（蕉葉會會長）、神田信夫、林三郎、有馬元治等13名代表人，最初對日本政府和國會請願陳情，並進行街頭連署，獲得自由人權協會以及日本各戰友會支持。「思考會」為向國家司法機關提起訴訟，組成訴訟辯護團，指派三名年輕律師來台，找尋願意赴日本訴願之原台籍日本兵，並以該會募集經費，支付全額費用，[48] 民間有力之訴願團體於焉成形。

---

[46] 曾有一案獲得5,828日圓的求償，可說是名勝實敗。〈不容日人耍無賴〉，《中國時報》1982.2.28，轉引自台灣人元日本兵士の補償問題を考える會編輯，《台灣人元日本兵戰死傷補償問題資料集合冊》（該會，1993年），頁347。

[47] 有馬元治，《有馬元治回顧錄》第一卷，頁249-255。

[48] 宮崎繁樹，〈台灣人元日本兵士の補償問題を考える〉，《台灣人元日本兵戰死傷補償問題資料集合冊》，頁ｖ；〈運動紀錄〉，同書，頁64-66。

1976 年有馬元治再度當選議員，推動跨黨派之「台灣人元日本兵士補償問題議員懇談會」，獲得國會議員多數支持；經自民黨 230 人連署，含前後任首相以及 17 名閣僚，在國會提起「議員立法」，要求原台籍日本兵每人 500 萬日圓補償金，[49] 可知此時台籍日本兵補償問題，在政界也獲得支持力量。雖然如此，因適用法律與對外關係，一時未有成果。對外問題係於 1972 年以來，日本與中國關係迅速改善，日本一旦對台進行補償，須考慮如何在法律上避免陷入「兩個中國」的問題。賠償適用之法條更為棘手，思考會及此前台灣民間進行之訴訟，認為戰前台籍日本兵，在國籍上均為日本人，得適用「戰傷病者戰沒者遺族等援護法」（1952 年法律 127 號）及「恩給法」修正條例（1953 年法律 155 號），然 1952 年訂定之「中日合約」第三條規定，中（台）日兩國及國民間的財產及債務，須由中（台）日兩國政府另訂特別辦法處理之；惟相關辦法始終不存在。不過，1972 年日本片面廢除中日合約，使思考會得以台籍日本兵為「日本國之軍人、軍屬」身分要求補償。[50]

　　1982 年東京地方裁判所駁回台灣方面請求，理由在於援護法、恩給法對象為日本人，不可用於台籍日本兵，且在法律上欠缺適當法條；結果促使有馬等議員，以議員立法方式提出特別立法，並數度往返中國協調。[51]

　　最終關鍵乃 1985 年東京最高裁判所裁判長**吉江清景**，再度以欠缺適當法條，駁回台灣方面請求，但添付「異例之判決」：1.（略），2. 雖無日本國籍，就將原台籍日本兵的所有權益全部除去，是沒有道理的，3. 依照現實，原告比起可獲得補償的日本人，非常不利益（吃虧、受害），4. 美、英、義、西各國都有補償給前殖民地之遺族，5. 用沒

---

[49] 台灣人元日本兵士の補償問題を考える會，《台灣人元日本兵戰死傷補償問題資料集合冊》，頁 367-368。
[50] 台灣人元日本兵士の補償問題を考える會，《台灣人元日本兵戰死傷補償問題資料集合冊》，頁 347、744-745。
[51] 有馬元治，《有馬元治回顧錄》第一卷，頁 566-567。

有日本國籍或無邦交為藉口,而妨害補償是沒有道理的,6. 戰死傷迄今,已經過四十餘年,要克服外交上、財政上、法律技術上的困難,而提早拭除不利益,並努力提高國際信用,並期待日本政府暨議會,改善補償之對策。[52] 簡言之,駁回請求係因於法無據,但審判長認為,日本政府應負道義上的責任。

兩次判決在日本社會引起廣大輿論回應,異例判決更直接督促議會加速特別立法,日本國會遂於翌年,編列台籍日本兵問題檢討預算,1987年成立「對台灣住民戰沒者遺族等弔慰金之法律案」,1988年制訂每人200萬日圓的「特別弔慰金等支給實施法律」,最末日本政府支給二萬八千餘人,總計560億日圓的「弔慰金」。思考會與台灣人士雖對200萬日圓的低額數字抱持不滿,並持續提出訴訟,但考量關係人士高齡化,王育德、辯護團長、訴願人相繼逝世,遂停止運動並解散。[53]

以上相關人士除宮崎繁樹外,全為台北高校——東京帝大畢業生,尤其三位關鍵人物:發案設立思考會、接應台人訴願的王育德,推動跨黨派懇談會、往來日中協調的有馬元治,以及作出重要判決的吉江清景,分別在民間、政界、司法部門,為台灣兵的補償問題發揮最大作用。

第二節　總結

戰前以帝國大學為頂點的高等教育,包括前三年的高等學校,與後三年(至四年)的帝國大學之前後兩階段,高校與大學在形式上位

---

[52] 轉引、修改自周婉窈主編《台籍日本兵座談會記錄并相關資料》(中央研究院台灣史研究所籌備處,1997年),頁67。
[53] 宮崎繁樹,〈台灣人元日本兵士の補償問題を考える〉,《台灣人元日本兵戰死傷補償問題資料集合冊》,頁v。

階不同，且各自獨立，但實為一貫的過程，那麼高等學校作為大學教育的前階段，應該是戰前高等教育與帝國大學研究中，須加以認識且不可欠缺的一塊。

日治中期，台北高校、台北帝大設立後，取代了日本統治前半期的總督府國語學校與醫學校，成為全台灣「頂尖菁英」的養成所，[54]「台北高校—帝大」的學歷路徑，也就成為島內塑造近代頂尖菁英的重要途徑。從日本帝國的角度觀之，台北高校為日本殖民地中最早成立，也是長期唯一一所殖民地「高等學校」，性質上有別於京城帝大預科，學生畢業後可自由選擇日本各大學，與帝大預科畢業生限制就讀所屬大學，被切離於日本本土的情形有別；此外，也是全日本少數採取七年制——以中高一貫與縮短教育年限為特色——的高等學校。台北高校既為戰前少數人可進入的高等教育階段，畢業生被視為日後指導國家社會的指導性人物，卻在殖民地設置此一機關，其成立緣由與實質內涵，有值得討論之處。本書最末，將主要研究結果進一步歸納，而為研究成果的再確認。

台北高校設置的背景，為政友會推動日本高等教育擴張計畫，與在台日人籲請設置台灣大學的呼聲。1919年田健治郎來台，以設立大學為目標，先行設置具有大學預備教育性質的台北高等學校，並規劃高校尋常科、高等科，以及1928年成立大學的時程表。殖民者開放高等教育的動機，不能全然視為統治者被迫順應殖民地人民的教育需求（況且台灣總督府有意設立大學與高校時，殖民地台灣人站在連中學都尚未完備的立場，發出反對的聲音），更與殖民者自身積極擴張高等教育、抱持內地延長或同化主張有直接關連。

校內人事方面，校長的任命似具派閥背景，教員內部迭有紛爭。歷任校長中，具廣島經驗的三澤糾、谷本清心，分別扮演創業與守成的角色。師資方面，設校初期係由台北一中支援；高等科設立前後，

---

[54] 蔡錦堂，〈日本治台後半期的「奢侈品」——台北高等學校與近代台灣菁英的誕生〉，《2007年台日學術交流國際會議論文集》，頁53。

台灣總督府以高薪及海外留學機會，吸引日本具有高等學校高等科教員資格者，來台擔任教授，並成為高等科、尋常科共通的師資，並配合助教授、教諭的任用，以及講師、囑託的延請，來充實師資陣容。另外，教授的招聘偏好東京帝大畢業生，即使台北帝大設立後亦然。

進入大學的關鍵，並不在於大學的入學測驗，而是在前一階段的高等學校，台北高校長期作為島內唯一一所高等學校，其入學測驗尤關係著台灣優秀人才的選拔。然台籍生僅佔總數的22.5%，原因除了未公開且對台灣人不利的內部審理機制，在進入台北高校之前的中、小學階段，對台灣人而言已是第一道難關，又台北高校的出題，尤其以國語科對台灣人極為困難，是以在升學準備上，台籍生不得不特別加強國語科能力。台灣人在難以通過入學測驗的情形下，「無試驗檢定」（1926至1935年間實施）成為另一個重要入學管道。學生來源之分布，集中於台北州與小學校，特別尋常科有將近四分之三來自台北市六所小學校，高等科來自台北一中者便佔四成，地區差異與學校差異顯著。

自由校風為全日本高等學校共通的特色，但殖民地未必容許此般風氣存在，是以校長的治校方針尤其關鍵，特別是高等科設立以來的首任校長三澤糾，其教育理念與治校方式，對自由校風的奠基尤其重要。自由風氣由日本中學校出身者引進後，成為該校校風最大特色，高校生與地方社會互動過程中，高校特色逐漸被外界認識。自治生活乃高校精神的另外一面，七星寮尤為實踐的場合，七星寮作為高校生的自治學寮，擁有自身的獨立性、營運管理制度與內在聯繫；此外，自治生活亦包含著個人自主、自由地思考高校生活的意義與目的，並決定如何經營高校生活。學生對高校生活的想法，易受社會思潮與時局影響而改變，戰時學生的高校生活主張，在思想上調合時局與傳統兩者，高校生依違於校園傳統與時局之間。

台北高校高等科課程，以重視外國語及人文科目為特色，另於課後有各種教師主持的講習會。尋常科相當於中學階段，但修業年限為

四年,課程特色在於減少實科,增加一般學科時數,使修業四年得相當中學五年教育;且尋常科學學科目,都可往上對應到高等科課程,高等科教授亦可擔任尋常科教師,意謂尋常科教學在各個方面,與高等科有較佳的聯繫,此乃七年制高校中高一貫的教學特色。此外,因尋常科結業後直升高等科,無需為升學準備而影響教學,高等科畢業後也可不經考試直升大學(除競爭者眾的學校外),極端減少入學考試的弊端。課堂教學以高等普通教育為原則,近於通識之教育,除德語科以奠定基礎語言能力為主,一般教師咸以自身專長,吸引學生產生興趣,並引介經典書籍,訓練獨立思考能力,或培養人文素養與鑑賞能力;在此教育方針下,往往開啟學生求知的熱忱與閱讀興趣。

校園存在自由摸索、積極閱讀的學習風氣,學生以新書、廣泛閱讀、外國著作為主要閱讀傾向,外國著作例如西方小說、西人傳記、西文雜誌,若與重視外國語教育合併觀之,高等學校實為知識菁英快速吸收西方知識與文化的時期。學生在自由、自主的學習環境下,對感興趣事物展現積極的態度,如台高生對自然科學研究,或台籍生對台灣歷史、傳統的探索,均展現其求知與自學的精神,可說是進入大學前的暖身運動;另如參與文學活動,亦為涵養知識份子的重要過程。畢業生們時而強調,經過高校時期的自由摸索,往往決定人生發展的目標,或者奠定人生觀、世界觀,在日後長期的人生路途上持續發揮影響,是以高校教育對菁英養成的重要性,尚包括外在世界的摸索,以及內在自我的探求。

戰時校園管制強化,自由學風與自治學寮均受到約束,修業年限縮短,課程中的體操、教練時數增加,外國語及一般學科時數減少。隨空襲或防空而來,為防護練習以及不得已的停課,學生另需接受各種勞動或者軍事訓練。整體而言,教學大抵持續進行著,但學習環境不佳,半日不授課,整日不授課的情形日益增加,學生自主學習及參加夜間研習活動,在戰時環境下尤顯得可貴。學生面對時局的態度,因族群、國家認同而異,大致而言,在戰爭不得不然的情形下,多數皆希望日本勝利,而順應、配合著時局發展,惟知識菁英自身不欲投

入戰場。1943年底，文科生率先被徵調，理科生雖緩徵在校，但飽受空襲與軍事訓練、勞動之苦，1944年9月，台灣人開始被徵召，1945年全校編入一三八六二部隊，學生與年輕教授成為速成的陸軍二等兵，在軍隊生活中邁入終戰。

　　知識菁英的塑造，除了在學校教育、校園生活中養成，尚與家庭環境，以及大學、領域的選擇有關。台籍高校生的家庭環境，在台灣社會中多屬中等或小康家庭以上，上一代不少具有師範或醫學背景，使下一代透過新式高等教育累積其發展條件，家庭背景與家長所受教育，實為塑造高等教育者的重要背景因素。大學選擇方面，整體在台就讀大學的意願不高，志願分散台北帝大、京都帝大、東京帝大的各個學部，以及地方醫科大學；1936年台北帝大醫學部成立，吸引不少台籍生進入就讀。志願領域方面，不論上一代是師範、醫學或漢學背景，其子弟就讀醫科的情形甚是普遍，係因台灣人在殖民統治下，以學醫最適於發展，另有不少戰時被迫在台就讀大學，而進入台北帝大，以及為躲避兵役而改讀醫科的情形。

　　知識菁英的個人發展、菁英意識，與近代國家社會發展關係密切。高校生被國家期待為未來國家社會指導人，被社會百般奉承最終不是博士就是大臣，自身抱持知識份子應貢獻國家社會之意識，以及須為人們努力的使命感。然戰前台灣人擔任教職或官吏之機會受到限制，高校─大學畢業生作為指導國家發展者、學術鑽研者，未能涵蓋殖民地養成的台籍菁英，實為經過相同高等教育階段的日、台籍菁英最大差異之處。台灣人因前進政府機關、學校發展之途受限，進入會社或任職法曹、醫院、獨立開業的比例居多，另前往日本或滿蒙、中國、南洋者不少，此乃戰前台籍菁英發展的特色。台灣人的認同意識複雜，戰前祖國派、日本派、兩者皆不取、無有認同的情形都存在，然即使是非祖國派，亦普遍具有殖民統治下的被差別意識，進而批判殖民政府，惟此乃出自為台灣人打抱不平，爭取平等對待的想法，稱不上政治上的反日。戰後初期，台灣人認同意識凝聚一致，要為「祖國」與台灣效力，理工農科原屬大學冷門科系，台籍菁英為了建設台灣、祖

國，而決定為自身的志願。然無論戰前、戰後，台灣人的出路都受到限制，尤其前往政治之途為「母國」與「祖國」閉塞，甚至受到迫害，經歷兩個殖民時代的台灣人自覺逐漸覺醒；戰後環境對台灣人（本省人）發展不利，醫學、教育領域與美援機關，尚可為立身之處，而在政界活動的少數人，藉由相互拉拔，逐漸累積發展條件。

台籍菁英憑藉自身條件與努力，在戰後長時間與近代台灣國家社會建立深厚關係，有「台灣史懷哲」之稱的陳五福醫師認知：「**光復後活躍在各行各業裡的領導人物，有不少是台北高校的學生，比率之高令人驚異**」，[55] 何以指定台北高校而不是最高學歷的（帝國）大學？實因日治中期台北高校設校後，島內最菁英者先集中在台北高校，再散入各個大學；成為「各行各業的領導人物」，不能全然歸功台北高校的養成，但台北高校的人才選拔與菁英教育，在其中應有所作用。日籍高校生戰後返回日本，並未因此與台灣切斷關係，光華寮事件、台籍日本兵補償問題，均見台北高校──東京帝大畢業生為台灣仗義直言，今日日本「台灣協會」會長園部逸夫，理事金子三郎、瀨川治久，均昔日台北高校──京都帝大畢業生，[56] 以逾 80 歲之齡，為台日交流努力，亦為戰前接受高等教育者，與戰後台灣關係密切之例證。

---

[55] 曹永洋，《噶瑪蘭的燭光──陳五福醫師傳》，頁 33。
[56] 〈新役員決定〉，《台灣協會報》634，2007.7.15，1 版。

跋

　　這本書是碩士論文〈日治時期台北高等學校之研究〉的改寫，大致維持論文的形式，但為了一般讀者考量，捨去了部分稍嫌枝節的內容，並潤飾詞句，增加圖片，另將序章以較通俗化的敘事方式來改寫，簡介了舊制高等學校的學制，以及代表他們特殊文化的專有名詞。雖是如此，本書對於有意瞭解舊制高等學校或者台北高等學校的專家學者而言，相信仍是一本足資參考的書籍。

　　在文章寫作與收集資料的過程中，作者獲得許多寶貴的指導與協助。蔡錦堂老師從口述訪談開始，親自攜我拜訪各個受訪者，取得既多且珍貴的資料，堆滿了我的房間。寫作期間老師的種種指點與提示，是本書完成的重要關鍵，〈日本治台後半期的「奢侈品」——台北高等學校與近代台灣菁英的誕生〉一文，更成為本書寫作的指導方針，最後也將這篇文章附於書末，提供讀者參考。

　　由於陳秀慧老師的穿針引線，讓我們從調查剛起步時，就獲得三位台北高等學校校友的訪談機會，包括黃伯超院長、楊思標院長、楊照雄院長等三位台灣大學醫學院院長，而黃伯超院長更在後續給予了我們莫大的協助。三位院長之後進行的訪談對象，有衛生署前副署長李悌元先生，及蔣松輝先生、蘇瑛煊先生、呂榮初醫師、張寬敏醫師、呂燿樞醫師、柯德三醫師、許武勇醫師、王萬居醫師、蘇培溥醫師、賴再興醫師、翁廷銓醫師，其中好幾位前前後後拜訪了好幾次，謹此一併致上最高謝意。

　　同時也要感謝楊劉秀華女士——楊基銓前台北高校同學會會長的夫人——對台北高校相關活動，不時給予最大的支持，長期敲響校鐘（自由之鐘）的楊明元先生，提供我們戰後校園變遷的重要圖

像,以及台師大校警隊的李昇長隊長,在本務之餘積極協助台日籍校友的接待,向本校師生介紹、推廣並關心任何有關台北高等學校的議題,於此謹致謝忱。

日本方面的清水護教授、小田滋教授等台北高等學校日本校友,以及台灣文學界的大家河原功教授,都曾給予筆者鼓勵期許。日本蕉葉會的出版品、印刷品,對本書在研究上有最直接的助益,藏本人司會長還曾惠予方便,使我有緣參與蕉葉會的年度總會。溫振華老師不吝惠示珍品以供研究,每逢見面必定為我加油打氣。許佩賢老師、鄭麗玲老師認真閱讀我的論文,並在口考時給我許多寶貴的意見。

岡部三智雄、津田勤子同學屢屢協助聯繫日本方面的校友,以及資料的收集。當我在台南調查訪問,為掃描受訪者提供之文物時,陳慕真、陳理揚姊妹協助克服設備的難題及交通接送。下一屆的陳文華等同學們在展覽及收集資料上,也曾花費不少心思。謝謝你(妳)們。

當然也要感謝國立台灣師範大學圖書館的陳昭珍館長及出版中心,長期以來對本書的協助並予以付梓,還有華藝出版社的編輯古曉凌小姐所付諸的心力。

最後要感謝我的父母親,他們雖然不願意、但還是默默縱容很少回家的小兒子獨自在台北生活,電話裡他們的關切與鼓勵,總是給我溫暖與力量。

本書所使用的圖像資料,承多位台北高校校友或其家屬提供:黃伯超院長、蘇瑛煊先生、賴再興醫師、張寬敏醫師、王萬居醫師、

許武勇醫師、冨田敏郎先生、移川丈兒先生、伊藤圭典先生、川平朝清先生。此外，王耀德教授及郭双富先生出借珍貴收藏，為本書最重要的圖像來源。惟仍有少數圖像資料因故未能事先徵詢同意，而直接使用者，若有不當侵犯版權之虞，作者願負版權交涉之義務。

徐聖凱 謹誌

附錄一　校長及教員出身略歷（1922-1944）

歷任校長（依任期先後排列）

姓名	擔當	出身及學歷	略歷
松村傳 任期 1922.4-1925.3	第一任校長	高知、三高、東大史學	1912 三重縣立第一中學校長 1916 台北中學校長 1917-1920 兼商業學校教諭 1922.2 台北中學校長 1922.4 台北高等學校校長兼 　　　　台北中學校長
三澤糾 任期 1925.5-1929.11	第二任校長	宮崎、五高、東大國史、美國克拉克大學心理學部	1907-1912 留學美國 1912 廣島高師教授 1915 和歌山縣立海草中學校長 1918 大阪府立高津中學校長 1925 台北高等學校校長 1929 京大學生課長
下村虎六郎 任期 1929.11-1931.9 在校 1928.9-1931.9	第三任校長 英語	佐賀、五高、東大英文	1923 唐津中學校長 1925 台中第一中學校長 1928 台北高校教授兼教諭 1929 台北高等學校校長 1938 出版《論語物語》 1941 出版《次郎物語》
谷本清心 任期 1931.9-1941.8 在校 1925.5-1941.8	第四任校長 數學・物理・自然科學	高知、一高、東大理論物理	1907 台灣總督府國語學校教授兼 　　　中學校教諭 1908 免國語學校教授， 　　　專任中學校教諭 1911 廣島高師教授 1925 台北高校教授兼教諭 1931 台北高等學校校長
下川履信 任期 1941.8-1946.3	第五任校長	福岡、五高、東大哲學	1935 台北帝大學生主事 1940 總督府視學官、 　　　文教局督學室勤務 1941 台北高等學校校長

歷任教師（依擔當科目分類並依入校先後排列）

姓名	擔當	出身及學歷	略歷
富田義介 1922-1935	英語	山口、東京高師、京大英文	1920 六高教授 1922.4 台北高校教諭 1925 台北高校教授
小田四郎 1922-1924	英語	山口、東京外國語學校、教員養成所	1916 長崎縣立中學猶興館教諭 1920.2 台北中學校教諭 1922.5 台北中學校教諭兼 　　　　台北高校教諭
レジナルド・ゼ・ウイルキンソン （Reginald J. Wilkinson） 1922-1927	英語	英國	1917-1922.4 台北中學校雇教師 1922.4 高等學校雇教師兼台北中學校雇教師 1927 回英國
中野賢作 1923-1944	英語	靜岡、東京高師英語部	1920 土佐中學校教諭 　　　高等學校高等科教員免許 1923 台北高校教諭 1926-1931 台北高校教諭兼教授 1931 同校教授
法水了禪 1925-1928	英語	茨城	1907 台灣總督府通譯 1915 同翻譯官 1926 台北高校講師
林原耕三 1925-1930	英語	鳥取、一高、東大英文	1921 松山高校教授 1925 台北高校教授 1930 因罷課事件離職
小山捨男 1926-1944	英語	北海道、六高、東大英吉利文學科	（山梨縣都留中學校） 1926 台北高校教授
森政勝 1926-1944	英語	長野、松本高、東大英文	1926 台北高校教授 1940 同校生徒主事 1944 台北帝大預科教授
クレアンス・グリッフィン （？Griffin） 1926-27	英語	英國	
松田介三 1928-1930	英語	佐賀、東京正則英語學校肄業	1919 青島中學校教諭 1922 上海東亞同文書院教授 1928 台北高校教諭兼助教授
サミユエル・エフ・アシユブルツク 1928-1930、1932	英語	美國	1928 台北高校雇教師兼 　　　高等商業學校雇教師

姓名	擔當	出身及學歷	略歷
島田謹二 1929-1944	英語	東京、二高、 東北帝大英文科	1929 台北帝大講師兼台北高校講師 1940-1944 台北高校教授兼台北帝大講師
中島源次 1930-1931	英語	佐賀	1930 台北高校講師
山地清 1931-1944	英語	香川、台高、 東大英吉利文學	1931 台北高校教務囑託 1932 中學校、高等學校英語科無試驗檢定教員免許 台北高校講師 1934 台北高校教諭兼助教授 1938 台北高校教諭兼教授
ウイリアム・ゼームス （William James） 1931-1935	英語	英國	1928 台北一中雇教師 1931 台北高校雇教師
石黑魯平 1935-1939	英語	愛知、東京高師、 東大言語	1918 東京高師教諭 1925 駒澤大學教授 1935 台北高校教授
アランデル・デル・レ （Arundel del Re） 1935-1938、 1941-1944	英語	義大利	1927 東京帝大教師 1931 台北帝大文政學部雇教師 1935 台北帝大雇教師兼 台北高校雇教師
ウイリアム・ ウオルタース・キース （William Kays） 1936-1937	英語	美國	1936 台北高校雇教師
ジョージ・エイチ・ カール （George H. Kerr） 1937-1940	英語	美國	
森岡榮 1944	英語		1944 台北高校教授
市瀨齊 1925-1944	德語	長野、東京外國語學校獨語科	1921 高等學校高等科無試驗檢定合格 佐賀高等學校教授 1930-1943 兼台北帝大理農學部獨逸語講師
中村為吉 1925-1941	德語	和歌山、私立大阪獨逸學校	1918 六高教授 1925 台北高校教授 1943 台北帝大預科拉丁語教授

姓名	擔當	出身及學歷	略歷
西田正一 1925-1940	德語	廣島、三高、東大獨文	1921 新潟高校教授 1923 高知高校教授 1925 台北高校教授 1928-1941 兼台北帝大文政學部獨逸語講師 1935-1940 同校生徒主事 1940 台北帝大生徒主事 1941-1944 台北帝大預科教授、預科長
ハー・ザウテル （Hans Sauter） 1925-1926	德語	德國	1925 台北高校雇教師
杉山產七 1926-1930	德語	富山、四高、京大獨文	1926 台北高校教授 1930 因罷課事件離職
藤田孫太郎 1926-1930	德語	福井、五高、東大獨逸文學科	1926 台北高校教授
エルウキキン・ホイゼル 1928-1933	德語	德國	1928 台北高校雇教師
石本岩根 1930-1944	德語	東京、東京外國語學校、九州帝大獨逸文學科	1930 台北高校講師 1931 同校教授
里井宥二郎 （里井宥二良） 1931-1944	德語	大阪、五高、京都帝大文學科	1931 台北高校講師 1933 高等學校高等科獨語科教員免許 1934 台北高校教授
瀧澤壽一 1940-1944	德語	長野、台高、東大獨逸文學	1940 日本學術振興會研究員 1940.10 台北高校講師 1941 高等學校高等科獨逸語教員免許 台北高校教授
小島伊三男 1940-1941	德語	熊本、台高、東大獨逸文學	1940 高等學校高等科獨語科教員免許 台北高校講師 台灣總督府測候技術養成所講師 1941 台北高商教授
ウオルフガング・クロル （Wolfgang Kroll） 1942-1944	德語	德國	1942 台北高校雇教師兼 台北帝大預科雇教師
春田重之 1922-1929	國語 漢文 修身	高知、廣島高師	1917 熊本中學校教諭 1922.4 台北高校教諭 1929 公立高等女學校長

姓名	擔當	出身及學歷	略歷
吉成新太郎 1923-1938	國語 漢文 修身	秋田、國學院師範部	1919 新潟縣立新潟中學校教諭 1923 台北高校教務囑託 1929 同校教諭 1930 台北高校教諭兼助教授
伊藤慎吾 1925-1944	國語	東京、東京高師、東大國文	1923 廣島高等女學校教諭 1925 台北高校教授、台北帝大教授
大浦精一 1925-1932	漢文	長崎、廣島高師、京大支那文學科	1919 廣島高師助教授 1925 高等學校高等科漢文科教員免許 台北高校教授 1938-1940 年臨時教員養成講習會講師
松村一雄 1928-1940	國語	東京、八高、東大國文	1928 台北高校講師 1928 高等學校高等科國語科教員免許 1930 台北高校教授 1941 台北帝大預科教授
根津金吾 1929-1940	國語 漢文	東京、四高肄業、東大國文科選科	1917 台灣總督府國語學校教授 1922-1929 嘉義高等女學校長 1929 台北高校講師
後藤俊瑞 1930-1931、 1940-1944	漢文	兵庫、廣島高師、東大哲學	1924 廣島高師教授 1929 台北帝大助教授 1930 台北帝大助教授兼台北高校講師 1939 台北帝大醫專講師
常松始郎 1932-1944	漢文	島根、廣島高師、廣島文理科大學文學科漢文學專攻	1926 大阪府立市岡中學教諭 1932 台北高校講師 高等學校高等科漢文科教員免許 1934 台北高校教授
河上邦治 1938-1941	國語 武道	鳥取	1938 台北高校囑託 1939 同校助教授 1941 台北帝大預科
木藤才藏 1939-1944	國語	廣島、台高、東大文學部	1939 台北高校教諭
武田八百照 （武田八百穎） 1942-1944	古典	愛知	1942 台北高校教諭兼助教授
犬養孝 1942-1945	國語	東京、五高、東大國文	1932 橫濱第一中學校教諭 1942 台北高校教授
田中伊藤次 1925-1939	修身 哲學	長野、二高、東大哲學	1923 新潟縣立新發田中學校長 1925 台北高校教授
藤本房次郎 1927-1930	修身 漢文	大阪	1927 台北高校講師

姓名	擔當	出身及學歷	略歷
若槻道隆 1928-1929	修身	長野、一高、東大哲學	1925 台灣總督府視學官 1928 兼台北高校教授 1930 兼台北帝大文政學部講師
柳田謙十郎 1937	修身	神奈川、京大哲學科選科	1926 高等學校高等科修身、哲學概說無試驗檢定教員免許 1927 弘前高校教授 1929 台北帝大助教授 1937 台北帝大助教授兼台北高校講師
行元自忍 1937	修身	愛媛	1933 台北帝大學生主事補 1937 台北帝大學生主事補兼台北高校講師
高峰一愚 1942-1946	道義 哲理 哲學	富山、四高、東大哲學	1934 東京府立高等學校 1936 台北帝大學生主事補、附屬醫學專門部講師 1940 明治專門學校教授 1942 台北高校教授兼生徒主事
淡野安太郎 1937	哲學	兵庫、三高、京都帝大哲學科	1928 台北帝大講師、文政學部勤務 1937 台北帝大助教授兼台北高校講師
田中熙 1940-1942	哲學	福井、京都帝大文學部	1936 富田專門學校 1940 台北高校教授 1942 台北帝大助教授
竹井健藏 1926-1930	心理 論理	東京、二高、東大心理	1926 台北高校講師 1927 同校教授
今崎秀一 1930-1944	心理 論理	福岡、東大文學部選科	1927 總督府師範學校教諭 　　高等學校高等科頭書學科、修身科、教育科教員免許 1930 台北高校講師 1931 同校教授
吉川貞次郎 1922-1927	歷史	新潟、四高、東大國史	1921.5 台北中學校教諭 　　高等學校高等科日本史及東洋史教員免許 1922.5 台北高校教諭兼台北中學校教諭 1922.12 免兼官 1924 台北高校教授兼教諭 1927 基隆中學校長

姓名	擔當	出身及學歷	略歷
庄司萬太郎 1925-1941	歷史	島根、五高、東大歷史	1923 七高教授 1925 台北高校教授 1930-1935 兼台北帝大文政學部講師 1938 退官 1938-1941 台北高校講師 1942 台北帝大預科講師
楠基道 1927-1928	地理 歷史	岐阜、三高、東大支那史學	1908 京都私立佛教大學教授 1918 台灣總督府高等女學校教諭 1925 台南第一高等女學校長 1927 台北高校教授
波多野清太郎 1927-1936	歷史	山形、一高、東大西洋史	1923 德島縣立富岡中學校長 1927-1928 台北高校教授兼教諭 1929 同校教授
中村喜代三 1931-1932	歷史	大阪、三高、京大國史	1928 台北帝大講師 1929 同校助教授 1930 台北帝大教授 1931 台北帝大教授兼台北高校講師
前島信次 1931-1932	歷史	山梨	1931 台北帝大助手兼台北高校講師
青山公亮 1931-1932	歷史	茨城、東大史學	1922 松江高校教授 1931 台北帝大助教授兼台北高校講師
塩見薰 1936-1944	歷史	愛媛、松山高、東大史學	1936 台北高校講師 1937 高等學校高等科歷史科教員免許 1939 台北高校教授兼教諭
太田廣 1942-1944	歷史	東京	1942 台北高校教授兼教諭
石原道博 1944	歷史	東京	1944 台北高校教授
森長整 1926-1933	法制 經濟 英語	東京、六高、東大政治	1924 高等學校高等科法制及經濟科無試驗檢定教員免許 　　 台北商業學校囑託、台北第一中學教務囑託 1926 台北高校講師 1927 同校教授
三尾良次郎 1928-1944	法制 經濟 地理 歷史 修身 公民	宮崎、廣島高師、京大經濟學部	1928-1929 台北高校教諭兼總督府師範學校教授 1929 台北高校教授兼教諭

姓名	擔當	出身及學歷	略歷
小川正 1922-1925	數學	福井	1914 三重縣立第四中學校教諭 1916 台北中學校教諭 1922.4 台北高校教諭
甲斐三郎 1925-1944	數學	大分、五高、東大數學	1923 高知高等學校教授 1925 台北高等學校教授 1926-1942 同校教授兼教諭
加藤平左衛門 1927-1944	數學	愛知、廣島高師、東北大數學	1923 高等學校高等科數學科教員免許 松江高校教授 1927 台北高商兼台北高校教授 1944-1945 台北帝大預科長
嶺脇四郎 1927-1944	數學	東京、二高、東大數學	1923 高等學校高等科數學科教員免許 山形高校教授 1927 台北高校講師 1928 同校教授
須藤利一 1929-1941	數學 圖學	埼玉、水戶高、東大船舶	1926 浦賀船渠株式會社 1929 台北高校教授
服部博 1930、1943-1944	數學	歧阜、早稻田附屬第一早稻田高等學院、東北帝大理學部數學教室	1922 秋田縣立秋田中學校教諭 1930 台北帝大農林專門部講師 台北高校講師 1939 台北帝大附屬農林專門部教授 1943 台北高校教授
後藤魯一 1930	數學	愛知、台灣總督府國語學校公學師範部甲科、東北帝大理學部（數學教室）	1929 台南高等工業學校教諭 高等學校高等科數學科教員免許 1930 台北高校講師 1941 台南專修工業學校長
角田桃太郎 1942	數學	熊本、明治專校機械工程科	1922 明治專校助教授 1927 新竹中學校教諭 1942 台北高校教諭兼助教授 1943 虎尾高等女學校長
佐藤春吉 1922-1927	博物	茨城、茨城縣師範學校	1906 茨城縣水戶中學校教諭 1917.8 台灣總督府台北中學校教諭 1922.4 台北中學校教諭兼 台北高校教諭
齋藤齋 1925-1944	礦物 地質 地理 自然科學 修身	福島、二高、東大農學部肄業、東北大地質	1923 高等學校高等科地質及礦物學科教員免許 台灣總督府師範學校教諭 台灣總督府中央研究所地質及礦物事務囑託 1925 台北高等學校教授

姓名	擔當	出身及學歷	略歷
神谷辰三郎 1926-1928	動物 植物 自然科學	大阪、三高、東大植物	1905 廣島高師講師 1919 松山高校教授 1926 台北高校教授
荒川重理 1927-1944	博物 生物 動物 動物植物實驗 一般理科 修身	東京、札幌農學校農藝科	1923 濱松高等工業學校講師 1927 台北高校教諭兼助教授 1931 同校教諭兼教授 1944 台北帝大農學部講師 1946 台灣大學教授 1947 解除留用歸日
河南宏 1928-1941	動物 植物 自然科學 作業科 理科	兵庫、七高、東大植物	1924 六高教授 1928 台北高校教授
福山伯明 1942-1944	博物 生物	千葉、台高、台理	1942 台北高校講師 1943 同校教授兼教諭 　　　兼台北帝大理農學部植物分類學實驗
松本邦夫 1944	博物 生物	兵庫、台高、台理	1944 台北高校教授兼教諭
志賀孝平 1925-1931	力學 物理 數學	福島、三高、東北大物理	1905 廣島高師講師 1919 松山高校教授 1925 台北高校教諭兼教授 1926 同校教授兼教諭 1931 台南高等工業學校教授
瀨邊惠鎧 1926-1944	化學 自然科學	愛知、廣島高師、東北大化學	1925 總督府專賣局技手 1926 台北高校教授 1927-1941 兼中央研究所技師 1943 兼台北帝大理農學部有機化學特論講師
小谷野格文 1927-1932	化學	東京、一高、東大化學	1927 高等學校高等科化學科教員免許 1927 台北高校講師 1928 同校教授
佐藤覺 1928-1944	力學 物理	福島、二高、東大實驗物理	1919 米澤高等工業學校教授 1928 高等學校高等科地質及礦物學科教員免許 　　　台北高校教授 1932-1935 同校生徒主事

姓名	擔當	出身及學歷	略歷
太田賴常 1929、1941-1944	物理	奈良、六高、京都帝大物理科	1926 高等學校高等科物理科教員免許 1929 台北帝大助手 　　　台北高校講師（一學期） 1930 台北帝大助教授兼農林專門部教授 1941 台北高校教授
分島拓 1931-1941	物理 自然科學	岡山、台高、東大物理	1931 台灣總督府台南高等工業學校講師 　　　台北高校講師 1932 高等學校高等科物理科教員免許 1933 台北高校教授
菟原逸朗 1932-1944	化學	兵庫、姬路高校、東大化學	1932 台北高校講師 1934 高等學校高等科化學科教員免許 　　　同校教授 1941 同校教授兼台北帝大理農學部化學物理學講師
山本正水 1935-1937	化學 自然科學	熊本、台高、台北帝大理學部	1931 台灣總督府中央研究所事務囑託 1935 台北高校教諭兼助教授 　　　高等學校高等科化學科教員免許
內藤力 1936	化學 自然科學	茨城、台高、台北帝大化學	1936 台北高校講師 1939 台灣總督府專賣局技師
鶴壽雄 1942-1944	化學	佐賀、台高、台北帝大	1942 台北高校講師
栗山勵一郎 1944	化學	熊本、台高、台北帝大	1944 台北高校講師
塩月善吉（塩月桃甫） 1922-1944	圖畫	宮崎、東京美術學校圖畫師範科	1920 松山高校講師 1921.3 台灣總督府中學校教諭 1922.12 中學校教諭兼台北高校教諭 1926 台北高校教諭兼中學校教諭 1931 同校講師 1942 兼台北帝大預科講師
安田勇吉 1944	圖畫	京都、三高、京大建築	1927 台灣總督府技手 1932 同技師 1944 台北高校講師
一條慎三郎 1927	唱歌	長野	1927 台北高校囑託
村橋靖彥 1928-1932	音樂 唱歌	山口	1928 台北高校講師
大西安世 1934-1944	唱歌	千葉	1934 台北高校講師

姓名	擔當	出身及學歷	略歷
執行碩二（執行硯二） 1924-1944	書道 習字	佐賀	1907 台灣總督府民政局雇員 1921 台灣總督府官房秘書課勤務 1924 台北高校囑託 1940 同校講師兼台北帝大附屬醫院講師
船曳實雄 1922-1933	體操 劍道	岡山	1922.4 台北高校教諭 　　　 台北中學校教務囑託
鴻澤吾老 1925-1931	體操	大阪、東京高師	歧阜中學校 1925 台北高校教諭 1926 台北高校助教授
牟田重高 1925-1930	體操 教練	埼玉、陸軍步兵中尉	1925 台北高校教諭 1928 同校教諭兼助教授
藤崎秀幸 1926-1935	柔道	廣島	大日本武德會教士 1921 台北中學校囑託 1926 台北高校講師
古閑友次 1926-1927	教練	熊本、陸軍步兵	陸軍步兵少佐 1925 在中國從事徵兵檢查事業後來台 1926 台北高校配屬將校
栗山又治郎 1927-1938	教練	廣島、陸軍步兵少尉	1921 陸軍步兵曹長 1927 台北高校講師 1928 台北高校教諭
曾根田謙治 1927-1931	軍事	福島、陸軍步兵中佐	1927 台北高校配屬將校
一戶出世 1928-1933	體操 教練	青森、陸軍步兵少尉	1922 獲中等學校體操科教員免許狀 1924 旅順第一中學校教諭 1928 台北高校教諭 1928-1930 兼教務課書記
杉原季義 1928-1944	教練 劍道 體操	廣島、陸軍步兵少尉	1928 陸軍步兵少尉 　　　 台北高校囑託 1930 台北高校講師 1931 台北高校教諭兼助教授
橋本勝伸 1929-1934	弓道	熊本	1929 台北高校囑託
富山可誠 1929-1940	劍道	兵庫	大日本武德會教士 1929 台北高校講師
友成久敏 1929-1938	柔道	佐賀	1921 唐津中學校教諭心得 1927 同校教諭 1929 台北高校教諭 1930 同校助教授

姓名	擔當	出身及學歷	略歷
佐藤誠 1929	柔道	宮城	1929 台北高校囑託
加藤牛藏 1929	體操	新潟、陸軍步兵	1908 台灣總督府醫學校講師 1919 台灣總督府醫學專門學校助教授 1929 台北醫專助教授兼台北高校教諭
山口一二 1931-1934	教練	新潟、陸軍步兵中佐	1931 台北高校配屬將校
橋口善一 1931-1944	體操	鹿兒島、陸軍步兵准尉	（歷任諸軍隊及學生體操指導教官） 1929 台北帝大學生課囑託 1931 台北高校助教授兼教諭
平澤平三 1933-1941	體操	茨城、東京高師體育科	1919 台灣總督府工業學校教諭兼台灣公立實業學校教諭 1927 大阪府立天王寺師範學校教諭 1933 台北高校教諭 1934 同校助教授兼教諭
寺澤正藏 1933-1935	教練	東京、陸軍砲兵大尉	1933 台北高校配屬將校
岩佐正寬 1934-1936	教練	福岡、陸軍步兵中佐	1935 台北高校配屬將校 1936 新竹州國防義會囑託
柴田次郎 1935-1937	弓道	福岡	1935 台北高校囑託
藤重邦彥 1936-1938	教練	山口、陸軍步兵中佐	1936 台北高校配屬將校
新田淳 1938-1939	弓道	東京、台高、台北帝大文學科	1938 台北一高女教務囑託 台北高校教務囑託 1939 台北高校教諭 台北一高女教諭
井上峰義 1940-1944	教練	高知	1939 台北帝大學校教練 1940 台北高校教諭兼助教授
濱野昌一 1941	教練	廣島、陸軍大佐	1941 台北高校配屬將校
松延陽一 1942-1944	體操	福岡、東京高師第一臨時教員養成所體操科、東京外國語學校英語專修科、丹麥ニルスブック國民高等學校東京分校、東京高師教育修身研究科、陸軍中尉	1934 台中州第一中學校教諭 1940 台灣總督府師範學校教諭 1942 台北高校助教授 1944 同校助教授兼教諭

姓名	擔當	出身及學歷	略歷
田島實夫 1942-1944	體練	鹿兒島	1942 台北高校助教授 1944 同校助教授兼教諭
小野寺克己 1942-1944	體練		1942 台北高校助教授
久保勝佐 1944	體練		1944 台北高校助教授兼教諭
笹浦悟 1944	體操 體練		1944 台北高校助教授兼教諭
大竹邦保 1922-1937	校醫	東京、陸軍三等軍醫正	1922 台北高校校醫
山崎翕 1944	校醫	廣島、岡山醫專、京大醫學博士	1944 台北高校囑託
山內一夫 1922		大阪	1921 台北中學校囑託 1922 台北高校囑託兼台北中學校囑託
野間又男 1922-1923		熊本	1914 台北中學校囑託 1922 台北高校囑託兼台北中學校囑託
新沼佐助 1922-1926		宮城、陸軍步兵大尉	1915.4 台北中學校囑託 1922 台北高校囑託
渡邊正彥 1925-1927			1918 台灣總督府技師 1925 台北高校講師
武井清嗣 1929-1930		熊本	1929 台北高校助教授兼台北高商助教授
宮川重三郎 1932-1944		山形	1932 台北高校囑託
久江正治 1938-1939		京都	1938 台北高校囑託
筒井龍雄 1938-1944		香川、松江高、九州帝大醫學部	1936 台北帝大附屬醫學專門部 1938 台北帝大助教授兼附屬醫學專門部教授 台北高校囑託
林田博次 1939-1940		熊本、陸軍步兵大佐	1937 台北帝大配屬將校 1939 台北高校配屬將校 1941 台南高工配屬將校
松元純義 1939-1941		鹿兒島	1939 台北高校配屬將校
岡阪嘉織 1940-1944		香川	1933 台北高校雇員 1940 同校囑託

姓名	擔當	出身及學歷	略歷
木村啟治 1940-1941		東京、陸軍步兵少尉	1934 台北高校雇員 1940 同校囑託 1941 台北帝大預科圖書課
三山智 1940-1941		廣島	1941 台北高校囑託
伊藤猛夫 1942-1944		茨城、私立專修大學預科肄業	1933 台灣總督府高等法院檢察局書記 1942 台北高校講師
五藤貞猪 1942-1944		高知、陸軍大佐	1941 台北帝大預科配屬將校 1942 台北高校配屬將校
藤井良吉 1942-1944		佐賀	1942 台北高校囑託
千千岩助太郎 1942-1944		佐賀、名古屋高等工業學校建築科	廣島縣立工業學校教諭 1930 台北工業學校教諭 1942 台北高校講師
大野庫二 1942-1944		東京	1942 台北高校講師
遠井金三丸 1944			1944 台北高校講師
岡本榮治 1944			1944 台北高校配屬將校
伊地知潔 1944			1944 台北高校生徒主事補
福滿則義 1944			1944 台北高校囑託
瓜生憲二 1944		福岡	1944 台北高校教諭

註：1. 教師排列順序，先依照擔當科目，再依照入校先後排列。惟部分教師因尋常科、高等科之不同，而負責多個學科，此處以教師主要負責科目歸類之。
2. 戰時學科名稱改正：修身改「道義」，體操改「體練」，國語及漢文改「古典」，地理、法治及經濟加上政治合併為「經國」，植物及動物、礦物及地質兩科合為「博物」，國語及漢文加上歷史合為「人文」，圖學併入「數學」。

資料來源：1. 台灣總督府檔案資料庫
2. 台灣人物誌資料庫
3. 台灣日日新報資料庫
4. 《台灣總督府文官職員錄》、《台灣總督府及所屬官屬職員錄》
5. 《台高會名錄》1982年版

附錄二 校園刊行物與同學會誌一覽

	刊物名	發行者・所屬	說明
	在學期間班級刊物		
1	曙	第 9 屆理乙	班級刊物
2	同人	第 12 屆文甲	班級刊物
3	南十字星	第 13 屆文甲	班級刊物
4	亞熱帶	第 14 屆文甲	班級刊物
5	猩々木	第 15 屆文甲	班級刊物
6	濁酒	第 15 屆文乙	班級刊物
7	シルエット	第 16 屆文甲	班級刊物
8	凡	第 16 屆文乙	班級刊物
9	白蘿	昭和 18 年尋常科修了生	班級刊物
10	雲葉	昭和 19 年尋常科修了生	班級刊物
11	真洞	昭和 20 年尋常科修了生	班級刊物
12	くちなし	終戰時尋常科四年級生	班級刊物
13	あかう	終戰時尋常科三年級生	班級刊物
	校園共同刊物		
14	台高（前身：台高新聞）	高等科新聞部	新聞性刊物
15	翔風	高等科文藝部	文藝性刊物
16	翠榕	尋常科	綜合性刊物
	學會刊物		
17	自然	台高博物學會	台高博物學會會誌，1931 年發行創刊號
	宿舍刊物		
18	やまみち	七星寮文藝部	七星寮第一部寮誌
19	南颺	七星寮文藝部	七星寮第二部寮誌
	早期文學同人誌		
20	足跡	濱田隼雄主編	文藝雜誌，1927 年 2 月發行創刊號，第三號發行後停刊
21	南方文學	平田藤吉郎主編	文藝雜誌，1928 年 6 月發行創刊號，第二號發行後停刊
22	POTABIN		
23	文藝批判	秋永肇主編	1927 年 9 月創刊
24	日時圭	艸葉竹比古編輯	個人詩誌，1928 年 3 月創刊

25	風琴と壺	林炳耀、村上堯主編	詩文雜誌，1929 年 2 月創刊
26	カドラン	冨名腰尚武主編	文藝雜誌，1931 年 4 月創刊
後期同人誌			
27	月來香	邱炳南主編	1939 年 2 月創刊
28	杏（含杏、罌粟、夜來香、白雲）	張寬敏、賴襄南主編	杏讀書會會誌、系列刊物；1943 年 5 月發行《杏》第 1 號
29	Dämmerung	王萬居等 20 屆理乙生	1945 年學徒兵期間所作的詩文合輯
戰後同學會誌			
30	蕉葉會報	蕉葉會	台北高校日本人同學會總會會誌
31	椰子樹會報	椰子樹會	台北高校第 18 屆畢業生同窗會會誌
32	新雲葉		昭和 19 年尋常科修了生同窗刊物
33	真洞（復刊）		昭和 20 年尋常科修了生同窗刊物
34	しょうへい	しょうへい會	
35	くちなし	台北高校尋常科大屯會	
36	ペガサス 17		
37	ペガサス 20		

附錄三 歷年入學選拔方式、日期與名額

		選拔方式	筆試科目	測驗日期	招生員額
1922	尋常科	筆試 身體檢查	第一學年： 國語（讀方、綴方、書方）、算術、日本地理、理科。學力檢定入學者測驗國語、算術、日本歷史、地理、理科 第二學年： 測驗尋常科第一學年修畢程度之國語及漢文、英語、日本歷史、日本地理、算術、植物、圖畫、唱歌、體操。中學校第一學年修畢者，省去植物、圖畫、唱歌、體操	第一學年： 4/8-4/9 第二學年： 4/8-4/10	第一學年： 40名 第二學年： 40名
1923	尋常科	筆試 身體檢查 口頭試問	第一學年： 國語、算術、日本地理、理科 第二學年、第三學年： 依前學年教授程度測驗修身、國語及漢文、英語、歷史、地理、數學、博物、圖畫、唱歌、體操。中學校第一學年、第二學年修畢者，省去修身、圖畫、唱歌、體操	第一學年： 3/13-3/14、 3/27 第二學年、 第三學年： 3/13-3/15	第一學年： 40名 第二學年： 3名 第三學年： 3名
1924	尋常科	筆試 身體檢查 口頭試問	國語（讀方、綴方、書方）、算術、日本地理及理科	3/14-15、3/23	40名
1925	高等科	1. 第一試驗檢定（台北、台南）： 筆試、身體檢查 2. 第二試驗檢定（京都）： 筆試、繳交醫師開立之身體檢查書 ＊外語測驗選考英語者，得在各科類指定兩個以上的志願；外語測驗選考德語者，限志願各科乙類。指定兩個以上志願者應定先後順序	第一試驗檢定： 文科—國語及漢文、英語、數學（平面幾何）、歷史（日本）、地理（外國含滿洲） 理科—數學（代數、平面幾何）、英語、國語、物理、植物 第二試驗檢定： 文科—國語及漢文、英語、作文 理科—數學（代數、平面幾何）、英語、作文	第一試驗檢定： 3/13-20 第二試驗檢定： 3/13-17	文科25名 理科60名 合計約85名
	尋常科	筆試 身體檢查 口頭試問	國語、算術、日本歷史及地理、理科	3/2-3/4	40名

		選拔方式	筆試科目	測驗日期	招生員額
1926	高等科	1. 無試驗檢定：台灣中學校第四學年或第五學年在學者，由中學校長推薦，須身體檢查 2. 第一試驗檢定（台北、台南）：筆試、身體檢查 3. 第二試驗檢定（仙台、福岡）：筆試 ＊接受試驗檢定者指定一個志願	第一試驗檢定： 文科—國語及漢文、英語、數學（平面幾何）、歷史（日本）、地理（外國含滿洲） 理科—數學（代數、平面幾何）、英語、國語、物理、植物 第二試驗檢定： 文科—國語及漢文、英語、作文 理科—數學（代數、平面幾何）、英語、作文	第一試驗檢定： 3/5-3/6 第二試驗檢定： 4/1-4/2	文甲 25 名 文乙 35 名 理甲 33 名 理乙 30 名 合計約 123 名
	尋常科	筆試 身體檢查 口頭試問	國語、算術、日本歷史及地理、理科	3/11-3/13	40 名
1927	高等科	1. 無試驗檢定：台灣中學校第四學年或第五學年在學者，由中學校長推薦，須身體檢查 2. 第一試驗檢定（台北、台南）：筆試、身體檢查 3. 第二試驗檢定（東京、福岡）：筆試、繳交醫師開立之身體檢查書 ＊接受試驗檢定者指定一個志願	第一試驗檢定： 文科—國語及漢文、英語、數學（代數、平面幾何）、歷史（西洋）、地理（日本、滿洲） 理科—數學（代數、平面幾何）、英語、國語及漢文、物理、博物（博物通論、生理衛生） 第二試驗檢定： 文科—國語及漢文、英語、作文 理科—數學（代數、平面幾何）、英語、作文	第一試驗檢定： 3/3-3/5 第二試驗檢定： 4/1-4/2	文甲 30 名 文乙 30 名 理甲 30 名 理乙 25 名 合計約 115 名
	尋常科	筆試 身體檢查 口頭試問	國語、算術、日本歷史、地理及理科	3/8-3/10	40 名
1928	高等科	1. 無試驗檢定：台灣中學校第四學年或第五學年在學者，由中學校長推薦，須身體檢查 2. 第一試驗檢定（台北、台南）：筆試、口頭試問、身體檢查 3. 第二試驗檢定（東京、福岡）：筆試、口頭試問、繳交醫師開立之身體檢查書 ＊接受試驗檢定者指定一個志願	第一試驗檢定： 文科—國語及漢文、地理（外國不含滿洲）、數學（代數、平面幾何）、英語、筆答試問 理科—國語及漢文、化學、數學（代數、平面幾何）、英語、筆答試問 第二試驗檢定： 文科—英語、筆答試問、國語及漢文、作文 理科—英語、筆答試問、數學（代數、平面幾何）、作文	第一試驗檢定： 3/3-3/7 第二試驗檢定： 3/15-3/18	文甲 30 名 文乙 30 名 理甲 35 名 理乙 25 名 合計約 120 名

		選拔方式	筆試科目	測驗日期	招生員額
1929	尋常科	筆試 身體檢查 口頭試問	國語、算術、日本歷史、地理及理科	3/3-3/4	40名
	高等科	1. 無試驗檢定：台灣中學校第四學年或第五學年在學者，由中學校長推薦，須身體檢查 2. 試驗檢定：筆試、口頭試問、身體檢查 ＊接受試驗檢定者指定一個志願	試驗檢定： 文科—國語及漢文、博物（博物通論）、數學（代數、平面幾何）、英語、筆答試問 理科—國語及漢文、物理、數學（代數、平面幾何）、英語、筆答試問	試驗檢定： 3/3-3/6	文甲35名 文乙35名 理甲25名 理乙25名 合計約120名
1930	尋常科	筆試及身體檢查、口頭試問	國語、算術、國史、地理及理科	3/3-3/4	40名
	高等科	1. 無試驗檢定：台灣中學校第四學年或第五學年在學者，由中學校長推薦，須身體檢查 2. 試驗檢定：筆試、口頭試問、身體檢查 ＊接受試驗檢定者指定一個志願	試驗檢定： 文科—國語及漢文、地理（外國不含滿洲）、數學（代數、平面幾何）、英語、筆答試問 理科—國語及漢文、化學、數學（代數、平面幾何）、英語、筆答試問	試驗檢定： 3/3-3/6	文甲35名 文乙25名 理甲35名 理乙25名 合計約120名
1931	尋常科	筆試及身體檢查、口頭試問	國語、算術、國史、地理及理科	3/3-3/4	40名
	高等科	1. 無試驗檢定：台灣中學校第四學年或第五學年在學者，由中學校長推薦，須身體檢查 2. 試驗檢定：筆試、口頭試問、身體檢查 ＊接受試驗檢定者指定一個志願	試驗檢定： 文科—國語及漢文、日本史及東洋史、數學（代數、平面幾何）、英語、筆答試問 理科—國語及漢文、物理、數學（代數、平面幾何）、英語、筆答試問	試驗檢定： 3/4-3/7	文甲30名 文乙30名 理甲35名 理乙25名 合計約120名
	尋常科	筆試及身體檢查、口頭試問	國語、算術、國史及地理、理科	3/3-3/5	40名

		選拔方式	筆試科目	測驗日期	招生員額
1932	高等科	1. 無試驗檢定：台灣中學校第四學年或第五學年在學者，由中學校長推薦，須身體檢查 2. 試驗檢定：筆試、口頭試問、身體檢查 ＊接受試驗檢定者指定一個志願	試驗檢定： 文科—國語及漢文、歷史（西洋史）、數學（代數、平面幾何）、英語、筆答試問 理科—國語及漢文、物理、數學（代數、平面幾何）、英語、筆答試問	試驗檢定： 3/4-3/7	文甲 30 名 文乙 25 名 理甲 30 名 理乙 25 名 合計約 110 名
	尋常科	筆試及身體檢查、口頭試問	國語、算術、國史及地理、理科	3/3-3/5	40 名
1933	高等科	1. 無試驗檢定：台灣中學校第四學年或第五學年在學者，由中學校長推薦，須身體檢查 2. 試驗檢定：筆試、口頭試問、身體檢查 ＊得依先後順序指定兩個以上的志願	試驗檢定： 文科—國語及漢文、外國地理、數學（代數、平面幾何）、英語、筆答試問 理科—國語及漢文、物理、數學（代數、平面幾何）、英語、筆答試問 ＊以文科為第一志願但又志願理科者須加考物理；以理科為第一志願但又志願文科者須加考外國地理	試驗檢定： 3/17-3/20	文甲 30 名 文乙 20 名 理甲 20 名 理乙 25 名 合計約 95 名
	尋常科	筆試及身體檢查、口頭試問	國語、算術、國史及地理、理科	3/16-3/18	40 名
1934	高等科	1. 無試驗檢定：台灣中學校第四學年或第五學年在學者，由中學校長推薦，須身體檢查 2. 試驗檢定：筆試、口頭試問、身體檢查 ＊得依先後順序指定兩個以上的志願	試驗檢定： 文理科相同—國語及漢文（國文解釋、漢文解釋、文法、作文）、博物（動物、植物）、數學（代數、平面幾何）、地理（外國地理）、英語（英文和譯、和文英譯、文法、書取）	試驗檢定： 3/17-3/19	文甲 30 名 文乙 20 名 理甲 20 名 理乙 25 名 合計約 95 名
	尋常科	筆試及身體檢查、口頭試問	國語、算術、國史及地理、理科	3/17-3/19	40 名

		選拔方式	筆試科目	測驗日期	招生員額
1935	高等科	1. 無試驗檢定：台灣中學校第四學年或第五學年在學者，由中學校長推薦，須身體檢查 2. 試驗檢定：筆試、口頭試問、身體檢查 ＊得依先後順序指定兩個以上的志願	試驗檢定： 文理科相同—國語及漢文（國文解釋、漢文解釋、作文）、物理、數學（代數、平面幾何）、地理（日本地理、外國地理）、英語（英文和譯、和文英譯、文法、書取）	試驗檢定： 3/17-3/22	文甲 30 名 文乙 25 名 理甲 25 名 理乙 20 名 合計約 100 名
	尋常科	筆試及身體檢查、口頭試問	國語、算術、國史及地理、理科	3/17-3/19	40 名
1936	高等科	試驗檢定：筆試、口頭試問、身體檢查 ＊得於同一科內先後指定甲乙之志願順序	試驗檢定： 文科—國語及漢文（國文解釋、漢文解釋、作文）、歷史（國史）、數學（代數、平面幾何）、英語（英文和譯、和文英譯、文法、書取） 理科—國語及漢文（國文解釋、漢文解釋、作文）、博物（生理衛生及礦物）、數學（代數、平面幾何）、英語（英文和譯、和文英譯、文法、書取）	試驗檢定： 3/17-3/20	文甲 30 名 文乙 25 名 理甲 20 名 理乙 25 名 合計約 100 名
	尋常科	筆試及身體檢查、口頭試問	國語、算術、國史及地理、理科	3/17-3/19	40 名
1937	高等科	試驗檢定：筆試、口頭試問、身體檢查 ＊得於同一科內先後指定甲乙之志願順序	試驗檢定： 文科—國語及漢文（國文解釋及文法、漢文解釋、作文）、地理（日本地理、滿洲地理）、數學（代數、平面幾何、銳角三角函數）、英語（英文和譯、和文英譯、文法、書取） 理科—國語及漢文（國文解釋及文法、漢文解釋、作文）、博物（生理衛生及礦物）、數學（代數、平面幾何、銳角三角函數）、英語（英文和譯、和文英譯、文法、書取）	試驗檢定： 3/17-3/22	文甲 20 名 文乙 20 名 理甲 20 名 理乙 25 名 合計約 85 名
	尋常科	筆試及身體檢查、口頭試問	國語、算術、國史及地理、理科	3/14-3/16	40 名

		選拔方式	筆試科目	測驗日期	招生員額
1938	高等科	試驗檢定： 筆試、口頭試問、身體檢查 ＊得於同一科內先後指定甲乙之志願順序	試驗檢定： 文科—國語及漢文（國文解釋及文法、漢文解釋、作文）、歷史（西洋史）、數學（代數、平面幾何、銳角三角函數）、英語（英文和譯、和文英譯、文法、書取） 理科—國語及漢文（國文解釋及文法、漢文解釋、作文）、物理（不含磁氣以下）、數學（代數、平面幾何、銳角三角函數）、英語（英文和譯、和文英譯、文法、書取）	試驗檢定： 3/17-3/22	文甲 25 名 文乙 20 名 理甲 20 名 理乙 25 名 合計約 90 名
	尋常科	筆試及身體檢查、口頭試問、國民精神與德性	國語、算術、國史、理科	3/13-3/15	40 名
1939	高等科	試驗檢定： 筆試、口頭試問、身體檢查 ＊得於同一科內先後指定甲乙之志願順序	試驗檢定： 文科—國語及漢文（國文解釋及文法、漢文解釋、作文）、地理（外國地理不含滿洲）、數學（代數、平面幾何、銳角三角函數）、英語（英文和譯、和文英譯、文法、書取） 理科—國語及漢文（國文解釋及文法、漢文解釋、作文）、化學（不含主要的有機化合物）、數學（代數、平面幾何、銳角三角函數）、英語（英文和譯、和文英譯、文法、書取）	試驗檢定： 3/17-3/22	文甲 30 名 文乙 30 名 理甲 15 名 理乙 25 名 合計約 100 名
	尋常科	筆試及身體檢查、口頭試問、國民精神與德性	國語、算術、國史	3/11-3/14	40 名
1940	高等科	試驗檢定： 筆試、口頭試問、身體檢查 ＊得於同一科內先後指定甲乙之志願順序	試驗檢定： 文科—國語漢文（國文解釋及文法、漢文解釋、作文）、國史、外國地理（不含滿洲國）、數學、英語（英文和譯、和文英譯、文法、書取） 理科—國語漢文（國文解釋及文法、漢文解釋、作文）、國史、植物及動物、數學、英語（英文和譯、和文英譯、文法、書取）	試驗檢定： 3/17-3/22	文甲 30 名 文乙 30 名 理甲 25 名 理乙 25 名 合計約 110 名

		選拔方式	筆試科目	測驗日期	招生員額
1941	尋常科	筆試及身體檢查、口頭試問、國民精神與德性	國語、算術、國史	3/11-3/14	40名
	高等科	試驗檢定： 筆試、口頭試問、身體檢查 ＊得於同一科內先後指定甲乙之志願順序	試驗檢定： 文科—國語漢文（國文解釋及文法、漢文解釋、作文）、國史、動物植物、數學 理科—國史、外國地理、數學、物理（從教授要目乙起，不含磁氣以下）、英語（英文和譯、和文英譯、文法、書取）	試驗檢定： 3/17-3/21	文甲35名 文乙20名 理甲25名 理乙30名 合計約110名
1942	尋常科	筆試及身體檢查、口頭試問、國民精神與德性	國語、算術、國史	3/10-3/13	40名
	高等科	試驗檢定： 筆試、口頭試問、身體檢查 ＊得於同一科內先後指定甲乙之志願順序	試驗檢定： 文科—國語漢文（國文解釋、文法、漢文解釋、作文、書取）、國史、外國地理、英語（英文和譯、和文英譯、文法） 理科—國史、數學、物理（從教授要目乙起，不含磁氣以下）、化學（從教授要目乙起，不含有機化合物）、英語（英文和譯、和文英譯、文法）	試驗檢定： 3/1-3/5	文甲35名 文乙25名 理甲25名 理乙25名 合計約110名
1943	尋常科	筆答試問、人物考察、身體檢查	不詳	3/10-3/12	40名
	高等科	試驗檢定： 筆試、口頭試問、身體檢查 ＊口頭試問時徵詢志願的類組別	試驗檢定： 文科—國語漢文（國文解釋、文法、漢文解釋、作文、書取）、國史、數學、英語（英文和譯、和文英譯） 理科—國語漢文（國文解釋、漢文解釋、作文、書取）、國史、數學、理科物象	試驗檢定： 2/26-3/1	文科60名 理科50名 合計約110名
	尋常科	筆答試問、人物考察、身體檢查	不詳	3/5-3/6	40名

		選拔方式	筆試科目	測驗日期	招生員額
1944	高等科	試驗檢定： 筆試、口頭試問、身體檢查 ＊口頭試問與身體檢查合併考察志願者出身學校的調查書、學力試驗情形	試驗檢定： 文科—國語漢文、國史、英語 理科—國史、數學、理科物象	試驗檢定： 3/1、3/5-3/7	文科 20 名 理甲 55 名 理乙 65 名 合計約 140 名
1945	高等科	二階段選拔： 第一階段參考出身中學校之調查書以及志願者事例，取剩募集人數的 2 倍，第二階段對第一階段取剩的志願者施行身體檢查、口頭試問及筆答試問	不詳	第一階段發表： 1/11 第二階段發表： 1/23	文科 20 名 理甲 55 名 理乙 20 名 合計約 95 名

註 1：不含台北高等學校附設臨時教員養成所

資料來源：《台灣總督府府報》大正 11 年—昭和 17 年、《台灣總督府官報》昭和 17 年—昭和 20 年（台灣總督府官房文書課）。

徵引文獻

一、官方文獻・學校出版品

1. 《公文類聚》
2. 《公文雜纂》
3. 《樞密院關係文書》
4. 《台灣總督府公文類纂》
5. 《台北高等學校生徒便覽》昭和 12 年度（台北高等學校，1937 年）
6. 《台灣總督府及所屬官署職員錄》大正 6 年—昭和 19 年（台灣總督府，1917-1944 年）
7. 《台灣總督府文官職員錄》大正 2-5 年（台灣總督府，1913-1916 年）
8. 《台灣總督府台北高等學校一覽》昭和 2-12 年度、19 年度（台北高等學校，1928-1937 年、1944 年）
9. 《台灣總督府學事年報》第 7-36 報（台灣總督府文教局，1906-1940 年）
10. 《明治以降教育制度發達史》（文部省內教育史編纂會，1939 年）
11. 《職員錄》大正 13 年度（內閣印刷局，1924 年）
12. 《台灣總督府統計書》第 21-46 統計書（台灣總督府官房調查課，1924-1944 年）
13. 《台灣總督府府報》大正 11 年—昭和 17 年、《台灣總督府官報》昭和 17 年—昭和 20 年（台灣總督府官房文書課）
14. 《台灣省各機關職員錄》（台灣省行政長官公署人事室、台灣省政府，1946 年、1947 年）
15. 《台灣總督府台北高等商業學校一覽》大正 15 年度（台灣總督府台北高等商業學校，1926 年）
16. 《台灣總督府台南高等工業學校一覽》昭和 7 年度（台灣總督府台南高等工業學校，1932 年）

二、校園刊行物・同學會印刷品

（一）校園刊行物：

1. 《台高》1-18 號（台北高等學校新聞部，1937-1940 年）【15-18 號移川丈兒先生提供】

2. 《南十字星》終刊號（13文甲，1940年）【蘇瑛煊先生提供】
3. 《南颸》第1號（台北高等學校七星寮文藝部，1931年）
4. 《翔風》7-26號（台北高等學校文藝部，1929-1945年）【26號張寬敏先生提供】
5. 《杏》、《罌粟》、《夜來香》、《白雲》（杏讀書會，1943-1948年）【張寬敏先生提供】
6. 《月來香》1-2號（邱炳南，1939年）
7. 《新聞展覽會目錄》（台北高等學校新聞部編，1929年）
8. 《台北高等學校卒業記念アルバム》（第5屆文甲，1932年）【松本舊制高等學校記念館提供】
9. 台北高校第6回文甲畢業紀念冊【郭双富先生提供】
10. 王萬居、洪祖培、王源、周隨土，《Dämmerung》【王萬居先生提供】
11. 《1930年台灣總督府台北高等學校卒業紀念》（第3屆文甲，1930年）【王耀德教授提供】
12. 台高同窗會，《會員名簿》（同會，1939、1941年）【蘇瑛煊先生提供】

（二）同學會印刷品（戰後）：

1. 台北高等學校同學會，《畢業生名簿》（1957年）、《會員名簿》（1978年）、《台高會名錄》（1982年）。
2. 蕉葉會，《蕉葉會名簿》
3. 椰子樹會，《椰子樹會報》
4. 蕉葉會，《蕉葉會報》
5. 二十年蕉葉會，《ペガサス20》（該會，1995年）。
6. 十五蕉葉會，《回顧・五十年》（該會，1991年）。
7. 山口房雄，《自治と自由の鐘が鳴る》（舊制台北高等學校記念文集刊行委員會，2003年）。
8. 台北帝國大學預科五十周年記念誌編輯委員會，《芝蘭》（該會，1994年）。
9. 台北高校理科乙類卒業50周年記念クラス會，《五十年の軌跡》（該會，1983年）。
10. 京城帝國大學同窗會編，《紺碧遙かに——京城帝國大學創立五十周年記念》（東京：該會，1984年）。
11. 荒川先生の會，《荒川重理先生の思い出》（該會，1977年）。

12. 創立60周年記念誌編輯委員會，《創立60周年記念》（大阪府立高津高等學校，1978年）。
13. 廣島文理科大學・廣島高等師範學校，《創立四十年史》（廣島文理科大學，1942年）。
14. 蕉葉會，《台北高等學校（一九二二—一九四六）》（該會，1970年）。
15. 瀨邊先生記念出版會，《瀨邊惠鎧先生の回想》（該會，1981年）。
16. 台北高等學校尋常科昭和19年修了生，《新雲葉》第一號（編者，1997年）。
17. 台北高等學校一九四六年卒業同窗會（理科），《獅子頭山に雲みだれ》（該會，1998年）。
18. 舊制台北高校昭和二十一年卒業生，《對の大屯　わらしが館》（編者，2002年）。
19. 舊制台北高等學校昭和一九年入學生・昭和二〇年入學生，《しょうへい》（編者，1996年）。
20. 上井良夫，《七星が嶺に霧まよふ》（編者，1996年）。
21. 上井良夫，《七星が嶺に霧まよふ（補遺）》（編者，2003年）。
22. 舊制台北高校しょうへい會，《はるかなり わが台高—六〇年前の出來ごと》（同會，2005年）。
23. 吉村邦壽編，《蕉蕾集》（編者，1966年）。

三、私文書

1. 《下村宏文書》（中央研究院台灣史研究所特藏，原藏於天理大學附屬天理圖書館）。
2. 黃伯超日記（未刊）【黃伯超先生提供】。
3. 黃伯超，圖表學筆記（未刊）【黃伯超先生提供】。
4. 黃伯超先生相簿（未刊）【黃伯超先生提供】。
5. 賴再興先生相簿（未刊）【賴再興先生提供】。
6. 新山茂人，《私の太平洋戰爭日誌》（未刊）【張寬敏先生提供】。
7. 長谷川博重，人文科筆記（未刊）【張寬敏先生提供】。
8. 張寬敏，〈杏沿革概況〉（未刊）【張寬敏先生提供】。
9. 長谷川博重、張臥龍，〈古代支那に於ける工業の衰退原因〉（未刊）【張寬敏先生提供】。
10. 許武勇尋常科成績單（未刊）【許武勇先生提供】。

11. 許武勇先生相簿（未刊）【許武勇先生提供】。
12. 蘇瑞麟，〈自傳〉（未刊）【蘇瑛煊先生提供】。
13. 蘇瑞麟公、小學校1到6年級獎狀（未刊）【蘇瑛煊先生提供】。
14. 蘇瑞麟先生相簿（未刊）【蘇瑛煊先生提供】。
15. 蘇瑞麟，國語學概論筆記（未刊）【蘇瑛煊先生提供】。
16. 《日清簿》昭和19年以降（未刊）【蘇瑛煊先生提供】。
17. 新竹縣政府田賦折徵代金繳納收據等8件（未刊）【蘇瑛煊先生提供】。
18. 受驗研究社編，《受驗必勝の秘訣》（同社，1930年）【蘇瑞麟重點畫記，蘇瑛煊先生提供】。
19. 《受驗旬報》綜合版3月號、6月號（東京：歐文社，1941年）【蘇瑞麟重點畫記，蘇瑛煊先生提供】。
20. 《國漢文研究週報》（15：1-17，1937年）【蘇瑞麟重點畫記，蘇瑛煊先生提供】。
21. 谷口為次，《受驗作文要訣》（東京：有精堂，1936年）【蘇瑞麟重點畫記，蘇瑛煊先生提供】。
22. 河合榮治郎，《第二學生生活》（東京：日本評論社，1937年）【蘇瑞麟重點畫記，蘇瑛煊先生提供】。

四、口述紀錄・傳記・回憶錄：

（一）口述紀錄：

1. 所澤潤（聽取り・解說・註）・泉新一郎（口述），〈聽取り調查：外地の進學體驗—台北師範附屬小から台北高校、台北帝大を經て內地の帝大に編入〉（平成二年度文部省科學研究補助金研究成果報告書，1993年），單行本頁1-41。
2. 所澤潤（聽取り・解說・註）・張寬敏（口述），〈聽取り調查：外地の進學體驗（II）—台北一師附小、台北高校、台北帝大醫學部を經て台灣大學醫學院卒業—〉，《群馬大學教育學部紀要 人文・社會科學編》（44，1995年），頁139-187。
3. 所澤潤（聽取り・編輯・解說・註）・陳漢升（口述），〈聽取り調查：外地の進學體驗（III）—抵抗の地・龍潭から基隆中學校、台北高校を經て、長崎醫科大學卒業—〉，《群馬大學教育學部紀要 人文・社會科學編》（45，1996年），頁97-163。

4. 所澤潤（聽取り・編集・解說・註）・陳定堯（口述），〈聽取り調查：外地の進學體驗（IV）—樺山小から、台北三中、台北帝大豫科、台北帝大醫学部を經て、台灣大學醫学院卒業—〉，《群馬大學教育學部紀要 人文・社會科學編》（46，1997 年），頁 121-180。

5. 所澤潤（聽取り・編集・解說・註）・呂燿樞（口述），〈聽取り調查：外地の進學體驗（V）石光公學校から、台北高校尋常科、同高等科、台北高級中學を經て、台灣大學醫學院卒業〉，《群馬大學教育學部紀要 人文・社會科學編》（47，1998 年 3 月），頁 183-266。

6. 所澤潤（聽取り・編集・解說・註）・高峯一愚（口述），〈聽取り調查：外地の進學體驗（IX）・特別篇 台北帝國大學學生主事補・台北高等學校教授の體驗を中心に〉，《群馬大學教育學部紀要 人文・社會科學編》（53，2004 年），頁 59-85。

7. 蔡錦堂、徐聖凱訪問，呂榮初口述，2007.9.10（未刊）。

8. 蔡錦堂、徐聖凱訪問，黃伯超口述，2007.5.2、2007.7.13、2007.10.17、2007.11.22、2007.12.6、2008.1.24（未刊）。

9. 蔡錦堂、徐聖凱訪問，許武勇口述，2008.6.8、2008.7.12（未刊）。

10. 蔡錦堂、徐聖凱訪問，李悌元口述，2007.8.14（未刊）。

11. 蔡錦堂、徐聖凱訪問，呂燿樞口述，2008.5.6（未刊）。

12. 蔡錦堂、徐聖凱訪問，蔣松輝口述，2007.8.21（未刊）。

13. 蔡錦堂、徐聖凱訪問，張寬敏口述，2008.5.4（未刊）。

14. 蔡錦堂、徐聖凱訪問，王萬居口述，2008.8.15（未刊）。

15. 蔡錦堂、徐聖凱訪問，楊思標、楊照雄口述，2007.5.9（未刊）。

16. 蔡錦堂、徐聖凱訪問，柯德三口述，2008.6.7（未刊）。

17. 蔡錦堂、徐聖凱訪問，蘇培溥、張寬敏口述，2009.1.17（未刊）。

18. 徐聖凱訪問，蘇瑛煊口述，2007.8.28（未刊）。

19. 徐聖凱訪問，賴再興口述，2010.12.16（未刊）。

（二）傳記・回憶錄：

1. 張文義，《回首來時路——陳五福醫師回憶錄》（台北：吳三連基金會，1996 年）。

2. 曹永洋，《都市叢林醫生——郭維租的生涯心路》（台北：前衛，1996 年）。

3. 曹永洋，《噶瑪蘭的燭光——陳五福醫師傳》（台北：前衛，1993 年）。
4. 熊秉真、江東亮訪問，鄭麗榕紀錄，《魏火曜先生訪問紀錄》（中央研究院近代史研究所，1997 年再版）。
5. 許雪姬、張隆志、陳翠蓮訪問，賴永祥、鄭麗榕、吳美慧、蔡說麗紀錄，《坐擁書城——賴永祥先生紀錄》（中央研究院台灣史研究所，2007 年）。
6. 陳炯霖撰述，康明哲整理，《台灣小兒科發展的舵手——陳炯霖》（台北：望春風，2002 年）。
7. 黃天才、黃肇珩著，《勁寒梅香：辜振甫人生紀實》（台北：聯經，2005 年）。
8. 楊基銓，《楊基銓回憶錄》（台北：前衛，1996 年）。
9. 邱永漢，《わが青春の台灣 わが青春の香港》（東京：中央公論社，1994 年）。
10. 廖雪芳，《白髮與白袍——台灣腎臟醫學先驅陳萬裕傳》（台北：橘井文化，2007 年）。
11. 有馬元治，《有馬元治回顧錄》（東京：太平洋總合研究所，1998 年）。
12. 陳奇祿等編，《從帝大到台大》（國立台灣大學，2003 年）。
13. 王育德著，吳瑞雲譯，《王育德自傳》（台北：前衛，2002 年）。
14. 永杉喜輔，《下村湖人傳：次郎物語のモデル》（東京：柏樹社，1970 年）。
15. 明石晴代，《父・下村湖人》（東京：讀賣新聞社，1970 年）。
16. 吳克泰，《吳克泰回憶錄》（台北：人間，2002 年）。
17. 吳佳璇，《台灣精神醫療的開拓者——葉英堃傳記》（台北：心靈工坊，2005 年）。
18. 柯德三，《母國は日本、祖國は台灣》（東京：櫻の花出版，2005 年）。
19. 孤蓬萬里，《孤蓬萬里半世紀》（東京：集英社，1997 年）。
20. 張炎憲主編，《李登輝總統訪談錄》（台北：允晨，2008 年）。
21. 泉新一郎，《青春の日はくれやすく》（橫濱：泉新一郎，1996 年）。
22. 久富良次，《光と影》（東京：近代文藝社，1989 年）。
23. 廖雪芳，《醫者之路：台灣肝炎鼻祖宋瑞樓傳》（台北：天下，2002 年）。
24. 小田稔，《青い星を追って》（東京：日經サイエンス社，1990 年）。
25. 小田滋著，洪有錫譯，《見證百年台灣——堀內、小田兩家三代與台灣的醫界、法界》（台北：玉山社，2009 年）。
26. 新垣宏一著，張良澤編譯，《華麗島歲月》（台北：前衛，2002 年）。
27. 楊金妮，《台灣地質學先行者・王源》（台北：玉山社，2006 年）。
28. 齋藤信子，《筏かづらの家父・島田謹二の思ひ出》（東京：近代出版社，2005 年）。

29. 顏崇漢,《動盪的年代——一位外科醫師的回憶錄》(桃園:達璟文化,2000年)。
30. 張有忠,《外地人・外國人と日本人:ある外地人辯護士の步みと願い》(大阪:張有忠,1985年)。
31. 李明瑱、林靜靜,《台灣的良知——李鎮源教授:蛇毒大師、醫界良心、民主運動的領航員》(台北:商周,2002年)。
32. 朱昭陽口述,吳君瑩紀錄,林忠勝撰述,《朱昭陽回憶錄:風雨延平出清流》(台北:前衛,2002年)。
33. 山崎柄根著,楊南郡譯註,《鹿野忠雄》(台中:晨星,1998年)。
34. 楊威理著,陳映真譯,《雙鄉記》(台北:人間,1995年)。
35. 鄭翼宗,《歷劫歸來話半生》(台北:前衛,1992年)。
36. 蔡篤堅等,《一個醫師的時代見證:施純仁回憶錄》(台北:記憶工程,2009年)。

五、報紙及雜誌

1. 《台灣日日新報》
2. 《台灣青年》
3. 《台灣時報》
4. 《台灣教育》
5. 《台灣民報》
6. 《台灣新民報》
7. 《昭和新報》
8. 《新高新報》
9. 《讀賣新聞》
10. 《週刊朝日》
11. 《民俗台灣》
12. 《愛光新聞》
13. 《民報》
14. 《台灣協會報》

六、時人論著

1. 三澤糾,〈愉快に遊ふべし〉,《龍南會雜誌》(72,1899年),頁38-41。

2. 三澤糾，《時代と教育》（東京：警醒社，1910年）。
3. 三澤糾，《國民性と教育方針》（東京：富山房，1910年）。
4. 三澤糾，《教師の覺醒と其修養》（東京：啟成社，1911年）。
5. 久保島天麗，《台灣大學設立論》（台北：台灣大學期成同盟會，1920年）。
6. 吉野秀公，《台灣教育史》（台灣日日新報社，1927年出版，1997年南天書局復刻）。
7. 台灣教育會編，《台灣教育沿革誌》（同會，1939年出版，1973年古亭書屋復刻）。
8. 佐藤源治，《台灣教育の進展》（台灣出版文化，1943年出版，1998年大空社復刻）。
9. 唐澤信夫，《台灣島民に訴ふ》（台北：新高新報社，1935年）。
10. 新高新報社，《台灣紳士名鑑》（同社，1937年）。
11. 台灣日日新報社，《台灣日日新報壹萬號及創立三十周年記念講演集》（同社，1929年）。
12. 塩見薰，《歷史と反省》（台北：清水書店，1944年）。
13. 塩見薰，《過渡期の人々》（台北：東都書籍株式會社台北支店，1943年）。
14. 岩波書店，《分類目錄》（東京：岩波書店，1939年）。
15. 蘇瑞麟，《台灣經濟史》（新竹市北門：文昌書局，1949年）。
16. 台灣新民報社編，《台灣人士鑑》（台北：該社，1937年）。
17. 興南新聞社編，《台灣人士鑑》（台北：該社，1943年）。
18. 唐澤信夫，《台灣紳士名鑑》（台北：新高新報社，1937年）。
19. 林進發，《台灣官紳年鑑》（台北：民眾公論社，1933）。
20. つねあきお（竹內昭太郎），《台灣島は永遠に在る 舊制高校生が見た一九四五年敗戰の台北》（東京：堵南舍，1990年）。
21. 台北帝國大學學生課，《學生生徒生活調查》（該課，1939年）。
22. 松本巍著，蒯通林譯，《台北帝國大學沿革史》（蒯通林，1960年）。

七、近人論著
（一）專書：

1. Ming-Cheng M. Lo（駱明正）, *Doctors within Borders: Profession, Ethnicity, and Modernity in Colonial Taiwan*（Berkeley, Calif.: University of California Press, c2002）.

2. 九保義三,《新版 昭和教育史——天皇制と教育の史的展開》(東京:東信堂,2006年)。
3. 上田正昭等監修,《日本人名大辭典》(東京:講談社,2001年)。
4. 海後宗臣,《日本近代學校史》(東京:成美堂書店,1936年)。
5. 天野郁夫,《近代日本高等教育研究》(東京:玉川大學,1989年)。
6. 日本史廣辭典編輯委員會編,《日本史人物辭典》(東京:山川,2000年)。
7. 許雪姬等撰文,《台灣歷史辭典》(行政院文化建設委員會,2005年)。
8. 本山幸彥,《帝國議會と教育政策》(京都:思文閣,1981年)。
9. 伊藤彰浩,《戰間期日本の高等教育》(東京:玉川大學出版部,1999年)。
10. 竹內洋,《學歷貴族の榮光と挫折》(東京:中央公論新社,1999年)。
11. 吳文星等主編,《台灣總督田健治郎日記》上、中冊(台北:中央研究院台灣史研究所,2001、2006年)。
12. 吳密察,《台灣近代史研究》(台北:稻鄉,2001年再版)。
13. 宋瑞樓,《論醫學教育》(台北:橘井文化,2003年)。
14. 李登輝,《台灣的主張》(台北:遠流,1999年)。
15. 孤蓬萬里,《「台灣萬葉集」物語》(東京:岩波書店,1994年)。
16. 派翠西亞・鶴見著,林正芳譯,《日治時期台灣教育史》(宜蘭:財團法人仰山文教基金會,1999年)。
17. 相賀徹夫編,《日本大百科全書》(東京:小學館,1984-1994年)。
18. 秦郁彥,《舊制高校物語》(東京:文藝春秋,2003年)。
19. 馬越徹,《韓國近代大學の成立と展開》(名古屋大學出版會,1995年)。
20. 高橋佐門,《舊制高等學校の教育と學生》(東京:國書刊行會,1992年)。
21. 高橋佐門,《舊制高等學校全史》(東京:時潮社,1986年)。
22. 高橋佐門,《舊制高等學校研究 校風・寮歌論篇》(東京:昭和出版,1978年)。
23. 堀之內三夫,《開聞岳を後にして》(東京:堵南舍,1993年)。
24. 綠川亨,《岩波書店七十年》(東京:岩波書店,1987年)。
25. 歐素瑛,《傳承與創新——戰後初期台灣大學的再出發(1945-1950)》(台北:台灣古籍,2006年)。
26. 李明濱總編,《台大醫學院百年院史》中冊(國立台灣大學醫學院,1998年)。
27. 舊制高等學校資料保存會,《舊制高等學校全書》(東京:丸善,1985年)。
28. 稻葉繼雄,《舊韓國〜朝鮮の「內地人」教育》(福岡:九州大學出版會,2005年)。

29. 稻葉繼雄，《舊韓國～朝鮮の日本人教員》（福岡：九州大學出版會，2001年）。
30. 辻文章，《舊制高校の溫故知新・わが青春の記錄》（東京：文教圖書出版株式會社，1997年）。
31. 高橋英男，《台灣における『學徒兵』召集の實態とその法的背景》（作者，1998年）。
32. 鄭純宜主編，《被出賣的台灣：葛超智（George H. Kerr）文物展綜覽》（台北228紀念館，1999年）。
33. 蘇瑤崇主編，《葛超智先生相關書信集》（台北市228紀念館，2000年）。
34. 吳文星，《日治時期台灣的社會領導階層》（台北：五南，2008年）。
35. 藍博洲，《幌馬車之歌》（台北：時報文化，2004年）。
36. 周婉窈主編，《台籍日本兵座談會記錄并相關資料》（中央研究院台灣史研究所籌備處，1997年）。
37. 台灣人元日本兵士の補償問題を考える會，《台灣人元日本兵戰死傷補償問題資料集合冊》（該會，1993年）。
38. 上沼八郎，《實錄・はっさい先生》（東京：協同出版株式會社，1988年）。

（二）學位論文：

1. 鄭麗玲，〈帝國大學在殖民地的建立與發展——以台北帝國大學為中心〉（國立台灣師範大學歷史所博士論文，2001年）。
2. 葉碧玲，〈台北帝國大學與日本南進政策之研究〉（中國文化大學史學研究所博士論文，2007年）。
3. 黑崎淳一，〈台北高等商業學校與南支南洋研究〉（國立台灣師範大學歷史所碩士論文，2001年）。
4. 藤井康子，〈日治時期台灣中學校之形成——教育目的・制度・背後支柱〉（國立台灣大學歷史學研究所碩士論文，2000年）。
5. 橋本恭子，〈島田謹二《華麗島文學志》研究—以「外地文學論」為中心—〉（國立清華大學中國文學系碩士論文，2003年）。
6. 王淑津，〈南國虹霓——塩月桃甫藝術研究〉（國立台灣大學藝術史研究所碩士論文，1997年）。
7. 松尾直太，〈濱田隼雄研究——日本統治時期台灣1940年代的濱田文學〉（國立成功大學歷史研究所碩士論文，2001年）。

（三）期刊・研討會論文：

1. 小林文男，〈日本植民地下台灣の高等教育——台北帝國大學の構成と性格一〉，《戰前日本の植民地教育政策に關する總合的研究》，頁 227-243。
2. 杉山和雄，〈私立高等學校の教育理念創設と資金〉，《舊制高等學校史研究》（18，1978 年），頁 1-26。
3. 長谷川光雄，〈三澤先生と下村先生〉，《人生》，頁 47-51。
4. 阿部洋，〈「朝鮮教育令」から「台灣教育令」へ—學務官僚隈本繁吉の軌跡—〉，《アジア教育》（創刊號，2007 年），頁 1-24。
5. 阿部洋，〈日本統治下朝鮮の高等教育〉，《思想》（565，1971 年），頁 920-941。
6. 鈴木健一，〈旅順高等學校の設立と存在〉，《舊制高等學校史研究》（11，1976 年），頁 70-84。
7. 蔡錦堂，〈日本治台後半期的「奢侈品」——台北高等學校與近代台灣菁英的誕生〉，《2007 年台日學術交流國際會議論文集》（台北：外交部，2007 年），頁 49-59。
8. 蔡錦堂、徐聖凱，〈台北高等學校に關するオーラル・ヒストリーと資料收集〉，「台灣社會の變容と口述歷史 國際研究集會」（2008 年），不著頁碼。
9. 徐聖凱・岡部三智雄，〈日治時代台北高等學校台籍學生的台灣史認知——譯介蘇瑞麟〈台灣史に就て〉〉，《師大台灣史學報》（1，2007），頁 149-160。
10. 鄭麗玲，〈台北帝國大學組織與校園文化〉，「台灣學研究國際學術研討會：殖民與近代化」（2008 年），頁 141-165。
11. 鄭麗玲，〈弊衣破帽的天之驕子——台北高校與台大預科生〉，《台灣風物》（52：1，2002 年 3 月），頁 41-88。
12. 高淑媛，〈日治時期台南高等工業學校和台灣工業化〉，「成功的道路：第一屆成功大學校史學術研討會論文集」（2002 年），頁 245-259。
13. 所澤潤，〈國立台灣大學醫學院の成立と組織の繼承——台北帝國大學醫學部かうの連續性を探る〉，《東洋文化研究》（2，2000 年），頁 243-288。
14. 所澤潤，〈專門學校卒業者と台北帝國大學——もう一つの大學受驗世界〉，《近代日本研究》（19，1997 年），頁 178-210。
15. 所澤潤著，黃紹恆譯，〈我的訪談主題及經驗——日治時期台灣人的「自我塑造史」〉，《口述歷史》（6，1995 年），頁 229-244。
16. 馬越徹，〈漢城時代の幣原坦〉，《國立教育研究所紀要》（115，1988 年），頁 129-146。

17. 馬越徹，〈廣島高師時代の幣原坦〉，《戰前日本の植民地教育政策に關する總合的研究》（文部省科學研究費補助金研究成果報告書，1992、1993 年），頁 315-330。
18. 馬越徹，〈台北時代の幣原坦〉，《近代日本のアジア教育認識——その形成と展開》（文部省科學研究費補助金研究成果報告書，1994、1995 年），頁 97-110。
19. 吳文星，〈日據時期台灣的高等教育〉，《中國歷史學會史學集刊》（25，1993 年），頁 143-157。
20. 吳文星，〈日治時期台灣的教育與社會流動〉，《台灣文獻》（51：2，2000 年 6 月），頁 163-173。
21. 上田雄二著，廖瑾瑗譯，〈塩月桃甫其人與藝術〉，《藝術家》（310，2001 年 3 月），頁 338-355。
22. 許武勇，〈塩月桃甫與石川欽一郎〉，《藝術家》（138，1986 年 11 月），頁 222-238。
23. 許武勇，〈塩月桃甫與自由主義思想〉，《藝術家》（8，1976 年 1 月），頁 72-75。
24. 賴貴三，〈「一甲子菁莪樂育，五十年薈萃開新」〉，《國立台灣師範大學國文學系六十週年（1946-2006）暨國文研究所五十週年（1956-2006）雙慶人事編年史稿》（未刊）。
25. 顏滄波，〈我在台北帝國大學及台陽礦業公司時代的回憶〉，《台灣礦業》（55：4，2003 年 12 月），頁 1-17。
26. 朱真一，〈瘧疾研究所及早期服務的前輩（上）〉，《台灣醫界》（52：3，2009 年），頁 155-158。

日本治台後半期的「奢侈品」
——台北高等學校與近代台灣菁英的誕生

蔡錦堂[*]

一、前言

　　曾為日本文化廳長官，也是著名作家的三浦朱門，稱戰前日本的「舊制高等學校」為：「大日本帝國的奢侈品（贅沢品）」[1]。筆者借用三浦的評語，稱呼日本統治台灣後半期，存在約 25 年（1922-1946）的「台北高等學校」、以及它所培育出來的菁英（包括台灣人與日本人）為當時代的「奢侈品」，或謂「天之驕子」。

　　有關戰前日本的「舊制高等學校」（共 38 所，含台北高等學校）之研究，於 1970 年代起已有非常豐碩的成果。1974 年初日本即已設立了「旧制高等学校資料保存会」，7 月起發行季刊《旧制高等学校史研究》，並且與當時的日本國立教育研究所共同獲得文部省科學研究助成金，正式展開舊制高等學校制度之研究。1978 年起更著手進行《旧制高等学校全書》（共九卷）的編輯，1985 年完成全書出版。

　　另外，日本各個舊制高等學校的畢業校友及相關人員，亦各自開始進行資料、文物的收集，編纂校史與同窗會誌，甚至設立紀念館。長野縣松本市保存原松本高等学校講堂、行政區，並設立「旧制高等学校記念館」，即是其中的一例。

　　在各個舊制高等學校的研究中，關於「台北高等學校」的部分，也在日本人畢業生所組成的同窗會「蕉葉會」的推動下，1961 年 5 月

---

[*] 本文作者為台灣師範大學台灣史研究所副教授
[1] 三浦朱門（1936- ），舊制高知高等學校畢業後，入東京帝國大學文學部，日本名作家，曾任第七代文化廳長官，1967 年新潮文學賞，1999 年文化功勞者賞；妻為名作家曾野綾子。三浦之評語引自秦郁彥，《旧制高校物語》，東京：文藝春秋，2003 年，頁 259。

13日於東京召開第一次總會，並開始發行《蕉葉會會報》；1970年為紀念台北高校高等科開設45周年，發行厚達440餘頁的《台北高等学校（1922-1946）》書刊，開始為台北高校留下相關資料與回憶、記事。2003年時又發行《獅子頭山讚歌　自治と自由の鐘が鳴る──旧制臺北高等学校創立八十周年記念文集》。「蕉葉」之名乃取自台北高校的徽章──來自台北高校美術教師塩月善吉（塩月桃甫）所原始設計的代表台灣意象的芭蕉與椰子葉的合成。台灣方面由台灣人畢業生組成「台北高校同學會」，進行聚會的同時，亦與日本的「蕉葉會」相互交流。近年來台灣由於本土化與民主化的結果，特別是身為台北高等學校畢業校友（第17屆、1943年9月畢業）的李登輝當上總統開始主政之後，戰後長期噤聲的台北高校台灣人畢業生也開始發出聲音，並出版自傳、回憶錄等，為台北高校留下珍貴的證言，例如：《楊基銓回憶錄──心中有主常懷恩》、《回首來時路──陳五福醫師回憶錄》、《都市叢林醫生──郭維租的生涯心路》、《王育德自傳──出生至二二八後脫出台灣》、《勁寒梅香：辜振甫人生紀實》、《坐擁書城──賴永祥先生訪問紀錄》、柯德三的《母国は日本、祖国は台湾──或る日本語族台湾人の告白》等等。

但是相對的，學界方面對台北高校的研究，仍處於有待努力開拓的狀態。吳文星在其博士論文《日據時期台灣社會領導階層之研究》中，主要係以日治前半期台灣人最高教育機關「國語學校」與「醫學校」的畢業生作為分析對象，雖亦涉及留日或留歐美學生，也論及1928年始設立的台北帝國大學，但對於台北高等學校所談卻不多[2]。鄭麗玲於〈帝國大學在殖民地的建立與發展──以台北帝國大學為中心〉的博士論文中，曾以長達15頁的篇幅敘述台北帝國大學的預備教育──台北高等學校[3]，這或許是目前台灣學界對台北高校論說最多的一篇文章，但由於論文主軸在於台北帝國大學，台北高校的特色與重

---

[2] 吳文星，《日據時期台灣社會領導階層之研究》，台北：正中書局，1992年，頁109。

[3] 鄭麗玲，〈帝國大學在殖民地的建立與發展──以台北帝國大學為中心〉，台灣師範大學歷史所博士論文，2001年。

要性相對被貶低，而無法引起關注。

　　事實上如果瞭解台北高校與台北帝國大學，形式上為二所位階不同的獨立的學校，但實質上是「一貫」的，也就是說台北高校畢業後，原則上「不用考試」就可以全員直接申請進入台北帝國大學，甚至放棄進入台北帝大，而申請或接受考試進入日本國內的東京帝大、京都帝大等帝國大學或自己想就讀的學部。換句話說，相較起來，進入台北帝國大學並不難，難的是如何擠進台北高校此一窄門。日本共有38所舊制高校，當中有10所是「七年制高校」（尋常科四年，直升高等科三年），台北高校正是其中之一。初等教育的小學校或公學校畢業之後，如果能考上台北高校的尋常科，此後幾乎一路不用再考試，即可從高校尋常科直接升上高等科，再進入帝國大學。在小學六年級的階段，已經約略取得了帝國大學的入學之鑰，確實是當時代的一大「奢侈品」。

　　那麼，所謂「舊制高等學校」到底是什麼？台北高校是如何建立的？舊制高校的「菁英」們究竟如何接受教育？這些「菁英」們畢業之後，於戰前與戰後對於台灣或日本之國家、社會扮演的角色與貢獻又是如何？本文因篇幅與研究時間的限制，僅先作部分的引言與初步探討，詳細的研析留待後續進行。

二、舊制高等學校

　　戰前日本的舊制高等學校，在1886年（明治19年）「中學校令」發布後，以「高等中學校」之稱號正式誕生，當時日本全國僅有七所高等中學校──第一至第五高等中學校以及山口、鹿兒島高等中學校。1894年（明治27年）「高等學校令」公布後，高等中學校改稱為「高等學校」，第六、七、八高等學校亦陸續成立，這些高等學校主要扮演的是「大學預科」的角色，亦即進入大學前的預備學校[4]。之後經過

---

[4] 旧制高等学校資料保存会編，《資料集成 旧制高等学校全書　第二卷制度編》，東京：昭和出版，1980年，頁7。

一些改變，1918年（大正7年）第一次世界大戰後，因應大戰景氣以及義務制小學校就學率已達99%，各方輿論要求大幅擴張中高等教育體系，日本的學制因此進行重大變革，「大學令」於當年公布，原來採分科大學制的帝國大學，改採學部制，並認可公私立大學以及單科大學的設立；同時亦公布以增設高等學校為前提的「高等學校令」[5]。自此高等學校大幅增加，但是至1945年止，全日本國（含台灣、朝鮮、旅順）亦僅有高等學校38所[6]，其中官立的有31所、公立3所、私立4所。官立31所高等學校當中，包括被稱為「ナンバースクール」（Number School）的第一至第八高校8所，「地名スクール」（地名校）19所（新潟、松本、山口、松山、水戶、山形、佐賀、弘前、松江、東京、大阪、浦和、福岡、靜岡、高知、姬路、廣島，以及台北高等學校、旅順高等學校），帝國大學預科3所（北海道、京城、台北各帝大預科），以及屬宮內省管轄的學習院。公立3所為富山、浪速、府立高等學校，另私立4所為武藏、甲南、成蹊、成城高等學校[7]。這38所戰後被稱為「舊制高校」的高等學校，1918年以後雖然具有獨立學校的地位，但卻實際帶有「帝國大學預科」的性格，其畢業生欲進入帝國大學，大多數不需要再經過考試（東京帝大、京都帝大及少數帝大學部除外）。換句話說，只要進入「舊制高校」，幾乎等於保證可以進入帝國大學。舊制高校可以說是帝大菁英的先期養成所，更是日本未來官界、政界、財經界、學術界等重要人才的培養皿。

三、台北高等學校

台北高等學校於1922年創立，即是乘著1918年以來這股日本本

---

[5] 秦郁彥，《旧制高校物語》，頁84-85。
[6] 秦郁彥，《旧制高校物語》，頁36-37。舊制高校的學校數，一般認為是38所；但日本長野縣松本市的「舊制高等學校記念館」，則採用加上東京商科大學、神戶商科大學、旅順工科大學預科而成為41所的版本；另外亦有因旅順工科大學於終戰前的1945年獲勒令昇格為帝國大學故，而加計成為39所的說法。台北高校日本同窓會的組織「蕉葉會」，於1970年所編著的《台北高等学校（1922-1946）》，序文中即稱台北高校為全國「35」所舊制高校中唯一位於亞熱帶的高等學校，或許是不計算3所帝國大學預科在內。本文暫採38所之說法。
[7] 秦郁彥，《旧制高校物語》，頁36-37。

國學制改革的氣運而得以實現，當然前提是在殖民地台灣首先必須設立大學（帝國大學）。當時日本國內已設有東京（1886年立）、京都（1897年立）、東北（1907年立）、九州（1910年立）、北海道（1918年立）等五所帝國大學（1922年以後設立的帝國大學有1924京城帝大、1928台北帝大、1931大阪帝大、1939名古屋帝大），以人口而言大約一千萬人以上始設立一所帝國大學，而台灣當時總人口數（含台灣人、日本人）不到四百萬人，其中日本人約為二十五萬，是否得以設立帝國大學乃考量點之一。不過，1922年（大正11年）2月隨著勅令第20號新「台灣教育令」的發布，除了引用日本內地的教育制度，開始准許中等以上學校內台人共學制度（初等教育除外），其中第8條敘明「台灣的高等普通教育依中學校令、高等女學校令及高等學校令」，另外第11條第3項則明訂「關於高等學校的設立，依台灣總督府制定之」。根據新台灣教育令，同年3月31日發布「台灣總督府諸學校官制」，隔日又公布「台灣總督府高等學校規則」[8]，台北高等學校於焉誕生。

如同前述，台北高校是唯一一所設置於亞熱帶地區的高校（如果暫不計1941年設立、1945年廢校的台北帝大預科的話），也是10所「七年制高校」中的一所[9]。七年制高校即是「尋常科」（中學程度）四年加上「高等科」三年共七年，完成尋常科四年學業後可直升高等科，不必經過考試，而高等科畢業後也可不經考試直升帝國大學（除了東京帝大、京都帝大或部分入學競爭激烈的學部外），因此七年制高校最大的魅力在於極端減少了入學考試，小學畢業如能進入七年制高校尋常科，幾乎等於「直通帝大」，一次入學考試決定終身前途。這種尋常科（四年）——高等科（三年）——帝大（三年或四年）的一貫教育，好處是培養健全人才資質與能力為本的學校教育不會因入學考試而間斷，學生在各個求學階段不必因為忙著準備入學考試而扭曲了教育的本質。但是這些堪稱「奢侈品」的天之驕子們，懷著被社

---

[8] 蕉葉會編，《台北高等学校（1922-1946）》，東京：蕉葉會，1970年，頁6。
[9] 另外9所為：東京、府立、浪速、富山、成蹊、成城、武藏、甲南、學習院。

會奉承為「最終不是博士就是大臣」[10]的菁英意識，較少經歷風浪，這是他們的弱點，也是一般對七年制高校的負面評價。[11] 10所七年制高校的創立年份都在1918年之後，有別於以東京「第一高等學校」為龍頭的、只設立高等科的傳統ナンバースクール。

台北高校尋常科於1922年開始招生，校舍暫時利用當時只是中學的台北第一中學校（現在的建國中學），第一任校長亦由北一中校長松村傳擔任。每年招生約40名，第一年招收一年級與二年級生，作為三年後（1925年）高等科成立之預備。招生名額台、日人相當的懸殊，依據1982年吳建堂編《台高會名錄》所列資料計算，台北高校（含終戰時仍在學者共23屆）尋常科台灣人總數為92人，平均每屆錄取4人，最高為第六、八、十六、二十一屆各6人，第一屆0人，第二屆2人，第三屆1人[12]。換句話說，台灣人初等教育（公學校與小學校）畢業生，每年必須是考上全台灣前六名甚至更前面者，才有可能進入台北高校的尋常科，困難度極高。

1925年台北高校高等科（三年制）開始招生，分文、理兩科，又依主修之外語不同而分甲、乙兩類，甲類以英語為第一外語，德語為第二外語；乙類則以德語為第一外語，英語為第二外語。日本國內高校尚有以法語為主修者。文甲、文乙、理甲、理乙共四班，每班招生名額約40名，一年共招生約160名，扣除從尋常科直升上來的大約40名學生之外，每年招生約120名，甚至更少。根據楊基銓的回憶錄，到1945年9月畢業止共19屆的台北高校畢業生總數為2479名，其中

---

[10] 見王育德著・吳瑞雲譯，《王育德自傳——出生至二二八後脫出台灣》，台北：前衛出版，2002年，頁164。
[11] 平松斉等著，《旧制七年制高校》，東京：学芸書林，1982年，頁9。平松以「節目のない弱さ」（宛如沒有節的竹子一般脆弱）來形容七年制高校生的弱點。
[12] 吳建堂編，《台高會名錄》，台北：台高會，1982年。該資料仍有部分錯誤，如頁19第13屆王育霖出身中學列為「南一中」，實為尋常科。本論文中之92人為已將王育霖改為尋常科後之數目。首次考進台北高校尋常科的台灣人為第二屆的宋進英與魏火曜二人；另外如劉闊才、梁炳元、邱仕榮、辜振甫、杜詩綿、林宗義、邱永漢、張寬敏、黃伯超等皆是歷年考入尋常科者。

台灣人為 559 名[13]，算來約佔總人數的 22.5％。台灣人平均每年能考入台北高校高等科者不到 30 名，這些學生多是來自台北一中、台北二中、台北三中、基中、竹中、中一中、嘉中、南一中、南二中、雄中等台灣各地頂尖中等學校的頂尖學生，角逐區區 30 個名額，難怪王育德、辜振甫等人要說：「通過台北高校考試，被認為是全台灣升學的最大難關」[14]。稱台北高校的學生是「菁英中的菁英」並不為過。自 1925 年起，台北高校就取代了日本統治前半期的總督府國語學校與醫學校，成為全台灣頂尖菁英的養成所，而這些菁英也成為台灣未來社會領導階層最重要的來源之一。

四、台北高校的菁英養成

由於舊制高校以男性之高等普通教育為主旨，因此台北高校亦是只有男性才能入學。1922 年台北高校成立時，全名是「台灣總督府高等學校」，1925 年高等科開設，1926 年 4 月移轉至台北市古亭町新校舍（今之台灣師範大學校本部），1927 年校名改為「台灣總督府立台北高等學校」。第二代校長為三澤糾（1925 年 5 月 26 日起），第三代為下村虎六郎（1929 年 11 月 30 日起），第四代谷本清心（1931 年 9 月 12 日起，任期最長），1941 年 8 月 26 日起由下川履信擔任校長至終戰。

如同前述，台北高校分為文甲、文乙、理甲、理乙四班，文科生進入帝大是就讀文學、法學、經濟學與商學等學部，理科以帝大的醫學、理學、工學、農學部為目標。台灣人以考入理乙者為最多，目的是進入帝國大學的醫學部，將來可進行醫學研究或當開業醫，除了在社會上有地位聲望、生活有保障，亦容易成為社會領導階層，這種傾向延續了日治前半期總督府醫學校畢業者成為台灣近代社會領導階層的模式。其實台北高校學生中，有不少人的父親就是總督府醫學校畢

---

[13] 楊基銓，《楊基銓回憶錄——心中有主常懷恩》，台北：前衛出版，1996 年，頁 48。楊基銓計算的總數並未將戰後才畢業的第 20 屆（辜寬敏屬本屆）、21 屆列入。
[14] 王育德，《王育德自傳——出生至二二八後脫出台灣》，頁 164。

業者，例如蔣渭水・蔣松輝父子、梁道・梁炳元父子、黃文陶・黃伯超父子等等。這些台北高校理乙科畢業、後來進入各帝國大學醫學部就讀者，在戰後國民黨政府統治下，亦在台灣的醫界形成一股重要的力量。當時選擇文甲往文科發展的王育德在自傳中曾經酸酸地說：「我在台灣無法待下去，只能在日本過起筆耕生活就是好的例證。而我的朋友們在台灣醫學界建立起堅固地盤，就連殘暴的國府政權也不敢輕易染指他們。」[15] 關於台北高校理乙畢業進入帝大醫學部的菁英，在戰前、戰後（尤其是戰後）於台灣醫學界與社會中所扮演的角色和貢獻等，目前已陸續有不少報導、研究出現，但仍值得繼續追蹤探討。

如果根據「高等學校規程」，高等科文科的學科有：修身、國語及漢文、第一外國語、第二外國語、歷史、地理、哲學概說、心理及論理、法制及經濟、數學、自然科學、體操；理科的學科為：修身、國語及漢文、第一外國語、第二外國語、數學、物理、化學、植物及動物、鑛物及地質、心理、法制及經濟、圖畫、體操[16]。無論文科或理科，語言課程均佔有相當重的比例。有「台灣史懷哲」之稱的陳五福在其回憶錄中說：「以文科而言，光德文課，一星期即有11個小時；英文為五小時；國語（日語）六、七個小時。合計超過22個小時以上，其受重視程度，於此可見。而其原因，老師曾做過說明：身為一個知識分子，必須具備兩種以上外國語文的能力，其一，要能讀能寫；另外，至少能讀。其理想不僅傳播知識而已，更希望藉此培養國際性見識。」[17] 楊基銓回憶錄中亦談及他們「每週有12小時的德文課，……除教科書外，也多讀課外的德文書，所以，我在高校時代，德文能力強過英文能力。」[18] 辜振甫的傳記中則談到台北高校「相當注重外國語文訓練」「高等科的師資很不錯，英文老師也有英國人，加深了他

---

[15] 王育德，《王育德自傳——出生至二二八後脫出台灣》，頁166。
[16] 高橋佐門，《旧制高等学校全史》，東京：時潮社，1976年，頁651。
[17] 張文義，《回首來時路——陳五福醫師回憶錄》，台北：吳三連史料基金會，1996年，頁75-76。
[18] 楊基銓，《楊基銓回憶錄——心中有主常懷恩》，頁60。

的英文造詣」[19]。當時，"*Formosa Betrayed*"（《被出賣的台灣》）作者 George H. Kerr（葛超智、或譯喬治柯爾）亦曾經於台北高校擔任英文教師。

辜振甫在其傳記中也說：「高校這段教育，是相當可貴的；可以放浪形骸，可以不修邊幅，可以自由思考問題，懂得比較、探索中、日不同的文化本質，在差異與矛盾中，尋求相同劃一。」[20]高校生可以「放浪形骸」「不修邊幅」是相當有名的，身著「弊（敝）衣破帽」，足踏「高齒下駄（木屐）」闊步行走，正是大正末期以迄昭和初期日本社會對高校生的一般印象。長髮、蓬髮、腰際再繫條長手巾，秋冬加件黑色斗蓬（マント），所謂的「蠻カラ」風——相對於西洋紳士風的「ハイカラ（High Collar）」——於焉成形。王育德剛考上他「生命中最大轉機」的台北高校考試，從此可以「呼吸自由天地的空氣」後，他寄宿處的台高學長（先輩）馬上帶他到西門町的壽司店小巷「灌酒」，讓才十六、七歲的王「心想這麼美味的東西到底是什麼啊？」[21]剛入學的新生王育德，他的「白線二條」嵌有台高蕉葉徽章的制帽，也不免俗的，遭學長頂上開封，成為「破帽」；有時星期六晚上王育德也會和學長們到台北圓環去喝兩杯，回程用走的要花上一個鐘頭，「我們故意使披風高揚，一邊用木屐鎌啷鎌啷地發出聲音，一邊放聲高歌，再沒有比這個時候更感到做為高校生的光榮了。」[22]楊基銓回憶錄中亦說：「高校的學生以年齡來說，大約是十六、七歲至二十一、二歲，正在學習階段，但卻在社會及學校受到成年的款待，不但能留頭髮，並且准予抽煙、喝酒。我們那一班，第十屆文科乙類同學，每年舉行一次聚餐，有一次，更在有妙齡女郎陪侍的酒家舉行。不過，同學們在此環境中都能謹守分寸，不逾越規矩，不會過份。此時期的高校學生，經數十年後再回首從前，覺得那時我們真是早熟的少年，

---

[19] 黃天才・黃肇珩著，《勁寒梅香：辜振甫人生紀實》，台北：聯經出版，2005年，頁30。
[20] 黃天才・黃肇珩著，《勁寒梅香：辜振甫人生紀實》，頁30。
[21] 王育德，《王育德自傳——出生至二二八後脫出台灣》，頁171。
[22] 王育德，《王育德自傳——出生至二二八後脫出台灣》，頁175。

又是未成熟的青年。」[23]

但是這種「弊衣破帽」「放浪形骸」的「蠻カラ」學風,並非台北高校或一般舊制高校唯一的文化,相對的由於「自由」與能賦予高校生「自治」(包括寄宿之「寮」的生活管理),這些高校菁英三年間的學習成果亦是值得注目的。楊基銓回憶錄中說:「高校時代,對大部分文科的學生來說,是課外書籍讀的最多的時期。」[24]岩波文庫、歐洲文藝復興時期的名著小說、三國志、西遊記、水滸傳等中文小說、菊池寬的戀愛小說、尾崎紅葉的《金色夜叉》、以及許多西洋、日本武俠片等電影均是楊基銓高校時涉獵的對象。陳五福則大量閱讀西洋文學作品與哲學書籍,如莎士比亞的文學作品、英國桂冠詩人丁尼生的詩集、盧梭、孟德斯鳩的思想論集,甚至中國《論語》《孟子》《莊子》等古籍。世界名著《少年維特的煩惱》,陳五福閱讀的是德文原著,瑞士人卡爾·希爾第(Karl Hilty)以德文著作的《幸福論》亦吸引了陳五福,使他因而對卡爾的祖國瑞士產生嚮往;戰後陳五福以德文寫信給在非洲行醫的史懷哲,而史懷哲的拼音 Schweitzer 即是瑞士──史懷哲的故鄉之意。[25]陳五福說:「高等學校乃屬通才教育。三年期間,對大學專才教育而言,可以說完成高品質素養,以及探索高水準學識的思考能力。其對個人思想與精神的影響,既深且大,並真實地體認到,這個世界並不如想像中狹窄,其值得探求、思考的空間,何其廣大。尤其語文的訓練與學習,更是終生享用不盡。」[26]這段話多少可以品味出台北高校的教育對於高校生陳五福的薰陶與影響,雖然身為基督徒的陳五福,也曾如同其他「天之驕子」的高校生般,「熱血沸騰地涉足演奏著爵士樂,舞池中布滿形形色色紅男綠女的酒館裏」,也好奇、新鮮、有趣地在氣氛特別吸引人的晚上,和朋友到過台北較為有名的酒館「エルテル」與「大屯酒家」。[27]

---

[23] 楊基銓,《楊基銓回憶錄──心中有主常懷恩》,頁64-65。
[24] 楊基銓,《楊基銓回憶錄──心中有主常懷恩》,頁63。
[25] 張文義,《回首來時路──陳五福醫師回憶錄》,頁78。
[26] 張文義,《回首來時路──陳五福醫師回憶錄》,頁76。
[27] 張文義,《回首來時路──陳五福醫師回憶錄》,頁73-74。

台北高校學生社團「新聞部」所發行的刊物《台高》，1940年12月最後一期（第18號），曾對全校學生進行「讀書傾向調查」，調查內容分為：一、最近所讀的書籍（哲學・思想・宗教・經濟・歷史合為一類，自然科學為一類，文學為一類），二、特別深受感動的書，三、特別囑目的作家，四、崇拜的人物。[28] 根據《台高》18號，這份「讀書傾向調查」的時間為1940年11月4日，回答者共251人（文科112人、理科139人），約佔全校學生的五分之三。由於篇幅關係，本文並不擬進行詳細分析，僅列出調查結果中「最近所讀書籍」（哲學等類）的名單：第一名為希特勒的《我が鬥爭》（40票）、第二名為東京帝大經濟學部名教授河合榮治郎的《学生に与ふ》（19票），其他有鈴木大拙的《禅と日本文化》、和辻哲郎的《風土》、羽仁五郎的《ミケルランヂェロ》（米開朗基羅）……等等，而河合榮治郎的其他著作，如《学生と科学》、《学生と教養》、《学生と生活》、《学生と歷史》、《学生と日本》、《学生と先哲》則多冊入選[29]。這些讀書傾向的調查，某種程度或可反應出當時台北高校學生的知識水平與喜好，關於這個部分，暫且留待日後繼續分析。

舊制高校學生宿舍——「寮」的生活，以及學生社團——「部」的活動，也是瞭解舊制高校學生生活與文化時不能不探究的，底下僅先作簡要介紹。

台北高校高等科於1925年開辦時，高等科的學生宿舍「七星寮」（名字取自台北近郊的七星山）亦同時設立，乃借用北一中校地內原屬高校尋常科使用的第三寮之走廊部分擴建而成，原為木造二樓建築，僅能容納35人入宿。1926年4月新校舍於古亭町（現台灣師範大學

---

[28] 《台高——紀元二千六百年記念論文特輯》（第18號），台北高等學校新聞部，1940年12月，頁90-96。本資料感謝移川丈兒提供。

[29] 《台高——紀元二千六百年記念論文特輯》（第18號），頁91。河合榮治郎（1891-1944），東京帝大經濟學部教授，站在理想主義的社會主義立場，講授社會政策，反對馬克思主義與法西斯主義，1938年部分著作被禁止發行，隔年被起訴。他的著作於1940年受到部分台高學生的「愛讀」，與希特勒的《我が鬥爭》分列前矛，或亦顯出台高學生的多元。

本部）完工遷入後，七星寮亦於新校址設立，可容納寮生百人左右，約略等於高等科全部學生的三分之一或四分之一，因此並非所有學生均須住宿的全寮制。入宿的台灣人與日本人學生均同寮、共同生活。1929 年，近代建築的新七星寮落成時曾舉行第一回「寮祭」，王育德最喜歡放聲高歌、認為詞曲「融入台灣的歷史與風土，充滿人文主義與自由主義」「當中帶有內台合作的理想」[30] 的「新七星寮寮歌」即於此時登場。此後每年的寮祭幾乎都會推出新的「寮祭歌」，而且多由學生自行創作。另外學校幾乎每年舉辦的「記念祭」（等同學校校慶），也都有由學生創作的「記念祭歌」產生，例如「第十三回記念祭歌」，是由第十四屆理乙的蘇銀河所創作的曲子。這些寮祭歌、記念祭歌的創作，多少可看出在自由、自治的教育氣氛下，高校學生才氣揮灑的情況。到二十一世紀的今天，日本國內舊制高校的「老學生」，每年仍舊全國聚會舉辦「寮歌祭」，大家放聲高唱各高校的寮歌，追憶往昔的青春歲月。「寮歌」是舊制高校生往日生命的一個篇章，也是舊制高校文化重要的一個音符。

　　「部」──學生社團──也是高校生學業之外的生活重心之一。台北高校設有辯論、文藝、旅行、庭球（網球）、柔道、劍道、弓道、園藝、繪畫、ホッケー（曲棍球）、陸上競技、水泳、音樂、野球、相撲、桌球、俳句會、讀書會、演劇研究會、航空研究會等等的「部」，這些學生社團除了校內活動，也常全島東征西討，甚至東渡日本內地參加比賽。前往日本參加全國高等學校競技大會「インターハイ」（Inter-Highschool）的出場與奪取勝利，亦是台高運動部每年最大的目標。在靜態的方面，例如文藝部所出版的《翔風》，是台高文藝青年發表作品的重要舞台，王育霖、王育德、邱永漢的作品都曾經出現在《翔風》上。另外，台高新聞部發行的《台高》雜誌，曾經刊登過賴永祥、蘇瑞麟的研究小論文。而台高辯論部遠征中南部時，王育德、

---

[30] 王育德，《王育德自傳──出生至二二八後脫出台灣》，頁 175-177。「新七星寮寮歌」的第一段與最後一段歌詞之中文譯文為：「集結了背負南方文化的各路英雄，在這自治殿堂，將渡過感動的三年青春歲月」「古早以來傳說中的東方蓬萊島，是一塊永遠充滿著希望的綠色理想故鄉，啊！令人懷想。」

邱永漢都曾是成員之一。學生社團的「部」，在高校學生的養成教育中，發揮了側翼支撐的功能。

代結論

台北高校有二首校歌，第一首校歌歌詞的第一段是：

獅子頭山に雲みだれ　　七星が嶺に霧まよふ
朝な夕なに天かける　　理想を胸に秘めつつも
駒の足搔きのたゆみなく　業にいそしむ学びの舎

譯成中文為：

獅子頭山清雲飛揚　　七星嶺上氤氳繚繞
朝朝夕夕　　　　　　胸懷奔騰天際鴻志
駒不停蹄　　　　　　學子精勤修業於斯

這是台北高校高等科成立時，校長三澤糾所作的詞。獅子頭山在台北高校南端，新店與三峽交界之處，標高 857 公尺；七星山則在北端，標高 1120 公尺。台北高校約略在這南北二山峰頂連線的中央，三澤校長似乎南望獅子頭山、北眺七星山，託此二山寄望台北高校生能朝夕於此學習，胸懷奔騰天際的鴻圖大志。1929 年 10 月，華麗的近代建築台北高校本館（行政大樓）新建完成時，三澤校長從美國的牧場取得二個「自由之鐘」，懸掛於三樓頂作為校鐘，朝夕與學生作息相伴。2003 年台北高校日本同窗會「蕉葉會」編印「旧制臺北高等學校創立八十周年記念文集」時，所取的書名即是《獅子頭山讚歌　自治と自由の鐘が鳴る》。第一校歌「獅子頭山讚歌」以及「自治與自由之鐘」似乎已成為台北高校畢業生難以抹滅的記憶，雖然「自由之鐘」目前僅存其一，另一個下落不明。

在讚歌與鐘聲的朝夕薰陶之下，舊制台北高校二十五年歷史中，確實培養出許許多多台、日傑出人才。以日本方面而言，台灣文史學

界著名的：鹿野忠雄、東嘉生、濱田隼雄、国分直一、中村孝志、中村地平之外，在政界、商界、醫學界、法學界、學術界等各領域赫赫有名者多不勝數，如岸田実（日本國會圖書館館長）、武谷三男（理論物理泰斗）、甲斐文比古（駐西德大使、日新製糖專務）、佐伯喜一（野村總合研究所長）、吉岡英一（日本開發銀行總裁）、木藤才藏（日本學士院賞）、上山春平（京都大學人文科學研究所教授）、田代一正（日銀理事）、吉江清景（東京高等裁判所裁判長）、小田稔（東京大學宇宙航空研究所、文化功勞者、文化勳章）……等等。小田稔的弟弟小田滋更是眾所周知的國際法庭法官，也是「光華寮」事件中為台灣政府仗義辯論的法學者。另一位有馬元治，則是為台籍日本兵的補償、弔慰問題長期關注奮鬥的眾議院議員。

台灣方面有：李登輝、辜振甫、徐慶鐘、曹欽源、宋進英、蔡章麟、魏火曜、吳守禮、戴炎輝、周財源、林朝棨、洪壽南、劉闊才、黃啟瑞、黃得時、周百鍊、梁炳元、黃彰輝、張漢裕、楊華玉、邱仕榮、蔣松輝、余錦泉、李鎮源、林金生、許強、楊基銓、彭明聰、張有忠、宋瑞樓、張冬芳、陳世榮、陳五福、林挺生、杜詩綿、楊思標、王育霖、蘇瑞麟、許子秋、林宗義、郭琇琮、江萬煊、蘇銀河、楊雪樵、賴永祥、翁通楹、柯德三、郭維租、王育德、邱永漢、楊照雄、梁鑛琪、楊雪舫、陳政德、施純仁、杜慶壽、林宗毅、吳建堂、張寬敏、李悌元、黃伯超、莊徵華、陳萬益、辜寬敏、盧焜熙……等等。

台灣方面的台北高校畢業生，畢業之後有的直升台北帝國大學，有些前往東京帝大、京都帝大、九州帝大、東北帝大等等，戰前有些人已嶄露頭角（例如楊基銓24歲即任宜蘭郡守），但大部分則於戰後開始漸漸成為台灣社會的中流砥柱。這裡面有貴為總統者，有五院院長或副院長、部長、市長、大法官、財經界領導者、學術界人士、文學家、語言學家、法學者、名律師，也有許多著名醫師、台大醫學院院長、WHO顧問等等。當然也有王育霖、許強、郭琇琮等二二八、白色恐怖的受難者，或王育德之類的國民黨主政下的黑名單人士。另外，從尋常科時代即已文才出眾的邱永漢，1955年獲得日本文學界的

「直木賞」；而受台北高校教授犬養孝的「萬葉集講義」的影響，戰後仍然跨越國界持續以日語創作日本短歌、出版《台灣萬葉集》的吳建堂，1996年獲得日本文學界之「菊池寬賞」，同年並受日本皇室邀約參加「宮中の歌会始の儀」。這些成就在在顯示出台北高校生戰後多采多姿的輝煌成就。

　　1945年隨著戰爭的結束，台北高校亦為國民政府所接收，11月30日改名為台灣省立台北高級中學，1946年10月，因台灣的學校制度改變，台北高級中學第20期學生直接編入國立台灣大學二年級，21期生編入一年級，台北高校至此正式廢校。之後舊制台北高等學校的校址，於1946年成立「台灣省立師範學院」，開始另一個政權、另一個「物語」的出現。

　　今年（2007）是舊制台北高等學校創立85周年，本小論文的發表只是作為提醒對台北高校的再度關注。包括台高在內的舊制高校以培養少數菁英為主的教育制度，與戰後大眾化教育有極大的不同，日本國內對此亦評價不一。不過它在戰前對台灣所施行的近代化教育、菁英教育，對「殖民地」台灣到底有何衝擊，是一個值得進一步追蹤探討的課題，特別是這些台北高校畢業的台灣人菁英，在戰後於台灣國家、政經社會、學術界等各領域所扮演的角色與發揮的功能，更是值得深入去分析研究。本論文作為舊制台北高等學校研究的序章，僅此就教於諸方大家。

國家圖書館出版品預行編目資料

```
日治時期臺北高等學校與菁英養成 / 徐聖凱著 -- 初版 . --
臺北市：師大 -- ；
新北市：Airiti Press, 2012.10.
    面；公分
ISBN    978-957-752-741-7 ( 精裝 )

1. 高等教育  2. 日據時期  3. 臺灣

525.933                               101018901
```

日治時期臺北高等學校與菁英養成

作　　者／徐聖凱
發 行 人／張國恩
總 編 輯／陳昭珍
責任主編／古曉凌
執行編輯／方文凌、謝佳珊、林冠吟、陳靜儀
版面編排／薛耀東
封面設計／石怡蔚、薛耀東
出版單位／國立臺灣師範大學 & Airiti Press Inc.
編輯委員會／王震哲、李振明、李通藝、周愚文、林東泰、洪欽銘、許瑞坤、
　　　　　　陳文華、陳麗桂、劉有德、潘朝陽

發 行 所／國立臺灣師範大學
　　　　　106 臺北市大安區和平東路一段 129 號
　　　　　電話：(02)7734-5289　　傳真：(02)2393-7135
　　　　　服務信箱：libpress@deps.ntnu.edu.tw

　　　　　Airiti Press Inc.
　　　　　234 新北市永和區成功一段 80 號 18 樓
　　　　　電話：(02)2926-6006　　傳真：(02)2231-7711
　　　　　服務信箱：press@airiti.com

法律顧問／立暘法律事務所　歐宇倫律師
ISBN ／ 978-957-752-741-7
GPN ／ 1010101993
出版日期／ 2012 年 10 月初版
定　　價／新台幣 500 元

版權所有‧侵權必究　　Printed in Taiwan